自助・共助・公助連携による
大災害からの復興

門間敏幸 編著

農林統計協会

はしがき

災害復興研究に取り組んだわれわれの問題意識

　2011年3月11日午後2時46分、日本の災害史の中でも最大級の被害をもたらすとともに、原子力事故という新たな人災を生み出し歴史に永遠に記録される東日本大震災が発生した。東日本の各地の職場で、家庭で、学校でこれまで経験したことがない大規模で長時間の激しい地震の揺れを人々は経験した。震災から6年近くが経過した今も、その時の状況は多くの人々の記憶に焼き付いている。さらに、地震の揺れが収まった後に、想像を絶する津波が東日本の太平洋側の地域に襲来することをだれが予想したであろうか。震災による死者・行方不明者は1万8,455人、建築物の全壊・半壊は合わせて40万戸、ピーク時の避難者数40万人以上の大災害となり、多くの尊い命と財産、インフラは完膚なきまでに破壊しつくされた。その時の津波のすさまじい破壊力を、被災地の人々は身をもって、また被災地以外に居住する人々は信じがたい映像で目の当たりにすることになった。大津波で多くの人々は住む家を失うとともに、農林水産業の生産基盤である農地は津波土砂やがれきで埋まるとともに、海の環境も一変した。さらに農林水産業に従事する人々は、莫大な投資によって整備した農業機械・施設、船や漁具といった生産手段を一瞬にして津波で失い、人間の力が及ばない自然の猛威のすさまじさに茫然自失するしかなかった。

　さらに、東日本大震災によって発生した津波は東京電力福島第一原子力発電所に襲来し、原子力発電所は1時間後には全電源を失い原子炉冷却装置が機能不全に陥り、メルトダウンという最悪の事態を招いてしまった。原子炉の冷却が機能するまでの3月11日から半月以上の間、自衛隊、消防、東京電力の決死の原子炉冷却活動の克明な様子は、連日テレビで報道された。水蒸気爆発で吹き飛んだ原子炉建屋、自衛隊によるヘリコプターからの海水の散布、大型消

防車による冷却水の散水等、決死の活動は今でも多くの国民の記憶に残っており、原子力災害、放射能の恐怖を思い起こさせる。さらに水蒸気爆発やベントで大気中に飛散した放射性物質は、福島県だけにとどまらず、東日本の各地、関東・東海地域にも降下し、土壌、農林水産物、飲料水などの放射能汚染をもたらした。放射能に関する知識がほとんどない国民は放射線による外部被ばく、放射性物質を含む食べ物・飲み物による内部被ばくにおびえ、風評が蔓延した。その影響は農林水産業だけにとどまらずあらゆる産業に広がるとともに、日本製品の海外輸出にまで及んだ。特に悲惨な状況に追い込まれたのが、高い濃度の放射線及び放射性物質による被ばくが懸念され避難を余儀なくされた人々である。これらの人々は、原発難民としてある者は全国の親類縁者を頼り、ある者は仮設住宅に避難し、長期間の避難生活を余儀なくされた。こうした避難地域では、避難指示解除後も住民は故郷に帰らず、除染した市街地、農地が再び荒廃し、その復興の方向さえ見いだせないでいる。

　筆者らの記憶に残っている最近の大災害だけでも雲仙岳噴火（1991年）、北海道南西沖地震（1993年）、阪神・淡路大震災（1995年）、三宅島噴火と全島避難（2000年）、新潟県中越地震（2004年）、能登半島地震（2007年）、東日本大震災（2011年）、広島市土砂災害（2014年）、御嶽山噴火（2014年）、熊本地震（2016年）等、枚挙にいとまがない。さらには口蹄疫、鳥インフルエンザ、ジカ熱等の伝染病の世界的な蔓延も人類の大きな脅威となっている。

　常に災害と隣り合わせで生きている日本人にとって、いつ起きるかわからない災害への備えと、災害が発生した場合の的確な対処は、生死に関わる極めて重要な課題である。地震、火山噴火、突発的集中豪雨と土砂災害等の自然災害は、その予知が極めて困難な災害でもある。そのため、こうした災害が起きるたびに「想定外の災害」という言葉が関係者から発せられ、われわれはこうした災害に無力であることが強調される。「想定外の災害」とは、災害の発生自体が予測できない、災害の発生は予測できてもその被害規模が予測できない、さらには福島第一原子力発電所事故のように事故への対応の仕方がわからない等、様々な状況が存在する。想定外という言葉で済ますには、最近の災害の規模は大きく被害は深刻であり、想定外の災害への的確な対応が求められている。

また、東日本大震災を例にとれば、地震による建物の倒壊（1次被害）よりも、地震で発生した津波による被害（2次被害）がはるかに大きかった。さらに、津波は原子力発電所のメルトダウンを引き起こし（3次災害）、放射線・放射性物質による汚染（4次災害）による住民避難、産業被害をもたらした。さらに、放射能汚染は風評、被災地住民の健康不安や心の病等（5次災害）を生み出し、その影響が多方面に及び深刻化することがわかる。そのため、災害が発生した場合には、こうした災害の多方面への影響をいかに抑え、迅速に災害を終結させるかが大きな課題となる。

　本書の執筆者である、門間、渋谷、山田、プウォンケオは、東日本大震災からの農林業の復興に関わる研究支援活動を、福島県相馬市を中心とする地域で震災直後から継続して実施してきた。また、杉原と門間は、三宅島噴火に伴って全島避難を余儀なくされた三宅村住民の帰島後の営農意欲と離島による農業の荒廃の現状を調査してきた。山本は戦場とも思えるような口蹄疫の災害現場で、畜産農家の営農再開に関わる調査を実施してきた。こうした大災害からの復興に社会科学者として真正面から向き合ってきたわれわれは、お互いの共通した問題意識を理解するとともに、これからも起こるであろう大災害からの迅速な農林業の復興に貢献したいという強い願いを実現する方法を模索していた。そうした中で門間が音頭をとり 2013 年実施の科学研究費へ応募して基盤研究 B に採択され、実践的な災害復興研究をスタートさせることができた。また、門間らの研究グループは、震災直後の 2011 年に三井物産環境基金に応募して採択され実践的な災害復興研究を福島県相馬市で先行的に実施することができた。さらに、東京農業大学のグループは、2011 年 5 月に開始された東京農業大学東日本支援プロジェクトに参加し、被災地である相馬市、福島県、被災農家、JA、技術研究者と連携して迅速な復興に取り組んできた経験を持っている。

　このように本書の執筆者等は、個々に大災害からの復興に関わった経験を有するが、研究のスタート時には復興研究に対する問題意識はバラバラであった。そのため、お互いの問題意識をできる限り理解するとともに、その中から災害研究で最も重要と思われる共通項を探り出すため、科研費による共同調査を実施した。最初は、福島県を中心とした東日本大震災の被災地、続いて三宅島の

噴火災害、宮崎県の口蹄疫災害、奥尻町の津波災害調査を様々な角度から実施した。この間、門間は東北大学の研究グループと雲仙岳噴火の災害現場を調査した。こうした共同調査とともに、個人でも被災現場を何度となく訪問調査し、災害復興研究に関する問題意識・研究蓄積を深めていった。

　こうした蓄積の中から、次第に整理されてきたのが、「自助・共助・公助連携」による災害復興の重要性である。例えば、東日本大震災を例に挙げると、大地震に起因して発生した大津波で多くの人々は住む家を失うとともに、農林水産業の生産基盤である農地・農業機械・施設も潰滅的な打撃を受けた。震災直後に被災地に立ったわれわれは、人間の力が及ばない自然の猛威のすさまじさに「復興は困難である」と茫然自失した経験が今でも脳裏に鮮明に焼き付いている。しかしながら、津波被災地域では、翌日には自宅のがれきを除去する人々の姿が見られ、避難所では被災者同士がお互いに助け合いながら生活を取り戻す自助努力が続けられた。また、被災市町村の担当者は自らも被災しているにも関わらず不眠不休で被災者の支援を続けた。また、自衛隊や消防等の公助による人命救助活動も迅速に行われるとともに、全国各地から自主的に集まる医師や看護師による人命救助活動、混乱する避難所の運営を支えるボランティア、さらには個人住宅に堆積した土砂やがれきの除去に汗を流す個人ボランティア等、自助と公助では対応できない被災者の支援活動に共助が大きな役割を果たすことを実感した。こうした経験から、大災害からの迅速な復興では「自助・共助・公助連携」が重要であるとともに、災害ステージごとにそれらの連携の望ましいあり方を解明することの重要性を痛感し、われわれが実施する災害復興研究の共通課題とした。

　また、様々な災害の現場を調査する中で、特に共助に関しては災害の状況に応じて様々な取り組みが実践されていることが明らかになった。すなわち、企業による支援、姉妹市町村相互の助け合い、専門知識・技術を持ったNPOによる地域の復興や地域づくりの支援、大学・研究機関による農林水産業の復興と新たな復興への革新的な技術・ノウハウの提供である。これらの共助による支援活動は、被災者に寄り添い持続的な活動を展開するという点で大きな意義を有するものである。さらに、こうした共助活動を資金面から支えた三井物産

環境基金の活動は特筆される。また、ヤマト福祉財団による支援は、その実施までに時間がかかる公助に先駆けて被災地の復興に迅速に対応し、将来を悲観していた被災者に希望と一歩前に進む勇気を与えた点で高く評価できる。

さらに、東日本大震災で発生した原子力災害については、あまりにもその影響が大きく多様かつ複雑で、十分な復興支援活動は展開できなかった。特に放射能汚染地域の農林業の復興に関しては、除染などが終了して営農再開を果たしている地域がある一方で、避難地域に指定されて住民避難が行われた地域では避難指示が解除されても多くの住民はいまだに帰郷しておらず、営農再開は行われずに除染した農地の再荒廃が懸念されている。こうした状況下で、門間・プウォンケオは、放射能汚染地域の農業の早期再開を支援するため、農地1筆単位の放射性物質のモニタリングシステムを開発して、相馬市玉野地区の早期の営農再開を支援するとともに、風評の実態やその克服方法に関しても消費者調査を継続的に実施して接近した。

また、われわれが共通認識として研究の重要性を痛感した課題としては、住民の避難が長期化して出口が見えない中で迅速な復興や新たな地域農業を創造した雲仙岳噴火災害、津波被害からの迅速な復興を実現した奥尻町の取り組み等からは、義援金や災害復興基金の機能と望ましい活用のあり方を検討することの重要性を認識した。なお、大災害からの復興とは次元が異なるが、「津波てんでんこ」と呼ばれる、津波からの避難における自助・共助のあり方についても多くの問題を考えさせられた。

本書の特徴と各章のねらいと成果

本書は、執筆者一同が前述した問題意識に基づき、今後も頻発が予想される災害に対していかに対処するかという視点から、これまで発生した大災害に対して自助・共助・公助の果たしてきた機能とその連携のあり方にポイントを置いて考察する点に主要な特徴がある。そのため、東日本大震災における津波災害、放射能災害を中心としながら、三宅島噴火、口蹄疫災害を取り上げて分析するとともに、雲仙岳噴火災害、奥尻町津波災害等、共同調査した災害からの復興に焦点を当てて評価を試みている。そのため、本書全体の内容は全部で11

章と膨大になってしまった。第1章だけは、災害復興に関わる共通重要事項としての災害フェーズの概念、自助・共助・公助の概念とその連携について言及しているので、まず初めに読んでいただきたいが、その他の章はそれぞれ独立した章になっているので読者の興味に従って取捨選択して読んでもらうことも可能である。そのためにも、ここでは本書の各章の目的と主要な成果を要約しておく。

第1章「大災害からの復旧・復興における災害フェーズと自助・共助・公助連携のあり方」（門間敏幸）では、本書の各章の内容をより理解しやすくするために、災害復興に関して重要と思われる次の3つの課題についての考え方の整理を行っている。第1の課題は、災害発生からの時間の経過に伴って変化する被災の状況と被災者のニーズを的確に把握して災害対策を体系的に実践するために必要となる災害フェーズの考え方の整理である。第2の課題では、自助・共助・公助の主体と、それぞれが果たすべき役割、相互の連携のあり方を考察する。そして、最後のまとめとしての第3の課題では、災害フェーズごとに自助・共助・公助の果たすべき役割と相互の連携のあり方について整理している。

第2章「大学による復興支援活動（共助）における自助・公助との連携－東京農業大学「東日本支援プロジェクト」を中心に－」（門間敏幸・渋谷往男）では、東日本大震災の復興で注目された大学による復興支援活動、すなわち共助の実態を整理するとともに、大学を挙げて東日本大震災からの復興支援に立ち上がった東京農業大学東日本支援プロジェクトのリーダーとして活動を組織化し、その支援活動を先頭に立って実践した筆者らの取り組みを整理し、大災害における大学による共助のあり方について問題提起を行う。

第3章「東日本大震災による津波被災地域の農業復興における自助・共助・公助の連携」（渋谷往男・山田崇裕）では、東日本大震災で甚大な被害をもたらした津波被害を取り上げ、農業復興における自助・共助・公助の連携のあり方について考察している。特に津波で被害を被った農地とそれに付随する各種の農業生産施設の復興における公助の役割を多面的な角度から評価している。また、ボランティアなどによる個人レベルの支援、大学・NPOなどの非営利の専門的知見を有する機関による支援、さらには民間企業などによる様々な「共助」が、

東日本大震災からの復興でも重要な役割を果たしている。そのため、本章では津波被災地域復興における自助・共助・公助の役割を福島県相馬市における津波被災からの復興プロセスの中で整理し、自助・共助・公助にかかる多様な主体の機能分担と連携による迅速な農業復興を実現するための条件を検討している。

第4章「放射能汚染地域の復興における自助・共助・公助の連携－農林業の復興を中心に－」(門間敏幸・山田崇裕)では、未経験の原子力災害に対して、公助である国、被災県である福島県、被災した市町村はどのように対応したのか、自助の主体である住民はどのような自己防衛手段をとったのか、さらには専門家による共助は、どのように行われたのかといった問題に対して、自助・共助・公助の連携視点から評価を試みた。具体的には、放射能汚染地域で展開された災害対策と自己防衛対策の実態を農林業の被害、復興に関わる自助・共助・公助の取り組みに重点を置きながら評価している。

第5章「放射能汚染に対する消費者行動の特徴と風評の発生実態・対応」(門間敏幸・ルハタイオパット プウォンケオ)では、風評に関わる農業経済分野の研究成果の特徴を要約し、続いて風評の理解と定義を検討するとともに、風評対策の論点と風評評価の視点、放射能汚染に起因する風評発生とその持続のメカニズム、放射能汚染や風評の産業への影響について考察している。筆者らは、これらの整理から、放射能汚染に起因する風評対策の望ましいあり方を次の3つの点から整理している。第1は市町村がなすべき風評対策と住民合意形成の課題と適切な方向の提示、第2は流通・消費段階における風評対策における生産物の徹底的な放射性物質検査により汚染農産物・食品の市場への出回りを100％抑え込むことの重要性、第3は風評払しょくに向けた①新たな農産物マーケティングの実施(多様な関係性マーケティング)、②リスクコミュニケーションによる風評防止、③モラル・ハザードへの対応について整理している。

第6章「災害復興基金の活用による被災者ニーズに対応した復旧・復興の実現と課題」(門間敏幸)では、国や地方公共団体が中心となって展開している災害復旧・復興の現場において、自助が原則とされる被災者個人の生活再建、被災地の農林水産業や中小企業等の地方の産業復興をいかに迅速に復興させるか、復興基金の利活用側面から考察している。特に雲仙岳噴火災害で初めて採

用された災害復興基金事業が、被災者個人の生活再建や多様な支援ニーズがある農林業の復興と新たな営農システムの創造に大きな貢献を果たしたことを整理するとともに、雲仙岳災害復興基金、中越大震災復興基金、そして仙台市の復興基金の活用の特徴を総括し、こうした先進的取り組みから東日本大震災の被災地の復興方向を考察している。

第7章「火山噴火のもとでの住民避難と地域の農業復興における自助・共助・公助の連携」(杉原たまえ) では、東京都三宅村における火山被害からの復興プロセスについて災害発生から長期間にわたる避難生活を時系列で整理し、「自助・共助・公助」がどのような役割を果たしたのか、具体的な把握を試みている。こうした整理から、全島避難からの営農・農村社会復興のための自助・共助・公助の連携では、ハード事業と並行してソフト事業への経済的支援の重要性を指摘している。また、三宅島災害・東京ボランティア支援センター と三宅島社会協議会による連携した取り組みが、被災者に寄り添った多様かつ重要な支援を実現したことを評価している。

第8章「口蹄疫からの地域農業の復興における自助・共助・公助の連携」(山本直之)では、第1に家畜防疫への対応に関する農家自身の評価と口蹄疫発生前後での対応・意識の変化、第2に口蹄疫に対する農家の自助努力意識を評価するとともに、公共組織と連携しながら各主体がいかなる役割を担うのが望ましいかを検討している。具体的には、最低限の費用負担の必要性とともに農家レベルで可能な対策を農家に認識させる、すなわち自助として、農家レベルで対応可能な対策の徹底と、公助による支援の場面でも他人任せではなく自分自身の問題であるという意識を維持・向上させていくことの重要性が指摘されている。

第9章「農地1筆単位の放射性物質モニタリングシステムの開発による放射能汚染地域の農業の復興－大学による共助の実践例－」(門間敏幸・ルハタイオパット プウォンケオ)では、筆者らが開発した東京農業大学・東日本支援プロジェクトの代表的成果である農用地1筆を単位とした放射性物質モニタリングシステムの特徴とその活用成果について紹介している。当該モニタリングシステムは、福島県飯館村に隣接し放射能汚染が深刻な相馬市玉野地区の迅速な除染と

営農再開のために開発されたものであり、その実用性が高く評価された成果である。

　第10章「ウクライナ・ベラルーシにおけるチェルノブイリ事故への対応からわが国の今後の風評対策を考える」（門間敏幸）では、チェルノブイリ原子力発電所4号炉の爆発の影響が、事故から28年が経過した現在においてどのように収束もしくは継続しているかを解明するため、主として風評をターゲットとして2014年3月10～16日にかけてチェルノブイリ被災地で実施された調査に基づく報告である。調査結果を見ると、事故後28年が経過した現在でも、被災地域の住民の心配事は、食料品の放射能汚染、低線量被爆の健康への影響、自分でできる健康維持対策、食料に含まれる放射性物質を下げる調理方法、水や環境の汚染、農産物の放射能検査の実施状況、きのこやベリー類など森の幸の汚染状況等、農産物・食品汚染の実態と対策に関わるものであることを指摘しており、その影響が持続していることを述べている。また、過去・現在・未来にわたりチェルノブイリ事故の最大の心理的・社会的不安は放射線被爆による健康被害問題であることを指摘している。

　第11章「被災地域の新たな農業の担い手経営を支援する方法－オーダーメイド型農業経営分析システム－」（門間敏幸）では、東日本大震災の甚大な津波被害を受けた地域で誕生している新たな農業の担い手経営が現在抱えている経営問題の発見と解決、今後の経営展開の方向や経営戦略策定に関わる支援を行うために筆者が開発したオーダーメイド型農業経営分析システムの意義と方法、そして実践例を紹介している。この方法を活用することによって、先端技術の開発・導入によって新たな農業の担い手経営の安定的な経営展開の支援が可能であることが強調されている。また、本章で示された水田作を中心としたわが国の農業経営の将来の姿の予測結果から、東日本大震災は津波被災地の農業を20～30年先にタイムスリップさせたことを検証している。すなわち、現在、津波被災地域で誕生している農業の担い手経営は、将来の日本農業の担い手の姿を現すものであり、この経営の安定的発展を支援できる仕組みを構築することは、将来の日本の農業経営の発展を支える上で重要な意義を持つといえよう。

＜謝辞＞

　本書の執筆にあたっては実に多くの方々のお世話になった。特に名前を挙げて記すことはしないが、われわれが開発した技術を信頼いただき、東日本大震災の津波、放射能災害からの営農の復旧・復興にご尽力いただいた農家の皆さまに心から感謝の気持ちを伝えたい。皆様のご協力がなければ、5年以上にわたる被災地での復興支援活動を継続することは不可能であった。また、相馬市の立谷市長をはじめとする相馬市役所の皆様には震災からの復旧・復興という激務の中でわれわれの支援活動を支えていただいた。さらに、JAそうま（2016年3月1日に合併し、「JAふくしま未来」）の職員の皆様、福島県相双農林事務所の皆様にも支援活動のいたるところでサポートをいただいた。記して感謝の意を表したい。

　なお、われわれが被災地で実践した復興支援活動には、数えきれないくらいの学生・大学院生が参加してくれた。彼らは、ある時は復旧活動のボランティアとして農家を助け、ある時は炎天下での厳しい圃場調査に汗を流すとともに、細心の注意を要する放射線・放射性物質の測定作業にも参加してくれた。津波や放射能に打ちひしがれた農家の方々にとって学生たちの笑顔は何物にも代えがたいものであったという声を多くの農家の皆様からいただいた。本書の成果は、これらの多くの学生・大学院生たちの努力の結晶を集大成したものであるが、彼らの努力に本書がどれだけ報いられたかは彼らに聞くしかないが、ここにあらためて感謝の意を表したい。

　また、東日本大震災発生直後から現在に至るまでの6年間の復興支援研究を支えてくれたのは、科学研究費・基盤研究（B）（一般）（2013～2015年度）「研究課題名：大災害からの農業復興に関する自助・共助・公助の連携理論と戦略的実践方策の解明(研究代表者：門間敏幸)」、三井物産環境基金(助成 No.R11－F1-003)（2011年7月～2013年9月）「研究課題名：津波・放射線被害地域の営農システムの革新と担い手組織の創造に関する研究（研究代表者：門間敏幸）」とともに、震災直後の2011年4月から実施し、現在も支援活動を継続している東京農業大学・東日本支援プロジェクトによる研究資金の提供である。これらの資金援助がなければ、われわれの研究は持続することができなかったであろう。あら

ためて感謝の意を表したい。

　本書の内容は学術的にどれほどの価値を持つか、執筆者も客観的に判断することができない。本書の内容は、われわれの6年間の災害復興に関わる現地での実践研究から導き出した経験値の積み重ねとしての成果である。そのため、理論的な詰めは十分でない箇所も多い。また、どのような読者を対象に本書を執筆しているのかと問われると答えに窮してしまう。しかし、本書を一番読んでもらいたいのは、大災害からの復旧・復興の現場で日夜汗を流している人々である。これらの方々から、本書の内容に共感していただけたならば、執筆者一同これに勝る幸せはない。また、常に大災害のリスクに付きまとわれるわが国の公助を支える人々、新たな共助の創造者の方々にもぜひ読んでいただき、賛否を含めてご意見をいただきたいと願っている。

　一方、東日本大震災を契機として災害復興研究に関わる研究に取組む研究者も増加している。こうした研究者の皆様には、さらなる災害復興研究のフロンティアを切り開いていくための1つの一里塚に本書がなれれば望外の幸せである。皆様とともに実学としての農業災害復興学を確立していきたいと念願している。

　　　　　　　　　　　　　　　執筆者を代表して　門間敏幸

目　次

はしがき …………………………………………………………………………… i

第 1 章　大災害からの復旧・復興における災害フェーズと自助・共助・公助連携のあり方 …………………………………………… 1
（門間　敏幸）

1．はじめに－本書の共通認識 ………………………………………………… 1
2．災害フェーズの考え方の重要性 …………………………………………… 3
（1）災害フェーズ概念とその普及 …………………………………………… 3
（2）フェーズフリー概念の登場 ……………………………………………… 9
3．自助・共助・公助の主体 …………………………………………………… 9
（1）自助・共助・公助と関連する概念 ……………………………………… 9
（2）自助・共助・公助のシステム …………………………………………… 11
（3）自助のあり方「津波でんでんこ」を考える …………………………… 14
（4）共助を支えるボランティア ……………………………………………… 18
　1）ボランティア活動参加人数の推移と特徴 ……………………………… 18
　2）ボランティア組織の特性 ………………………………………………… 22
　3）放射能汚染地域のボランティア活動の特性 …………………………… 24
　4）行政とボランティア組織の連携、ボランティア組織間の連携の課題と対応 ………………………………………………………………… 25
（5）専門技術をもったボランティアによる産業復興支援―企業との連携による共助 …………………………………………………………… 28
　1）東日本大震災による産業被害 …………………………………………… 28
　2）産業復興と専門ボランティアの重要性 ………………………………… 30
4．むすび－災害フェーズにおける自助・共助・公助の連携のあり方 …… 32

引用・参考文献……………………………………………………… 35

第2章　大学による復興支援活動（共助）における自助・公助との連携
　　　－東京農業大学「東日本支援プロジェクト」を中心に－………… 37
　　　　　　　　　　　　　　　（門間敏幸・渋谷往男）

1．はじめに－大学による共助の背景と本章の課題……………………… 37
2．東日本大震災における復興と学会・大学の共助の動き……………… 39
（1）農学系の学会における震災関連シンポジウムの内容……………… 39
　1）日本農学会、日本農学アカデミー………………………………… 39
　2）日本土壌肥料学会…………………………………………………… 40
　3）農村計画学会………………………………………………………… 40
　4）日本農業経済学会…………………………………………………… 41
　5）東北農業経済学会…………………………………………………… 41
　6）日本農業経営学会…………………………………………………… 42
　7）フードシステム学会………………………………………………… 42
（2）大学による復興支援研究・活動の展開…………………………… 43
　1）東北大学……………………………………………………………… 43
　2）岩手大学……………………………………………………………… 44
　3）福島大学……………………………………………………………… 46
3．東京農業大学「東日本支援プロジェクト」における自助・共助・公
　助連携の特徴……………………………………………………………… 48
（1）持続的学生ボランティア活動の展開……………………………… 48
（2）東京農業大学「東日本プロジェクト」発足の経過……………… 49
（3）復興支援対象地の決定と農家・関係機関との連携体制の構築… 50
　1）被災農家（自助）との連携………………………………………… 51
　2）市役所、農協（公助）との連携…………………………………… 52
　3）福島県との連携……………………………………………………… 53
（4）相馬市における災害発生直後の対応の特徴と課題……………… 54
4．東京農業大学・東日本支援プロジェクトの取り組み………………… 57

（1）東京農業大学・東日本支援プロジェクト組織……………………… 57
　（2）農業経営チームの支援活動とその成果……………………………… 59
　　1）津波被災地域の農業経営の早期再開……………………………… 59
　　2）復興組合活動による営農再開支援―公助と自助の連携………… 61
　　3）学生ボランティアによる被災農家の自助とプロジェクトの支援…… 63
4．おわりに―大学による災害復興支援活動における自助・共助・公助
　　のあり方…………………………………………………………………… 63
　（1）被災農家参加型の復旧技術の開発・普及（自助を促す）………… 63
　（2）迅速な復旧・復興を実現する公助との連携………………………… 64
　　引用・参考文献…………………………………………………………… 66

第3章　東日本大震災による津波被災地域の農業復興における自助・共助・公助の連携………………………………………………… 67
（渋谷往男・山田崇裕）
1．研究目的―津波被災からの復興と学術的なアプローチの必要性……… 67
　（1）農業の公共的側面と社会貢献の動向………………………………… 67
　（2）全国に及ぶ津波被災の可能性と学術的なアプローチの必要性…… 68
2．津波による農業被害の実態……………………………………………… 69
　（1）東日本大震災による津波被災地の農業被害………………………… 69
　　1）東日本大震災と被害の全体像……………………………………… 69
　　2）東日本大震災による津波被害の概要……………………………… 70
　　3）東日本大震災に伴う地盤沈下……………………………………… 71
　　4）東日本大震災に伴う農業被害の内容……………………………… 72
　（2）福島県相馬市における津波被災地域の農業被害の状況…………… 74
　　1）相馬市における津波被災前の農業の状況………………………… 74
　　2）相馬市における津波被災の状況…………………………………… 75
3．津波被災地の農業復興プロセス………………………………………… 78
　（1）農業復興プロセスの枠組み…………………………………………… 78
　（2）土地部分の復興プロセス……………………………………………… 78

1）土地部分の対象と特性……………………………………………… 78
　　2）復興プロセス………………………………………………………… 78
　（3）資本部分についての復興プロセス………………………………… 79
　　1）資本部分の対象と特性……………………………………………… 79
　　2）資本部分の復興プロセス…………………………………………… 79
　（4）労働部分についての復興プロセス………………………………… 80
　　1）労働部分の対象と特性……………………………………………… 80
　　2）労働部分の復興プロセス…………………………………………… 80
4．農業復興プロセスにおける復興内容と復興主体の整理……………… 81
5．営農復興の基本となる被災農家の営農再開意識の特質と再開条件
　　（自助）……………………………………………………………………… 82
　（1）相馬市の津波被災農家の営農再開意識の特質…………………… 82
　（2）相馬市の津波被災農家の営農再開条件…………………………… 85
　（3）被災農家の営農再開意識の特質と再開条件（自助）…………… 89
6．迅速な営農復旧・復興に関する公的機関の連携－被災市町村と都道
　　府県・国との連携の特質と課題（公助）……………………………… 91
　（1）公助による農業復興を規定する政策的枠組み…………………… 91
　　1）公助全体の枠組み…………………………………………………… 91
　　2）国レベルでのビジョン・計画の概要……………………………… 92
　　3）県レベルでの方針・計画の概要…………………………………… 95
　　4）市町村レベルでの計画の概要……………………………………… 96
　（2）土地要素を中心とした農業復興事業の概要と各主体の連携…… 97
　　1）土地要素を中心とした農業復興事業の概要……………………… 97
　　2）土地要素を中心とした農業復興事業における各主体の役割分担と
　　　　連携…………………………………………………………………… 99
　　3）土地要素を中心とした農業復興事業の特徴と課題………………100
　（3）資本要素を中心とした農業復興事業の概要と各主体の連携……101
　　1）資本要素を中心とした農業復興事業の概要………………………101

2）資本要素を中心とした農業復興事業における各主体の役割分担と
　　　　連携 ………………………………………………………………………… 102
　　3）資本要素を中心とした農業復興事業の特徴と課題 ……………… 103
　（4）労働要素を中心とした農業振興事業の概要と各主体の連携 ……… 104
　　1）労働要素を中心とした農業復興事業の概要 ……………………… 104
　　2）労働要素を中心とした各主体の役割分担と連携 ………………… 104
　　3）労働要素を中心とした農業復興事業の特徴と課題 ……………… 106
　（5）公的機関による農業復旧・復興の特性と課題 ……………………… 106
7．迅速な営農の再開を支えたボランティア、大学、民間企業による支
　　援（共助） …………………………………………………………………… 107
　（1）ボランティアによる農業復興支援 …………………………………… 108
　（2）大学による農業復興支援 ……………………………………………… 110
　（3）NPO による農業復興支援 …………………………………………… 111
　（4）民間企業による支援 …………………………………………………… 112
　（5）共助による農業復興支援の特性と課題 ……………………………… 115
8．津波被災地域における多様な主体の機能分担による迅速な復興実現
　　条件 …………………………………………………………………………… 116
　（1）福島県相馬市飯豊地区での事例からの考察 ………………………… 116
　　1）事例選定の理由と当該地区の営農面の特徴 ……………………… 116
　　2）農業復興に関わった各主体 ………………………………………… 117
　（2）福島県相馬市飯豊地区での復興ステージ別営農復興モデル ……… 117
　　1）被災直後 ……………………………………………………………… 119
　　2）被災 2～5 カ月後（5～8 月） ……………………………………… 119
　　3）被災 6～9 カ月後（9～12 月） …………………………………… 119
　　4）被災 10～12 カ月後（1～3 月） …………………………………… 120
　　5）被災 2 年目（2012 年度） ………………………………………… 120
　　6）被災 3～5 年目（2013～2015 年度） ……………………………… 121
　（3）各主体の主要な役割と相互連携の実態 ……………………………… 122
　　1）各主体の主要な役割 ………………………………………………… 122

2）共助を伴った農業復興における相互連携の実態 …………………… 124
（4）共助を伴った農業復興における多様な主体の連携状況 ………… 124
  1）ヤマト福祉財団による大型農機提供による農業復興 ………… 125
  2）東京農業大学による「東日本支援プロジェクト」…………… 125
（5）多様な主体の機能分担による迅速な復興実現条件 ……………… 126
  1）自助側の条件 ……………………………………………………… 127
  2）公助側の条件 ……………………………………………………… 127
  引用・参考文献 ………………………………………………………… 129

第4章　放射能汚染地域の復興における自助・共助・公助の連携
　　　－農林業の復興を中心に－ …………………………………………… 133
　　　　　　　　　　　　　　　（門間敏幸・山田崇裕）

1．はじめに－問題意識と課題 ………………………………………………… 133
2．原子力災害の多面的な影響と対応 ………………………………………… 134
（1）原子力災害の影響と対策の全体像 …………………………………… 134
（2）原子力災害と現場の対応実態 ………………………………………… 135
  1）避難対応 ……………………………………………………………… 135
  2）放射線被爆への対応 ………………………………………………… 138
  3）除染による生活・産業の回復 ……………………………………… 141
3．放射能汚染地域における農林水産業の復旧・復興対策の特徴 ………… 146
（1）農林水産省による復旧・復興対策とその進捗状況 ………………… 146
（2）農地の除染と課題 ……………………………………………………… 146
（3）放射性物質の農畜産物への吸収抑制対策 …………………………… 150
（4）被災農家の営農再開支援に関わる政策 ……………………………… 153
4．自助による放射能汚染地域の農業復旧とその限界 ……………………… 157
（1）自助による農業復興の困難性 ………………………………………… 157
（2）自助による放射能汚染とのたたかいの事例 ………………………… 159
（3）原子力災害に対する地域レベルの自助の限界 ……………………… 161
  1）相馬市玉野地区の放射能汚染の実態 ……………………………… 162

2）玉野地区住民の放射能汚染とのたたかい………………………… 163
5．公助による放射能汚染地域の農業復旧・復興とその限界……………… 165
　（1）放射能汚染地域の復旧・復興のための公助の体系……………… 165
　（2）放射能被災地自治体の公助による農林水産業の復興の取り組みと
　　　課題………………………………………………………………… 166
　　1）被災地自治体の一般的な放射能対策・風評対策………………… 166
　　2）他の市町村、都道府県との連携…………………………………… 168
　（3）消費地自治体の対応の方向と自治体間の連携…………………… 171
　（4）企業による共助の役割と貢献の方向……………………………… 172
　（5）放射能汚染地域の農林業復興における公助の限界と対応……… 173
6．共助による放射能汚染地域の農業復旧とその限界……………………… 175
　（1）放射能汚染地域の農業復興のための共助の取り組み…………… 175
　（2）医療専門家集団の共助による放射線からの健康対策の展開…… 176
　（3）NPO法人ゆうきの里東和ふるさとづくり協議会による共助の取
　　　り組み……………………………………………………………… 176
　（4）大学等の専門家集団による共助の実践による放射能汚染地域の農
　　　林業復興…………………………………………………………… 180
　　1）支援活動形態とその特徴…………………………………………… 180
　　2）大学などによる農林業復興の取組事例…………………………… 182
　（5）放射能汚染地域の農林業復興における共助の限界と対応……… 183
7．むすび－多様な主体の連携による放射能汚染地域の農林業復興の方
　　向と課題……………………………………………………………… 185
　　引用・参考文献………………………………………………………… 186

第5章　放射能汚染に対する消費者行動の特徴と風評の発生実態・対応…… 187
　　　　　　（門間敏幸・ルハタイオパット プウォンケオ）
1．はじめに－問題意識と課題………………………………………………… 187
2．農産物・食品の放射能汚染の消費者行動への影響評価と風評に関す
　　る研究成果…………………………………………………………… 188

（1）風評の理解と定義……………………………………………………188
　（2）農産物・食品の放射能汚染の消費者行動への影響評価に関する研
　　　究成果……………………………………………………………………190
３．風評評価の視点と風評対策の論点………………………………………193
　（1）風評を評価する視点…………………………………………………193
　　1）影響範囲の広さ………………………………………………………193
　　2）影響期間の長さ………………………………………………………195
　　3）商品・サービスの代替の可能性……………………………………195
　　4）損害賠償の存在………………………………………………………196
　　5）放射能を強く恐れる階層の存在と、その影響力の強さ…………197
　（2）放射能汚染に起因する風評発生とその持続のメカニズム……………204
４．風評の産業・観光への影響の実態………………………………………205
　（1）風評被害の類型化……………………………………………………205
　（2）風評被害の実態………………………………………………………206
　　1）風評被害の諸相………………………………………………………206
　　2）農林水産業の風評被害………………………………………………206
　　3）食品・その他製造業、卸・小売業の風評被害……………………209
　　4）旅行・観光業・レジャー関連産業の風評被害……………………209
　　5）その他の産業への影響………………………………………………210
　　6）買い叩き問題と倫理観………………………………………………211
５．公助による風評対策の特徴と課題………………………………………213
　（1）放射能被災地自治体の公助による風評対策………………………213
　（2）風評と向き合った福島県いわき市の取り組み……………………214
　　1）震災直後の取り組み…………………………………………………214
　　2）「いわき見える化プロジェクト"見せます！いわき"」への発展……215
　（3）市町村における風評対策と課題……………………………………216
　　1）市町村ができる風評対策……………………………………………216
　　2）市町村の風評対策の課題と方向……………………………………216
６．企業などの共助による風評対策の特徴……………………………………218

（1）企業による共助の取り組み……………………………………………… 218
　（2）民間組織による支援活動…………………………………………………… 219
　（3）風評克服のための企業・民間組織と連携した取り組みの課題……… 220
7．まとめ－放射能汚染に起因する風評対策の望ましいあり方…………… 221
　（1）生産地における風評対策…………………………………………………… 221
　（2）流通・消費段階における風評対策………………………………………… 222
　（3）風評払しょくのための重要課題と望ましい対応方向………………… 222
　　1）新たな農産物マーケティングの示唆（多様な関係性マーケティング）… 223
　　2）リスクコミュニケーションによる風評防止……………………………… 224
　　3）モラル・ハザードへの対応………………………………………………… 225
　引用・参考文献……………………………………………………………………… 227

第6章　災害復興基金の活用による被災者ニーズに対応した復旧・復興の実現と課題………………………………………………………… 229

（門間敏幸）

1．はじめに－災害復興基金の特性と本章の課題…………………………… 229
2．災害復興基金が必要になる背景…………………………………………… 230
3．災害復興基金の活用場面と農林水産業の復興－東日本大震災以前…… 233
　（1）雲仙岳災害対策基金の事業実施状況と農林業復興事業の特徴……… 233
　　1）雲仙岳災害の特徴と被害概況……………………………………………… 233
　　2）復興を支える災害対策基金事業の実施状況……………………………… 233
　　3）雲仙岳災害対策基金で実施された農林業復興対策の特徴…………… 237
　（2）新潟・中越大震災復興基金の事業実施状況と農林業復興事業の
　　　特徴…………………………………………………………………………… 242
　　1）中越大震災の特徴と被害概況……………………………………………… 242
　　2）自助・共助・公助が連携する「新潟モデル」による復興…………… 243
　　3）復興を支える復興基金事業の実施状況…………………………………… 247
　　4）中越大震災復興基金における農業の復興対策の特徴と成果………… 251
　　5）基金を活用した農業の復旧・復興の成果………………………………… 253

（3）北海道南西沖地震復興基金の事業実施状況と農林業復興の特徴 …… 255
　1）北海道南西沖地震の特徴と被害概況 ………………………………… 255
　2）復興を支える復興基金事業の実施状況 ……………………………… 255
　3）奥尻町における義援金基金の活用実態と効果 ……………………… 257
4．東日本大震災からの復興と復興基金の活用実態と課題 ………………… 259
（1）東日本大震災復興交付金事業について ………………………………… 259
（2）県レベルで設立された東日本大震災復興基金の特徴 ………………… 262
　1）岩手県・東日本大震災津波復興基金 ………………………………… 264
　2）宮城県における東日本大震災に関わる復興基金の設立と活用 …… 266
　3）福島県東日本大震災復興基金の設立と活用 ………………………… 271
（3）市町村レベルで設立された東日本大震災復興基金の特徴 …………… 275
　1）岩手県陸前高田市 ……………………………………………………… 276
　2）宮城県仙台市 …………………………………………………………… 279
　3）福島県南相馬市 ………………………………………………………… 284
5．むすび－災害復興基金による大災害からの復興の特徴と課題　自
　　助・共助・公助連携による東日本大震災からの農林水産業の創造的
　　復興に向けて……………………………………………………………… 289
　　引用・参考文献 …………………………………………………………… 293

第7章　火山噴火のもとでの住民避難と地域の農業復興における自助・共助・公助の連携 ……………………………………………… 295

（杉原たまえ）

1．研究目的 ……………………………………………………………………… 295
2．2000年火山噴火の影響－島民避難による地域農業崩壊 ………………… 296
（1）噴火の状況 ………………………………………………………………… 296
（2）被害の状況 ………………………………………………………………… 297
3．全島避難のための離島プロセス（2000年6～8月）……………………… 298
（1）噴火開始後から全島避難に至るプロセス ……………………………… 298
（2）全島避難までの災害対応の特徴 ………………………………………… 300

4．避難先での島民の暮らし（2000 年 9 月〜2003 年 3 月）……………… 301
（1）避難先への定着プロセス（2000 年 9 月〜2001 年 8 月）………… 301
（2）避難半年後の島民の様子……………………………………………… 303
（3）一時帰宅（日帰り帰宅）（2001 年 9 月〜2003 年 3 月）………… 305
（4）避難生活が長期化した島民の様子…………………………………… 306
　1）第 2 回避難生活実態調査…………………………………………… 306
　2）三宅村農家（現況耕作者）意向調査……………………………… 307
（5）長期化する避難生活に対する行政支援……………………………… 312
（6）復興計画と農業復興…………………………………………………… 315
5．帰島に向けた復旧の取り組み－帰島プロセス（2003 年 4 月〜2005
　年 1 月）………………………………………………………………………… 317
（1）滞在帰宅期（2003 年 4 月〜2004 年 6 月）………………………… 317
（2）帰島準備期（2004 年 7 月〜2005 年 1 月）………………………… 319
6．帰島後の営農復旧と暮らしの再建（2005 年 1 月〜）…………………… 320
（1）営農再開に向けての取り組み………………………………………… 320
（2）暮らしの再建と防災…………………………………………………… 322
7．全島避難と営農・農村社会復興のための自助・共助・公助の連携 …… 323
（1）経済的支援を軸とした公助…………………………………………… 323
（2）連携する「共助」……………………………………………………… 324
（3）農業による新たな自助活動…………………………………………… 326
（4）営農・農村社会復興に向けた自助・共助・公助の連携…………… 327
　注 ……………………………………………………………………………… 328
　引用・参考文献 ……………………………………………………………… 332

第 8 章　口蹄疫からの地域農業の復興における自助・共助・公助の連携 … 333
（山本直之）

1．目的および方法 ……………………………………………………………… 333
2．口蹄疫被害の実態と対応の特徴 …………………………………………… 334
3．口蹄疫への対応に関する畜産経営の評価 ………………………………… 335

（1）アンケート結果の概要……………………………………………………335
　（2）家畜防疫等に関する肉用牛農家の評価…………………………………335
　4．口蹄疫対策における自助・共助・公助の連携－畜産経営の評価………338
　5．畜産農家と関係機関が一体となった防疫システムのために……………342
　　注………………………………………………………………………………345
　　引用・参考文献………………………………………………………………345

第9章　農地1筆単位の放射性物質モニタリングシステムの開発による放射能汚染地域の農業の復興－大学による共助の実践例－………347
（門間敏幸・ルハタイオパット プウォンケオ）

　1．放射能汚染の実態……………………………………………………………347
　2．研究の背景と課題－放射能汚染対策と農業復興における放射性物質
　　モニタリングシステム開発の重要性………………………………………348
　3．放射性物質モニタリングシステム開発の意義……………………………351
　4．放射性物質モニタリングシステムの開発実証地（相馬市玉野地区）
　　の概要…………………………………………………………………………353
　（1）相馬市玉野地区の概況……………………………………………………353
　（2）放射能汚染による地域農業の被害………………………………………354
　5．開発を試みた放射性物質モニタリングシステムの概要…………………355
　6．放射性物質モニタリングの結果と活用……………………………………359
　（1）農地の放射性物質濃度の特徴……………………………………………359
　（2）水田の除染と効果…………………………………………………………361
　（3）採草・放牧地の除染と効果………………………………………………363
　7．農地1筆ごとの放射性物質モニタリングシステムの開発費用と普及
　　可能性…………………………………………………………………………366
　8．放射性物質モニタリングシステムの今後の活用方向と課題……………368
　　引用・参考文献………………………………………………………………368

第10章　ウクライナ・ベラルーシにおけるチェルノブイリ事故への対応からわが国の今後の風評対策を考える……371
（門間敏幸）

1．はじめに－問題意識と課題……371
2．調査訪問先の概要……372
3．チェルノブイリ事故における風評を考える視点……379
　（1）ウクライナ・ベラルーシにおける食品・農産物の放射能汚染対策…379
　（2）チェルノブイリ事故後、風評は克服されたか……382
4．チェルノブイリ事故に関わる風評の実態……383
5．チェルノブイリ事故の風評被害の実態の考察……384
　（1）農産物・食品の風評被害について……385
　（2）健康に関する風評について……386
　（3）社会的・心理的な影響について……387
6．おわりに－チェルノブイリ事故の風評評価から見るわが国の今後の風評対策の展開方向……389
　（1）総括1－チェルノブイリでは農産物・食品の放射能汚染の恐怖をなくすための取り組みが持続されている……389
　（2）総括2－チェルノブイリ事故では現在も健康不安は持続している…390
　（3）チェルノブイリ事故の経験を活かしたわが国の風評対策の展開方向…391
　引用・参考文献……393

第11章　被災地域の新たな農業の担い手経営を支援する方法
－オーダーメイド型農業経営分析システム－……395
（門間敏幸）

1．はじめに－被災地域で誕生した新たな農業の担い手経営支援手法の必要性……395
2．東日本大震災は被災地の農業をどう変えたか……396
　（1）農林業センサス個票を用いた水田作経営の構造変動予測……396
　（2）被災地以外の平坦水田作地域の構造変動予測結果……398

（3）津波被災地域の農業構造変動をどう評価するか ……………………… 401
　1）2010年農林業センサスを用いた予測結果 …………………………… 401
　2）2015年農林業センサスで見た津波被災3県の農林業経営体数の状況 …… 405
3．震災後の新たな農業を支える担い手の姿 …………………………………… 405
（1）東日本大震災後に誕生している新たな農業の担い手 ………………… 405
（2）描き切れない放射能汚染地の復興と担い手像 ………………………… 411
4．自助・共助・公助の連携で新たな農業の担い手経営を支援する方法
　　－オーダーメイド型農業経営分析システムの開発 ……………………… 412
（1）津波被災地域で誕生した農業経営体が抱える経営課題 ……………… 412
（2）担い手経営を支援する経営管理技術の開発 …………………………… 413
　1）オーダーメイド型の担い手経営支援体制の意義 ……………………… 413
　2）オーダーメイド型農業経営分析の意義 ………………………………… 414
　3）オーダーメイド型農業経営分析の方法 ………………………………… 415
　4）実用的な分析モデル（線形計画モデル）開発のポイント …………… 416
　5）現実再現テストの重要性 ………………………………………………… 421
5．オーダーメイド型農業経営分析モデルの実践例 …………………………… 422
（1）オーダーメイド分析実践事例の震災後の経営展開プロセス－福島
　　県Iファーム ………………………………………………………………… 422
（2）Iファームの経営改善方向 ……………………………………………… 423
（3）オーダーメイドモデルの開発と現実再現テスト ……………………… 424
　1）Iファームのオーダーメイド型線形計画モデルの構造の特徴 ……… 424
　2）現実の経営再現のシミュレーション …………………………………… 425
（4）経営改善評価のためのシミュレーション ……………………………… 428
　1）経営改善シミュレーションの内容 ……………………………………… 428
　2）現状規模での経営改善方向の評価 ……………………………………… 429
　3）規模拡大による経営改善方向の評価 …………………………………… 430
6．自助・公助・共助による担い手経営の支援方向 …………………………… 431
　引用・参考文献 ………………………………………………………………… 434

執筆者紹介 ………………………………………………………………………… 435

第1章　大災害からの復旧・復興における災害フェーズと自助・共助・公助連携のあり方

門間　敏幸

1．はじめに－本書の共通認識

　地震、火山災害、ゲリラ豪雨、台風の頻発といった地球環境の激変に伴う災害が世界各地で頻発している。さらに、口蹄疫、鳥インフルエンザ、ジカ熱等、家畜や人類の生命を脅かす伝染病の世界的な蔓延に対する不安が高まっている。また、そうした災害の規模と被害は年々大きくなっており、被害が蔓延して責任の所在が問題にされる場面で「想定外の災害」という言葉が関係者から発せられ、これまで整理してきた災害マニュアルが無力であったことが主張されている。

　しかし、最近の災害の規模は大きく被害は深刻であり、想定外という言葉で済ますことはできない、特に東日本大震災の津波でメルトダウンした東京電力福島第一原子力発電所から放出された放射性物質は、福島県の浜通り、中通り地方を中心に東日本の各地で深刻な放射能汚染問題を引き起こした。また、それに伴い風評という人々の放射能に対する恐怖心理がもたらす農産物・食品を中心とする商品の忌避、買い控え等の行動が生まれ、被災地およびその周辺地域である東北・関東地方の農林水産物の生産者は大きな被害を被った。さらに、日本製品の海外輸出にまで大きな影響を及ぼし、農林水産物の海外輸出額は大きく減少した。一方、放射性物質による人体への影響が深刻になる可能性があるため避難を余儀なくされた人々は、原発難民としてある者は全国の親類縁者を頼り、ある者は仮設住宅に避難し、長期間の避難生活を余儀なくされた。こ

うした避難地域では、避難指示解除後も住民は故郷に帰らず、除染した市街地、農地が再び荒廃し、その復興の方向さえ見いだせないでいる。

　また、大震災に起因して発生した大津波で多くの人々は住む家を失うとともに、農林水産業の生産基盤である農地は津波土砂やガレキで埋まるとともに、海の環境も一変した。さらに生産者は、莫大な投資によって整備した農業機械・施設、船や漁具といった生産手段を失うとともに、長い時間と膨大な金額をかけて築き上げてきたインフラは一瞬にして津波で破壊され、人間の力が及ばない自然の猛威のすさまじさに多くの人々は茫然自失するしかなかった。しかしながら、津波被害地域では、様々な困難に出会いながらも被災した住民の自助努力を基本としながら、大規模な予算と労力を伴うインフラや生産基盤などの災害復旧の場面では国・県・市町村などの公助が大きな役割を果たし、災害復旧は着実に実践されている。

　一方、東日本大震災では、津波災害発生直後のガレキや土砂の除去、避難所の運営、支援物資の迅速な配送、被災者の健康管理など、自助努力の限界を超える様々な問題の迅速な解決が求められた。しかし、こうした問題への公助の対応は、公助の主たる担い手である市町村・県の職員自体も被災者であるとともに、限界を超える作業量により困難を極めた。また、津波被害、さらには放射能災害からの復旧・復興の場面では、専門的な知識が不可欠とされ専門家による支援が必要となった。こうした場面では、阪神・淡路大震災で一躍脚光を浴びたボランティアによる様々な支援が求められ、広い範囲の被災地をもつ東日本大震災の被災地にも全国から多くの一般ボランティアが駆けつけ、復旧を支えた。また、医者や看護師などの専門家による被災者の確認や健康管理、大学などによる津波被災地、放射能汚染地の農林水産業復興のための支援活動も、東日本大震災で実践された特筆される支援といえよう。また、産業復興に関わる企業の支援なども実践されている。このように東日本大震災における復旧・復興の場面では、自助と公助をつなぐ共助が重要な役割を果たしたことが特徴として挙げられる。

　わが国は奇跡の島と呼ばれるように、南北に長い国土がもたらす多様な自然、豊かな自然の恵み、そしてそうした自然の恵みの中で人々は、独自の文化・生

活スタイルを築きあげてきた。しかし、その一方で、台風、火山災害、地震、集中豪雨、干ばつや冷害などの自然災害との厳しい戦いを余儀なくされてきた。荒れ狂う自然との付き合い方を熟知してきたわれわれ日本人であるが、最近の地球環境の激変に伴う多様な天変地異の変動は想像を絶しており、新たな付き合い方を模索する必要に迫られている。

　本書は、すでに「はしがき」に述べたように、執筆者一同が以上のような問題意識に基づき、今後も頻発が予想される災害に対していかに対応するかという視点から、これまでの災害に対する対処の仕方を自助・共助・公助の果たしてきた機能とその連携のあり方にポイントを置いて考察する点に特徴がある。そのため、本章では、本書の各章の内容をより理解しやすくするために、災害復興に関わる課題として重要と思われる次の3つの課題についての考え方の整理を行う。第1の課題は、災害発生からの時間の経過に伴って変化する被災の状況と被災者のニーズを的確に把握して災害対策を体系的に実践するために必要となる災害フェーズの考え方の整理である。第2の課題では、自助・共助・公助の主体と、それぞれが果たすべき役割、相互の連携のあり方について考察する。そして、最後のまとめとしての第3の課題では、災害フェーズごとに自助・共助・公助の果たすべき役割と相互の連携のあり方について整理する。

2．災害フェーズの考え方の重要性
（1）災害フェーズ概念とその普及

　広辞苑（第6版）では、フェーズは、「①様相。局面。②（理）相。位相」と、またデジタル大辞泉でもほぼ同様な説明がされている。一方、英語の phase は、変化・発達の段階、状態、形態と説明され、状態の変化を見ながら段階的に様々な対策を展開する場面で使用される。

　災害対策の場面で、災害フェーズという言葉が頻繁に用いられるようになったのは、長崎豪雨（1982年）、日本海中部地震（1983年）、雲仙岳噴火・火砕流（1991年）、北海道南西沖地震（1993年）、阪神・淡路大震災（1995年）、インフルエンザ大流行（1998-1999年）、三宅島火山災害（2000年）、新潟県中越地震（2004年）、スマトラ島沖海底地震・津波（2004年）、新潟県中越沖地震（2007年）、世界規

模での新型インフルエンザの流行 (2009 年)、宮崎県の口蹄疫 (2010 年)、東日本大震災 (2011 年) などの大災害の頻発が背景にある。特に未曾有の被害をもたらした 1995 年の阪神・淡路大震災では、人命救助が最優先の震災直後から、日常生活を早急に取り戻すための取り組み、インフラの復旧、復興のまちづくり等、刻々と変化する被災者の要望を解決するために、時間軸に沿ったきめ細かな対策の重要性が改めて認識された。それまで、わが国の災害対応は、1961 年 11 月に制定された災害対策基本法に従って実施されてきた。災害対策基本法では、予防対策 (防災組織の設立等)、災害応急対策 (被災者の保護、物資等の供給及び運送)、災害復旧、被災者の援護を図るための措置、財政金融措置などについて定められていたが、想定を上回る災害への対応、時間の経過とともに刻々と変化する被災者の支援ニーズへの対応という点では不十分であった。

　アメリカでは、1979 年に洪水、ハリケーン、地震、原子力災害を含む災害対策を一元的に統括する組織として FEMA (アメリカ合衆国連邦政府緊急事態管理庁) が設置された。FEMA は、Prevention (災害防止対策)、Protection (防災訓練・啓蒙対策)、Mitigation (被害軽減対策)、Response (応急対応)、Recovery (復旧・復興) という 5 つの対策のフェーズを整理し、システマティックな対応を組織的・一元的に展開する体制を整備している。特に復旧・復興の場面では、コミュニティの再建、経済復興、健康・社会サービス、住宅再建、インフラ施設の再建、文化遺産の再建に関する支援プログラムを準備している。わが国でも東日本大震災後に、各省庁の緊急事態対応機能を一元化した緊急事態対応組織を構築しようと計画されたが、復旧・復興だけを担当する復興庁が形成され、災害をあらゆる角度から防止するための組織の整備は今後の課題として残された。

　しかし、阪神・淡路大震災以降、わが国においても災害フェーズ、災害ライフサイクルの概念が次第に広がりをもって使われるようになった。とりわけ、災害の発生とともに刻々と変化する被害の状況、被災者の支援ニーズに臨機応変に対応できる仕組み、行動が必要であることが強く認識されるようになった。土木学会がまとめた阪神・淡路大震災の教訓では、時間経過に伴う被災者の心理状態の変化を次のように整理し、被災者の心理状態の変化はマズロー (1997) の要求 5 段階説で説明できることを指摘している。

- 震災直後の1分－生きていてよかったを実感
- 1時間－家族の安否確認
- 1日－今後の生活の不安
- 1週間－毎日の生活で精いっぱい
- 1カ月－災害ユートピア（人々の善意に包まれる）
- 1年経過－先行き不透明で閉塞状況に陥る

　こうした整理に基づき、災害対応課題を、命を守る対策（緊急対策－72時間前後までに展開）、社会フローの復旧（応急対策－100日前後までに展開）、社会ストックの再建（復旧・復興対策－10年以内）、ロジスティックス（情報・資源管理-被災直後から10年間持続）の4段階に整理して、実施すべき時間を整理している（www.jsce.or.jp/library/eq10/book/45943/7-0005.pdfより引用）。

　また、災害フェーズ分類を積極的に採用しているのが、災害医療・看護の分野である。表1-1は、東京都災害医療協議会が2014年にまとめた「災害医療

表1-1　災害医療分野における新たな災害フェーズの提案

旧フェーズ		新フェーズ		
区　分		区　分	想定期間	状　況
1	初動期 （被災から概ね 48時間以内）	0　発災直後	発災直後～ 6時間	建物の倒壊や火災等の発生により、傷病者が多数発生し、救出救助活動が開始される状況。
		1　超急性期	6時間～ 72時間	救助された多数の傷病者が医療機関に搬送されるが、ライフラインや交通機関が途絶し、被災地外からの人的・物的支援の受け入れが少ない状況
2	初動期以降 （被災から概ね 48時間以降）	2　急性期	72時間～ 1週間程度	被害状況が少しずつ把握でき、ライフライン等が復活し始めて、人的・物的支援の受入体制が確立されている状況。
		3　亜急性期	1週間～ 1カ月程度	地域医療やライフライン機能、交通機関等が徐々に回復している状況。
		4　慢性期	1カ月～ 3カ月程度	避難生活が長期化しているが、ライフラインがほぼ復活して、地域の医療機関や薬局が徐々に再開している状況。
		5　中長期	3カ月以降	医療救護所がほぼ閉鎖されて、通常診療がほぼ回復している状況。

出所：東京都災害医療協議会（2012）：「災害医療体制のあり方について」（東京都災害医療医協議会報告）、p2より引用。

体制のあり方について」の中で災害フェーズの新たな区分を提案したものである。発生直後から時間の経過に従って対応すべきことを6段階で整理し、的確な対応が可能となるように細かな活動提案を行っている。

　また、内閣府（2007年）でも以下のような興味深い4段階の災害フェーズを整理している。第1段階は、「失見当」と呼ばれる「震災の衝撃から強いストレスを受けて、自分の身のまわりで一体何が起こっているのかを客観的に判断することが難しくなり、視野が狭くなってしまう状態」であり、10時間くらい続く。第2段階は、安否確認、被害の全体像が理解され、自分の置かれた状況が理解できる「被災地社会の成立」と呼ばれる状態で、災害発生後10時間から100時間（災害発生後2〜4日間）が該当する。第3段階は「災害ユートピア」と呼ばれ、避難所や仮設住宅という新しい環境の中で一致団結して生活する社会を構成する時期であり、災害後100時間から1,000時間（災害後2〜4日間から災害後2カ月）くらいの時期である。第4段階は、被災者が避難所や仮設住宅から出て自宅で日常生活を取り戻す時期であり、災害後1,000時間以降（震災後2カ月以降）の時期である。なお、10、100、1,000時間という時間の経過は、「人の感覚は対数法則に支配される」というドイツの生理学者・ウェーバーとフェヒナーによる心理学の理論・法則にもとづいて設定されている。

　内閣府の最新の地震対応のガイドラインは、準備段階、初動段階（発災当日中）、応急段階（1〜3日、3日から1週間）、復旧段階（1週間から1カ月）というフェーズに従って、実施すべき対応行動を表1-1のように整理している。

　また、東日本大震災からの教訓をまとめた世界銀行は、図1-2のような災害管理サイクルを、フェーズ1（災害前）、フェーズ2（対応）、フェーズ3（災害後）の3つに区分し、各フェーズで実施すべき対策を整理している。

　以上の整理から明らかなように、これまでの大災害の経験から災害に的確に対応するためには、災害発生からの時間の経過に伴って変化する災害の様相、変化する被災者のニーズに寄り添った対応が重要であることがわかる。すなわち、災害発生からの時間経過に伴う被害の様相を的確に把握して、その対策を整理する災害フェーズ概念が重要であることがわかる。

第1章 大災害からの復旧・復興における災害フェーズと自助・共助・公助連携のあり方　7

表1-2　内閣府等による地震対応のガイドライン

地方都市等における地震対応のガイドライン

	準備段階（内は住民等の意識啓発）	初期段階（発災当日中）	応急段階			復旧段階
			1～3日後	3日～1週間後	1週間後～1カ月後（又は数カ月後）	
1. 災害対策本部の組織・運営	・庁舎の耐震化、代替施設の確保、災害対策本部設置・運営訓練	・災害対策本部設置（代替庁舎の公開）・本部会議の公開、記者会見の実施	・国・県・市町村等の合同による会議	・行政職員のこころのケア		
2. 通信の確保	・衛星携帯電話の確保、連携した使用訓練、代替通信手段の検討	・情報通信の疎通状況確認	・孤立集落等への通信手段の確保			
3. 被災情報の収集	・情報収集項目の事前整理・情報収集（トリアージ）体制の整備	・被害状況に関する情報収集	・情報処理（トリアージ）	・企業等の被害情報収集		
4. 災害情報の伝達	・防災行政無線のデジタル化	・地震（余震）情報、津波情報、避難勧告・指示等に関する情報提供				
5. 応援の受入れ	・応援職員の担当業務の整理・応援協定の締結及び訓練・ヘリコプター離着陸場確保	・応援要請	・連絡窓口、受入れ体制確保（駐車場、燃料、宿泊地、災害対策本部内の事務スペース等）・都道府県及び周辺市町村の応援受入れ			
6. 広報活動	・特別な配慮が必要な方への多様な情報伝達手段を確保	・住民への広報（被害情報、避難所、物資、ライフライン等）	・応急危険度判定の広報	・被害認定調査、罹災証明の発行に関する広報	・イベント、キャンペーン等の周知	
7. 救助・救急活動	・医師、保健師等の連携体制確保	・死傷者の捜索、救出救助活動	・遺体の安置、医療チーム派遣要請			
8. 避難所等、被災者の生活対策	・避難所施設の耐震化、住民と連携した運営訓練	・避難所安全確認、避難所開設	・衛生環境の確保、エコノミークラス症候群の防止	・避難所の環境整備（配慮の必要な人や女性の視点を考慮）	・避難所の統廃合、閉鎖	
9. 特別な配慮が必要な人への対策	・特別な配慮が必要な人の把握、配慮が必要な人への支援体制検討	・福祉避難所やホテル、旅館および専門的スタッフ等の確保、安否確認、必要な支援の確認・提供	・チェックリスト等を用いた生活情報の専門・多様な情報提供手段による広報・被災者のこころのケア	・災害関連死の防止		
10. 物資等の輸送・供給対策	・物流業者等との協定・地域完結型の備蓄	・物資支援要請	・物資購入、個人からの物資受入れ方針と拠点の要員確保・物資拠点の確保	・給水の実施・物資搬出入広報		
11. ボランティアとの協働活動	・社協等でのボランティア活動・社協職員等への研修・NPO団体等との事前協定	・社協等でのボランティア活動体制の準備	・ボランティア受入れ・休憩の確保、周知	・移動手段や専門家等の派遣要請	・地域コミュニティによる支援体制の確保支援	
12. 公共インフラ被害への応急処置等	（ハザードマップ等により、発生の危険性を認識し、事前に土砂災害の発生の危険性を認識し、訓練等を実施）・耐震化の着実な実施・専門家との連携・インフラ被害、道路啓開等体制の検討と確保	・避難勧告等の実施、土砂災害発生箇所の把握	・道路啓開・立入禁止措置や避難の実施	・管理者が避難した地区の家畜や冷凍食品等の移動等		
13. 建物、宅地等の応急危険度判定 14. 被害認定調査、罹災証明の発行	（応急危険度判定の意味について一般への理解促進）	・応急危険度判定士の応援要請	・応急危険度判定の実施・被害認定調査の応援要請	・被害認定調査の実施、罹災証明の発行手続き		
15. 仮設住宅	・仮設住宅の建設候補地、空き家等の事前把握・地域で配慮が必要な人に適した住宅の検討		・仮設危険度判定	・仮設住宅必要戸数の算出	・仮設住宅建設地の決定・空き家情報の広報	・「みなし仮設」、被災者等への受付
16. 生活再建支援	・被災者等の検証地震災害による事前検討	・義援金受け付け	・住民向け相談窓口の設置（多様な専門家との連携）	・生活資金（一時金）等の貸付	・配慮が必要な人の配分に等、人数の確認・義援金の周知、受付分方法の検討	・被災事業者等の事業再開相談等・他の市町村等民間業者の協力による災害廃棄物の処理
17. 廃棄物処理	・仮置き場等の候補地選定・廃棄物発生量の事前検討		・災害廃棄物処理計画の策定		・がれき仮置場の確保	

出所：内閣府（防災担当）：「地方都市等における地震対応のガイドライン」、2013年8月　を一部修正して掲載。

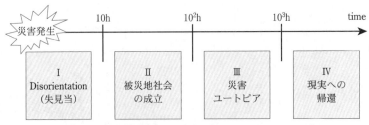

図1-1 内閣府が設定した災害の4つのタイムフェーズ
出所：内閣府（2007）より引用

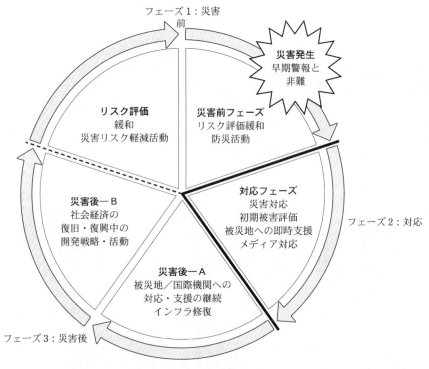

図1-2 災害管理フェーズ
出所：世界銀行（2011）：「自然災害への対応（世界銀行等による評価からの教訓）」、p3より引用

（2）フェーズフリー概念の登場

なお、近年は平常時や災害時などの社会の状態に関わらず、いずれの状況下においても、適切な生活の質を確保する上で支障となる物理的な障害や精神的な障壁を取り除くための施策、およびそれを実現する概念としてフェーズフリーの概念が注目されている。

フェーズフリー概念は、佐藤唯行（2016）によって新たに提起された概念であり、一般市民は平常時において災害時を具体的に思い描くことができないという事実から出発した概念である。そのため、平時と災害時という区別をしないで、平時から災害に備えることを常態化することを実現するための概念である。すなわち、災害から時間が経過するに伴って私たちは災害の記憶が消失するため、その備えを忘れてしまう。そうしたことを事実として受け止めて、平時から災害に備える日常生活、対策を展開することで災害に対応できるようにすることを目指すものである。

3．自助・共助・公助の主体
（1）自助・共助・公助と関連する概念

阪神・淡路大震災、東日本大震災を契機として災害への対応として自助・共助・公助のあり方、連携が叫ばれるようになった。自助・共助・公助という用語は、学術的な用語として明確に定義されているわけでなく、慣用的かつ一般的に用いられている用語である。しかし、この言葉の意味は、使用する問題領域（地方自治のあり方、コミュニティ評価、災害対策、介護対策、エンパワーメントなど）によって若干異なる用いられ方をしている。ここでは、災害マネジメントの視点から、自助・共助・公助を次のように定義しておく。

自助：個人、家族、企業などが自らの力で、災害を防止するための対策、災害にあった場合には命を守り被害を軽減して日常生活を取り戻すための活動。

共助：近隣の人々、地域コミュニティが助け合って防災活動を行い災害に備えるとともに、被災した場合は人名救助を実践するとともに、被災した地域での生活あるいは避難先での被災生活、さらには農業などの産業復興を円滑に実践するための活動。また、こうした住民による共助を支援する災害ボランティ

ア、NPO、企業、教育機関などの活動も含む。
　公助：国、地方自治体、警察・消防、ライフラインを支える企業・団体などによる災害防止、人命救助、インフラ復興、産業復興などの支援活動。
　なお、地域包括ケアの分野では、この3つの概念以外にも「互助」という概念を用いてインフォーマルな共助と社会保険などの制度化されたフォーマルな相互扶助システムを区別している。確かにケアの分野では、この区分は妥当するが、災害分野ではフォーマルな共助を区分する意義は低い。
　自助・共助・公助という言葉が用いられた歴史を見ると、わが国では上杉鷹山の三助が有名である。三助とは、「自助」「互助」「扶助」の3つであり、互助は仲間同士の助け合いを、扶助は藩などの指導者による支援を意味している。すなわち、互助＝共助、扶助＝公助を意味していることがわかる。こうした三助の考え方を整理した背景には、鷹山が上杉家の当主となった当時、藩には11万両の借財があり、重税による領民の疲弊、武士の困窮による風紀の乱れ、天明の大飢饉などの飢饉の頻発などの厳しい状況があった。これらの厳しい状況を克服するために、武士・農民たちの「自助」による生活経済の再建、「互助」精神よるインフラ整備や特産品開発、飢饉克服のための藩の「扶助」（食料の確保・配分、備蓄の確保、武士階級の倹約など）が実践された。
　ヨーロッパでは、個人や小規模グループで出来ないことだけを政府がカバーするという補完性の原理が地方自治の基本として認識され、1998年以降に国連で検討された世界地方自治憲章などでもその精神が盛り込まれている。しかし、米国、中国の反対でいまだ成立していない。また、補完性の原理とともに、エンパワーメントの考え方も重要な指導原理となっている。エンパワーメントに関する概念を整理した巴山・星（2003）は、エンパワーメントはコミュニティ、心理学分野、社会福祉学分野、公衆衛生・地域保健学分野などの研究領域や研究対象によって様々に定義され使われてきた概念であるが、そこには共通の価値、つまり「全ての人の潜在能力を信じ、その潜在能力の発揮を可能にするような人間尊重の平等で公正な社会を実現しようとする価値」が存在すると整理している。また、エンパワーメントのプロセスは、個人・集団・地域において妥当するものであり、その相互関係の研究は自助・共助・公助の連携につなが

るものである。また、星（2003）は、個人・集団・地域のエンパワーメントを支援するための理念は、①住民第 1 主義（PeopleFirst）、②情報提示と本人の意志決定（Informed.ChoiCe）、③専門家が住民の行動に価値をつけて判断しない（NonJudgement with Value）の 3 点であることを整理している

　自助・共助・公助に関してソーシャル・キャピタルの考え方も関連概念として重要である。ソーシャル・キャピタルとは、地域に住む人と人との間に存在する信頼、つきあいなどの人間関係、個人と社会をつなぐ地域コミュニティ組織やボランティア組織などを含むと考えられる。人々の協調行動を活発にすることによって、人と人との信頼感、守るべき社会的なルール、様々な人々の交流のネットワークが生まれ、社会生活の質や広がり、さらには社会活動の効率を高めることができる社会の仕組みを構築することができるという考え方である。わが国では、ソーシャル・キャピタルの存在が、災害時の緊急対応、復旧・復興の場面で大きな影響を及ぼすことが確認され、地域コミュニティにおける自助・共助による「ソフトパワー」を効果的に活用するための仕組みづくりが提唱されている。

（2）自助・共助・公助のシステム

　自助・共助・公助の関係、すなわちそれぞれの重要性について、災害現場での経験から様々な見解が明らかにされてきている。その中でもとりわけ有名なのが、阪神・淡路大震災の教訓として語られている「自助7割、共助2割、公助1割」という言葉であり、林春男（京都大学防災研究所教授）らの調査によって示されたものである。また、未曽有の大被害をもたらした東日本大震災でも想定外の事態ならびに市町村役場あるいは職員自体が災害に巻き込まれ公助が混乱し、被災者の自主的な判断や努力、がれき撤去などボランティアによる緊急の支援、NPOによる避難所の運営支援などが被災者の日常生活の回復に大きな役割を果たしたことが知られている。

　こうした経験から、ことさら公助の限界と自助の重要性を指摘する主張もみられる。公助の限界の理由としては、①行政組織自体も被災し機能不全に陥る、②想定外の災害では事前に策定したマニュアルが機能しない、③多様な住民の

救助・救援ニーズに応えるための予算と人員が不足している、④復旧・復興における国・県・市町村の役割分担が不明確で地方自治体の権限が制限されている、⑤刻々と変化する状況の変化に対応した臨機応変の対応が前例踏襲を基本として行動してきた行政には難しい、といった点が指摘できる。しかし、逆に言えば、以上の問題が克服されるならば公助は災害復旧に大きな役割を果たすことができるということである。確かに災害が発生した時に自分と家族の命や財産を守るのは自助であるが、災害が発生しないように、万一発生した場合でも被害を最低限に抑えることができる仕組みを考えてインフラを整備するのは公助である行政の仕事である。また、消防や自衛隊による人命救助などの活動も公助であり、迅速かつ的確な対応が望まれる。すなわち、公助の役割は、住民と一体となって災害の抑止システムを構築するとともに、災害に強いまちづくり等、災害の被害を最小限に食い止める活動の展開という視点からますます重要になっている。

　一方、自助をことさら重視する風潮に対する批判も見られる。すなわち、公助や共助の役割を軽視することによる弊害の発生である。東日本大震災の津波から生還した人の多くは自力で津波から脱出した。しかし、一方で命を懸けて人々を救出した消防団の活動によって救われた人も数多くいる。7割が自力で、1割しか消防団や地域の人々の命がけの救助活動で救われていないという事実が本当であったとしても、果たして公助・共助を軽視することができるであろうか。本来、予期せぬ災害が発生した場合に自分の命を守るのは自分自身であり、公助・共助が守ってくれると考えることはできない。自分で守れない危機に陥った人を救うのが公助・共助の役割と考えるべきである。その意味で「津波てんでんこ」の言い伝えは、自助の基本であり、一人一人が自らの命を守るためにどうすべきかを教えてくれる。東日本大震災では254名もの消防団員が尊い命を犠牲にした。この事実をどのように評価すべきであろうか。消防団員も「津波てんでんこ」に従って津波から逃げるべきであったのか、あるいは人名救助のための任務を全うすべきだったのか。その判断はだれにもできない。

　また、ことさら自助を強調することによって共助が軽視されるという問題をはらんでいる。すなわち、隣近所の相互扶助、地域コミュニティ活動、ソーシャ

ル・キャピタルの充実、エンパワーメント支援の軽視につながる危険性をはらんでいる。こうした共助の仕組みづくりは、一朝一夕にできるものでなく、住民相互の信頼と、行政、NPO、ボランティアの的確かつ継続的な指導があって、徐々に形成されていくものである。すなわち、「共助・公助」の支援による「自助」のレベルアップが重要である。

　また、災害防止と被害軽減の視点からは、多様な共助システムを構築することが重要である。すなわち、①隣近所の相互扶助関係の構築、②行政と住民をつなぐ地域コミュニティの形成と活動の活発化、③多様な住民ニーズに対応できるNPO活動の展開、④がれき撤去など緊急に対応できるボランティア活動、⑤復旧・復興を専門的な立場から支援できる研究組織、大学などの教育研究機関、民間企業の活用等である。隣近所、地域コミュニティの重要性は、人命救助の場面や避難所・仮設住宅でのスムーズな生活の運営だけが注目されているが、復旧・復興の局面で利害が対立する住民の意見の調整と合意形成の支援という面からも重要な役割を果たすであろう。災害復旧・復興の最前線で働く市町村職員にとって利害が対立する住民の意見調整は難しく、このことが原因で精神的な病気になる職員もいる。住民の利害が対立する場面では、地域コミュニティによる合意形成促進機能の発揮が期待される。筆者らも、地域住民の合意形成ができなかったために復旧・復興事業が遅れてできなくなったケースを見てきた。

　表1-3は、東日本大震災発生から1年間の福島県相馬市の共助の動きを整理したものである。この整理から、相馬市において震災直後からボランティア、NPO、その他支援団体が、それぞれの得意分野で多様な支援活動を展開していることがわかる。また、企業による支援が迅速に行われている。これらの取り組みは、被災者個人の自助の範囲を超えるとともに、行政ではできないきめ細かな分野で重要な貢献を果たしている。

　図1-3は、ボランティア、NPOの活動を伝える相馬市の記録である。なお、こうした共助のための活動は、ボランティアやNPO単独でできるものでなく、市町村と緊密な連携の下で実施されることでより効果を発揮する。特にボランティアの受け入れ、配置などの対応場面では、公助の機能が重要である。いか

表1-3　相馬市における被災1年間の共助の動き

開始日	共助の内容
2011. 3.13	おにぎりたきだしボランティア
3.15	ダウケミカル㈱ 義援金（200万ドル）
3.21	ボランティアセンター開設
3. 3	そうまさいがいエフエム開設
4.12	心のケア研修会
6. 2	相馬フォロアーチームNPO化設立総会
6.27	仮設住宅に夕食のおかず配食開始
7.19	仮設住宅でリアカー販売開始
7. 9	ソーラーパネル寄贈式（マスク財団）
8. 1	NPO法人はらがま朝市クラブ認可
8. 4	ダウケミカル㈱　災害公営住宅寄贈
8. 8	NPO法人相馬フォロアーチーム認可
8.14	応急仮設住宅でキッチンカーによる夕食配食開始
8.17	宮城教育大学学生による学力向上支援
9. 5	ひまわり会情報交換会
9.16	㈱IHI建設作業機械寄贈式
9.19	ノバルティスジャパン支援寄贈式
11.24	相馬井戸端長屋プロジェクトチーム会議
2012. 1. 9	NPO相双にあたらしい精神科医療福祉チームをつくる会発足

出所：相馬市災害対策本部『平成23年3月11日発生・東日本大震災の記録－中間報告－』より筆者作成

にボランティア活動をスムーズに展開できるか、その仕組みづくりを担うのは被災市町村の公助である。

（3）自助のあり方「津波でんでんこ」を考える

　大規模広域災害時の自助の重要性として阪神・淡路大震災では、地震によって倒壊した建物から救出され生き延びることができた人の約8割が家族や近所の住民等によって救出されたという調査結果がある。また、自助の重要性を語る言葉として、「津波てんでんこ」の教訓がある。この言葉は、1990年に岩手県田老町で開催された「全国沿岸市町村津波サミット（第1回）」において、津波への対処として山下文男氏の経験として語られた。1933年の昭和三陸津波では、山下氏の父や兄弟は彼を置き去りにして逃げた。それを批判した山下氏の

第1章　大災害からの復旧・復興における災害フェーズと自助・共助・公助連携のあり方　15

4月30日（土）　　　連休で県内外からボランティアが駆けつける

　　被災住宅の泥出し　　　　　被災地から集められた　　　　中央公民館に設けられた
　　　　　　　　　　　　　　　写真の洗浄　　　　　　　　　ボランティア宿泊所

　大型連休2日目の4月30日、相馬市災害ボランティアセンターでは154人の活動がありました。
　最近の平日は50〜90人程で推移していましたが、連休を利用した県内外からのボランティアの申し込みが増加しました。
　同センターから派遣されたボランティアは被災住宅の泥出し、避難所でのサポート、仮設住宅への引越し手伝い、写真の洗浄などに従事しています。

5月3日（火）　　　　　　　復興への一歩　はらがま朝市を開催

復興の狼煙「はらがま朝市」

■「はらがま朝市NPO準備委員会」主催
※津波被害を受けた原釜地区の水産加工業者など、
　約30名が企画運営（NPO申請中）
■相馬市民に元気と活力を与えたい！
・毎週土日開催。
・毎回2,000人を超える市民でにぎわう。

　「はらがま朝市」は5月3日、長友グラウンドで開催され多くの人出でにぎわいました。
　主催は高橋永真さん（原釜）を代表とする「はらがま朝市NPO準備委員会」。高橋さんらの呼びかけで原釜の水産加工業者など約30名が集まり、「相馬市民に元気と活力を与えたい」と活動を開始しました。

図1-3　震災直後のボランティア・NPOの支援
出所：相馬市災害対策本部『平成23年3月11日発生・東日本大震災の記録−中間報告−』より筆者作成

母に対して、父は「なに！ てんでんこだ」と反論したという。山下氏の著書『津波てんでんこ』(2011)では、彼が生まれ育った集落内では「津波はまず各々が逃げることが大切」という行動規範が浸透していたと述べている。このサミットの論議の中で「津波てんでんこ」という言葉が生まれ広がっていったことを述懐している。「津波てんでんこ」は、三陸地方に伝わる古くからの格言ではないが、当時の防災に関する言い伝えを山下氏は著書『津波てんでんこ』中に述べているので、その記述を拾ってみたのが表1-4である。

この言い伝えが何を語っているか、結論から言えば、津波から逃れるために

表1-4 言い伝えに見る津波から逃れる方法

- 「凄まじいスピードと破壊力の塊である津波から逃れて助かるためには、薄情なようであっても、親でも子でも兄弟でも、人のことはかまわずに。てんでんばらばらに、分、秒を争うように素早く急いで逃げなさい」(pp.53-54)
- また、「津波てんでんこ」は、災害弱者の避難のありかたを考えると哀しい教えである (p53)
- 「自分の命は自分で守る」を基本としながら「自分たちの地域は自分たちで守る」防災思想の実践と矛盾しない (p53)
- 明治の大津波の体験と語り継ぎは、住民の打てば響くような素早い避難行動となり「不幸中の幸い」を生んだ (p89)
- 語り継ぎによって知りえた津波の恐怖は海を監視する行動を生み、俊敏な避難行動をうみだした (p90)
- 「地震があったら津波の用心、津波が来たら高い所へ」(p104)
- 「不時の津波に不断の注意」(p104)
- 「此処より下に家を建てるな」(p104)
- 「ぐらぐらといつまでも揺れ続けている地震が海底で起こったら、津波が発生するおそれがある」(p138)
- 「暗闇の中で津波が襲ってくるという状態の中では、家族全員で避難することはできない」(p139)
- 「津波が押し寄せて避難するときは、どのルートを辿って逃げるのが安全なのか、不断から子供たちに教えておく必要があります」(p140)
- 「米やお金や位牌をもって逃げられるとか、潮の引いている間に家に帰って米をもって避難所に行ける余裕があるなどと考えるのは論外である」(p145)
- 「命のほかに宝はないのだから、早く山に逃げるのが肝要」(p145)
- 「機敏に早く避難することこそが究極の津波防災である」(p220)
- 「津波はあっという間に押し寄せてきた。不断、想像していた以上に早かった」(p221)
- 「路地を必死になって逃げました。家族ばらばらになり、早い者勝ちで逃げました」(p223)
- 「津波は猛烈に早い。素早く立ち上がり、全力疾走で逃げるが勝ちと心得よう」(p224)
- 「命の他に宝はない」(p225)

出所：山下文雄 (2011)：『津波てんでんこ』より筆者抽出。

は「とにかく早く高台へ避難すること」が重要であるという対応である。その際に、自分の命は自分で守るというのを鉄則とすべきである。この鉄則の背景には、津波はわれわれの予想を超えた速さで人々を襲うという危機であり、この危機から逃れるためには、人のことにかまっていられないという切迫感である。「逃げろ、逃げろ」と叫びながら逃げた人が、多くの人を救ったということも語られている。こうした行動を生み出すのは、「津波への恐怖」であり、これをいかに多くの人々に語り継ぐかが問われている。また、一刻も早く安全な高台に避難できる経路をあらかじめ頭に入れ、避難訓練をしておくことも重要である。

　以上が「津波てんでんこ」が訴える自助による津波災害から生き残るための対処方法であるが、自ら迅速に逃げられない、病気で寝ている、足腰が弱い高齢者、足どりがおぼつかない乳幼児（避難弱者）に対する対策についても、地域で取り組みを考えておく必要がある。具体的には、地域全体で避難弱者の存在を具体的に把握するとともに、彼らの救助方法を具体的に決め、事前に訓練しておく。救助方法としては、車による避難、弱者専用の避難場所と経路、避難を支援する人の想定などである。

　自助・共助・公助のあり方を考える上で、先に示した東日本大震災における254名の消防団員の津波での殉職の経験から対策を考えた岩手県大槌町安渡地区の消防分団の取り組みを紹介した西日本新聞の次の記事が参考になるので引用しておく。(http://www.nishinippon.co.jp/feature/fire_company/article/73426)。

　「大津波が来るまであと15分だ」。岩手県大槌町消防団第2分団部長の鈴木亨（44歳）がせき立てる。「逃げるぞー」。団員たちは大声を出しながら、高台にたどり着いた。眼下に、東日本大震災の大津波にのまれた街と、壊れた防潮堤の残骸が見える。安渡地区であった津波を想定した避難訓練。消防団の動きは、大震災のときとはまるで違った。ぎりぎりまで街中にとどまるのではなく、津波の到達予想時刻の15分前には団員全員が避難した。震災後に決めた約束だ。震災で分団員42人のうち11人が犠牲になった。津波が迫る中、海に向かって走り、車が進入しないよう看板を設置した団員。周囲の人たちを高台に上る

よう説得して回った団員。民家で寝たきりの高齢者を助けているうちに津波に巻き込まれて亡くなった団員も5人いた。鈴木は団員たちに、こう繰り返す。「たとえ批判を受けても、任務として逃げるんだ」。生き残らなければ、その後の救助活動もできない。(途中省略──)。団員たちが逃げ遅れた大きな要因は、防潮堤の水門を閉める作業だった。12か所の水門閉鎖に地震発生から18分を要した。鈴木は2011年暮れ、町に対し再建する防潮堤に水門を造らないよう求めた。(途中省略──)。水門を設置しない代わりにスロープの迂回路を設ける。車や人が陸側へと逃げられる構造だ。自力で避難できない住民をどうやって守るのか。町内会長の佐藤稲満(74歳)は「消防団に頼りっぱなしではいけない」と話す。消防団と町内会は、この日の訓練で住民にも協力を求めた。自力で歩けない高齢者を乗せた車いすやリヤカーを近所の住民が押して避難した。隣近所に逃げ遅れた人がいないか確かめる人もいた。現場では試行錯誤が続く。(以下省略──)」

　この記事は、津波への地域での対応の仕方、すなわち共助のあり方を的確に物語っている。まず、ここで重要なのは、地域の特性の把握と災害が発生した原因の徹底究明である。この地区では、水門の開け閉め、寝たきり高齢者の救助、逃げない住民の説得などが原因で11名の分団員が死亡した。こうした事故原因を1つ1つ取り除くことが、安全につながるとともに、津波到達予想時刻15分前の避難が消防団員の命を守ることにつながるという対策を樹立した。自助と共助・公助が連携した命を守る取り組みといえよう。

(4) 共助を支えるボランティア
　1) ボランティア活動参加人数の推移と特徴
　災害に関わるボランティア活動については、地震、火山噴火、台風や豪雨災害の場面で参加人数に大小はあるがかなり以前から存在した。表1-5は、主な災害におけるボランティア参加者数を示したものである。これから明らかなように、1995年の阪神・淡路大震災のボランティアの数が138万人、東日本大震災が102万人と群を抜いて多い。1995年が「ボランティア元年」と呼ばれるゆ

表 1–5　主たる災害とボランティア参加者数

災害事故	発生年次	ボランティア延べ人数
雲仙普賢岳噴火	1990. 11	
北海道南西沖地震	1993. 7	9,000 人
阪神・淡路大震災	1995. 1	137 万 7,300 人
ナホトカ号重油災害	1997. 1	27 万 4,600 人
有珠山噴火災害	2000. 1	9,200 人
東海豪雨	〃　9	1 万 9,500 人
新潟・福島豪雨	2004. 7	4 万 5,000 人
福井豪雨	〃　7	5 万 8,000 人
台風 23 号	〃　10	4 万 4,000 人
新潟県中越地震	〃　10	8 万 6,000 人
能登半島地震	2007. 3	1 万 6,000 人
新潟県中越沖地震	〃　7	2 万 8,000 人
口蹄疫災害	2010. 4	
東日本大震災	2011. 3	102 万人
広島土砂災害	2014. 8	4 万人

出所：各災害に関する記録・報告書より筆者作成

えんである。これ以降、災害へのボランティア参加が一般化し、「災害ボランティア」という呼び方が一般化していく。

　災害発生時に全国から災害ボランティアが集まり、支援活動を展開する場合の特徴を表 1–6〜1–7 から見てみよう。阪神・淡路大震災と東日本大震災を比較した場合の大きな特徴は、次のように整理できる。

①阪神・淡路大震災の場合は、東日本大震災に比較して災害が発生してすぐに多くのボランティアが集まったが、東日本大震災の場合は 1 カ月くらい経過してから参加者が増加し、5 月のゴールデンウィークでピークに達している。

②阪神・淡路大震災では、災害発生から 3 カ月後にはボランティアの数は急激に減少し、その後は 1 カ月 2 万人前後で推移しているが、東日本大震災の場合は 2011 年の間は、比較的長く多くのボランティアが参加している。

　以上の動きから、阪神・淡路大震災に比較して、東日本大震災のボランティアの少なさがマスコミなどで取り上げられ、ボランティアに対する人々の熱

表 1-6　阪神・淡路大震災における一般ボランティア活動者数（推計値）

(単位：人)

年次・期間		日数 (A)	活動対象別人数（1日当たり）			1日平均人数 (E=B+C+D)	期間別合計人数 (F=A×E)	累計
			避難所・待機所 (B)	物資搬出・搬入 (C)	地域活動 (D)			
1995 年	1.17-2.17	31	12,000	3,700	4,300	20,000	620,000	620,000
〃	2.18-3.16	27	8,500	1,500	4,000	14,000	380,000	1,000,000
〃	3.17-4.3	18	4,600	400	2,000	7,000	130,000	1,130,000
〃	4.4-4.18	15	1,600	100	1,000	2,700	40,000	1,170,000
〃	4.19-5.21	33	750	10	340	1,100	36,000	1,206,000
〃	5.22-6.20	30	390		310	700	21,000	1,227,000
〃	6.21-7.23	33	330		470	800	26,000	1,253,000
〃	7.24-8.20	28	220		580	800	22,000	1,275,000
〃	8.21-9.20	31		900		900	28,000	1,303,000
〃	9.21-10.20	30		600		600	18,000	1,321,000
〃	10.21-11.20	31		600		600	19,000	1,340,000
〃	11.21-12.20	30		500		500	15,000	1,355,000
1995-1996 年	12.21-1.20	31		700		700	22,000	1,377,000

出所：兵庫県県民生活部生活文化局生活創造課資料より筆者作成
注：期間別合計人数 F は A×E の数値とは一致していない。

意・意識が低下しているような評価も見られたが、ボランティアの参加人数の差をもたらした要因は、次のように考えることができる。

　まず、第1は災害の質・特性の違いである。阪神・淡路大震災は、神戸を中心とした狭いエリアでの地震と火事を中心とした被害であるのに対して、東日本大震災は、岩手、宮城、福島の3県を中心とした東日本の沿岸部の広い範囲にわたる津波、地震、そして福島第一原発を中心とした放射能汚染を含む複合被害である。そのため、ボランティア希望者が、どこに行けばいいのか判断できない、アクセスが悪く神戸のように週末を活用した支援が難しい上に、交通の寸断、ガソリン不足、食料不安が重なった。また、津波による行方不明者が多く、自衛隊、警察、消防などによる人名救助が優先され、一般のボランティアが入り込む余地がなかった。さらに、放射能汚染では、帰宅困難区域、居住制限区域、避難支持解除準備区域に指定された地域では、地域住民は避難し、ボランティア活動に対するニーズはなかったし、もし支援に行ったとしてもボ

表1-7 東日本大震災被災3県の災害発生後の2週間ごとのボランティア活動者数

(単位：人)

期間	3県合計	岩手県	宮城県	福島県
3.11-3.20	15,000	3,200	5,600	6,200
3.21-4.3	59,200	11,800	30,000	17,400
4.4-4.17	70,300	15,500	42,100	12,700
4.18-5.1	81,000	18,500	47,200	15,300
5.2-5.15	90,600	22,300	48,600	19,700
5.16-5.29	66,700	19,900	35,600	11,200
5.30-6.12	58,000	18,300	28,700	11,000
6.13-6.26	62,100	20,800	30,900	10,400
6.27-7.10	58,400	21,100	28,900	8,400
7.11-7.24	54,800	20,200	27,700	6,900
7.25-8.7	51,500	20,100	25,300	6,100
8.8-8.21	41,700	20,400	17,500	3,800
8.22-9.4	35,500	20,900	11,400	3,200
9.5-9.18	35,400	20,700	12,900	1,800
9.19-10.2	26,000	14,300	10,200	1,500
10.3-10.16	22,000	10,900	9,400	1,700
10.17-10.30	23,300	12,300	9,100	1,900
10.31-11.13	19,300	10,100	7,800	1,400
11.14-11.27	17,900	9,300	7,500	1,100
11.28-12.11	10,500	4,800	4,400	1,300
12.12-12.25	8,600	4,600	3,300	700
12.26-1.8	3,100	1,700	1,200	200
1.9-1.22	6,000	2,700	2,500	800
1.23-2.12	10,200	4,500	4,900	800
合計（2.12まで）	927,000	328,900	452,700	145,500

出所：全国社会福祉協議会（2011年度）：「東日本大震災害ボランティアセンター報告書」、p23より筆者作成

ランティアが被ばくする恐れがあった。また、避難先では地域のボランティア組織が活動を展開していた。さらに、放射能災害に対する不安、知識の欠如により対処方法がわからず放射能汚染地域で働くことに対する恐怖があった。また、東北地方の多くの市町村で多くの人々が被災しており、近隣市町村からのボランティア参加者が制限された。

しかし、震災後の5月のゴールデンウィークには多数のボランティアが、東

日本の被災した多くの市町村に押しかけ、一部で混乱が生じたほどである。また、1年近い時間が経過しても、東日本大震災の被災地にはボランティアが入り続けていることが表1-7からわかる。阪神・淡路大震災の復興期には、ボランティア活動を対象とした基金制度が整備されておらず、ボランティア団体の中には、ボランティア活動が長期化したことによって、財源不足に陥り、活動を休止したケースがある。しかし、東日本大震災では、こうした過去の経験を踏まえて、ボランティア活動を継続するための国や経済界の支援体制、「赤い羽根」のサポート募金の助成などが整備され息の長い活動が可能となった。

2）ボランティア組織の特性

一方、同じ津波被害を受けた東日本の市町村ごとの2011年3月から2012年1月末までのボランティアの活動人数の動きを見ると、市町村間で大きな違いがあることがわかる（表1-8）。

市町村間のボランティア活動者数の差異が生まれた要因については、災害の規模、受け入れ態勢、被災地までのアクセス、近隣市町村の被災状況、マスコミの注目度等、様々な要因が考えられる。また、ボランティアが継続して活動している地域としては、宮城県では石巻市、気仙沼市、南三陸町が、福島県では南相馬市、いわき市などがある。このような息の長いボランティア活動が可能となった背景には、社会福祉協議会の災害ボランティアセンターに登録した活動だけでなく、地域に根差した活動を展開しているNGO、NPOとの連携が重要である。例えば、石巻市ではピースボートのようなNGO/NPOなどを通じた団体ボランティアとの連携による「石巻災害復興支援協議会」組織が作られ、息の長いボランティア活動の母体となっている。ここではスムーズな活動を展開するため、被災者のニーズに応じて、特技を持つ様々な団体や個人がその機能を発揮して有効にボランティア活動ができるように、様々な問題ごとの分科会が構成され効果的な活動実践を支えている。2011年6月前半の分科会では、炊きだし食糧支援、メディカル医療支援、リラクゼーション、心のケア、キッズ、移送、マッドバスターズ泥出しと清掃、生活支援・仮設支援、復興マインド、ダニバスターズ避難所衛生改善などの活動が検討されている。詳細につい

表1-8 宮城県沿岸地域、福島県浜通り地域におけるボランティア活動者数の推移

宮城県内の津波被災市区町における月別ボランティア活動者数
(2011年3月～2012年1月)

市区町	3月	4	5	6	7	8	9	10	11	12	1
仙台市宮城野区	3,500	5,408	5,813	7,053	7,242	1,540	0	0	0	0	0
仙台市若林区	3,959	5,275	4,547								
石巻市	416	26,222	24,748	18,501	16,766	10,505	4,981	4,499	1,631	459	32
塩釜市	3,093	3,568	986	342	594	584	40	151	15	0	0
気仙沼市	317	6,212	7,903	1,922	4,433	5,807	1,374	922	696	464	204
名取市	3,406	6,532	3,728	2,550	317	100	0	0	0	0	0
多賀城市	1,670	6,030	4,729	3,377	803	213	190	196	68	0	0
岩沼市	1,679	5,417	6,838	3,007	2,395	335	430	314	223	127	4
東松島市	1,217	6,879	12,812	11,561	11,610	4,101	0	0	240	0	0
亘理町	77	7,868	8,222	5,943	4,754	1,272	833	313	27	175	0
山元町	775	2,364	3,069	2,626	2,589	2,504	1,038	0	0	0	0
七ケ浜町	415	2,891	3,444	3,038	4,592	4,195	4,155	4,176	4,307	2,102	105
女川町	90	898	855	710	656	658	0	0	0	0	0
南三陸町	46	2,360	3,765	4,059	5,974	8,431	6,685	6,278	5,187	3,619	1,110

福島県浜通り地域における月別ボランティア活動者数 (2011年3月～2012年1月)

市町村	3月	4	5	6	7	8	9	10	11	12	1
相馬市	1,017	4,564	3,202	1,666	692	225	43	0	0	0	0
南相馬市原町区	194	1,882	4,838	3,064	2,663	2,401	1,611	1,289	996	748	565
南相馬市鹿島区	60	1,933	2,901	1,508	728						
新地町	0	538	3,201	1,760	1,109	221	46	50	67	10	0
飯舘村	7	7	7	6	6	10	0	10	0	0	0
いわき市	1,810	7,462	14,878	10,368	8,363	4,129	1,176	1,577	706	779	470
富岡町	-	-	-	-	-	598	22	114	0	0	0
川内村	-	-	-	-	-	61	72	115	148	97	98
大熊町	0	0	0	0	245	317	177	347	0	0	0
楢葉町	0	0	3	4	4	2	4	18	0	0	0

出所:全国社会福祉協議会(2011年度):「東日本大震災災害ボランティアセンター報告書」、p51、pp.64-65より筆者作成

ては以下のホームページを参照されたい(http://pbv.or.jp/ishinomaki-psen/sub/320/)。

　災害ボランティアについては、その意義が高く評価される一方で問題点も指摘されている。こうした問題点は、内閣府によって「防災ボランティア活動に関

する課題集」2009年11月8日版 http://www.bousai-vol.go.jp/meeting/091108/10-s3.pdf として取りまとめられている。その中では、ボランティア活動、被災者とボランティアの関係、ニーズ対応、被災地の情報収集、災害ボランティアセンターの設置・運営ノウハウ・終了の判断、行政との関わり、専門性、安全衛生、人材育成（ボランティアコーディネーターと人材育成事業の内容、広域連携、復興、平時の活動（災害の経験の継承）について課題が体系的に整理されている。

3）放射能汚染地域のボランティア活動の特性

一方、放射能被害を受けた福島県の被災地におけるボランティアの対応は、津波被害中心の宮城県とは異なっている。津波と放射能被害を受けた福島県の浜通り地域のボランティアの受け入れ状況を見ると、津波被害地域を中心に被災後3カ月間で多くのボランティアを受け入れその後減少した相馬市、新地町と、津波と放射能の複合被害対応でボランティアを長期間受け入れた南相馬市、いわき市、放射能被害が深刻でボランティアの受け入れが少ない飯舘村、富岡町、川内村、大熊町、楢葉町とそれぞれ特徴ある受け入れを示している。

南相馬市では、NPO法人災害復興支援ボランティアネットが運営する「南相馬市ボランティアセンター」と南相馬市社会福祉協議会が運営する「南相馬市災害復旧復興ボランティアセンター」が活動している。前者は、がれき撤去・側溝の泥出し・草刈り・庭木の伐採・被災家屋の清掃などの作業を中心に、後者の場合は震災直後では全国から参集するボランティアの受け入れと津波被災地域でのがれきの撤去や生活支援を中心に派遣先の調整をしていたが、その後は小高区等の立ち入り制限が解除された放射能汚染地域における個人住宅の片づけなどにボランティアを派遣している。津波被災直後のがれき除去から、立ち入り制限や居住制限が解除された、さらには避難指示が解除された地域における息の長いボランティア活動が必要とされていることがわかる。

一方、いわき市でも震災直後から社会福祉協議会が中心となり、「いわき市災害救援ボランティアセンター」を設置し、津波を受けた人々が居住する避難所での支援活動、家屋清掃・がれき撤去活動で全国各地からのボランティアを受け入れて派遣していた。しかし、震災から半年が経過し、こうした緊急対応的

なボランティア活動から被災者の生活支援を視野に入れた息の長いボランティア活動への転換を図るべく、平成23年8月8日から次の2つの地区で対応することとなった。1つは、いわき市社会福祉協議会が運営する「いわき市復興支援ボランティアセンター」、と小名浜地区を中心に、いわき市社会福祉協議会と特定非営利活動法人ザ・ピープル、MUSUBU、UGMが運営する「いわき市小名浜地区復興支援ボランティアセンター」である。活動内容は、いずれも被災者生活支援活動（個別ニーズ把握）、見守りと生活支援に関する情報提供、サロン活動をとおしての地域コミュニティづくり、災害復旧支援に関したボランティア受入と活動等であるが、小名浜ではNPO法人ザ・ピープルが中心となってオーガニックコットンプロジェクトを推進するなど持続的なボランティア活動を展開している。

　以上のように津波と放射能汚染の複合被害を受けた福島県浜通り地域の各市町村では、居住制限や避難指示が解除されるに伴い、これまで放置していた個人住宅の片づけ、居住環境の整備、さらには崩壊した地域コミュニティの再建、高齢世帯や独居世帯などの災害弱者の生活支援等、これまで手つかずであった多様かつ深刻な問題の解決が大きな課題となった。こうした課題解決を行政だけで対応することは困難であり、NPO、NGOなどとの連携が模索され、複数のボランティア組織が設立もしくは外部から参加し、継続的なボランティア活動が展開されている。こうしたボランティア組織間の連携については、公助の限界を超えた共助の重要性を示すものであり、災害における緊急対応を超えた復旧・復興、さらには豊かな生活の実現、地域コミュニティの再建などの場面で、共助の重要性はますます高まっている。

4）行政とボランティア組織の連携、ボランティア組織間の連携の課題と対応
　ここでは、特に共助の効果をより一層発現させるという視点から、行政とボランティア組織の連携、ボランティア組織間の連携に的を絞ってその課題と望ましい関係について考察する。
　まず、被災地の多くの市町村でボランティアの受け入れを担ったのが社会福祉協議会（社協）である。社協は、民間の社会福祉活動を推進することを目的

とした営利を目的としない民間組織で、1951年に制定された社会福祉事業法（現在の「社会福祉法」）に基づき設置されている。社協は、都道府県、市区町村単位で組織化され、地域住民、民生委員・児童委員、社会福祉組織などと連携して「福祉のまちづくり」の実現を目指したさまざまな活動を展開している。その活動の柱として、ボランティアや市民活動の支援が掲げられている。こうした中で一部の都道府県や市町村は、官民共同で災害時に社協を中心に災害ボランティア活動センターを設置し、地元の団体、NPOなどと平常時から連携して、災害時には協働して災害ボランティアセンターを構築する動きが見られる。

こうした動きを背景にして、平成28年制定の防災基本計画では、防災対策基本法に謳われた地方公共団体とボランティアの連携をさらに進めて、「地方公共団体は，社会福祉協議会，地元や外部から被災地入りしているNPO・NGO等のボランティア団体等と，情報を共有する場を設置するなどし，被災者のニーズや支援活動の全体像を把握し，連携のとれた支援活動を展開するよう努めるとともに，ボランティアを行っている者の生活環境について配慮するものとする。」と内容を改定し、社協やNPO、NGOとの連携による災害支援の重要性を位置付けている。こうしたボランティア組織間の連携が進むことによって、当初発生した一部の社会マナーが欠如した参加者による被災者・地域住民、さらには地元や他のボランティア団体とのトラブル・対立等が少なくなっている。

しかし、一方でボランティア組織・活動の組織化に伴う問題を菅（2015年）は、次のように整理している。「この支援体制を制度化してきたことで新たな問題も生じていた。1つは、組織化に伴う活動の硬直化である。いったん、活動体制が確立すると、関係者の間に、体制を立上げることが被災地・被災者支援であり、うまくセンターを運営することが良い被災地支援であるという認識—手段の自己目的化—が生まれ、活動や資源配置の「効率性」を高めることや被災者間の「平等性」を確保することばかりを重視する傾向を生みだしていった。こうした組織化とそれに伴う認識の変化による運営の硬直化が、「ルールを強調して、柔軟に対応してもらえない」「被災者の要望に最後まで応えてくれない」といったセンター批判を生み出してきたように思われる。

以下、こうした批判を組織論の立場で考察する。

まず、まず初めに災害ボランティア組織を規定しよう。組織の構造論的な分類では、官僚組織、職能別組織、事業部制組織、マトリックス組織、プロジェクト組織などの分類が、その他の分類としては公的組織・民間組織などの分類がある。災害地域で共益の実現を目指して結成されるボランティア組織は、必ずしもこうした組織分類にはあてはまらない。むしろ、ネットワーク組織あるいはコラボレーション組織と捉えて、その活動特性を評価すべきであろう。ネットワーク組織は、「複数の組織が、官僚組織のように強固な指揮命令に基づいて連結しているわけではなく、目的を達成するために自主的に協調関係をもったネットワークを構築して行動している状態」と定義することができる。ネットワーク組織では指揮・命令ではなく、話し合いによる合意によって行動が生まれる。また、コラボレーション組織という呼び方も最近見られるが、組織デザイン論の視点からは、コラボレーションは個人と個人、個人と組織、組織と組織との関係性を表す概念として把握するのが望ましいと考えられている。そうした視点からネットワーク組織を、「個人と個人、個人と組織、組織と組織が、その目的を達成するために協調的なネットワークを構築し、相互に話し合いによる合意に基づいて目的達成のための連携した活動を行う組織」と定義できる。

　以上の整理に基づいて災害ボランティア組織をネットワーク組織と規定した場合、その行動に問題が発生する原因は、組織間の目的の対立、目的達成のための手段の違い、合意形成のための説得・誘導の失敗などに原因を分けて考えることができる。組織間の目的の対立については、被災者の迅速な日常生活の回復が共通の目標となりえても、より専門に特化したNPOやNGO間では支援分野の違いに起因する対立（すなわち自分の支援分野の重要性を過大に評価し、他の専門分野の意義や重要性を低く評価する、支援に伴う予算確保面や条件面での対立）が発生する。合意形成のための説得・誘導に関しては、当事者同士の直接的な話し合いで問題を解決することが難しい場合は調停できる組織や個人の支援が不可欠となる場合がある。

　さらに、ネットワーク組織の硬直化の他の現象として、ネットワーク組織自体の官僚化を指摘することができる。このことは、先の菅が述べた、センター運営の重視、平等性やルール重視で臨機応変の対応ができないという指摘があ

てはまる。

　ネットワーク組織としての災害ボランティア組織の硬直性から脱却するために最も重要なことは、設立の原点に回帰することである。まず、それぞれの組織の活動を突き動かした原動力を組織設立時点の活動目的からあらためて認識することが大切である。そうした設立目的に照らしてネットワークを構築している仲間組織の活動の重要性を認めることが大切である。組織の設立目的に、被災者の支援はあっても組織維持はなかったはずである。第2にネットワークに参加する組織に固有の目的、活動方針、活動方法を認めることである。第3は自らの組織単独のボランティア行動には限界があることを知り、ネットワークに参加することのメリット、シナジーを理解することが重要である。活動目的や独自の活動方法について、組織間の優劣はないはずである。その他にも、決定プロセスをガラス張りにしてだれでもが理解できるようにする。組織が大きくなった場合は、組織活動を小規模な活動単位に分けて個々の活動体に自立性を持たせて、迅速な活動を組織全体として保障するなどの工夫が必要である。小規模組織のメリットは、意思決定や活動のプロセスにだれでもが容易に参加でき、合意形成がしやすい点にある。この点については、石巻復興支援協議会が実践している支援ニーズに従って組織を分科会に分け、それぞれが自立した活動を行うとともに、組織が硬直化しないようにニーズがなくなった分科会活動はストップし、新たなニーズに合わせて新しい分科会を組織化するなどの工夫を行っている。

（5）専門技術をもったボランティアによる産業復興支援─企業との連携による共助

1）東日本大震災による産業被害

　東日本大震災による津波、放射線被害は、広い範囲で多くの産業に致命的な打撃を与えた。その被害の実態をまず概観しよう。表1-9は、内閣府が2011年6月に公表した東日本大震災の被害額の推計値である。これを見ると、社会資本ストックの直接被害額は約17兆円で、阪神・淡路大震災の約10兆円の2倍弱の大被害をもたらしている。産業資本ストックへの被害額を、総被害額か

表 1-9　東日本大震災における被害額の推計

(2011 年 6 月 24 日公表)

項　目	被害額
建築建物 （住宅・宅地、店舗・事務所、工場、機械等）	約 10 億 4 千億円
ライフライン施設 （水道、ガス、電気、通信・放送施設）	約 1 兆 3 千億円
社会基盤施設 （河川、道路、港湾、下水道、空港等）	約 2 兆 2 千億円
農林水産関係 （農地・農業用施設、林野、水産関係施設等）	約 1 兆 9 千億円
その他 （文教施設、保険医療・福祉関係施設、廃棄物処理施設、その他公共施設等）	約 1 兆 1 億円
総計	約 16 兆 9 千億円

出典：内閣府資料
注：各県及び関係府省からのストック（建築物、ライフライン施設、社会基盤施設等）の被害額に関する提供情報に基づき、内閣府（防災担当）において取りまとめたものである。今後、被害の詳細が判明するに伴い、変動があり得る。また、四捨五入のため合計が一致しないことがある。

ら個人住宅・宅地被害額（5 兆 8,947 億円）、文教施設などのその他施設（1 兆 867 億円）を差し引いて推計すると、9 兆 9,344 億円、すなわち 10 兆円が産業に関わる社会資本ストックとみることができる。農林水産関係の総被害額は 1 兆 8,778 億円で内訳は農地・農業用施設（7,643 億円）、林業関係施設 1,195 億円、水産関係施設 9,939 億円であり、阪神・淡路大震災の農林水産業の被害額 900 億円の実に 20 倍の被害となっている。

さらに、津波で冠水した農地の被害状況を見ると、岩手、宮城、福島の東北 3 県を中心に流失・冠水した農地面積は 2 万 3,600ha で 85％が水田である。

また、福島第一原発のメルトダウンによる放射線被害は、今後も拡大することが予測されており、正確な数字は不明である。しかし、東京電力が 2016 年 12 月 9 日までに支払った賠償金の総額は 6 兆 5,293 億円（表 1-10）、会計検査院が 2017 年までに見積もった要賠償額は 5 兆 4,214 億円である（会計検査院報告 p36）。さらに、これに宅地、公共用地、住宅、道路、農地の除染費用が加わる。除染費用については、2011 年 11 月 11 日に制定された放射性物質汚染対処特措法に基づいて 11 の除染特別区域、104 の汚染状況重点調査区域が指定され、除

表1-10 東京電力が支払った賠償金額

(2016年12月9日現在)

	個人	個人（自主的避難等に係る被害）	法人・個人事業主など
請求について			
ご請求書受付件数（延べ件数）	約96万4,000件	約130万8,000件	約43万3,000件
本賠償の状況について			
本賠償の件数（延べ件数）	約86万4,000件	約129万5,000件	約36万8,000件
本賠償の金額(注)	約2兆8,100億円	約3,536億円	約3兆2,127億円
これまでの支払い金額について			
本賠償金額(注)			約6兆3,764億円 ①
仮払補償金			約1,529億円 ②
お支払い総額			約6兆5,293億円 ①+②

出所：東京電力ホームページ（2016年6月13日閲覧）
注：仮払補償金から本賠償に充当された金額は含まない。

染が行われている。そのための予算は、2011年度の補正予算2,459億円、2012年度4,617億円、2013年度6,899億円、2014年度4,924億円、2015年度7,031億円が計上された。国が直轄除染している11市町村では2016年度までに除染はすべて終了する計画である。一方、汚染状況重点調査区域で2014年6月までに除染が終了したのは48市町のみであり、残りの市町村は現在も除染を継続している。

また、汚染状況重点調査地域のうち、福島県外についてはいずれの場所でもほぼ除染が終了もしくはほぼ終了段階にあるが、福島県内の住宅、道路、森林については5～6割前後の進捗であり、遅れている。

2）産業復興と専門ボランティアの重要性

以上の整理から明らかなように、東日本大震災は、広大な農林地や海岸に津波・放射能汚染被害をもたらし、農林水産業を中心に大きな産業被害をもたらした。このような産業被害からの復旧・復興には膨大な予算がかかり、自助努力の限界を超え公助の果たす役割が重要であり、膨大な公的予算がつぎ込まれていることはこれまでの整理から明らかである。こうした膨大な公的予算の投入は、形状、材質、寸法、構造に関して質的な改良が必要となる場合を除いて、

被災前の状態に復元することが原則となる。しかし、東日本大震災の津波被災地域では、たとえ農地や水利施設が現状に復旧されたとしても、津波で自宅、ハウス、作業小屋、農機具格納庫、さらには農業機械を失った農家の多くは自力で農業を再開することは困難である。また、放射能汚染地域では、除染が完了したとしても長期間避難を余儀なくされていた農家は帰宅を躊躇している。さらに、放射能汚染と風評に対する不安が農業を放棄する動きとなって表れている。なお、除染が行われない林業については放射能汚染の状況さえわからず、たとえわかったとしても放射線量が高い林地での作業においては被爆の危険があり、作業ができないのが実態である。

　このような状況に対処して被災者を支援するため、公助とは異なる専門家集団・組織による被災地の産業の復旧・復興を目指した支援活動、すなわち共助が展開されている。詳細については、以下の各章で紹介・考察するが、ここでは三井物産環境基金による研究活動支援、NPO 活動支援、ヤマト福祉財団による被災地の緊急的な復興条件整備に関する活動についてその概略について紹介する。

　三井物産環境基金は、社会貢献活動を通じて、地域社会や国際社会の抱える問題の解決に向けて貢献することを目指して、「国際交流」「教育」「環境」の 3 分野で、多文化共生、国際的視野を持った人材の育成、地球環境に関する取組支援を 2005 年から行っている。また、三井物産環境基金では、東日本大震災からの復興については時間軸にそった支援が重要であるという認識のもと、復旧・復興に向けた支援を提供する「緊急対応」と、持続可能な事業を通じて支援していく「中長期対応」とに分けて事業を展開している。緊急対応では、社員によるボランティア活動の実施、燃料の緊急輸入や被災企業への支援を展開、中長期対応では農業、水産加工業の復興やまち興し、観光拠点作りなどの被災地自治体ごとの提案に協力するとともに、NPO の取組支援を行っている。2005 ～2015 年度の累計の助成決定件数は 517 件で NPO などの活動助成 338 件（65％）、研究組織に対する研究助成は 179 件（35％）に達している。東日本大震災に関して支援が行われた研究助成は 31 件、約 4 億円であり、NPO を中心とした活動助成については 50 件、約 4 億 5,000 万円が助成され、災害復興の様々

な場面で活用されている。

　公益財団法人ヤマト福祉財団は、ヤマト運輸の寄付金(宅急便1個につき10円)をベースに「東日本大震災生活・産業基盤復興再生募金」を呼びかけ、その募金に基づき助成事業を2011年8月24日から2012年6月30日まで実施した。支援の基本は、①見える支援・速い支援・効果の高い支援、②国の補助のつきにくい事業、③単なる資金提供でなく新しい復興モデルを育てるために役立てる、に置き、支援総額は142億1,849万円に達し第1次から第5次までの5回で31件の事業への助成を行った。助成分野と金額は、水産業73.2億円(16件)、農業25.0億円(5件)、生活40.1億円(7件)、商工業3.9億円(3件)である。(詳細については第3章を参照されたい)

　三井物産環境基金とヤマト福祉財団の助成事業の大きな違いは、前者が研究組織やNPO組織のソフトな活動への支援が中心であり、後者は被災市町村、団体における国の復興予算が付きにくい施設、機械、生産基盤の整備が中心となっている。特に三井物産環境基金の支援では、被災地を支援するNPOを数多く誕生させ、新たな支援活動を生み出すとともに、その継続的な活動展開の基盤づくりに大きく貢献している。また、ヤマト福祉財団の場合は、被災者のニーズに従った迅速な復旧・復興の新たな生産基盤・施設づくりに大きく貢献している。

4．むすび－災害フェーズにおける自助・共助・公助の連携のあり方

　図1-4は、大震災の発生から時間の経過とともに現れる農業・農村問題とその復旧・復興に関わる主体と連携の特徴とあり方，そして研究課題を整理したものである。

　災害発生初期の混乱期の問題対応のためには，迅速な意思決定と危機管理組織の結成・動かし方，想定外の災害への緊急かつ臨機応変な対応が不可欠となる。大災害の場合、これまで作成された災害対応マニュアルは役にたたない場合が多い。ここでは、自分の命を守るための自助と迅速な対応ができる隣近所の助け合いに関する共助が基本となる。また、消防団、警察、自衛隊による人命救助、水道・ガス・電気などのインフラの復旧、避難所、仮設住宅の整備と

フェーズ区分	緊急対応期	復旧期	復興・新生期
活動時期	発生直後〜数週間	数週間〜数カ月	数カ月〜
中心となる活動主体	自助中心＋公助 共助はボランティア中心 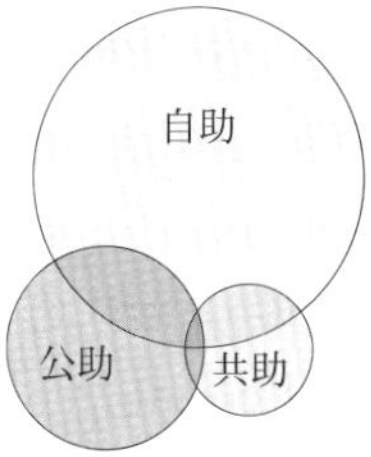	自助・公助が中心、共助はボランティア、企業、大学・研究機関等多様な個人・組織が参加 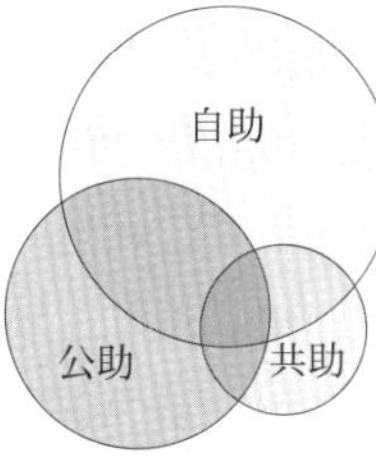	自助・公助・共助が連携して活動を展開 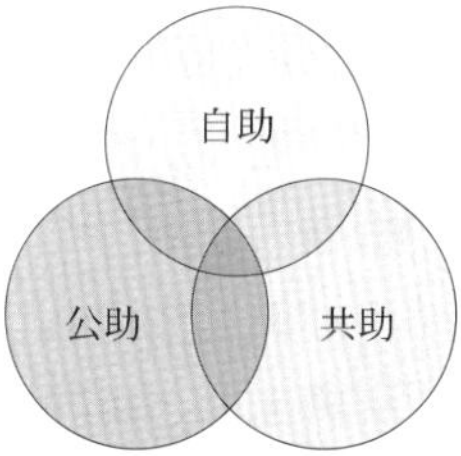
	（ベン図：自助が大、公助・共助が小さく重なる）	（ベン図：自助、公助、共助が部分的に重なる）	（ベン図：自助、公助、共助がほぼ均等に重なる）
自助での問題解決場面	・自らの命・家族の命を守る ・親類・縁者の安否確認 ・自らの生活環境整備	・自宅のがれき撤去・修理補修等生活条件の整備 ・仕事への復帰条件整備	・農林水産業の再開 ・被災企業の再開 ・住宅の新規建設
公助での問題解決場面	・人命救助、生存者のための食料・医薬品・生活用品確保 ・避難所・仮設住宅の整備 ・電気・ガス・水道等基本インフラ整備	・ボランティアの積極的受け入れ ・仮設住宅・復興住宅整備 ・農林水産業等の生産基盤の復旧 ・被災した人々の救済（義援金配分、孤児・高齢者など弱者救済）	・仮設住宅・復興住宅整備 ・農林水産業等の生産基盤の復旧 ・新たなまちづくり、むらづくりの展開 ・地域コミュニティ活動の支援 ・新たな産業の創設
共助での問題解決場面	・緊急一般ボランティア活動 ・医療等専門ボランティア活動	・緊急一般ボランティア活動継続 ・医療、産業復興支援、介護・心のケア等専門ボランティア活動	・新たな地域づくりのためのコミュニティ活動、農林水産業復興のための地域活動・組織活動の展開 ・産業復興支援、介護・心のケア、コミュニティ活動等支援のための専門ボランティア活動 ・緊急一般ボランティアの減少

図1-4　災害ステージ別の問題・復興主体の連携と問題解決場面

食料の調達など、公助による人道的な支援が重要な役割を果たす。さらに、支援物資の仕分け、避難所での手伝い等の緊急な業務面で公助を支えて活動するボランティア、NPO組織などによる共助が重要な役割を果たす。すなわち、緊急対応期においては、自助、公助が中心となり、共助がそれを支えるという連

携が中心となる。こうした連携を中心的に組織化して運営する場面では、被災市町村の果たす役割がきわめて重要である。

　復旧期では、水道・ガス・電気などの基本インフラの整備が中心となり、避難所・仮設住宅の整備、個人住居のがれきの撤去、市町村業務の正常化や学校・保育所・病院などの公的施設の正常な機能の回復、被災した農林水産業の基盤の復旧などが課題となり、自助、公助が中心となった活動が展開される。一方で、個人住宅のがれきの撤去、避難所生活のスムーズな運営、被災者が受けた心理的な被害、避難所・仮設住宅での新たなコミュニティの形成、失業・借金の返済、被害補償のあり方等に関しては、個人ボランティア、カウンセラー、医師、弁護士など専門知識をもったボランティアなどの共助が大きな役割を果たす。なお、復旧期おいても緊急対応期と同様に、自助、公助が中心となり、共助がそれを支えるという連携が中心となるとともに、こうした連携のコントロールタワーとして被災市町村の果たす役割は大きい。

　復興・新生期では、新たな生活・社会・産業システム創造のための取り組みが課題となる。農業に関して言えば、速やかに生産基盤の復旧整備のスケジュールと農業復興の望ましい方向と実現のためのロードマップを描き出して、その実現に向けて優先順位、さらには被災者ニーズに従った復興を展開することが重要な課題となる。さらに、単に被災前の状態に戻す復興ではなく、被災を契機として新たな産業構造を積極的に創造する、すなわち新たに生まれ変わる新生のための活動が期待される。この段階をスムーズに展開させるためには、地域の農業を支えて未来の農業の創造を支える担い手の経営発展モデルを開発するとともに、こうした担い手を中心とした新たな地域農業の発展モデルとその支援施策の体系を整理するとともに、住民への提示と合意形成を促進する必要がある。なお、こうした担い手、地域農業の経営発展モデルの開発にあたっては、大学、試験研究機関、さらにはシンクタンクなどの共助の働きが重要である。このフェーズの取り組みの過程では、住民参加を基本とした自助、公的な機関による適正な予算確保と指導による公助、専門知識・技術をもった NPO 等の民間組織、大学や研究組織による共助が大きな役割を果たす。なお、効率的な共助の展開にあたっては、被災者の自助、復興支援を主導する公助との連

携が不可欠である。

引用・参考文献

巴山玉蓮、星　旦二（2003）:「エンパワーメントに関する理論と論点」、『総合都市研究』、第81号、7.

星　旦二（2003）:「英国保健医療改革からみた保健医療の展望」、『治療』、85（1）、175-181.

A.H. マズロー（小口忠彦訳, 1997）:『人間性の心理学－モチベーションとパーソナリティー』、産能大学出版部.

内閣府（2007）:「防災に関する標準テキスト」、内閣府（防災担当）、18.
　　http://www.bousai.go.jp/taisaku/jinzai/pdf/hyojyun_text_zentai.pdf

菅　磨志保（2015）:「「災害ボランティア」:阪神・淡路大震災20年を迎えて」『都市住宅学』、88号、2015 WINTER、1-5.

佐藤唯行（2016）:フェーズフリーの定義、http://www.pmaj.or.jp/online/1509/p2m_2.html

山下文雄（2011）:『津波てんでんこ－近代日本の津波史－』新日本出版社.

第2章　大学による復興支援活動（共助）における自助・公助との連携

－東京農業大学「東日本支援プロジェクト」を中心に－

門間　敏幸・渋谷　往男

1．はじめに－大学による共助の背景と本章の課題

　東日本大震災は、東日本各地の農林水産業に大きな被害をもたらした。その推定被害額は、1兆8,778億円で内訳は農地・農業用施設（7,643億円）、林業関係施設1,195億円、水産関係施設9,939億円であり、阪神・淡路大震災の農林水産業の被害額900億円の実に20倍の被害となっている。

　大災害に対する復興に関しては、これまで国、都道府県、そして被災市町村が中心となって対策を展開（いわゆる公助）してきたが、公助による災害復旧・復興はあくまで被災前の状態に戻すことに主眼が置かれており、新たな社会・経済システムの作り替え、すなわち創造を目指すものではなかった。しかし、東日本大震災の場合、東日本の太平洋岸一帯を大津波が襲うとともに、福島第一原子力発電所のメルトダウンに起因する放射能汚染が加わり、これまで経験がない未知の問題が山積した復旧・復興に取り組むことを余儀なくされた。特に甚大な津波被害を受けた被災地の主たる産業である農林水産業を考えた場合、筆者の分析（門間（2016））では、津波は被災地の農業の構造変動を20年以上早めたと言えるような甚大な影響を被災地の農業に及ぼした。具体的には、急激な担い手の農業からの離脱と、残った少数の担い手への農地の集積を加速化した。津波被災地で短期間に誕生している大規模な水田作経営、先端的な機能を装備した園芸経営が誕生したが、急激な変化に対応できずに、様々な技術課題、経営課題が山積している。こうした新たな担い手の経営課題の克服面で

は、インフラ整備を中心とした公助では対応することが難しく、大学や試験研究機関等の専門知識や技術を有する機関による支援が求められた。

　また、放射能汚染地域における農林水産業の復興に関しては、適切な放射線、放射性物質の測定、広大な地域における放射能汚染の実態の解明と情報提供、放射線による外部被ばくの健康への影響、食品などの放射性物質による汚染状況とそれらの食品を摂取することの危険性、正しい農地除染の方法、放射性物質を吸収抑制できる作物の栽培技術・家畜の飼養技術等に関する正しい情報の提供が求められた。こうした課題に対して、国は放射性物質に関する暫定規制値や基準値、ガイドラインを示して対応したが、放射能汚染の影響を受けた現場の市町村では放射能汚染に関する知識自体が乏しく、住民の不安や疑問に対して適切な対応を行うことは困難であり、大学等の専門機関への支援の必要性を感じていた。

　一方、未曾有の大災害を目のあたりにした農学系・水産系の大学教員、学生たちの間には、震災発生当初から自分達のこれまで身に着けた知識・技術を生かして復興を支援したい、またボランティアに参加したいという動きが生まれた。東日本大震災では、農学系の学会を中心に、震災当初から数多くのシンポジウムが開催され、学会としても震災復興に貢献したいという動きが強まった。しかし、大学等が組織的な復興支援に関わる研究活動を展開するためには資金が必要であり、多くの大学、研究者は資金面から復興支援活動を断念せざるを得なかった。そうした中でも、大学独自で支援資金を用意できる大学、三井物産環境基金のような外部資金を確保して支援活動を展開する研究者、NPOなどの活動に専門家として関わって復興支援する研究者等、多様な共助の動きが生まれた。

　本章では、東日本大震災の復興で注目された大学による復興支援活動、すなわち共助の実態を整理するとともに、大学を挙げて東日本大震災からの復興支援に立ち上がった東京農業大学東日本支援プロジェクトのリーダーとして活動を組織化し、その支援活動を先頭に立って実践した筆者らの取り組みを整理し、大災害における大学による公助のあり方について問題提起を行う。

　なお、本書におけるストーリーの展開から言えば、本書の内容は災害におけ

る大学の共助の実践例の紹介であるため、後半部の章に掲載するのが望ましいと考えられた。しかしながら、前半の津波被災地域の復興に関わる第3章、放射能汚染地域の復興に関わる第4章、さらには農地1筆単位の放射能物質のモニタリングシステムの開発に関わる第9章では、東京農大の震災復興に関わる支援活動の評価が重要な位置を占めているため、これらの章の内容をより理解しやすくするため、第2章で東京農業大学が実践している東日本大震災の復興支援の取り組みを紹介することにした。

2．東日本大震災における復興と学会・大学の共助の動き

東日本大震災の場合、震災発災直後から農学系の学会では、学会としてこの震災をどのように受け止め、今後の震災復興にどのように関わっていくべきかという問題意識が学会員の間で高まり、相次いで震災に関わるシンポジウムが開催され、学術団体としての復興支援の道が模索された。本節では、まずこうした学会の動きを把握することによって、当時の研究者、学会の危機意識を実感しておく。

（1）農学系の学会における震災関連シンポジウムの内容
1）日本農学会、日本農学アカデミー

日本農学会では、2011年10月8日に「環境の保全と修復に貢献する農学研究」というテーマでシンポジウムを開催し、その第3部において東日本大震災によって引き起こされた津波による海岸林の被害及び土壌の放射能汚染を取り上げ、復旧・復興方策が論議された。また、2012年の10月13日には、シンポジウム「東日本大震災からの農林水産業と地域社会の復興」が開催され、主として津波被災地域の復興が論議された。

日本農学アカデミーは、震災後、積極的に放射能汚染問題に関するシンポジウムを研究者相互だけでなく、一般の人々への正しい知識・情報の普及を目指して開催し、放射能汚染に対する知識の啓蒙に貢献した。すなわち、2011年6月1日には「消費者の不安に農学者が答える」を、7月9日には実践総合農学会と共催で「東日本大震災の被害の実態と復興のシナリオ」を開催し、農業工

学分野、土壌肥料分野、食品科学、農業経済分野から報告が行われた。さらに7月16日に「東日本大震災災害調査研究報告」に関するシンポジウムを開催し、食品科学分野から「放射能汚染と食品安全性」が、食品企業の立場から「寸断された食料サプライチェーン」に関して話題提供が行われた。2012年3月14日には「放射能除染の土壌科学－森・田・畑から家庭菜園まで－」を開催し、放射能除染に関する土壌科学分野の知見を体系的に整理して提供した。2013年2月27日には日本農学会と共催で「放射能汚染の不安に答える－水産物はどこまで安全か－」を開催した。このように、日本農学アカデミーは、放射能汚染問題に的を絞ってシンポジウムを開催し、農学分野の重要な発信基地となっている。

2）日本土壌肥料学会

日本土壌肥料学会では、震災直後の2011年3月28日から原発事故関連情報を次々と学会のホームページで提供し、放射能に関してこれまで土壌肥料研究分野が蓄積した研究成果を学会員だけでなく、広く関係者、一般の人々に対して提供を行っている。特に放射性セシウムの作物への移行に関するデータの提供は、多くの関係者に除染の基本的な考え方を整理する上で大きな役割を果たした。

3）農村計画学会

震災復興に関して学会を挙げて震災直後から精力的に取り組んだのが農村計画学会である。学会誌の30巻1号（2011年6月）より大震災復興特集を開始し、被災地の復興に関する多方面からの論考・活動報告・座談会等による情報提供活動を展開した。この試みは継続して実施され、学会員への問題意識の共有、情報提供、情報交流の場となっている。また、農村計画学会では、シンポジウムで農山漁村地域におけるコミュニティの復興課題、暮らしの復興の現況と課題について論議を深めている。放射能汚染問題に関しては、分散避難による地域コミュニティの脆弱化、集団避難先でのコミュニティ運営、集落の残った世帯が抱える問題、あるいは仮設住宅等避難先におけるコミュニティ形成、さら

には帰還の目処が立たない地域のコミュニティ再生などコミュニティの復興に関して多面的な議論が展開されている。

4）日本農業経済学会

日本農業経済学会では、2011年6月の早稲田大会にて、学会運営が混乱する中で震災関連シンポジウム「3.11大震災による食料・農業・農村への影響と今後の課題－復旧段階での現地報告」をいち早く開催し、多くの学会員が東北地域の学会員から報告される震災のすさまじい被害の実態を知る中で、個人個人が復興支援のために何ができるのかと自問自答する契機となった。2012年大会では、「農業経済学関連学会からみる震災復興の課題」を開催し、各学会の震災関連のシンポジウムや研究の取組状況が報告され論議を深めた。また、2012年度大会では、特別シンポジウム「食品を介した放射性物質の健康影響を市民／消費者はどう受け止めたか－リスク認知、リスクコミュニケーション、食品選択行動分析－」が開催され、食品の放射能汚染に対する消費者分析の新たな方法が提起され、多くの会員の熱心な討論が行われた。なお、2013年度大会のミニシンポジウムにおいて「食品の放射能汚染の実態と流通業者・消費者の対応」というテーマで、主としてフードシステムの視点から論議が行われた。

5）東北農業経済学会

大震災による被災地域の研究教育機関と会員を多く抱える東北農業経済学会では、研究者だけでなく震災被害を受けた多くの関係者がそれぞれの立場から被害の実態と課題、復興に向けての支援活動を報告している。2011年の宮城大会では、「3.11大震災から何を学ぶか－被災現場からの声－」を取り上げ、8人の報告者による多様な被害実態が報告された。この報告の中では、福島県の放射能汚染地域から4件の報告が行われ、この大会によって初めて、放射能に汚染された福島県の市町村住民・関係機関の放射能克服のための困難な取り組みの実態が明らかになった。2012年の福島大会のプレシンポジウムでは、放射能汚染問題に真正面から取り組む福島県の指導機関、農家の取り組みが多面的な角度から報告された。ここでは、現行の風評被害対策としての体系的な検査体

制の確立、生産対策・営農指導、地域再生・経営再建の方向について論議が行われ、放射能汚染克服に向けて福島県、市町村、農協、教育研究機関、農家グループの取り組みが、困難な状況の中でも関係機関が一体となって推進されている実態が報告された。

6）日本農業経営学会

日本農業経営学会においても、2011 年と 2012 年に震災関係の特別シンポジウムが開催された。2011 年の特別セッションでは、「東日本大震災下の東北農業・農村」が論議され、被災地の農漁業再生の課題、震災による地域経済・農村への影響、水田作復興の課題、原子力発電所事故が福島県農業へもたらした影響が報告された。2012 年の特別セッションでは、「東日本大震災からの農業・農村の復興」のテーマの下に関係機関における共助の役割の重要性が論議された。営農復興という視点からは農業経営の法人化、集落営農組織の形成、先端的な技術導入・施設型農業・6 次産業化の推進による復興の評価等、津波被災地域を対象とした営農復興に関わる議論が行われた。

7）フードシステム学会

フードシステム学会は、2011 年 9 月の大会において震災関連の個別報告を集めて、東日本大震災関連特別セッション 1 と 2 を開催した。特別セッション 1「震災と食料アクセス、消費者対応の実際」では、原発事故による放射性物質汚染の恐れがある農産物に対する消費者の評価の特徴が報告された。特別セッション 2「フードシステム視点からの復興への提言」では、原発事故被災地における有機農業の復興の方向が論議された。2012 年の大会では、放射性物質に関する不安要素と購買行動に与える要因の分析結果が報告された。なお、2012 年 12 月には以上の学会の特別セッションの研究成果をとりまとめたフードシステム学会編（2012）「東日本大震災とフードシステム－復旧から復興に向けて－」が公刊された。ここでは、特別セッションの内容に加えて原発事故による消費者行動へのインパクトや生協の取り組み、水産物を中心とした流通システムの変化についての論考が取りまとめられている。

（2）大学による復興支援研究・活動の展開

　東日本大震災からの復興に向けて大学を挙げて取り組んでいるのが、岩手、宮城、福島の被災3県の大学（岩手大学、東北大学、福島大学）である。以下、それぞれの大学の取り組みを概観する。

1）東北大学

　東北大学は、東北復興・日本再生の先導を目指して 2011 年 4 月に「東北大学災害復興新生研究機構」を設立。政府、各省庁、自治体・住民、国内外関係機関・企業との連携により、復興拠点としての活動を展開している。「復興・地域再生への貢献」「災害復興に関する総合研究開発拠点形成」「分野横断的な研究組織で課題解決型プロジェクト形成」という3つの基本理念に基づき、災害科学国際研究推進、地域医療再構築、環境エネルギー、情報通信再構築、東北マリンサイエンス、放射性物質汚染対策、地域産業復興支援、復興のための産学連携推進という8つのプロジェクトを展開している。このうち、「放射性物質汚染対策プロジェクト」では、「放射性物質によって汚染された生活環境の復旧技術の開発」が行われ、放射性物質検査機器の開発や、被災自治体と連携して最適な除染方法の検討・提案を行っている。

　また、「被災動物の包括的線量評価事業」では、原発事故に伴い警戒区域に指定された地域で、安楽死処分された家畜や動物の臓器と、草や土壌などのサンプルを収集し、放射性物質濃度などのデータを蓄積して放射線・放射性物質が生態系と生物に与える影響を把握している。また、「地域産業復興支援プロジェクト」では、震災からの復興を目指した継続的な地域産業・社会の調査研究による課題の抽出・解決策の立案と、新たな雇用を生み出すためのイノベーション（革新）を起こすプロデューサーの育成を実践している。「東北マリンサイエンスプロジェクト」では、漁場環境の変化プロセスの解明を目指して、津波被害を受けた沿岸域における漁場環境調査、生態系保全調査、干潟生物調査、増養殖環境調査を実施してデータを蓄積するとともに新たな増養殖技術の開発等を行っている。

　その他にも、東北大学では多くの教員が文科省の科学研究費、三井物産環境

基金の震災復興支援助成、その他の研究助成に応募し多様な復興支援研究を展開している。

東北大学の以上の取り組みは、学術研究に重点が置かれて、被災者の直接的な支援よりも研究データの蓄積が目指されている。こうした学術的な取り組み以外にも、東北大学農学研究科の伊藤教授らは被災地の復旧・復興のために被災者、被災地域の市町村、農協などの組織と連携、すなわち、自助・共助・公助の連携で直接的に地域の復興を支える活動を展開している。この取り組みは「荒浜プロジェクト」と呼ばれ、JA 仙台の呼びかけで、荒浜地区の農業者、東北大学農学研究科、仙台農業改良普及センター、仙台市、JA 仙台がメンバーとなり、壊滅的な被害を受けた仙台荒浜地区の農業とコミュニティの再生を目的に復興支援活動を持続的に展開している。この荒浜プロジェクトでは、震災前の農業に戻すのではなく、5 年・10 年先を見据えた農業への転換を目指し、将来的には次世代が農業をしてみたいと思える農業の実現、農地の所有と利用の分離の実現、米、転作作物（大豆、麦）以外の戦略作物の生産などを目指して2013 年 2 月に組織化され、継続的な活動を実践している。

2）岩手大学

図 2-1 に整理されているように、東日本大震災の発生以降、岩手大学では実に様々な復興支援活動を展開している。また、息の長い復興支援を行うべく、学内の学部・学科にプロジェクトを公募した結果、49 件の調査・研究・支援活動等のテーマが提案され、2011 年度には 28 件のプロジェクトが実施された。復興支援の大きな柱は、生活支援、産業支援、地域防災拠点形成に置かれている。活動地域は岩手県に限定されるが、被災地の復興を直接的に支援する内容となっている。

また、獣医学科を持つ岩手大学のユニークな支援活動として、避難所や仮設住宅に家族が避難して取り残されたペットの診察、被災地域の動物病院への支援、ペットの一次預かりボランティア募集等を行い被災者に喜ばれている。

第 2 章　大学による復興支援活動（共助）における自助・公助との連携　45

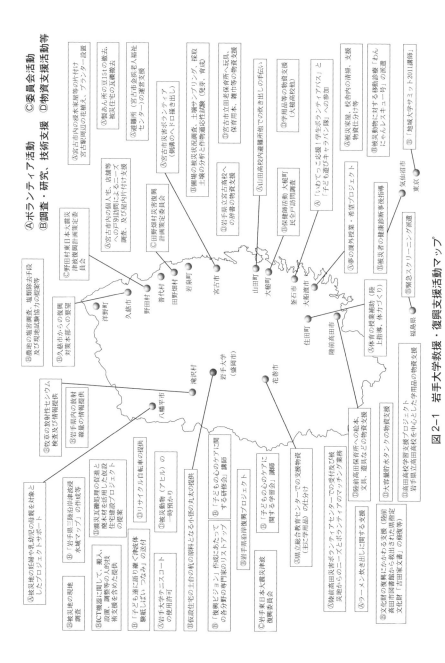

図 2-1　岩手大学教授・復興支援活動マップ

出所：「特集　東日本大震災による農林水産業の被害と復興の実態と復興のシナリオ—その2　岩手大学の復興支援の取組1」岩渕　明（岩手大学 理事・副学長、三陸復興推進機構長）http://www.academy.nougaku.jp/annual%20report/kaiho17/5_rondan.pdf（日本農学アカデミーでの報告）より引用

3）福島大学

　福島大学の場合、津波被害と放射能汚染にどのように立ち向かっていくか、まさに福島県の存立をかけた復興活動を大学としてどのように実践するかが問われた。そのために福島大学がとった対応は迅速であった。まず、「うつくしまふくしま未来支援センター（FURE）」を震災後の 2011 年 4 月に立ち上げ、被災地域の総合的な支援を開始した。また、福島大学のプロジェクト研究所として、「災害復興研究所」を同年 4 月に設立し、被災自治体の災害復興、被災者生活の支援、復興に向けた県民の総意を結集するためのネットワークづくりを開始した。さらに福島県を元気にしたいという熱意を持つ学生たちは、2011 年 5 月に福島大学災害ボランティアセンターを設立し活動を開始した。以下、それらの組織の活動を概観する。

＜うつくしまふくしま未来支援センターFURE＞

　FURE は、コミュニティ再生や地元産業の復興、子どもたちへの支援、環境復元などの地域支援活動を、大学として組織的かつ迅速に対応するために設立された。その活動は、「原発事故により避難を強いられた方への支援」「自治体の復興に向けたビジョン作成の支援」「第一次産業（農業等）復興支援」「未来を担うこども達への支援」「復興を担う若者達への支援」「災害に強い街づくり支援」「放射性物質に汚染された土壌の除染方法開発」「放射線測定機器の開発」「再生可能エネルギーの研究（地産地消エネルギーシステムの研究）」「風評の払拭に関する活動」「学生サポーター組織 FURE's による福島県内観光の復興支援」と多岐にわたっており、企業からのサポート、寄付などによって活動を展開している。

　2012 年 8 月 31 日現在で、県内の市町村、その他組織からの要請を受けて実施した教育・イベント支援関連のボランティア活動は 21 件に達し、地域を元気にするための派遣要請に応えている。FURE の活動の中心は、調査・研究・技術支援活動にあり、放射能汚染や除染対応、津波被災海岸の環境調査、震災による企業への影響調査、震災が幼児・子供に与える精神的ストレスと心のケア、風評などの農産物の流通対策、震災への留学生の対応行動調査等、地域からの求めに応じて迅速な調査研究を実施し、その成果を現地にフィードバック

している。

<福島大学災害復興研究所>

　当該研究所は、東日本大震災への復興支援を目指して2011年4月に設立された。その活動目的は、被災自治体の災害復興、被災者生活の支援、復興に向けた県民の総意を結集するためのネットワークの形成に置かれている。そのため、被災した行政機関、国内外の大学・研究機関、企業やNPO・NGOなどと連携して、次の8つの災害復興に関する共同研究を進めている。①原発事故対応、②産業復興、③被災者生活再建、④被災自治体復興、⑤災害教育支援・防災教育、⑥災害時医療・保健・福祉、⑦災害情報、⑧再生可能エネルギー。この組織の特徴は、学問の領域を超えた学内の多様な教員グループとその内外の人脈の緩やかなネットワークで、被災した市町村の災害復興に関わる多様なニーズに応えることにある。

　また、災害復興に取り組む関西大学、関西学院大学　長岡技術科学大学等との連携により、相互の有用な情報提供の関係を構築している。主な活動としては、被災実態の調査活動があり、県内各地の被災地の被害実態、避難所における避難生活の実態と課題を整理して発信している。自治体の災害復興支援では、福島大学と連携協定を締結している市町村を対象に、住民の避難生活に向けた体制づくり、避難生活中のコミュニティ機能の維持などについて、復興支援を行っている。

<(学生団体) 福島大学災害ボランティアセンター>

　福島大学では、教員とともに、学生の被災地域の支援に関する意識は極めて高く、震災後の2カ月弱の2011年5月1日には、学生自ら福島大学災害ボランティアセンターを設立した。その設立意義は、「福島県民は風評被害に苦しんだり、自宅に帰れず避難生活を強いられるなど、県民の元気や笑顔が失われ、福島県全体が活気を失っている状況にあります。さらに、福島大学の学生・教職員の中にも自宅や大切な人を亡くしたり、放射能という目に見えない恐怖に不安を抱えている者もいます。私たちはこんな時だからこそ、福島県民にもう一度元気や笑顔を取り戻してもらうための支援や、今回の震災で被災した福島大学の仲間のために何かをしたいという意欲に満ち溢れています。支援を必要

としている福島県民・仲間を支えることにより、大学、そして福島県を元気にしたいという熱意を持つ学生たちが活動・奮闘する場として、私たちは福島大学災害ボランティアセンターを設立しました (http://fukudai-volunteer-center.jimdo.com/) と述べられている。

これまでの活動を見ると、福島県内各地の避難所の支援（誕生日会などのイベント運営、足湯活動）、義援金を集めるためのフリーマーケット、津波被災地への人員の派遣活動、子どもの遊び・学習支援、仮設住宅入居者への支援（足湯活動、季節イベント等）等、被災地、被災者の悲しみ・苦しみに寄り添った活動が展開され、現地の大きな支持を得ている。

3．東京農業大学「東日本支援プロジェクト」における自助・共助・公助連携の特徴

ここでは、東京農業大学が震災直後の 2011 年 5 月 1 日から活動を開始し、現在も支援活動が続いている東京農業大学「東日本支援プロジェクト」の初期の復旧・復興支援活動の特徴を自助・共助・公助の連携という視点から紹介する。その前に、東京農業大学が実施している学生ボランティアによる支援活動について概略を述べておく。

（1）持続的学生ボランティア活動の展開

東日本大震災が発生した当時、東京農業大学の最大の課題は、東北地方出身で被災した学生の確認、4 月入学予定学生の被災確認と支援対策の決定であった。こうした調査と対応策がほぼ決定した前後から、学生達より被災地支援のボランティアに参加したいという声があがった。特に学生のボランティア参加意欲は強いため、学生を中心とした東京農業大学らしいボランテイア活動の方法を模索した。その結果、在学生の父母で組織する教育後援会の資金協力を得て、岩手県、宮城県の津波被災地域の仮設住宅における生活環境整備（癒しのための花壇や家庭菜園づくり）を中心とした支援活動が震災直後から継続的に展開され、これまで 40 回以上被災地を訪問し多くの教員、職員と学生が参加している（図 2-2）。この活動は、東京農業大学らしい専門知識を生かした持続的

図2-2 東京農業大学学生復興ボランティア活動の様子
出所：https://ja-jp.facebook.com/nodai.shinbora/

なボランティア活動を展開するという趣旨に沿って組織化されたものであり、現在は大学学生部が活動をサポートしている。

（2）東京農業大学「東日本プロジェクト」発足の経過

　東北各地に甚大な被害をもたらした東日本大震災から一夜明けた東京農業大学では、教室、実験室などの地震被害の確認と被災学生の確認作業を迅速に行い、震災後の3月31日には、災害適用地域（青森、岩手、宮城、福島、新潟、茨城、栃木、千葉、長野）に指定された地域の出身学生1,003人について安否の最終確認を終了した。その結果、親が未確認9人、家族不明5人、避難所12人、家屋全壊7人、家屋一部損壊21人が確認された。さらに、災害適用地域の新入学生335人と在校生1,401人を対象に、具体的な救済方策の必要性を検討し、204人の支援必要学生を特定した。具体的な支援策としては、学費の減免と生活費の補助である。具体的な支援金額は、2011年度約2億円、2012年度1億1,000万円である。

被災学生の救済にめどがついた頃、教員の中から自然発生的に「被災地の支援を大学として行うべきでないか」という声が沸き上がった。こうした声を背景に、農学研究に関するこれまでの東京農業大学の研究蓄積を結集して被災地の復興支援を実践するためのプロジェクトを発足させるべく、大澤前学長（現：学校法人東京農業大学理事長）の主導で作業は迅速に進められた。プロジェクトリーダーには筆者の一人の門間（現在のプロジェクトリーダーは渋谷である）が指名され、早速、被災地復興支援プロジェクトの内容、研究組織の構成、研究フィールドの設定と研究支援戦略の策定に関して提案書を提出して採択された。当該プロジェクト計画は、学部長会議での審議を経て全学審議会で審議され、年間1,800万円の予算が学内で確保され実施することが4月中旬に決定した。

（3）復興支援対象地の決定と農家・関係機関との連携体制の構築
　東京農業大学の復興支援活動は、未曾有の大被害を受けた東日本地域の農林業の復興を学術的な立場から支援して1日も早い農林業の復旧・復興を目指すことを目的とし、全ての研究活動を被災現場で実施することとした。そのため、支援研究を実践する被災地の選定が重要であり、様々な条件を考慮して検討した結果、福島県相馬市で復興支援活動を展開することを決定した。
　東京農業大学が相馬市という特定の被災地で震災復興プロジェクトを開始することにしたのは、以下の理由による。東日本大震災は、これまで日本人が経験してきた地震・津波災害に加えて、全く未知の災害である放射能汚染とそれを契機として誘発された風評が加わった未曾有の複合被害である。そのため、支援活動地域選定にあたっては、東日本大震災からの真の復興を実現するためには、地震・津波・放射能汚染・風評という4つの問題に対する対応技術・方法の開発と普及を実践するという条件を重視した。さらに、東京農業大学の教育理念である実学主義の根本は、初代学長である横井時敬の「稲のことは稲にきけ」「農業のことは農民に聞け」という言葉で表されたように、現場で問題を発見して、その科学的な問題解決技術・方法を開発して、現場でその有効性を実証することにある。我々は、東日本支援プロジェクトの推進にあたっても、実学主義の精神を貫徹することを目指した。さらに、以上の共通認識に加えて、

①被災地への立ち入りが禁止されていない、②作物等の作付け制限を実施していない、という２つの条件を追加し、開発した復旧・復興支援技術が現場ですぐに実践されて、普及できるということを重視した。

こうした条件から支援地域を絞り込んでいった結果、福島県相馬市と南相馬市が最終的な候補地として残った。この２つの地域のうち、いずれを選択するかは最後まで悩んだが、最終的には水稲の作付け制限を実施していない相馬市に決定し、2011 年 5 月 1 日から支援活動を開始した。

また、被災地にネットワークを持たない我々にとって、被災農家はもとより、関係機関との緊密な連携を確保することは極めて重要である。そのため、以下の手順で連携のネットワークを構築した。

１）被災農家（自助）との連携

これまで被災地の農家と全くつながりがない我々にとって、被災農家との連携構築は困難を極めた。そのため、次のような方法で被災農家とのネットワークを構築した。まず第 1 は、福島県出身の東京農業大学の OB の方々で農林業に従事して被災された方々の協力をお願いした。特に国・県による組織的な復旧・復興が実施されていない林業については、OB の林業家の方々にお世話になり、森林の放射能汚染実態解明のための調査にご協力いただいた。また、農業者については、東京農業大学の教員がこれまで技術や経営の相談に乗っていた方々に協力をいただき、津波土砂が堆積した農地の復元、放射性物質の吸収抑制技術の開発などを圃場をお借りして実施した。

次に津波を受けた農家の被害状況や営農再開意向を明らかにするための調査は、次のように実施した。まず、相馬市在住の農業関連の福島県職員 OB の方 2 名を紹介してもらい、彼らの知人である被災農家を紹介してもらって調査を行った。次にその農家から別の被災農家を紹介してもらい訪問調査をするという形で、次々と調査農家を被災地全域に広げていった。また、仮設住宅に避難している農家さんについては、現地での被害調査で知り合った農家さんに紹介の労をとってもらい仮設住宅を訪問して調査を行った。そうした調査をしばらく続けていくうちに、被災農家の知り合いが増えていった。また、後に詳しく

述べるが、こうして実施した調査結果を市役所、現地に返す過程でさらに被災農家とのネットワークができていった。特に 2011 年 11 月に開催した第 1 回の東京農業大学が主催する現地報告会には 300 名近い、被災農家、関係機関の方々が集まり、我々の支援活動が地域に広く認知されるようになった。その後の調査・支援活動は、比較的スムーズに実施することができた。

また 2012 年からは放射能汚染が問題となっている飯舘村と隣接する相馬市玉野地区で放射能汚染に関する実態調査を実施した。調査目的は、放射能に汚染された農地 1 筆ごとの汚染状況の把握と汚染防止対策の農家への普及に置いた。この調査は、早急に玉野地区の農地の除染をしなければならない相馬市の委託を受けて実施したものである。ここでは、玉野地区の 4 つの地区の区長さんに協力を依頼し、地区の 646 筆の全ての農地を案内してもらって空間線量、土壌の線量、土壌調査を実施した。この調査は、膨大な作業量をこなすため、学生のボランティアを募集して教員と一体で実施した。そのため、相馬市内に一軒家を借りて学生・教員が合宿するとともに、玉野地区に作業施設を借りて土壌、作物、その他の放射能汚染物質の測定を実施した。この調査では、地区の全農家の全農地を調査したため、玉野地区の農家の熱い信頼を獲得し、農家経営調査など様々な調査に協力をいただいた。

2）市役所、農協（公助）との連携

東京農業大学と相馬市との間で震災復興に関して緊密な連携ができ上がった背景には、震災後の 2011 年 5 月 1 日に相馬市の被災地を現地調査した大澤学長と立谷相馬市長との間に深い信頼関係が成立したことが大きい。この相馬市との第 1 回の検討会では、立谷市長から次のような農業問題の解決を支援してほしいという要望が提起された。①津波によってヘドロやがれきで覆われた約 1,100ha の水田のうち、復旧して利用可能になる水田と利用不可能な水田の識別。水田に堆積した津波が運んできた土砂を取り除くべきか、あるいはそのまま水田にすきこんでも大丈夫か、②農業・農村復興のために具体的に実施すべき対策の解明、③放射能汚染被害が長期化・深刻化している状況下での風評被害への対策の解明。

こうした要請に対応して学内のプロジェクト組織を再構築するとともに、大澤学長は相馬市の復興顧問会議のメンバーとなり、相馬市のニーズに従った復興活動に必要な研究課題に関する情報をプロジェクトリーダーにフィードバックしている。さらに、学長はその後も幾度となく相馬市を訪問するとともに、重要な調査や現地報告会には、必ず出席し関係者・農家の信頼獲得に努めた。さらに、次に市役所と連携を深める大きな契機となったのが、ヤマト福祉財団の助成への応募である。この応募の背景には、東京農業大学が実施した被災農家の営農再開には農業機械の整備が重要だという提言がある。相馬市がこの提言を受けて、即座に東京農業大学と連携して相馬市における大豆生産を復活するというプロジェクト計画を策定して提出して採択された。その結果、他の被災市町村に先駆けて農業機械の整備が可能となり、被災地の水田農業を担う農業法人経営の設立を促した。この新しく設立された法人の経営・技術支援活動を相馬市と東京農業大学は連携して実施することとなり、法人の経営者とも復興をめぐって緊密な連携関係が構築できた。ヤマト福祉財団による支援内容と、相馬市の対応の詳細については、第3章を参照されたい。

　農協との連携では、様々な被災農家の営農支援活動を展開するにあたり農協の支援を得ている。特に津波土砂が堆積した水田の復元技術では、国や県とは異なる独自の復元技術（津波土砂を取り除かずに水田にすき込み、土壌の酸性化対策として効き目の効果が長く、多様な微量要素を含む転炉スラグを散布するという技術）を提案したため、農協による支援が技術普及の大きな力となった。

3）福島県との連携

　福島県との連携は、東京農業大学が福島県で震災復興支援活動を展開すると決定し、支援する現地を選定する際にアドバイスをいただいた時から始まっている。特に福島県農業総合センターには的確なアドバイスをいただき、相馬市で支援活動を行うことの決定を支えてくれた。その後も、福島県庁、相双農林事務所、相馬市にある福島県農業総合センター浜地域研究所には、現地での支援活動を展開するにあたり貴重なアドバイスをいただいた。特に相双農林事務所が中心となり、相馬市と東京農業大学が連携して取り組んだ被災地での集落

営農の推進、新たに立ち上がった農業法人の支援活動のために、筆者はアドバイザーとして集落懇談会に幾度となく参加し、復興に向けた新たな農業創出のために必要となる支援活動の方向検討に必要な情報を獲得することができた。

(4) 相馬市における災害発生直後の対応の特徴と課題

ここでは、東日本大震災で甚大な津波・放射能汚染被害を被った福島県相馬市の震災復興の取り組みを災害ステージ別の問題解決課題の側面から整理し、自助・共助・公助の連携のあり方を整理する(表2-1)。

相馬市は東日本大震災発生(2011年3月11日2時46分)直後の午後2時55分に災害対策本部を設置し、災害に関するあらゆる情報の収集をまず実施した。次に収集した情報に基づき当日の午後7時30分に第2回災害対策本部会議が開催され、本部長から次の7項目の指示が出された。①孤立状態の地域の現状把握、②孤立している住民の救出と避難所までの誘導、③避難所における避難者の把握、④自衛隊への救助・支援要請、⑤避難所避難者への食料・水・毛布などの確保、⑥警察・消防等からの情報収集、⑦他市町への支援要請(給水車など)。この間、次々と発生する問題に臨機応変に対応してきたが、市長の決断で第4回の災害対策本部会議(3月12日、午前2時45分)からは1枚のシートに対策を整理し、体系的に問題解決にあたっていくこととなった。

この時点では、生存者の確認・救出、避難者の食事・健康対策を中心に活動が展開された。ここで注目すべきは、震災直後の3月13日の午前8時30分に開催された第7回災害対策本部会議の時点において、表2-1に整理したように、対策は「短期的対応」「中期的対応」「長期的対応」と災害フェーズに整理されて、復旧・復興に向けて迅速に動き出している。原発事故対応としては、第7回の対策会議の対策シートに「原発被災者の受け容れ対応」が、3月15日の第11回対策本部会議で「原発事故への対応」が中期的対応問題として整理され、放射能測定値の開示と避難等に関して国の指示に従うことが確認された。

また、農業の復旧・復興対策が対策シートに盛り込まれるようになるのは、第21回の対策本部会議(3月19日開催)からである。ここで長期的対策として初めて被災した農地の調査と市内企業の現状調査が実施され、相馬市内の農地

表 2-1 相馬市の災害対策課題

第 21 回　災害対策本部（資料）					
1	短期的対応	①行方不明者の捜索	→ア	捜索体制の構築
		②被災地整理	→ア	ガレキの撤去
		③生存者・死亡者の確認と火葬	→ア	連絡不通者確認情報
			イ	遺体・火葬
		④児童生徒の動向	→ア	連絡不通者・死亡者
2	中期的対応	①被災者・避難者の生活支援	ア	健康管理
			イ	食料供給
			ウ	入浴その他避難所生活支援
		②市民生活支援	→ア	ライフライン（水道、電気、ガス）
			イ	ガソリン・燃料等
			ウ	食料・日用品の調達状況
			エ	医療体制
			オ	医療・介護施設の支援
			カ	支援グループの受け入れ
		③ろう城体制の構築	→ア	地域行政組織の再構築
			イ	倉庫の確保・運営
			ウ	市独自の輸送体制
			エ	相馬港の利活用体制
			オ	物資（食料・ガソリン・生活用品）の確保
		④避難者独立支援	→ア	市調達集合住宅
			イ	民間アパート入居あっせん
			ウ	仮設住宅への移住
			エ	生活支援金
			オ	日常生活用品支援
		⑤義援金など	→ア	義援金
		⑥医療・介護機関の実情	イ	物資支援
		⑦原発事故への対応	→ア	情報開示
			イ	国の指示に従い行動する方針の徹底
3	長期的対応	①被災地及び市内復興	→ア	市内生活道路の補修
			イ	農地調査
			ウ	市内企業の現状
4	近隣自治体との支援協力		→ア	旧相馬女子高での受け入れ
			イ	近隣へ支給
			ウ	ソフト面での支援
5	友好自治体及び国・県への支援要請		→ア	食料・生活物資
			イ	国・県に対する要望事項

出所：相馬市災害対策本部資料（2011）より筆者作成

の40%に当たる1,100haが津波で冠水したことが確認された。

以下、表2-2に震災発生から6カ月の農林漁業を中心とした対策の実施状況を整理した。この取組内容から、震災直後の対策としては、農地・水路、ため池等農業インフラや集出荷施設の被害状況を把握するとともに、震災からの復旧・復興作業に参加できる担い手の確保・組織化が検討されていることがわかる。

表2-2 相馬市の緊急農業対策

対策会議	開催日	対策項目
21	3.19	農地調査、飲料水のモニタリング調査
24	3.21	放射能汚染が話題に、飲料水の確保と配給対策
38	3.28	市長、将来を見据えた復興の方向を職員に指示
40	3.29	初動対応はひと段落、中長期対応が重要であることを強調
42	3.30	農業対策（耕作再開時期、耕作時期延長、農業用水の漏水、土壌調査）を論議
82	4.20	ポンプ・排水路修復、ダムの放水日決定、野菜等の出荷・摂取自粛、漁船被害調査、コウナゴ摂取自粛、漁業関係者意見交換
101	4.30	原乳出荷停止解除（4.18）、農業用施設被害調査 魚市場復興工程表作成、青空朝市開催、漁業者の被害分類
	5.01	農業復興に関して東京農業大学と協力連携関係を確認
	5.14	農林水産大臣相馬市訪問、漁業関係者と意見交換
121	5.20	土地改良区と今後の農業経営について協議 魚市場復興、朝市NPO設立準備
131	5.30	パイプライン灌漑復旧、土地改良区（賦課金取扱方針）
	6.03	相馬市復興会議第1回開催
	6.18	相馬市内放射能メッシュ調査実施（1km² メッシュ、173地点）
153	6.20	農業法人の設立協議、魚のサンプリング調査
161	7.01	河川の草刈り、畑の放射能汚染調査
164	7.11	農業生産法人設立、農業復興メニュー確定
168	7.29	放射能汚染補償問題（農業・漁業）
	8.29	相馬市復興計画 Ver.1.1 策定 ◆農業支援対策 ア．干拓システムの復旧　イ．農業法人の設立支援（水田農業）　ウ．法人による復旧事業受注　エ．土地改良区の営農支援　オ．農業法人による新たな農業の模索
175	9.05	復興方針の地区説明会

出所：相馬市災害対策本部資料（2011）より筆者作成

4．東京農業大学・東日本支援プロジェクトの取り組み
（1）東京農業大学・東日本支援プロジェクト組織

　東京農業大学の東日本支援プロジェクトでは、研究者が研究の興味に従って支援活動を行うのではなく、被災地からの支援要請に従って問題解決活動を展開するという方針を確認するとともに、被災地からのいかなる要請にも応えられるように、復興支援のためのプロジェクト組織を発足当初は図2-3のように構築した。

　このプロジェクト組織では、8つの専門家チームを結成してそれぞれ問題解決に対応できるようになっている。これらの8つのチームに対して、現地で必要とされる解決課題を伝えるとともに、各チームの研究活動支援ならびに実現した研究成果を現地にフィードバックするためにチームリーダーが大きな役割を果たす。また、関係機関ならびに農家組織との連絡調整もチームリーダーの重要な役割である。なお、8つのチームは常時すべてが同時に活動するわけでなく、現地からの問題解決要請に従って迅速に活動を展開する体制としている。

　農林業の復旧の段階で主に活動したのは、農業経営チーム、風評被害対策チーム、土壌肥料チーム、森林復元チームである。農業経営チームが最初に取り組んだのが震災およびその後の放射性物質の飛散が及ぼした農業経営への影響評価、津波被災地域のコミュニティ単位に農家が結成した地域農業復興組合（以下、復興組合と略記する）における自助・共助活動の評価であり、その後、放射能汚染・除染対策のための農地1筆単位の放射能モニタリングシステムの開発に取り組んだ（その成果については、第9章で報告）。風評被害対策チームは、放射能汚染地域で生産される農産物に対する消費者行動の特徴を初期の時点では調査し、その後は放射性物質の安全性に関して設定された暫定規制値や基準値の評価、放射性物質検査方法の安全性に対する消費者意識の調査、風評克服のための自助・共助・公助の取り組みとその連携について調査を進めた（その成果については第4章、第5章で報告）。

　土壌肥料チームは、津波被害を受けるとともに、放射性物質による汚染を受けた土壌の科学的な診断に基づき早期の作物生産を可能にする土壌復元の方法を開発して農家に普及する活動を展開した。当該チームは、先に示した東京農

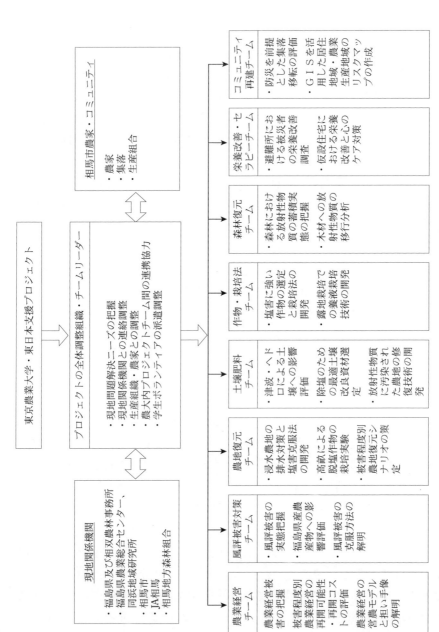

図 2-3 東京農業大学・東日本支援プロジェクトの組織

業大学独自の津波被害水田の復元方法を開発・普及し、3年で甚大な津波被害を受けた相馬市の水田500haでの水稲生産の再開を支援した。また、大豆、牧草、その他の地域特産農産物の放射性物質の吸収抑制技術を開発して普及した。

森林復元チームは、森林・林木における放射性物質汚染の実態を把握するとともに、森林の除染の方法を開発して現地でその効果を実践するという活動を展開した。当該チームは、早期に放射性物質は林木の内部に侵入することを突き止めるとともに、放射性物質の侵入経路を解明し、森林被害の深刻さと対策の重要性を警告した。さらに、森林や林木に蓄積した放射性物質の除去方法について検討を進めている。

なお、東京農業大学・東日本支援プロジェクトの主要成果は、引用文献、東京農業大学・相馬市編（2014）、Toshiyuki Monma 他（2015）にまとめてあるので参照されたい。

（2）農業経営チームの支援活動とその成果

2011年5月1日のプロジェクト発足以降の農業経営チームの支援活動の内容は、①津波被災地域の農業経営の早期再開、②放射能汚染地域の営農再開の支援、③風評の実態とその対策の解明、の3つに分けることができる。以下、それぞれの内容ごとに自助・共助・公助の連携に焦点を当てながら復興支援活動を評価する。

1）津波被災地域の農業経営の早期再開

この課題でまず取り組んだのが、津波による農業経営被害の実態把握と今後の営農再開意向の評価である。そのために農業経営チームは、相馬市で津波被害を受けた農家27戸に対して津波被害発生前と発生後の営農意向の変化を調査した。その結果、現状維持志向農家が20戸から11戸に大きく減少、規模縮小が2戸から6戸へ増加、離農を志向する農家が0戸から3戸に増加した。しかし、規模拡大志向農家は5戸から4戸への減少で、被災農家の規模拡大意向は決して衰えていないことが明らかになった。また、津波による水田の被害と農業機械への被害が、営農再開意向に及ぼす影響を分析した結果、農業機械へ

の被害の影響が営農再開意向の減退を招いていることを明らかにした。これらの結果を模式的に示したのが図2-4である。

この図から、次の4つの営農再開パターンが読み取れる。

第1パターン（営農再開意欲が低い）——津波による農地、農業機械への被害が甚大で自力では復旧が困難であり、国による水利施設などのインフラと農地の復旧、さらには集落単位での農業機械の共同利用組織の結成と国の支援が復興の大前提となる。

第2パターン（営農再開意欲が強い）——津波による農地の被害が大きくても、農業機械が無事である場合は、水利施設などのインフラと農地の復旧が国よって行われれば、その後は自力で農業は復興できる。

第3パターン（営農再開は条件次第）——津波による農地の被害は軽微でも、農業機械が津波によって破壊される等の被害を受けた農家は、農業機械を自力で整備することができず、国による農業機械に対する補助が不可欠となる。この場合、機械共同利用組織の形成が義務づけられるか、個人への支援の如何によって営農形態は大きく異なる。

第4パターン（営農再開意欲は強い）——津波による農地、農業機械への被害が小さい農家では、迅速な営農再開意欲を示す。水利施設などが被害を受けていなければ、農地の除塩などの作業は農家個人でも対応可能であるが、放射性物質が農地に蓄積している場合は、除染が不可欠となる。

	農業機械への被害：大	農業機械への被害：小
農地被害：大	農業再開意欲なし ・見通しつかない ・早急に復旧を願う	農業再開意欲強い ・基盤整備・水利施設の整備 ・農産物買取補償
農地被害：小	農業再開は条件次第	農業再開意欲強い ・農産物買取補償 ・放射能汚染除去

図2-4　津波被災農家の営農再開意欲と再開条件

これらの結果は、農家にフィードバックするとともに、相馬市役所に対して農家が営農を早期に再開するためには農業機械の整備が不可欠であることを提言した。この提言を受けた相馬市の行動は迅速であった。すぐに公益法人ヤマト福祉財団の復興支援事業に「農地復旧復興（純国産大豆）プロジェクト」として応募し、2012年12月に3億円の助成が決定した。この決定を受けた相馬市は、震災後の相馬の農業を牽引するのは企業センスを有する農業法人であると想定し、農業法人を設立した組織に、助成を得て相馬市が購入した農業機械を無償で貸し出すことを決定し、被災農家に働きかけた。その結果、新田集落と程田集落を合わせた地区で合同会社飯豊ファームが、南飯渕集落で合同会社アグリフード飯渕が、岩子集落で合同会社岩子ファームが結成され、大規模農業への挑戦の一歩を踏み出した。

　以上の取り組みは、共助である東京農業大学から被災農家の営農意向と営農再開には農業機械の整備が不可欠であるという情報が相馬市役所に提供され、それを受けた相馬市役所がヤマト福祉財団による共助としての農業機械導入助成を受けるという公助を実施した。さらにこうした共助、公助の受け皿として農業法人の結成という被災農民の自助を促し、津波被災地域ではもっとも早い水田の再開を成し遂げるという成果を実現した。

2）復興組合活動による営農再開支援―公助と自助の連携

　農林水産省は、被災地域における地域農業の再生と早期の経営再開の実現を政策目標とし、水田10aあたり3万5,000円の経営再開支援金を支払う被災農家経営再開支援事業を2011年5月に創出した。当該事業では、被災農家が簡易なゴミ・がれきの除去、畦畔の補修、水路補修、さらには除塩など営農再開に向けた復旧作業を行うことに対して経営再開支援金（以下、支援金と略記）が支給される。こうした支援事業は、復旧作業を農業者自らが行うことで所得を確保し、経営再開を促進することを目的とした政策である。支援金は地域単位で結成された復興組合を通じ、復旧活動への出役に応じて組合の構成員に支給される。相馬市では他の地域よりも多い17の復興組合が設立された。われわれは、これらの復興組合活動の実態を解明し、復興活動の課題を整理した。

調査は、2011年11月12～21日にかけて、復興組合の代表者を中心に聞き取り調査によって実施した。聞き取り調査では、復興組合が管轄する地区の特徴、管轄範囲を決定した理由、組合設立までの経緯と主たる設立目的を把握した上で、管轄する地域の被害状況を農地、用排水路・ため池などの水利施設、農業機械の被害状況に分けて把握した。

　これらの整理によって得られた成果の特徴は、次の通りである。

　第1に、復興に要する時間・費用は被害状況に応じて全く異なる。こうした被害の多様性を無視した一律の復興対策の有効性は低い。地区によって津波被害の程度が大きく異なり、ガラス・コンクリートなどの破片が混入した津波土砂で覆われた表土の剥離と客土、津波で全て失われた農業機械・施設の整備などの対策は、農家個人での復旧は不可能であり、国費による復旧が不可欠である。

　第2に、津波被害を受けた水田の復旧にあたっては、津波による農地、水利施設の被害程度（水利・堤防、農道などの基幹営農施設の被害状況、津波土砂・がれきの農地への堆積度合い、津波による耕土の消失と地盤沈下の程度、海水の浸水期間、農業機械・農業用施設の被災状況など）よって、その復旧方法と復旧時間は大きく異なる。

　第3に、被災した専業農家にとって、兼業収入がないため毎日の生活費をどのように稼ぐかが最大の課題である。被災農地復元のために支払われる10aあたり3万5,000円の使い方を巡って被災地では混乱が認められ、必ずしも被災した専業農家の生活支援と被災農地の迅速な復旧に有効に活用されないケースもあることが確認された。

　なお、以上のような問題点はあるものの、甚大な津波被害を受けて打ちひしがれていた農家の方々に、自らの農地のがれきを自ら拾い集めて、営農再開のために地域の人々が総出で共同作業を行うという行動を生み出したことは高く評価できる。なお、こうして結成された復興組合は、その後の地域単位の営農活動や新たに設立された農業法人の活動支援の場面で有効な機能を果たしており、農業法人とともに地域を支える営農組織の1つとなっていった。まさに、公助が自助組織を生み出した事例といえよう。

3）学生ボランティアによる被災農家の自助とプロジェクトの支援

　東京農業大学が現地での支援活動をスムーズに展開するとともに、被災農家の協力体制を獲得する上で学生ボランティアの果たした役割は極めて大きい。東日本支援プロジェクトでは、農業復興の支援に限定して専門知識を有する学生ボランティアを募集して1週間前後という、通常のボランティアに比較して長期間の学生ボランティアを農家の要請に応じて派遣した。農家から学生ボランティアの派遣要請があったのは、津波で被災したイチゴハウスの復旧、イチゴ生産再開のための栽培面での支援、津波で自宅と農業機械を失い作業ができなくなったナシ専業農家の摘果作業の支援などである。こうした学生ボランティアの活動は、地域の農家の自助を支援するものであり、東京農業大学の相馬復興支援プロジェクトが農家に好意をもって受け入れられる重要な要因となった。

　なお、津波被災地域復興のための農業経営チームの取り組み、学生ボランティア活動の詳細については、本書第3章を参照されたい。

4．おわりに－大学による災害復興支援活動における自助・共助・公助のあり方

　本章を閉じるにあたり、大学による災害復興支援活動における自助・共助・公助のあり方について整理する。

（1）被災農家参加型の復旧技術の開発・普及（自助を促す）

　まず、筆者らが東京農業大学・東日本支援プロジェクトのリーダーとして、最も心をくだいたのは、大災害に遭遇して打ちひしがれている被災者の方々（われわれの場合は農林業者）に寄り添って、その復旧・復興に関わる真の問題・解決ニーズを正しく把握して、研究面から科学的かつ迅速に回答となる知識・技術を導き出して伝えることであった。そのためには、常に復旧・復興技術の開発プロセスを被災農家が確認できるように、できる限り現地での実証を心掛けたことである。また、そのために被災した農家の方々に積極的に実証試験に参加してもらうように努めた。例えば、津波被害水田の復旧にあたっては、被災

した農家の水田を借り受けるとともに、農業機械ならびに管理作業までお願いして参加してもらった。そのことが周辺の農家の注目を集め、技術の内容を正しく理解してもらうことができた。その結果、さらなる実証試験に際しても喜んで農地や農業機械の提供、さらには管理作業の支援を受けることが可能になった。

こうした現地実証の成功と新しい復旧技術の提供は、被災農家の営農再開意欲を高め、相馬市の稲作は津波被災地域で最も早い再開を実現した。

また、相馬市玉野地区で実施した放射能汚染地域における農地1筆単位の放射性物質モニタリングシステムの開発は、地域の農業・農地の実態に詳しい4人の区長さんの全面的な協力を得て実現することができた。常に我々の放射性物質測定調査に同行してくれ、地域の農家の圃場での測定許可を得ることに協力してもらうとともに、測定する農地の場所を指示してくれた。場合によっては、測定作業や測定結果の農家へのフィードバックにも協力していただいた。その結果、玉野地区の農家の方々は自らの圃場の放射性物質の濃度、放射性物質の吸収抑制の方法を正しく知ることとなり、いたずらに放射能を恐れるのではなく、正しく付き合うことを習得し、迅速な営農再開が可能になった。

（2）迅速な復旧・復興を実現する公助との連携

東日本大震災による想像を絶する津波被害と放射能汚染は、被災した市町村、県などの行政の大混乱をもたらした。災害発生直後の大混乱は、まさに言語に絶するものであった。次々と発生する予測できない事態への対応、職員自らが被災しながらも、住民の生命と生活を守るために寝る間も惜しんで奔走する日々が続いた。こうした状況の中で、被災地を視察する国会議員や国、国際機関の訪問者への対応が大混乱に拍車を加えた。

こうした混乱した状況の中でわれわれのような大学の復興支援活動に協力することは市町村職員やJA職員にとって迷惑以外のなにものでもなかっただろう。こうした雰囲気を感じたわれわれは、できる限り市町村職員やJA職員の方々に負担をかけない支援活動、すなわち自力での支援活動を模索した。ただし、調査結果や技術開発の成果は常に関係機関にフィードバックするようにし

た。こうした支援活動のスタンスは、次第に関係者に理解されるようになり、われわれに対する信頼も高まるようになってきた。また、こうした支援活動を一過性のものとしないため、東京農業大学独自の予算を確保するとともに、参加研究者自らが研究予算を三井物産環境基金や文部科学省の科学研究費に応募して採択を得て獲得して、持続的な研究の実施を資金面から確保した。

相馬市との連携で特筆できるのは、相馬市と東京農業大学が連携してヤマト福祉財団の震災復興支援金を獲得して津波で失われた農業機械の整備を行い、法人を設立した担い手組織に貸し出すという取り組みを実施したことである。これによって相馬市内で3つの農業法人が結成され、相馬農業復興の担い手として活躍している。また、津波で被災した水田を東京農業大学が開発した技術で復元し安全な米を生産可能にするとともに、相馬市と連携してその成果を広く市民にPRするとともに、学校給食への採用を可能にした。

さらに、東京農業大学が津波被害水田を復興する技術として開発した技術では、水田土壌の酸性化を抑制するために転炉スラグを活用する必要があった。しかし、この技術は国や福島県が推奨する技術と異なっていたため、転炉スラグを農家が購入するための支援が得られなかった。そのため、東京農業大学は転炉スラグの生産メーカーである新日鐵住金から2013年度に450トンの転炉スラグの無償提供を受け、東京農業大学の購入分50トンと合わせて、50haの水田で水稲生産を可能にした。その後は、農家からの要請を受けた相馬市が福島県を強力にプッシュし、復興支援予算で転炉スラグが農家に提供されることになり、2014年度200ha、2015年度200haの津波被害水田の復興が可能となった。東京農業大学、相馬市・福島県、新日鐵住金（株）の連携のたまものである。

このように、大災害発生地域の農林業等の復興では、自助である農家自身、公助である市町村・都道府県・国、そして大学や企業等の共助の連携が重要である。自助7割、公助2割、共助1割は、あくまでも災害発生直後の生命の危機への対応のあり方を示したものであり、その後の産業の復興、住民の生活復興の場面では、自助・公助を中心としながらそれに共助が効果的に関わることが、災害後の創造的な地域復興ではきわめて重要である。

引用・参考文献

フードシステム学会編(2012):『東日本大震災とフードシステム-復旧から復興に向けて-』、農林統計出版.

門間敏幸(2013):「東京農業大学による東日本支援プロジェクトの取り組みと農業経営復興のシナリオ」『食農と環境(実践総合農学会誌)』No.11、22-25.

門間敏幸(2014):「大学による災害復興支援の理念、プロジェクトの活動設計と成果の普及」東京農業大学・相馬市編(2014):『東日本大震災からの真の農業復興への挑戦-東京農業大学と相馬市との連携-』ぎょうせい、48-82.

門間敏幸(2016):「わが国の水田農業の構造変動とその対応方向」『東京農業大学農学集報』、61(1)、6-16.

相馬市災害対策本部(2011):『平成23年3月11日発生・東日本大震災の記録-中間報告-』.

東京農業大学・相馬市編(2014):『東日本大震災からの真の農業復興への挑戦-東京農業大学と相馬市との連携-』ぎょうせい、386P.

Toshiyuki Monma・Itsuo Goto・Takashi Hayashi・Hidekiyo Tachiya・Kanjyu Ohsawa (2015): Agricultural and Forestry Reconstruction After the Great East Japan Earthquake, Springer Open.

第3章　東日本大震災による津波被災地域の農業復興における自助・共助・公助の連携

渋谷往男・山田崇裕

1．研究目的－津波被災からの復興と学術的なアプローチの必要性
（1）農業の公共的側面と社会貢献の動向

　東日本大震災はわが国の史上、類を見ない広域的な大災害となった。特に東北地方は農業が主要産業であり、その被害も大きなものとなった。農業被害については、地震の揺れ、その後に発生した大津波、福島第一原発からの放射能被害、さらにそれによる風評被害など多様な災害が複合的に発生した。本章ではこうした農業被害の中でも目に見える形で発生し、広域的に甚大な被害をもたらした津波被害を取り上げ、そこからの農業復興、さらにその過程での自助・共助・公助の連携のあり方について考察することとする。

　大震災による津波が襲った太平洋沿岸の農地は農家の私有財産であるとともに、国民への食料供給機能の他、治水や景観形成などのいわゆる多面的機能や健全な農業経営を通じた地域の共同体形成など公共的な側面もある。このため、1960年代から国の圃場整備事業に代表されるように公的な支援の対象となってきた。このように津波で被害を被った農地とそれに付随する各種の農業生産施設、さらにはそこでの農業経営は一事業者としての農家の問題ではなく、非常に公共性の高い問題であるといえる。

　加えて近年社会の成熟化とともに、共助の役割を再評価する動きがあり、自治会など地域での協力体制だけでなく、ボランティアに代表されるような地域を越えた個人レベルの協力、大学・NPOなどの非営利の専門的知見を有する機

関による協力、さらに民間企業のCSR活動の充実など様々な活動が社会的に1つの役割を持つようになってきた。こうした動きは、1995年に発生した阪神・淡路大震災の復旧・復興過程で特に注目された。現在では、災害時の対応だけでなく、平時でも共助の役割を明確に位置づけた社会づくりの重要性も指摘されている。

こうした背景もあり、政府の東日本大震災復興構想会議による「復興への提言～悲惨のなかの希望～」(2011年6月25日) 震災復興構想では、「大規模な災害においては、国や地方公共団体が行う『公助』、国民一人一人や企業等が自ら取り組む『自助』、地域の人々や企業、団体が力を合わせて助け合う『共助』が、ともに重要である。」としており、なかでも「共助」の重要性を強調している。

（2）全国に及ぶ津波被災の可能性と学術的なアプローチの必要性

津波による農業への被害は、海に囲まれた島国であり地震の多発地帯に位置するわが国においては、沿岸の農業地帯共通に発生する可能性のある災害である。こうした災害に適切に対処することで農業の持つ食料生産機能をはじめ多面的な機能を持続することが可能となる。

さらに、東日本大震災の例をみると、零細性の解消という日本農業の50年以上前からの課題が、津波被災を契機に解消に向かっているという実態もみられる。具体的には自己完結型の小規模な兼業水田作経営地帯から農業法人による大規模水田作経営が出現しており、明らかに震災が構造改革を後押ししたといえ、そこにも自助・共助・公助が連携しつつ機能している。

そこで、本章では史上類を見ない大きな津波災害から東北の農業がいかにして復旧・復興してきたのかを自助・共助・公助の視点で分析することで、津波の恐れがあるわが国の沿岸の農業地域の迅速かつ円滑な復旧・復興に対して有効な示唆を導出することをねらいとしている。

2．津波による農業被害の実態
（1）東日本大震災による津波被災地の農業被害
1）東日本大震災と被害の全体像

　東日本大震災によって発生した地震と津波および被害の概要は、表3-1の通りである。阪神・淡路大震災はマグニチュード7.3、死者6,434名、行方不明者3名、負傷者4万3,792名、全壊10万4,906棟、半壊14万4,274棟、一部破壊39万506棟となっている。当時はこれが「戦後最悪のきわめて深刻な被害」（内閣府）とされていたことを考えると、東日本大震災の深刻さはそれを大きく上回る大災害であることがわかる。

　また、阪神・淡路大震災では津波は発生せず、地震の揺れそのものの被害、それも人的被害や建築物被害という都市部に集中した被害が中心であった。一方、東日本大震災は揺れの強さもさることながら、かつてない強さの津波によって農業や漁業に広域的な被害をもたらしたという点が特徴的である。

表3-1　東日本大震災の地震の概要と被害状況等

1．地震の概要（気象庁）
（1）発生日時　2011年3月11日（金）　14時46分
（2）震源および規模（推定） 　　三陸沖（北緯38.1度、東経142.9度、牡鹿半島の東南東130km付近） 　　深さ24㎞、モーメントマグニチュード　Mw9.0
（3）各地の震度（震度6弱以上） 　　震度7　　　宮城県北部 　　震度6強　宮城県南部・中部、福島県中通り・浜通り、茨城県北部・南部、栃木県北部・南部 　　震度6弱　岩手県沿岸南部・内陸北部・内陸南部、福島県会津、群馬県南部、埼玉県南部、千葉県北西部
（4）津波 　　3月11日14時49分　　津波警報（大津波）を発表 　　津波の観測値（検潮所） 　　・宮古　最大波　15時26分　8.5m以上、大船渡　最大波　15時18分　8.0m以上 　　・石巻市鮎川　最大波　15時26分　8.6m以上、相馬　最大波　15時51分　9.3m以上
2．被害状況等
（1）人的被害　　死者1万5,893名、行方不明2,573名、負傷者6,152名
（2）建築物被害　全壊12万4,684戸、半壊27万5,077戸、一部破損74万7,011戸

出所：「2011年（平成23年）東北地方太平洋沖地震（東日本大震災）について」2015年9月9日（14:00）、内閣府　緊急災害対策本部、http://www.bousai.go.jp/2011daishinsai/pdf/torimatome20150909.pdf より抜粋。

2）東日本大震災による津波被害の概要
＜津波被害全体の概要＞

津波による浸水は東北地方から千葉県に至る太平洋沿岸地域全体に及んでおり、合計では561km^2 と、東京23区の全面積（621km^2）に迫る規模となっている。県別の津波浸水範囲をみると、宮城県、福島県、岩手県の順に広くなっている。中でも全体の58％を宮城県が占めており、海岸の長さと地形を反映していると思われる。

土地利用別の面積をみると、田・その他の農用地・森林・荒地・ゴルフ場が283km^2 と最も多く、全体の50％を占めている。その内訳をみると、田が37％、その他農用地が5％、となっており、全体の42％が農地の被害である。これより今回の津波は農業に大きな被害をもたらしたといえる。県別の浸水面積比率では、宮城県は田41％、その他の農用地7％で合計48％、福島県は田53％、その他の農用地3％で合計56％となっており、福島県では農地のなかでも特に田の浸水面積が大きくなっている（表3-2）。

表3-2　東日本大震災による津波浸水範囲の県別土地利用別面積と構成比

（単位：km^2, ％）

	建物・幹線交通用地	その他の用地	田・その他の農用地森林等	河川地等	全体
青森県	3 (13)	5 (20)	5 (20)	11 (46)	24 (100)
岩手県	21 (36)	9 (16)	18 (31)	10 (17)	58 (100)
宮城県	74 (23)	27 (8)	183 (56)	43 (14)	327 (100)
福島県	15 (13)	10 (9)	67 (60)	19 (17)	112 (100)
茨城県	4 (17)	5 (22)	3 (13)	11 (48)	23 (100)
千葉県	3 (18)	1 (6)	7 (41)	6 (35)	17 (100)
合計	120 (21)	58 (10)	283 (50)	100 (18)	561 (100)

出所：国土地理院「津波浸水範囲の土地利用別面積について」2011年4月18日より作成
　　　http://www.gsi.go.jp/common/000060371.pdf
　注：（ ）中の数値は、％である。

＜農地における津波被害の概要＞

津波による浸水面積が大きかったのは仙台湾から福島県浜通り地区北部にかけての水田地帯である。津波により流失・冠水等の被害を受けた農地の面積は、

宮城県約150km^2、福島県約60km^2、岩手県約20km^{2}で6県全体では236km^{2}と推定されている。特に宮城県では耕地面積の1割以上が被害を受けており、県の農業へのダメージの大きさがうかがえる。

また、千葉県を除く各県で流失・冠水等被害推定面積の主体は田となっている。なかでも、青森、福島、茨城の各県では被害推定面積の90％以上が田となっており、津波による農業被害の中心は水田といえる（表3-3）。

表3-3　津波により流失や冠水等の被害を受けた農地の田畑別推定面積

(2011年3月29日現在、単位：ha、％)

県名	耕地面積 (2010年)	流失・冠水等 被害推定面積	被害面積率（％）	田畑別内訳試算	
				田	畑
青森県	156,800	79	0.1	76	3
岩手県	153,900	1,838	1.2	1,172	666
宮城県	136,300	15,002	11.0	12,685	2,317
福島県	149,900	5,923	4.0	5,588	335
茨城県	175,200	531	0.3	525	6
千葉県	128,800	227	0.2	105	122
合計	900,900	23,600	2.6	20,151	3,449

資料：農林水産省調べ
注：津波により水に浸った農地面積の推定値。最終的に水が引いて被害を受けていない農地も含まれており、「津波被災農地」とは異なる。
http://www.bousai.go.jp/kaigirep/hakusho/2011/bousai2011/html/honbun/1b_1h_1s_2.htm

3）東日本大震災に伴う地盤沈下

東日本大震災の被災地の多くは地盤沈下にも見舞われた。表3-4は各観測地点での地盤沈下量をまとめたものから変動量の大きい地点を抜粋したものである。最大の沈下量は陸前高田市の小友町字西の坊で－84cmとなっている。相馬市でも新田西で－29cmとなっている。

こうした地盤沈下はもともと海面とほぼ同水準かそれ以下であった海岸沿いの水田地帯をさらに押し下げることとなった。これに海水保全施設や排水機場の損壊が加わり、津波により浸入した海水が長期間農地に滞留するという事態を引き起こした。これにより、津波の力による各種施設の破壊だけでなく、農地への塩分の蓄積という被害も深刻なものとなった。

表 3-4　各観測点における地盤沈下調査結果（抜粋）

県名	市町村名	所在地	変動量 (cm)
岩手県	大船渡市	猪川町字富岡	−73
岩手県	陸前高田市	小友町字西の坊	−84
宮城県	気仙沼市	唐桑町中井	−74
宮城県	石巻市	渡波字神明	−78
宮城県	岩沼市	押分字新田	−47
福島県	相馬市	新田字新田西	−29

出所：国土地理院「2011 年（平成 23 年）東北地方太平洋沖地震に伴う地盤沈下調査」より抜粋。
http://www.gsi.go.jp/common/000060316.pdf

4）東日本大震災に伴う農業被害の内容

　農業被害の規模を金額で整理したものが表 3-5 である。農業の被害額は全国で約 9,500 億円であり被害の 9 割以上が被災 3 県に集中している。また、3 県の中では宮城県の被害額が突出している。被害の集計方法は、農地・農業関係施設と農産物被害に分かれている。これは、行政組織上担当部局が分かれているためであり、整備段階および被害状況の把握のいずれもこの分け方にならっている。金額規模では前者が圧倒的に多く、全国で 93％、3 県合計で 94％を占めている。

表 3-5　被災 3 県および全国の農業関係被害の規模

（単位：億円、％）

	2010 年農業産出額	農地・農業関係施設被害	被害額	
			農産物被害	合計
岩手県	2,287	639　(93)	48　(7)	687　(100)
宮城県	1,679	5,082　(92)	433　(8)	5,515　(100)
福島県	2,330	2,434　(99)	21　(1)	2,455　(100)
3 県合計	6,296	8,155　(94)	502　(6)	8,657　(100)
全国	82,551	8,841　(93)	635　(7)	9,476　(100)

出所：農林水産省統計部「平成 22 年生産農業所得統計」、被害額については、農林水産省ホームページ（2012 年 3 月 5 日現在）より作成
注：（　）の中の数値は％である。

図 3-1　全てを破壊した東日本大震災の津波（農林統計協会提供写真）

　農業関係被害の9割以上を占める農地・農業関係施設被害については、農地、農業用施設、海岸保全施設、農村生活環境施設という区分で集計されており、全国では45％が農地、31％が農業用施設（ため池、水路、揚水機など）の被害となっている。これらは主に公共事業で整備されたものであり、復旧にあたっても公共事業が中心になる（表3-6）。

表 3-6　被災3県および全国の農地・農業関係被害の規模

(単位：億円、％)

	農地	農業用施設	海岸保全施設	農村生活環境施設	合計
岩手県	232 (36)	65 (10)	332 (52)	10 (2)	639 (100)
宮城県	2,761 (54)	1,212 (24)	435 (9)	269 (5)	5,082 (100)
福島県	943 (40)	935 (39)	254 (11)	242 (10)	2,374 (100)
3県合計	3,936 (48)	2,212 (27)	1,021 (13)	521 (6)	8,155 (100)
全国	4,006 (45)	2,753 (31)	1,022 (12)	33 (7)	8,841 (100)

出所：農林水産省HP「東日本大震災について～東北地方太平洋地震の被害と対応～」（2014年6月17日更新）の「(別添2) 農地・農業用施設等の被害状況、2012年7月5日現在」より筆者作成
注：1)　農業用施設の被害は、主に、ため池、水路、揚水機の被害である。
　　2)　農村生活関連施設の被害は、主に、集落排水施設の被害である。
　　3)　( ) の中の数値は％である。
　　　　http://www.maff.go.jp/j/kanbo/joho/saigai/higai_taiou/index.html

　農作物被害として集計された部分は、さらに農作物等被害額と農業・畜産関係施設被害額に分けて集計されている。全国、3県合計ともに農業・畜産関係施設被害額が78％と主要部分を占めている。表の注にあるように、農業関係施

設は主にカントリーエレベータ、農業倉庫、パイプハウス等、畜産関係施設は主に畜舎、堆肥舎等であり、固定的な建築物が対象となっている。農作物等被害額の中には、農作物そのものや家畜が含まれている。これらは、行政の予算としては一般に非公共に分類されるものである（表3-7）。

表3-7 被災3県および全国の農作物等の被害の規模

(単位：億円、％)

	農作物等被害額	農業・畜産関係施設被害額	合計
岩手県	20 (42)	29 (60)	48 (100)
宮城県	82 (19)	351 (81)	433 (100)
福島県	8 (38)	13 (62)	21 (100)
3県合計	110 (22)	393 (78)	503 (100)
全国	142 (22)	493 (78)	635 (100)

出所：農林水産省HP「東日本大震災について〜東北地方太平洋地震の被害と対応〜」（2014年6月17日更新）の「（別添3）農作物等の被害状況【2012年3月6日】、2012年3月5日17時00分現在」より筆者作成

注：1）農業・畜産関係施設のうち、農業関係施設は、主に、カントリーエレベータ、農業倉庫、パイプハウス等。畜産関係施設は、主に、畜舎、堆肥舎等。被害については、現時点で判明している分のみを記載しており、今後の調査により変わる可能性がある。
2）（ ）の中の数値は％である。
http://www.maff.go.jp/j/kanbo/joho/saigai/higai_taiou/index.html

（2）福島県相馬市における津波被災地域の農業被害の状況
1）相馬市における津波被災前の農業の状況

　相馬市は江戸時代には相馬中村藩6万石の領地の一部であり、この頃から広大な浦の干拓事業が進められてきた。震災前の2010年には耕地面積3,910ha、うち田が3,160ha、畑が755haとなっていた。海沿いの水田は浦を干拓したため海抜が低く、いわばゼロメートル地帯での稲作が行われていた。このため、巨大な揚水ポンプを備えた排水機場が相馬市内で10カ所程度設置されていた。干拓によって出現した農地の特徴として平坦かつ比較的大きな区画であり作業効率が良いため労働生産性が高いことが挙げられる。このため、農家は水田を他人任せにせず自己完結的に経営しており、集落営農は岩子地区で一部見られたもののほとんど発達していなかった。その岩子地区では水稲と松川浦を使ってのノリ養殖の安定的な農漁複合経営が定着していた。かつては、本業が稲作

で副業的にノリ養殖を行っていたが、昨今では所得状況は逆転している。こうした海岸近くの水稲栽培があったこともあり、海岸沿いには松林が広がり、太平洋からの冷風に対する防風林の機能を持っていた。

　稲作以外では、岩子地区に隣接する和田地区では1988年にイチゴ生産での組合組織（和田観光苺組合）を立ち上げて、震災前には13戸の農家がイチゴを生産していた。隣接する宮城県南部の大規模なイチゴ産地と比べると非常に小規模であり、販売方法は市場出荷ではなく松川浦観光と連携した観光イチゴ狩りと直売が中心だった。さらに、磯部地区等の丘陵地では和梨栽培が行われ、そうま梨として特産物となっていた。市西部の玉野地区は中山間地の地形を生かした野菜生産、酪農が盛んであった。

2）相馬市における津波被災の状況

　相馬市の津波浸水面積は約11km^{2}であり、このうち建物用地は10％、農地等は55％となっている。人的な被害は建物用地で大きいと思われるが、面積的には農地が大きくなっている。相馬市の津波被災の中心は干拓等によって生み出された水田であり、大きな被害を受けた。同じ津波被災農地であっても、農地の被害状況はいくつかに分類することができる。バットデルゲルら（2012）は被災農家経営再開支援事業により相馬市内の地区別に設立された18の地域農業復興組合（以下、復興組合）のうち16の組合を対象に被害状況の類型化を行った。当該論文では、農地の被害状況、用排水路等の水利施設の被害状況、構成員が所有する農業機械の被害の3つの視点から類型化を試みている（表3-8）。

　農地の被害状況を浸水期間、家屋のがれき堆積の有無、防風林の残骸堆積の有無、津波土砂の堆積量に分類して、それぞれを2〜3段階の被害状況に分類している。なお、家屋のがれき、防風林の残骸は聞き取り調査を実施した2011年11月には概ね除去されていたが、津波襲来当時の畦畔の損傷、ガラス・コンクリートなどの破片が混入した津波土砂の存在など被害状況が異なるため、震災当時の記憶としての被害状況を聞いている。

表3-8 被害状況の分類

被害程度の分類		「○」=1	「△」=2	「×」=3
農地被害	浸水期間	3週間未満「短期間」		3週間以上「長期間」
	家屋のがれきの有無	なし	一部の農地の堆積	広範囲・大量に堆積
	防風林の残骸の有無	なし	—	大量に堆積
	津波土砂の堆積量	部分的に薄く堆積	部分的に厚く堆積	広範囲にわたり大量かつ厚く堆積
用排水施設の被害程度		機能確保	軽微な被害・復旧可能（土砂堆積のみ）	自力での復旧が困難
構成員の農業機械の被害程度		なしまたは構成員数名が機械喪失	半数以下の構成員が農業機械を喪失	半数以上の構成員が農業機械を喪失

出所：バットデルゲルら（2012）より引用。
注：表中の「○」は被害小、「△」は被害中、「×」は被害大の順に被害状況を示しており、聞き取り調査の結果より筆者らが分類した。また、「－」で記している箇所は被害の大小の2段階の被害状況で分類した。

　表3-9は、上述した被害状況分類に従って各復興組合の被害状況を整理したものである。なお、u01～u17は復興組合の名称を略したものである。ここで示したように、それぞれの復興組合が管轄する地区の津波による農地、水利施設、農業機械の被害状況は様々である。

　この被害状況を客観的に類型化するためクラスター分析を用いて2つのクラスターを抽出した（図3-2）。第1クラスター（Ⅰ・Ⅱ）には、いずれも甚大な被害を受けた地区の復興組合が分類され、構成員も農業機械を失うなど甚大な被害を受けている。第1クラスターの中でもⅠグループの農地には家屋のがれきが混入しており、特に被害が厳しい。Ⅱグループの農地は家屋のがれきはほとんどなく、海岸沿いにあった松の防風林の残骸が中心的な混入物であった。

　第2クラスター（Ⅲ・Ⅳ）には、津波の被害状況が比較的軽微な復興組合が分類されている。第2クラスターは、さらに農地に防風林の残骸を中心に流入しているⅢグループと、農地にはがれきや防風林の残骸のいずれもほとんど流入していない第Ⅳグループに分類される。このように、比較的軽微な被害を受けた地区でも被害状況が異なることが明らかになった。

第3章 東日本大震災による津波被災地域の農業復興における自助・共助・公助の連携　77

表3-9　地域農業復興組合管轄地域の農地・水利施設と構成員の農業機械の被害状況

組合名		u01 塚部	u02 石上	u03 新沼	u0 原釜	u05 和田	u06 中子	u07 本笑	u08 南飯渕	u09 岩子
農地被害	浸水期間	○	○	○	未設立	○	×	○	○	×
	家屋のがれきの有無	○	○	○		△	○	○	○	○
	防風林の残骸の有無	○	○	○		×	×	○	○	×
	津波土砂の堆積量	○	○	△		△	×	△	×	×
水利施設の被害程度		△	○	△		△	×	○	○	×
農業機械の被害程度		○	○	○		△	○	○	○	△

組合名		u10 塚部	u11 程田	u12 日下石	u13 柏崎	u14 磯部	u15 古磯部	u16 柚木谷地田	u17 柚木立町	u18 農民連
農地被害	浸水期間	×	○	×	×	×	×	○	○	未調査
	家屋のがれきの有無	○	○	×	×	×	○	○	△	
	防風林の残骸の有無	×	○	×	×	×	×	×	○	
	津波土砂の堆積量	×	△	×	×	×	×	△	○	
水利施設の被害程度		×	△	△	×	×	×	△	○	
農業機械の被害程度		×	○	○	○	×	×	○	○	

出所：バットデルゲルら（2012）より引用。
注：1）表中の「○」は被害小、「△」は被害中、「×」は被害大の順に被害状況を示しており、聞き取り調査の結果より筆者らが分類した。詳細については本文を参照されたい。
2）u04の復興組合は未設立、u18の復興組合は未調査。

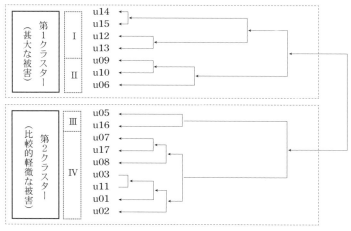

図3-2　クラスター分析より得られた地域農業復興組合の類型
出所：バットデルゲルら（2012）より引用。

3．津波被災地の農業復興プロセス
（1）農業復興プロセスの枠組み

　農業の生産要素は、土地、資本、労働の3つである。土地は農地、資本は稲作の場合は農業機械や育苗ハウス、労働は担い手の就農状況あるいはその前提となる就農意欲が該当するといえよう。津波による農業被害においては、農地に関する部分と農業機械などの資本面は目に見えるものであり、その状況を把握しやすい。一方、労働については、農業者の活動や意志が中心になるため状況把握が困難で、被害集計には取りまとめられていない。本節では、こうした特性を持つ農業生産の3要素から農業復興プロセスを整理する。

　また、復興プロセスを整理する際には事例となる特定地域を決めることで、詳細な実態を把握することができる。このため、東京農業大学が支援を行ってきた福島県相馬市を事例として農業復興プロセスを整理する。なお、本章の対象は津波被災地であり、福島県特有の放射能被害については取り扱っていない。

（2）土地部分の復興プロセス
1）土地部分の対象と特性

　農業の生産要素の1つとしての土地は農地が中心であり、付随して農道、用排水路などがある。また、被災地の沿岸は干拓地も多く排水機が設置されている場合もある。これらをまとめて農業生産基盤、あるいは単に生産基盤と呼ぶことがある。これらは、農地と一体となって面的に整備されることで機能を発揮するものであり、従来からほ場整備事業などとして国や県が中心となって整備されてきた。その際には多額の補助金が投入されており、農地は所有者が個人であっても公共的性格を持っている。

2）復興プロセス

　復旧にあたっては原型どおりに復旧する場合と生産性向上に有効な大区画化等を進める場合がある。相馬市においては、既にほとんどの地区でほ場整備事業が行われており、そうした地区は原型復旧となった。被災前からほ場整備の必要性があった地区は大区画化による復旧となっている。前者の場合は地権者

の合意形成は特に必要ではないが、後者の場合は農地の換地などを伴うため十分な話し合いと合意形成が必要となる。このため、事業着手時期にも差が出ることとなる。なお、今般の震災復興における農地等の復旧にあたっては国費と市の負担で全て賄われ、農業者の費用負担はなかった。

　津波被災を受けた農地は、沿岸部の防風林や住宅などから発生したがれきの混入や海底土砂（ヘドロ）および塩分の堆積という被害も受けた。がれきの除去については、人が運べないような大きい物は災害復旧活動の一環として国によって回収・搬出された。細かいがれきについては、個人あるいは復興組合の活動によって回収・除去された。海底土砂や塩分についても作業としては個人や復興組合の活動で除去されたが、相馬市においては東京農大の後藤教授の分析と指導によって、酸性土壌中和のための石灰資材の投入を行った上で、従来の作土との混層を行い、雨水による自然除塩を待つことで、再び水田農業が可能な農地に戻す東京農大方式（そうま方式）が導入され、比較的軽い労力での農地復旧が実現した。

（3）資本部分についての復興プロセス
1）資本部分の対象と特性
　生産要素の1つとしての資本は、わが国の水田農業ではトラクタ、田植機、コンバイン、乾燥機などの農業機械が中心である。また、水田農業以外でも施設園芸用のハウスや畜舎なども資本部分といえる。これらは、基本的に個人資産であり、補助金が支給されていない。このため、農業機械が津波により流失したり海水に浸かり使用不能になっても自己責任となっている。国の農業災害補償制度（農業共済）の中に農機具共済や施設園芸共済という仕組みもあるが、任意加入となっており自己責任という点では変わらない。

2）資本部分の復興プロセス
　資本部分は個人資産のため、復興にあたっても個人には補助金等は支給されない。しかし、従来の農林水産省の補助金にあるように、受益戸数3戸以上ということで東日本大震災農業生産対策交付金等を活用して農業機械や施設の整

備が行われている。これらの他にも、資本部分の復興策として金融支援などの施策も講じられた。

相馬市の例では、いずれも農業者の法人化を前提としてヤマト福祉財団からの資金や東日本大震災復興交付金によって、大型農機の導入がなされた。また同様の交付金を活用し、共同利用施設としてイチゴの高設栽培ハウスも建設され、営農再開につながっている。

(4) 労働部分についての復興プロセス
1) 労働部分の対象と特性

生産要素としての労働を担うのは農業者そのものである。ひとくちに農業の労働といっても、経営組織の形態はさまざまであり、個人で自己完結的に農業を行うケース、農作業を一部または全て他者に委託するケース、集落営農として一部または全ての作業を共同で行うケース、個人で大規模に経営し従業員を雇用するケース、法人を組織して経営者や従業員として農作業を行うケースなどがある。被災地においてもさまざまなケースが存在する中で、相馬市では兼業農業で自己完結的な農家が多く、わずかに集落営農経営者や農家グループが形成されていた。

わが国の農家は伝統的に農地を家の資産と考えており、水田作経営の採算性が低くても家業として農業を続けている場合が多かった。しかし、震災によって生活再建が必要な状況では主要な所得手段となる農外所得部分を中心とせざるを得なくなっており、農業、特に農作業については他人に任せたいと思う農家が増加していた。一方で専業農家は主な所得手段が農業であり、震災後も営農意欲のある専業農家が存在していた。

2) 労働部分の復興プロセス

農業を継続するか否かは個人の事情や価値観に基づく判断であり、外形的には把握できない。そこで、国の施策として、市町村が主体となってアンケート調査などをもとに農家の将来の営農意向を反映した「経営再開マスタープラン」を策定することとし、国は地域農業経営再開復興支援事業において当該プラン

の策定費用を支弁している。

　相馬市では、上記事業が開始される前の 2011 年 5 月より東京農大の研究者等が入り営農意向調査が実施された。その結果、小規模農家の多くは収益性に劣る農業部分まで手が回らない状況にあり、震災を機に離農を考える農家も多いことがわかった。一方で専業農家は生活再建のためには農業復興が不可欠であり、営農意欲の減退は兼業農家ほどではなかった。そこで、一部の意欲のある農家に農地が集中する傾向が予想され、農地の受け皿機能を期待される状況であった。さらに、被災後から継続的にボランティアが活動しており、相馬市では農業分野でも活動を行っていた。これは物理的に農家の労働をサポートするとともに、精神的にも営農再開意欲を持つようになるという効果が見られている。こうした共助の活動の後の平成 25 年 1 月に相馬市でも経営再開マスタープランが策定され、特定の担い手に農地を集約する仕組みが作られてきた。

　こうした農家の経営再開の意欲とともに、大豆などの新たな作物や大規模な水稲生産に適応させるために乾田直播、湛水直播などの新たな農法の指導などを国、県の研究機関や指導機関が支援してきた。一方で、経営規模が急拡大する個人の農業者や新たに開始された農業法人に対する経営知識に関する支援はほとんど行われていない。

4．農業復興プロセスにおける復興内容と復興主体の整理

　被災地の農業復興プロセスを農業の生産要素ごとに整理すると、土地では多額の費用がかかる部分は国の事業が大きな役割を果たしており、県は事業については国と市町村のつなぎ役になるとともに専門的知見で市町村を支援し、農業者に近い部分では市町村が事業と農家のつなぎ役になり、説明・助言などで農業者に密着して復旧、復興を支えている。このように、土地（農地）の復興では公助が中心的な役割を担っているといえる。

　資本の面では資金面で公助の役割が大きいものの、共助にあたる大学や企業も支援の迅速さや専門的知見の提供などで重要な役割を担っている。

　労働の面では、基本的に自助が中心になるものの、公助としての市町村、共助としての大学やボランティア、さらに法人化につながる農家同士の協力も寄

与している。こうした活動について、農業の生産要素と復興に寄与した主体ごとに整理したものが表3-10である。

表3-10　相馬市における農業の生産要素別の復興主体の関係の整理

農業の生産要素		復興主体	自助	公助			共助
				国	県	市町村	
土地 (農地等)	原型復旧		−	◎	△	△	−
	大区画化		△	◎	○	△	−
	がれき除去		○	◎	−	△	○（復興組合）
	除塩作業（そうま方式）		−	−	−	△	◎（東京農大土壌調査）
資本 (農機等)	農業機械Ⅰ（ヤマト財団分）		−	−	−	○	◎（財団）△（法人化）
	農業機械Ⅱ（復興交付金）		−	◎	△	○	△（法人化）
	イチゴハウス（復興交付金）		−	◎	△	○	△（法人化）
労働 (担い手)	個人の営農再開		◎	−	−	△	○（東京農大意向調査）
	法人化の営農再開		◎	−	−	△	○（農大）◎（農家連携）

出所：各主体へのヒアリング等により筆者作成

　上表はあくまでも相馬市における農業復興に基づいて作成しているが、公助や自助の役割は基本的にどの地域も共通するものがあると思われる。こうした中で、共助の関与については地域差が大きく、それが復興の早さにも影響していると思われる。迅速かつ効果的な農業復興には、自助、公助とともに、共助の役割にも注目していくことが重要と思われる。

5．営農復興の基本となる被災農家の営農再開意識の特質と再開条件（自助）
（1）相馬市の津波被災農家の営農再開意識の特質

　自助とは、一般的に「他人の力によらず、自分（家族含む）の力だけで事を成し遂げること」である。今回の大震災に限らず、災害が発生した際に直ちに求められるのは自助であり、農業の場合は、災害発生から時間が経過し徐々に行政や他組織からの支援等（公助や共助）を受けることになるにせよ、復興には営農再開への強い想いと自助努力が求められるといえよう。本節では、被災地において行政による公助や民間等による共助が投入された震災直後において、相馬市内の被災農家が有した営農再開に対する意識の特徴および営農を再開する

上での諸条件を整理する。

　前述の通り、相馬市は今回の大震災によって津波浸水の被害を受けた。とりわけ、市を縦断する国道6号バイパスの太平洋側の農地は津波によって甚大な被害を受けた。併せて沿岸地域の農家の多くが、津波によって農業機械やビニールハウスを一気に失った。こうした中、渋谷ら (2012) は、震災直後の2011年6月12～29日に相馬市内の水田作農家27戸を対象にヒアリング調査を実施し、農地や農業機械等に津波被害を受けた農家の営農再開意識の特質解明を試みた。なお、調査対象農家における津波による農業被害（農地と農業機械）については次の通りである。水田への海水浸水面積割合は、浸水面積割合0％が7％、同0～20％は4％と少ない。

　一方で、同60～80％が19％、80～100％未満が22％、水田全て浸水（100％）が37％であった。次いで、トラクタ、田植機、コンバイン、乾燥機の4種類の主要農業機械の津波被害状況を調査した結果、被害状況は2極化し、機械の被害がなかった農業者59％、全て被害を受けた農業者30％、部分的な被害の農業者は11％となった。農業機械の被害は農家の属する集落全体の被害状況だけでなく、農業機械の保管・設置場所の高低に依存しており、隣接する農家であっても被害の大きさは異なる。被災農家の営農再開意識を把握するにあたり、水稲経営規模別に震災前の農業経営に対する意向と震災後の営農再開意欲の変化について尋ねた（表3-11）。その結果、震災前は「規模拡大」「現状維持」を志向していた被災農家が一定数存在していたものの、「規模拡大」「現状維持」志向農家が減少し、一方で「規模縮小」「離農」志向および「わからない」と回答する農家が増加している。

　また、こうした営農意欲に影響を与える要因としては、水稲経営規模と農地・農業機械への被害状況が挙げられる。前者については、表3-11をみるとわかるように水稲の経営面積5ha以上の農家では震災前と比較して営農再開意欲がやや消極的になっているものの、「離農」「わからない」という回答はなかった。しかし、5ha未満では震災前に現状維持志向だった農家の半数以上が、震災後にはより消極的な回答となっている。小規模農家の多くが兼業農家であり、農業所得の家計への貢献度合いは低く、兼業先もあるため、離農しても家計面へ

の影響は比較的小さいこと、さらに、生活の立て直しの時期に農業に投入できる資金的、時間的余裕がないため、営農意欲の減退が大きくなったと想定される。また、後者は、水田への海水浸水面積割合および農業機械被害割合と農家の営農継続意欲の関係を比較すると、農業機械に被害が出た農家の方が営農意欲の減退傾向が強い（図3-3、図3-4）。これは、被災した水田は集落内の他の水田と連担しているため、集落全体での復興が図られること、また、農地は公共的性格が強く、復興にあたっては公的支援が期待できるためである。しかし、農業機械は基本的に個人が購入・所有しているものである。機械が被災した農業者は失った機械をすべて買いそろえるという自助努力が求められ、そのため

表3-11　震災直後の農業経営意向の変化

	全体 (n=27)		水稲経営面積 (5ha以上 n=11)		水稲経営面積 (5ha未満 n=16)	
	震災前	震災後	震災前	震災後	震災前	震災後
規模拡大志向農家	5	4	4	3	1	1
現状維持志向農家	20	11	7	5	13	6
規模縮小志向農家	2	6	0	3	2	3
離農志向農家	0	3	0	0	0	3
わからない	0	3	0	0	0	3

出所：渋谷ら（2012）より引用。

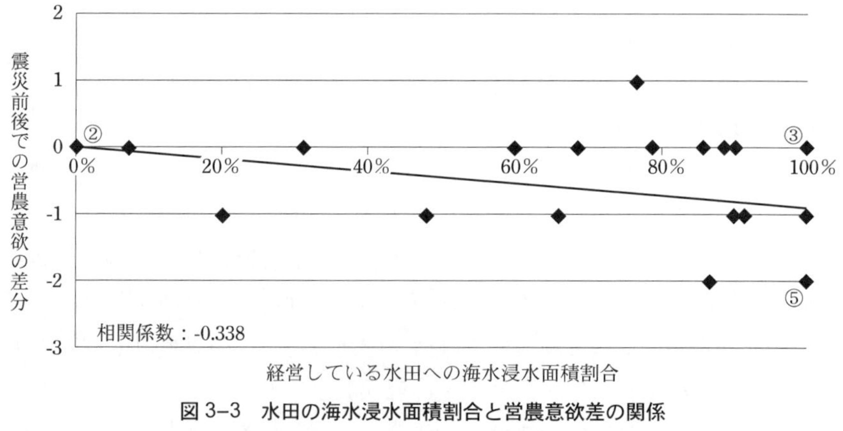

図3-3　水田の海水浸水面積割合と営農意欲差の関係

出所：渋谷ら（2012）より引用。

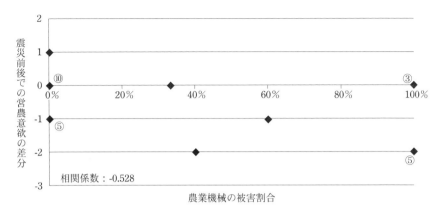

図 3-4　農業機械の被害割合と営農意欲差の関係

出所：渋谷ら（2012）より引用。

には、多額の費用が必要になる。さらには、被災農家の多くが津波で失った農業機械の借金返済中であることから、農業機械の二重負債を抱えた状態で営農を再開することは困難と判断したと思われる。

（2）相馬市の津波被災農家の営農再開条件

このように、津波被災により農業機械を失った農家にとって自力で営農を再開することは容易ではない状況であった。こうした中で、①営農再開の条件、②営農継続の場合の営農方式、③被災農地（水田）の今後の用途について被災農家に聞いた（表 3-12）。①営農再開の条件については、「放射能被害がないことの確認」が 70％、「国等による農産物の買取補償」が 56％となっており、福島県内被災地特有の状況が確認された。また、「農地・水利施設等の復旧」についても 59％と多くの回答を得た。被災した水田は海水やがれきの侵入のみならず、29cm もの地盤沈下が発生した。相馬市の水田は江戸時代からの干拓により開田された部分が多く、そうした水田は海面とほぼ同じ高さで、水田の排水をポンプで海に排出していた。このため、地盤沈下の影響は営農再開を一層困難なものとした。これらに続き、「集落・地域等の協力体制の確立」が 52％、「農業機械・農業施設の再整備」が 26％となった。

表 3–12　営農継続のための条件・営農方式・被災農地の用途に関する意向

(単位：人、%)

①営農継続のための条件			②営農継続の場合の営農方式		
選択肢	人数	割合	選択肢	人数	割合
放射能被害がないことの確認	19	70	個別営農方式	9	33
農地・水利施設等の復旧	16	59	集落営農方式	12	44
国等による農産物の買取補償	15	56	無回答	6	22
集落・地域等の協力体制の確立	14	52	合計	27	100
農業機械・農業施設の再整備	7	26	③被災した水田の今後の用途		
コントラクター等による作業支援	4	15	水田に戻すべき	21	78
ハウス（育苗ハウスを含む）の再建	4	15	施設園芸などの農業用地にすべき	1	4
無利子営農資金の貸付	1	4	農地への回復はやめるべき	2	7
母数	27	100	無回答	3	11
			合計	27	100

出所：渋谷ら（2012）より引用。
注：①営農継続のための条件は、複数選択による回答。

　このなかで「集落・地域等の協力体制の確立」については、表中②の「営農継続の場合の営農方式」にもその意向が表れており、「集落営農方式」を選択した回答者が 44％ となった。さらに、③の被災した農地（水田）の今後の用途については「水田に戻すべき」（78％）が最も多く、施設園芸用地への転用や農地復旧をやめることについては回答が少なかった。

　このように、相馬市では広域で甚大な津波被害を受け、なかでも農業機械や施設を失った農家は営農意欲を失い、その後離農者が増加することが懸念された。しかし、一方では、農地や水利施設、農業機械・農業施設などのインフラの復旧を条件に営農を再開し、「自助」によって農業を継続しようとする農家が存在するとともに、震災を契機に集落・地域単位での協力体制の構築や集落営農方式など地域や集落ぐるみの「共助」によって営農再開すべきと考える農家が出現した。

　こうした東京農大が実施した被災農家の営農意向調査の結果と地域の被災状況を踏まえ、相馬市では震災直後から市の復興計画において農業法人の設立と育成を考えていた。こうしたなか、2012 年に公益財団法人ヤマト福祉財団より

「農地復旧復興(純国産大豆)プロジェクト」として3億円の助成が決定した。助成内容については後述するが、津波被害を受けた南飯渕集落、岩子集落、新田集落、程田集落を対象として、農業法人を設立した上で新たに大豆生産とそれに伴う加工・販売事業を興すための助成支援プロジェクトであり、水田における大豆生産に必要な農業機械の提供が行われた。相馬市では、ヤマト福祉財団の助成を受けて、2012年4月には新田集落と程田集落を合わせた地区で合同会社飯豊ファーム、岩子集落で合同会社岩子ファーム、南飯渕集落において合同会社アグリフード飯渕が設立された。これら3つの農業法人は各集落を代表する農業の担い手として、また、震災を契機とした大規模な農地集積の受け皿としての役割が期待された。

そこで、東京農業大学と相馬市役所では、震災発生から約1年が経過した2012年7月から8月にかけて、飯豊ファームが設立された新田地区・程田地区の農家(両地区復興組合員)を対象にアンケート調査を実施し、法人経営に対する地区の農家の協力可能性、農業法人の運営に関する要望について尋ねた。なお、調査票208通の発送分に対して、回収数は計90通、有効回答数は計89通(有効回答率42％)であった。まず、飯豊ファームに対する地区農家の協力可能性として、水田の預託可否に対する意識と同法人への参加可能性を示した(表3-13、表3-14)。これらの結果をみると、所有する水田を法人に預けてもよいが54％で、預けたくない17％を大きく上回った。また、サービス内容等によるとする回答が10％であり、法人が展開するサービスの内容いかんでこの部分の農地も法人に委ねる可能性があることがわかった。また、預けたくないという明確な否定意見が少ないことから法人への農地の集積が進むことが考えられる。また、法人の労働面での参加可能性については、「常勤のオペレーター作業に参加可能」とする回答は10人に上り、臨時のオペレータ作業も8人に上っている。このほか「単純農作業・補助作業なら参加する」としているものが、常勤で11人、臨時では21人になっている。こうした結果より、地域の農家の協力を前提とした経営を実施することで、広大な面積の農地集積を行うことが十分可能であることが明らかとなった。

最後に飯豊ファームの運営に関する要望について聞いたところ(表3-15)、法

表 3-13　飯豊ファームへの水田の預託可否

(単位：人、%)

	実数	割合
預けてもよい	48	54
預けたくない	15	17
サービス内容等による	9	10
未定	8	9
その他	2	2
無回答	7	8

出所：渋谷ら（2013）より引用。

表 3-14　飯豊ファームに参加する場合の参加可能性

(単位：人)

	本人	両親・妻	息子等
【常勤】役員として参加予定	5	-	0
〃　将来の役員候補で希望雇用	2	1	0
〃　オペレーター作業中心ならよい	6	2	2
〃　単純農作業・補助作業ならよい	7	4	0
【臨時】オペレーター作業ならよい	7	0	1
〃　単純農作業・補助作業ならよい	10	10	1
〃　草・水管理作業ならよい	5	5	1
希望しない・わからない・無回答	47	67	84
合　計	89	89	89

出所：渋谷ら（2013）より引用。

人に望むこととして、経営状況の報告（見える化）、地元農家の雇用、貸出希望農地の借入、永続的な経営などが挙がっている。また、積極的な大規模経営の推進、自分の水田からの米の提供などの要望もある。一方で、「農業法人の運営には関心が薄いため特に関わりたくない」「農地は役員や離農農家からのものに限定して営農してほしい」「今回設立された農業法人はあくまでも補助金の受け皿であり、一定期間経過後は解散すべきである」などの否定的な質問については、そう思わないと回答する農家が多く、今回設立された法人を肯定的に捉え、期待していることが明らかとなった。

表 3-15　飯豊ファームの運営についての要望

(単位：%)

	そう思う	どちらかというとそう思う	どちらでもない	どちらかというとそう思わない	そう思わない
①地域の農家に対して、経営状況を一定期間ごとに報告してほしい	62	18	11	4	5
②農業法人の運営には関心が薄いため特に関わりたくない	13	11	29	9	39
③地元の農家からの雇用を積極的にしてほしい	51	27	11	0	10
④地域内の農家が貸出しを希望する農地は全て借りてほしい	62	27	4	3	4
⑤規模拡大の姿勢を明確にして積極的に大規模経営を進めてほしい	39	20	24	8	8
⑥農地は役員や離農家からのものに限定して営農してほしい	9	10	31	13	37
⑦ライスセンターを設置して各農家が収穫した米を混ぜずに乾燥・調整して提供してほしい	38	15	28	1	17
⑧露地野菜、施設園芸作物などを導入して複合経営を進めてほしい	21	34	27	4	13
⑨農産物加工や直接販売、観光農業など多角的な農業経営を進めてほしい	25	32	28	6	10
⑩今回設立された農業法人はあくまでの補助金の受け皿であり、一定期間経過後は解散すべきである。	14	3	23	7	52

出所：渋谷ら（2013）より引用。

（3）被災農家の営農再開意識の特質と再開条件（自助）

　東日本大震災は、未曾有の大災害であり、被害を受けた多くの被災農家は震災直後、茫然自失の状態であり、営農再開よりもまずは自身や家族の健康状態の確認、生活環境の再建に注力しなければならなかった。このため、震災直後

の被災農家の営農再開意識は相対的に低下しており、離農者の増加が懸念された。とりわけ、農業機械や施設などの資本を津波によって流された農家は営農再開意欲の低下が著しいことが確認された。二重債務を抱えてまで資本をそろえ、経営を再開することは現実的ではなく、農業復興における自助の限界が存在している。一方、集落・地域等の協力体制の確立といった共助づくりを進めるとともに、農業機械・農業施設（資産）の再整備が進むことで、被災農家の営農意欲は高まる可能性があることから、こうした環境整備は早い段階で公助や共助が求められる。また、農家は公助や共助の支えを受けながら、営農継続意欲をいかに維持するかが課題であろう。

　農家の離農に対する懸念や被災農家の営農再開意向の変化を受けて、相馬市では復興計画の中で、地域農業の担い手となりうる法人の設立と育成を掲げた。市が計画した法人の設立は、ヤマト福祉財団による助成が加わったことで早期に実現し、結果として、市内に3つの法人が設立された。実際に法人が設立された地域では、農地の受け皿としての法人に対する期待と法人役員に対する信頼の高さから、兼業・高齢農家を中心に大規模の農地が短期間で集約された。また、地区の農家を構成員として雇用する等、雇用創出への期待もある。しかし、法人役員の全員が震災前まで個別完結型の経営を行っており、組織的な農業経営に関する経験はほとんどない。また、相馬市内に所在する3つの法人の経営方針や地域の実情は異なっており、一般的な経営システムを導入して構築することは不可能であろう。相馬市では農業法人が設立され、津波被災地農業の復興への第一歩を歩み始めたとはいえ、自助努力によって短期間で経営力を高めていくのは困難であり、公助・共助が連携しながら積極的に自立に向けた支援（経営力向上に資する研修会の開催など）を積極的に行っていくことが重要である。また、法人の経営者や構成員は、公助・共助の支援を受けながらも自助努力を続け、組織のリーダーならびに中核メンバーとしての高い意識と経営ノウハウを身につけていくことが重要であろう。

6．迅速な営農復旧・復興に関する公的機関の連携－被災市町村と都道府県・国との連携の特質と課題（公助）

（1）公助による農業復興を規定する政策的枠組み

1）公助全体の枠組み

　公助とは公的機関による援助と定義されている。大災害からの復旧・復興は公的機関に求められる役割として重要なものであり、自衛隊や消防関係者を含めるとその人材、機材、活用できる予算などあらゆる面から最も力を持っている。

　公的機関による復興政策は従来の行政機構の枠組みを生かしつつ、体系的に講じられている。表 3-16 に地域を福島県相馬市とした場合の農業復興の政策

表3-16　東日本大震災からの農業復興の政策的枠組み～福島県相馬市の場合

時期	名称	対象範囲			対象分野	
		全体	県	市町村	全般	農業
2011.6.25	復興への提言～悲惨のなかの希望～ （東日本大震災復興構想会議）	○			○	
〃 7.29	東日本大震災からの復興の基本方針 （東日本大震災復興対策本部）	○			○	
〃 8.11	福島県復興ビジョン		○		○	
〃 8.26	農業・農村の復興マスタープラン〔初版〕 （農林水産省）	○				○
〃 8.29	相馬市復興計画 Ver.1.1			○	○	
〃 11.21	農業・農村の復興マスタープラン〔2版〕	○				○
〃 12	福島県総合計画「ふくしま新生プラン」 福島県復興計画（第1次）		○		○	
2012.3.29	相馬市復興計画 Ver1.2			○	○	
〃 4.20	農業・農村の復興マスタープラン〔3版〕	○				○
〃 12.28	福島県復興計画（第2次）		○		○	
2013.1	相馬市経営再開マスタープラン			○		○
〃 5.29	農業・農村の復興マスタープラン〔4版〕	○				○
2014.4	相馬市復興計画 Ver.2.1			○	○	
〃 6.20	農業・農村の復興マスタープラン〔5版〕	○				○
2015.4.27	相馬市復興計画 Ver.2.2			○	○	
〃 7.3	農業・農村の復興マスタープラン〔6版〕	○				○
〃 12.25	福島県復興計画		○		○	
2016.6.2	相馬市復興計画 Ver.2.3			○	○	

的枠組みを示す。

　復興活動の計画策定においては、被災地全体という広域的な視点と被災地により近い市町村での視点の両方が必要であり、分野も各分野横断的な視点と農業に特化した詳細な視点も必要である。このため、表に示されるように、国－県－市町村という組織構造と計画範囲について農業を含み全体を対象とするものと農業に特化したものが互いに関連を持ちながら策定されている。

　これらの構造と相互関係がわかるように政策的な計画の枠組みを整理したものが表3-17である。基本的に対象エリアとして国段階から県、市町村段階へ、対象分野として全体から個々の分野へという流れがある。

表3-17　東日本大震災からの行政段階別の農業復興計画の体系（福島県相馬市の場合）

対象＼支援分野	行政分野全体	農業分野
国段階	復興への提言～悲惨のなかの希望～（東日本大震災復興構想会議）／東日本大震災からの復興の基本方針（東日本大震災復興対策本部）	農業・農村の復興マスタープラン（農林水産省）
県段階	福島県復興ビジョン（福島県）／福島県復興計画（第1次→第2次）（福島県）	＜県のビジョン・計画に含まれる＞
市町村段階	相馬市復興計画 Ver.1.1→2.3（相馬市）	＜マスタープラン以外の農業復興は左記に含まれる＞ / 相馬市経営再開マスタープラン

2）国レベルでのビジョン・計画の概要

＜東日本大震災復興構想会議「復興への提言～悲惨のなかの希望～」＞

　震災発生から約3カ月後に発表された「復興への提言～悲惨のなかの希望～」

では、自助、共助、公助についての適切な対応の必要性が指摘されている。具体的には「国や地方公共団体が行う『公助』、国民一人一人や企業等が自ら取り組む『自助』、地域の人々や企業、団体が力を合わせて助け合う『共助』が、ともに重要である」と指摘している。まさに、本研究の発想の原点ともいえる指摘がなされている。

さらに、農業の復興についての記述は以下のように整理することができる（表3-18）。

表3-18　「復興への提言～悲惨のなかの希望～」における農業復興関連の記述

項目	概要
すみやかな復旧から復興へ	・営農再開までの間、復旧にかかる共同作業を支援する必要 ・復旧した農地から順に営農を再開 ・市町村の復興計画の検討と並行して各集落で将来計画を検討
3つの戦略	a) 高付加価値化－6次産業化やブランド化、先端技術の導入などにより、雇用の確保と所得の向上を図る戦略 b) 低コスト化－土地利用計画見直しや大区画化を通じた生産コストの縮減による農家所得向上を図る戦略 c) 農業経営の多角化－グリーンツーリズム、バイオマスエネルギー等により、新たな収入源の確保を図る戦略
平野部	・「低コスト化戦略」を中心にすべき。高付加価値化戦略や農業経営の多角化戦略を組み合わせた戦略をとることも有効。 ・地域の農業構造の転換を復興事業のための集落での徹底した話し合いを契機に実現することにより、この地域が日本の土地利用型農業のトップランナーとなることを目指すべきである。
三陸海岸沿いほか	・「高付加価値化戦略」や「農業経営の多角化戦略」を適切に組み合わせたことが有効である。

出所：東日本大震災復興構想会議「復興への提言～悲惨のなかの希望～」より筆者抜粋

上記の整理をみると、早い段階から3つの戦略が提示されており、平野部と三陸海岸沿いなど地域性を考慮して重視すべき戦略も選択されている。特に、平野部では低コスト化戦略を実現するために「地域の農業構造の転換」を指摘している。日本農業の長年の課題である農業構造の転換について被災を契機に解決することについては誰もが想起できることであるが、それを明文化して示すことで被災者のみならず行政関係者なども迷わずにそうした方向での復興を推進することができるようになったといえる。特に「日本の土地利用型農業の

トップランナーとなることを目指すべき」という指摘は津波を受けた平野部に対して思い切った復興事業を投入する後ろ盾といえる。

＜東日本大震災復興対策本部「東日本大震災からの復興の基本方針」＞

「東日本大震災からの復興の基本方針」は復興構想会議提言や東日本大震災復興基本法の理念にのっとり、政府として取りまとめた基本方針である。復興期間を10年間としつつ、当初5年間を集中復興期間と位置づけている。農業関連の復興施策は、東北地方の基幹産業であり、地域の雇用や暮らしなどの面で大きな役割を果たしていることを踏まえ、東北を新たな食糧供給基地として再生する、としている。個別の方針としては、復興構想会議の提言を具体化している部分が多く、概要は以下の通りとなっている（表3-19）。

農業部分では、「復旧」と「復興に向けて」「新たな農業提案」という3つのパートからなる。「復旧」では、農地の復旧のみならず農業経営再建のための切れ目のない支援という経営面にも踏み込んだ方針を示している。「復興に向けて」では前出の構想で示された3つの戦略を踏襲するとともに、「土地利用の再編を通じた農業の担い手創出」という具体的な手法にまで踏み込んでいる。さらに「新たな農業提案」として新技術の導入が示されている。このあたりは、構想で「日本の土地利用型農業のトップランナーとなることを目指すべき」とされている部分に対応しており、復興の域を超えている部分にも積極的に取り

表3-19 「東日本大震災からの復興の基本方針」における農業部分の概要

項目	概要
復旧	・被災農地のがれき除去や除塩等 ・営農再開に向けた復旧に係る共同作業の支援 ・農業経営再建のための資金調達円滑化をはじめとする切れ目ない支援 ・農地や水利施設等の保全管理に対する支援による速やかな農業生産基盤の復旧
復興に向けて	・コミュニティでの徹底した議論と集落内での役割分担の明確化や土地利用の再編を通じた農業の担い手創出と以下の3戦略の組み合わせにより力強い農業構造の実現を支援 　a) 高付加価値戦略／b) 低コスト化戦略／c) 農業経営の多角化戦略
新たな農業提案	・先端的な農業技術を駆使した大規模農業の実証研究 ・AI（アグリインフォマティクス）システムの開発

出所：東日本大震災復興対策本部「東日本大震災からの復興の基本方針」より筆者抜粋

組むという方針がうかがえる。
＜農林水産省「農業・農村の復興マスタープラン」＞
　「東日本大震災からの復興の基本方針」に沿って農林水産省が策定したもので、農業・農村の復興の方向性を具体化するものである。2011年8月の初版決定からほぼ毎年にあたる5回の改正、一部改正を経て、2015年7月3日に最新版が発表されている。
　このマスタープランでは、農地の復旧スケジュールを明確化するとともに、農地復旧までに必要な営農再開までの所得確保、担い手確保、土地利用調整、施設整備等についての基本的な考え方を明らかにしている。初版から基本的な枠組みは変化しておらず、津波被災からの復興に直接関わる部分としては、「農地の復旧・復興」と「農地の復旧・整備を見据えた地域農業復興の道すじ」に分けてプランが示されている。これらに加えて、「地域の復興から新しい日本の創造へ」と「原子力発電事故への対応」も示されている。
　「農地の復旧・整備を見据えた地域農業復興の道すじ」についての内容は多岐にわたり、地域農業復興組合を通じた支援金の交付、既往債務の借り換えや新規融資の一本化、利子助成などによる「農地の復旧までの被災農業者の所得確保等」、また、地域農業復興組合を基礎とした新たな担い手創出等の議論、営農意向や支援ニーズ等の把握、復興後の地域農業の戦略や担い手確保などを盛り込んだ「将来の農業・農村の担い手の確保」が示されている。さらに、「地域農業復興のための土地利用調整」「生産関連施設の整備および営農への支援」「6次産業化等高付加価値化」などが示されている。
　2011年11月に策定された第2版以降は、復興のための具体的な事業名も明記されている。

3）県レベルでの方針・計画の概要
＜被災各県の取り組み＞
　国レベルでの復興に関する提言や基本方針についての議論と並行する形で県レベルでも復興についての検討が進んだ。宮城県では、2011年4月に「宮城県震災復興基本方針（素案）」が提示され、同年10月に「宮城県震災復興計画」

が策定された。岩手県では2011年4月に「東日本大震災津波からの復興に向けた基本方針」が策定され、同年8月に「岩手県東日本大震災津波復興計画」が策定された。

福島県は原子力災害という他県とは異なる被害があり、復興に関する方針や計画の策定が遅れ、2011年8月に「福島県復興ビジョン」、同年12月に「福島県復興計画」が策定された。

＜福島県の取り組み内容＞

「福島県復興ビジョン」では従前の姿に戻すことを「復旧」、これまで以上によりよい状態にすることを「復興」とし、復興にあたっての基本理念や主要施策を示している。

農業復興においては、放射能汚染の影響からの脱却、大区画ほ場整備を含む新たな経営・生産方式の導入、農林水産業の復興を担う人材の育成、さらに基盤づくりとして農地の早期回復と利用集積などが提示されている。

「福島県復興計画」では、ビジョンに示された項目に沿って具体的な事業を挙げながら復興への取り組みをより具体的に示している。復興計画は毎年度見直しされ、25年度の第2次、28年度の第3次とバージョンアップされている。

4）市町村レベルでの計画の概要

県レベルでの復興方針・計画が策定される一方で、市町村でも復興についての計画が策定されている。宮城県や岩手県では2011年4月以降各市町で震災復興基本方針や復興ビジョンが策定されるとともに、それらに沿った復興計画も順次策定されている。

一方福島県の市町村は復興ビジョンや復興計画の策定が遅れており、ほとんどの市町村の復興ビジョンは2011年秋以降に策定されている。復興計画も多くの市町村で震災発生から1年程度経った時期に策定されている。

そうした中で、今回事例とした相馬市は2011年8月と比較的早い時期に復興計画を策定している。同計画では、冒頭に基本構想として計画の枠組みを示し、本体の基本計画ではハード事業とソフト事業に分けて記述されている。農業部分は、ハード事業（農業生産基盤）として、被災農用地の再整備と農業の早

期再開および農業法人の設立の促進と支援の2点を復興方針とし、具体的な施策として①干拓堤防、②排水ポンプ、③農業施設、農地の復旧などを示している。ソフト事業では、干拓システムの復旧、被災水田農業経営の法人化、法人による復旧事業受注、土地改良区の経営支援、農業法人による新たな農業の模索、農業従事者への機械・設備の支援などとなっており、市の被災内容と復興の方向性を念頭に置きつつそれを具体化する方向性が示されている。これらは海岸沿いの水田地帯が被災した相馬市の特性に合った復興の方向といえる。

このような政策的枠組みの下で、各々の復興事業が行われている。本節では、農業生産の3要素である土地、資本、労働に分けて、復興事業とその際の主体間の連携の実態を明らかにしていく。

(2) 土地要素を中心とした農業復興事業の概要と各主体の連携
1) 土地要素を中心とした農業復興事業の概要

津波被災農地の復旧にあたっては、基本的に災害復旧事業として実施される。従来からある主な災害復旧事業制度は、「復旧事業」として、農地災害復旧事業、農業用施設災害復旧事業、直轄災害復旧事業があり、「関連事業」として、農地災害関連区画整備事業、農業用施設災害関連事業、災害関連農村生活環境施設復旧事業がある。さらに、東日本大震災における農地復旧には、特別な事業も設定されている。これらの事業制度を整理したのが表3-20である。

福島県では、農地復旧に農山漁村地域復興基盤総合整備事業（東日本大震災復興交付金）と農山村地域復興基盤総合整備事業（福島再生加速化交付金）が用いられた。費用負担としては、国の補助率が事業費の98％であり、2％が地元負担である。地元負担は市町村や農業者の負担となるのが一般的であるが、今般の震災復興において、相馬市では地元負担分の2％も市役所が負担している。このため農業者の費用負担はなしで行われた。農家の農地復旧の費用負担はなくても、家屋や農機具などの被害が甚大であり、復旧工事の期間に農業収入がないことを考えると、妥当な対応といえよう。

なお、こうした災害復旧事業の制度手続きは、以下のような流れとなっている。図3-5では災害発生から復旧工事着工までの一般的な流れを示している。災

表 3-20　土地要素を中心とした農業復興事業の概要

	事業名	事業実施主体	事業概要	備考
①	地域農業経営再開復興支援事業【復興庁計上】	津波被害を受けた 50 市町村等	集落・地域レベルでの話合いに基づき、担い手への農地の集積・集約化、今後の地域農業のあり方等を定めた「経営再開マスタープラン」の作成を支援する。（人・農地プランの被災地版）	2016.4.1 現在、福島県では3市2町で作成済。2016 年からは人・農地プランとして扱う。
②	農地・農業用施設災害復旧等事業【復興庁計上】	国、都道府県、市町村、土地改良区等	国等が緊急的に行う農地・農業用施設の災害復旧および除塩並びにこれと併せて行う区画整理等の事業を実施する。	
③	農地・水保全管理支払交付金【復興庁計上】	地域協議会等	被災した施設、または機能低下等を生じた水路の補修等に取り組む集落に対して復旧活動支援交付金を交付する。	
④	農山漁村地域復興基盤総合整備事業（東日本大震災復興交付金）【復興庁計上】	都道府県、市町村、民間団体	復興に必要な農地・農業用施設等の生産基盤、集落排水施設等の集落基盤等の事業や農地・宅地の一体的な整備等、被災地域の多様なニーズに対応した事業を実施する。	避難 12 市町村以外の沿岸部が対象。
⑤	農山村地域復興基盤総合整備事業（福島再生加速化交付金）【復興庁計上】	福島県、市町村、民間団体	農山村地域の復興・再生に必要な農地・農業用施設等の生産基盤、集落排水施設等の集落基盤の整備を総合的に実施する。	福島県の避難 12 市町村対象
⑥	農村地域復興再生基盤総合整備事業【復興庁計上】	都道府県、市町村等	被災した地域において、農業・農村の復興再生に必要な農地・農業用施設や集落道等の整備を総合的に実施する。	福島県では浜・中通りと会津の一部で実施
⑦	機構集積協力金交付事業	都道府県、市町村	経営再開マスタープランの話し合いを通じて、農地中間管理機構にまとまって農地を貸し付けた地域に対して基本単価に上乗せして協力金を交付する。	

出所：農業・農村の復興マスタープラン（2015.7.3 改訂版）より抜粋して筆者作成。

害についての報告は市町村→知事→農政局長（農水省）という流れで報告される。その後、市町村が主体となって復旧計画を樹立するが、農業土木事業の場合は市町村に専門の職員がいないため、農業土木職のある都道府県の担当職員の支援の下で国（農政局）と話し合って復旧方針や復旧工法などを含む復旧計画を樹立する。それを受けて、都道府県から国（農政局）に対して災害復旧事業計画概要書（査定設計書）が提出される。そして、農政局から農林水産省本庁の農

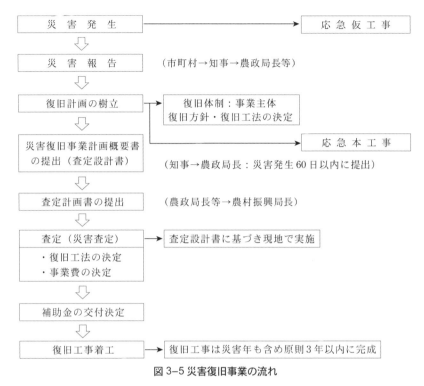

図 3-5 災害復旧事業の流れ

出所：農林水産省資料 http://www.maff.go.jp/j/nousin/bousai/bousai_saigai/b_hukkyuu/pdf/fukkyu.pdf）

村振興局長に査定計画書が提出される。

その後、一般に災害査定と呼ばれる査定作業が現地で行われる。この査定結果によって補助金の交付決定があり、市町村などの事業主体が中心となって復旧工事の入札、工事業者の決定などを経て復旧工事が着工される。

2）土地要素を中心とした農業復興事業における各主体の役割分担と連携

表 3-20 に示すように、農地を中心とした農業復興事業だけでも多くの種類があり、事業によって事業実施主体が異なる。表に示された実施主体だけでも、国、都道府県、市町村、土地改良区、地域協議会、民間団体などがある。さらに、農地は個人の資産であり、事業実施にあたっては、農業者の同意が必要と

なる。事業によって詳細な違いはあるものの各主体の役割について大まかにまとめると表3-21のように整理できる。

表3-21　土地要素を中心とした農業復興事業における各主体の役割

主体名	主な役割
国（本庁）	事業立案、予算確保、事業決定
国（農政局）	災害報告・災害復旧事業計画概要書（査定計画書）などについて、県と本庁のつなぎ役
都道府県（本庁）	災害報告・災害復旧事業計画概要書（査定計画書）などについて、農政局と市町村のつなぎ役
都道府県（出先機関）	災害報告・災害復旧事業計画概要書（査定計画書）などの作成の際の市町村への支援
市町村	災害報告や復旧工事の主体、農業者等への説明、農業者の合意形成の支援
農業者	復旧方針・復旧工法等の確認・了解、大区画化を伴う場合は話し合い・合意形成

出所：ヒアリングにより筆者作成。

3）土地要素を中心とした農業復興事業の特徴と課題

　農地部分の復旧は農村集落排水のような生活基盤整備も含まれているため正確には金額を算出しにくいが、農業機械やハウスなどの復旧に比べるとはるかに費用がかかる。農地・農業用施設に対する災害復旧事業の補助は、関東大震災を契機として1923年に耕地整理法等の助成制度の準用によって始まり、その後、室戸台風を契機として1934年に災害復旧補助制度として確立された歴史ある制度である。こうした制度は自然災害の多いわが国で食料の安定的な供給を維持するために不可欠な制度であり、公助としての行政による支援体制がしっかりと確立されていることが特徴といえる。

　しかし、今般の震災のように大規模な災害の場合は、現状復旧であっても設計、施工などに時間がかかり再び利用できるまでに数年間を要し、大区画化であればさらに数年を要することになる。第2種兼業農家の場合は大きな問題ではないが、専業的な農家ではその間の所得手段が失われることが課題といえる。

　また、大災害による生活基盤の悪化や農業機械の喪失などにより営農意欲が減退している場合が多く、せっかく農業生産基盤が復旧しても肝心の耕作者が不在となってしまう可能性がある。

（3）資本要素を中心とした農業復興事業の概要と各主体の連携
１）資本要素を中心とした農業復興事業の概要

　農業機械や施設などの資本要素を中心とした公的事業は、東日本大震災復興交付金に基づく事業、東日本大震災農業生産対策交付金、上記から漏れている部分に対応する県単事業に大別することができる。

　東日本大震災復興交付金は、東日本大震災復興特別区域法に基づき東日本大震災により著しい被害を受けた地域における復興地域づくりに必要な事業を一括化し、1つの事業計画の提出により、被災地方公共団体へ交付金を交付するものであり、被災地の復興を支える中核的な制度である。関連する事業の一括化のほか、自由度の高い効果促進事業、地方負担の地方交付税の加算による全額手当て、基金の活用（複数年度での支出が可能）等、過去の震災への対応にはない極めて柔軟な仕組み（以上、復興庁HP）としている。基幹事業として、ハード事業を中心に5省40事業が設定され、効果促進事業等としてハード・ソフト事業等に対応している。なお農林水産省所管の基幹事業は9事業となっている。

　この事業と同様に避難指示等を受けた福島県の12市町村を対象に福島復興再生特別措置法による福島再生加速化交付金が2014年2月に創設されており、農林水産分野の事業メニューは東日本大震災復興交付金による9つの基幹事業のうち、5つが対象となっている。このため、12市町村では対象となっている5つの事業の場合は福島再生加速化交付金が使われている。

　次いで、東日本大震災農業生産対策交付金については、被災地における生産力の回復、農畜産物の販売力の回復の2つを目的とした農業復興に特化した制度である。補助率は国50％、県32.5％であり、地元（生産者）負担は17.5％となっている。支援内容は育苗ハウスなどに使う資材、共同育苗施設、乾燥調製施設、リース方式による農業機械等の導入支援など農業生産基盤以外の事業に幅広く利用できる。ただし、受益農家は原則5戸、特認で3戸以上となっている。

　3つ目の県単事業では、福島県営農再開支援事業や園芸産地復興支援対策事業（2016年からはふくしま園芸産地復興新生事業）などがある。前者は除染後農地

等の保全管理や帰還していない農家の農地の管理耕作者への支援などを行うもので、後者は野菜・果樹・花きなどの園芸作目での営農再開や品目転換を支援するものである。一般に国の事業に比べて書類が回る箇所が少なく、使いやすいとされている（表3-22）。

表3-22 資本要素を中心とした農業復興事業の概要

	事業名	事業実施主体	事業概要	備考
①	農山漁村活性化プロジェクト支援（復興対策／福島復興対策）事業（東日本大震災復興交付金／福島再生加速化交付金）【復興庁計上】	県、市町村、農林漁業者等の組織する団体等	円滑かつ迅速な復興や避難住民の早期帰還による農林水産業の再開に向け、生産施設、生産環境施設、地域間交流拠点施設等の整備を支援する。	
②	被災地域農業復興総合支援事業（東日本大震災復興交付金）【復興庁計上】	市町村	市町村が地域の被災農業者に貸与等を行う農業用施設・機械を整備する際に支援する。	相馬市では機械利用組合への貸与等で活用
③	東日本大震災農業生産対策交付金【復興庁計上】	都道府県、市町村、農業者の組織する団体等	農業用施設や営農用資機材などに被害を受けた地域において、施設の復旧・再編、農業機械の導入や次期作に必要な資材等を支援。	相馬市では日下石ファーム等の組織に農業機械や資材が提供された
④	園芸産地復興支援対策事業（福島県県単）→H28からは「ふくしま園芸産地復興新生事業」が後継	市町村、JA、農業法人、営農集団、認定農業者等	津波、原発事故により被災した主体に対し、新たな農用地での営農再開や品目転換等を支援。農家1戸でも利用可能。	

2）資本要素を中心とした農業復興事業における各主体の役割分担と連携

　資本要素を中心とした農業復興事業の場合も、公的事業という点では農地と同様で、国－県－市町村という段階を踏んで事業が行われる。しかし、農地に関する事業との大きな相違点は、県から市町村への技術的支援の強さである。農業土木事業の場合は専門性が高く農業土木職の県職員の支援が不可欠であるが、農業振興に関しては、事業要望の取りまとめや事業費の配分が中心となる（表3-23）。

表3-23 資本要素を中心とした農業復興事業における各主体の役割

主体名	主な役割
国（本庁）	事業立案、予算確保、事業決定
国（農政局）	対応する事業について、県と本庁のつなぎ役
都道府県 （本庁・出先機関）	対応する事業について、農政局と市町村のつなぎ役
市町村	対応する事業の実施主体、農業者等への説明、農業者の合意形成の支援
農業者	対応する事業の実施主体、共同利用の場合は話し合い・合意形成

出所：ヒアリングにより筆者作成。

3）資本要素を中心とした農業復興事業の特徴と課題

　農業機械やハウスなどの資本部分の農業復興については、農地等の生産基盤の復旧に比べて事業費は少ないものの、農家個人で買い揃えた所有物という点で、被災した際の農家の絶望感は大きい。しかし、今般の震災復興では、東日本大震災復興交付金に基づく事業、東日本大震災農業生産対策交付金により高率の補助金が支給されることとなっている。また、従来の補助金に比べて総じて柔軟性があり使い勝手も良いとされている。こうしたことから、大災害時に個人所有の農業資本を失っても公助の部分で相当手厚く支援が行われていることがわかる。特徴の2点目として、震災復興であっても原則として農家個人ではなく5戸あるいは3戸以上の受益者を対象としている点であり、農家が組織化あるいは法人化することで補助を受けられるというスキームとなっている。これは、個人資産への公的支援は行わないという従来からの原則を貫いているものであるが、結果として地域農業の法人化や経営の大規模化など農業構造の改善につながっているといえる。

　一方で、課題として、被災当初は事業が農家に伝わらず農家の営農意欲喪失につながったことや、2011年度は事業量が相対的に少なくそれ以降に実施される事業が多くなっていることが挙げられる。これは、従来は手厚い支援が行われていなかったことと、公的支援故に何段階もの手続きを踏む必要があるため時間がかかることなどが原因と考えられる。今後は、今般の震災復興の経験を生かして支援までの時間を短縮するとともに、共助に属する各主体の支援と組み合わせた取り組みを進める必要があると思われる。

（4）労働要素を中心とした農業振興事業の概要と各主体の連携
1）労働要素を中心とした農業復興事業の概要

東日本大震災での農業労働面の被災は、担い手本人の死亡や行方不明などの直接的なものだけでなく、現在・将来の生活不安に伴う農業からの離脱や意欲低下などの間接的あるいは精神的なものも含まれる。

今般の震災復興の特徴的な事業として、被災農家経営再開支援事業がある。これは津波被災地域の農業者で新たに組織された復興組合が当該地区内のがれき拾いや草刈りなどの作業を共同で行うものである。目的は農地の復旧・復興促進と同時に経営再開までの農業者への所得補償も兼ねている。こうした事業はこれまでなく、地元からの評価も高い。農地復旧までに数年を要するような大災害に対しては今後のモデルとなる事業といえる。

また、従来からある農の雇用事業の被災者向け事業も設定されている。さらに、福島県のみの事業として農業経営体活性化支援事業が設定されているが、こちらは津波被災地域ではなく、放射能被災地域が対象となっている。

この他に、国等の事業ではないが、相馬市では震災前から農業経営の法人化を進めており、震災復興を機にこの方向を一層進めることとして、地域農業復興組合の組織化やヤマト福祉財団による大型農機導入の際にも法人化を前提とするなど組織的な経営主体による永続的な担い手づくりを進めている（表3-24）。

2）労働要素を中心とした各主体の役割分担と連携

労働要素の農業復興事業のうち、被災農家経営再開支援事業は国の事業であっても、農業者で組織する地域農業復興組合という共助の組織を前提とした事業である。この場合の共助はいわば官製共助といえるものである。農業分野では平常時から集落営農や農地・水・環境保全向上対策事業などにおいて集落の農家同士による共同作業を推進しており、この事業もその延長と捉えることができる。仕組みは被災農地10a当たり3万5,000万円とした支援金が組合に支給され、がれき拾いなどの作業に応じて1日当たり1万円が支給されるものである。これにより、経営が再開できない農家に対して所得の下支え効果があ

り、離農防止につながった。

　また、被災者向け農の雇用事業も農業法人等の労働力対策として有効であるとともに、失業した被災者の雇用対策でもある。本事業は雇用者の研修も伴うものであり、事業終了後も農業法人の従業員として定着させていくことが求められる（表3-25）。

表3-24　労働要素を中心とした農業振興事業の概要

	事業名	事業実施主体	事業概要	備考
①	被災農家経営再開支援事業【復興庁計上】	県、市町村	地域の取組として、経営再開に向けた復旧作業を共同で行う農業者に対して、経営再開のための支援金を交付し、地域農業の再生と早期の経営再開を目指す。	地域農業復興組合を組織してがれき拾い等を実施
②	被災者向け農の雇用事業【復興庁計上】	民間団体等（全国農業会議所）	被災農業者等を農業法人等が新たに雇用した場合に、その経費の一部を助成する。雇用者1人に上限月9.7万円を支給する。	相馬市内の農業法人も利用
③	農業経営体活性化支援事業（福島県緊急雇用創出事業（原子力災害雇用支援事業））	避難区域市町村の農業法人および認定農業者等	農業経営体に対し、震災による失業者を新たに雇用する経営活性化モデルの実証事業。雇用者1人に上限「月 16.8＋人材育成経費 4.8＝合計 21.6万円」を支給する。	

表3-25　労働要素を中心とした農業復興事業における各主体の役割
（被災農家経営再開支援事業の場合）

主体名	主な役割
国（本庁）	事業立案、予算確保、事業決定
国（農政局）	対応する事業について、県と本庁のつなぎ役
都道府県（本庁・出先機関）	対応する事業について、農政局と市町村のつなぎ役
市町村	対応する事業の実施主体、農業者への説明、農業者による地域農業復興組合の組織化促進
農業者	話し合いによる地域農業復興組合の組織化、経営再開のための各種作業への参加
地域農業復興組合	経営再開のための各種作業の実施、作業量に応じた支援金の支払い

3）労働要素を中心とした農業復興事業の特徴と課題

　労働面の直接的な農業復興事業は種類が少なく、金額も他の分野に比べると小さいものとなっている。しかし、農地の復旧や農機、ハウス等の復興などが進むにつれて、営農意欲が戻ってくるという間接的な効果がある。また、現状で農業者の高齢化が進行する中で、例えば70代以上の高齢者に直接的な支援を行うのは合理的ではないし、手厚すぎる支援はかえって自立の意欲を妨げる恐れもある。こうしたことから、高齢農業者としてはより多くの支援要請があるかもしれないが、現状の支援での合理性もある。

　しかし、例えば相馬市として法人化を進める方向性は良いが、震災前まで自己完結的な農業経営を行ってきた農業者が数年でいきなり100haに近い農業経営を行う必要がある中で、経営ノウハウが圧倒的に乏しい状態にある。この点については、中小企業者の育成のような経営者や従業員の研修が必要である。このため公助としては待ちの姿勢ではなく、プッシュ（強制参加）型の研修会などを行ってでも経営者能力の向上が必要と思われる。

（5）公的機関による農業復旧・復興の特性と課題

　農地復旧については、公助による復旧が確立されており、共助はもちろんのこと、自助すらもあまり関与していない。行政機関でも国・県・市町村の役割分担も確立されている。しかし、農地復旧の内容をみると、ほとんどが原型復旧であり、復興に際してほ場整備が行われているのは相馬市内では従来からほ場整備が必要とされていた2地区のみにとどまっている。復興構想に「日本の土地利用型農業のトップランナーとなることを目指すべき」とあることもあり、一層の大区画化やパイプライン方式など多少時間がかかっても復興を機により高度な農地整備を進めるチャンスでもあったはずである。この点は、原型復旧をいち早く進めるのか、多少時間がかかっても高度な農地整備を進めていくのかはもっと議論があってもよかったところである。こうした点に、自助、共助の関与の可能性も追求すべきである。

　農機・ハウスなどの資本面の復興は、行政の事業で充実しているものの、農地復旧よりも多様性があり、画一的な事業では対応しきれない部分や迅速性に

欠ける部分がある。そうした点は、共助の組み合わせによって自助を引き出すような余地が大きいと思われる。

　労働の面では、農地復旧や資本面の復興などで間接的に営農意欲の維持が図られるとともに雇用支援などが公助として実施されている。

　これらの公助による復旧・復興の特徴として、組織的・効率的、計画的、大規模な予算執行が可能などの特徴を有している。また、現場の自由度を許容するために事業の基金化（複数年度執行が可能）や複数事業の一括申請など現場にとって使いやすい工夫がなされている。一方で、現場の実態は実に多様であり、緊急性が高いものも多い。これに対して、公助は予算策定に基づく事業であり迅速性・柔軟性にも限界がある。こうした点では自助・共助の活動に期待がかかる部分もあり、今後は公助のより一層の柔軟化と多様な共助と公助をいかに有効に連携させていくのかが課題といえる。

7．迅速な営農の再開を支えたボランティア、大学、民間企業による支援（共助）

　本章冒頭の研究目的で述べたように、1995年に発生した阪神・淡路大震災の復旧・復興の過程において、「共助」が注目された。現在、共助の役割は災害時の対応に限らず、平時における様々な場面で発揮されている。また、共助の担い手は、ボランティアやNPO、大学、民間企業など様々であり、各セクターにおいても組織特性や活動目的・内容が多岐にわたっているといえる。しかし、震災からの農業分野の復興過程において多様な共助の担い手が出現し、その役割や機能が注目されたのは今般の大震災が初めてであることから、その内実については明らかにされていない。そこで本節では、相馬市ならびに周辺地域において、農業の復興支援に貢献したボランティア、NPO、大学、民間企業の事例を取り上げ、"支援サイド"の視点から、各セクターによる相馬市および周辺地域の農業復興の支援プロセス、支援に向けた体制、支援活動の内容を整理する。

（1）ボランティアによる農業復興支援

　震災復興ボランティアの活動については、第1章で詳しく整理されているので、ここでは津波被災直後の相馬市でのボランティア活動について評価する。表3-26は、全国社会福祉協議会 (2012)「東日本大震災　災害ボランティアセンター報告書」から、相馬市での活動について記載された部分を抜粋して示したものである。相馬市でのボランティア活動は下記の通り、主としてがれき撤去、泥かき、写真洗浄などがある。現地での聞き取りでは、泥かきのなかでは津波によって園芸用ハウス内に侵入した泥をかき出す作業も行われた（表3-26）。

　相馬市の災害ボランティアセンターは、福島第一原発事故による放射能漏れの影響により当初予定より遅れたものの、周辺市町に先立って3月21日に開設された。それまで震災発生直後の3月12日から市役所企画政策課と社会福祉協議会においてそれぞれボランティアを受け入れていたが、21日に災害ボランティアセンターを開設しボランティアの受け入れを一本化した。震災直後の混乱時においてボランティアセンターが早期に立ち上がった要因として、「相馬市で定期的に開催されていた防災訓練への参加を通じて、ボランティアセンターの開設から運営体制の構築に至る一連の流れを社会福祉協議会のスタッフが熟知していたこと」「相馬市役所の担当部署と社会福祉協議会は防災や福祉に関わりイベントの運営において日ごろより連携して業務を行っていたことから連携体制が構築されていたこと」「社会福祉協会事務局長K氏らが、他の地

表3-26　震災直後における相馬市災害ボランティアセンターの取り組み

●相馬市災害ボランティアセンター
開設日：3月21日（8月1日より「相馬市生活復興ボランティアセンターに改称」）
▼相馬市
・社会福祉協議会が管理している総合福祉センターが避難所となり、震災当日には150名を受入れ、その後、1,000人を超える避難者の対応を行った（6月17日まで） ・5月、主なニーズはがれき撤去、泥かき、写真洗浄など ・避難所内の配膳や掃除、子どもの遊び相手 ・6月より応急仮設住宅での見守り活動を開始、7月からは見守りが必要な世帯の安否確認や困りごとを関係機関につなぐ活動を実施

出所：全国社会福祉協議会 (2012)「東日本大震災　災害ボランティアセンター報告書」より抜粋。

域での災害復旧支援に参加しノウハウを蓄積していたこと」が挙げられる。
　震災発生からゴールデンウィークを中心に多くのボランティアが相馬市に支援に訪れたが、ボランティアセンター側が優先順位を考慮した活動先の調整、活動内容の確認などの作業を、迅速かつきめ細やかに対応したため、震災発生後の約1カ月間で市民の生活基盤の復旧を実現するに至った。こうしたなか、相馬市において震災直後に農業分野のボランティアが導入された経緯として、災害ボランティアセンターにおいて梨農家S氏がスタッフとして手伝っていたことにある。震災発生から1カ月が経過しボランティアの受入れに落ち着きが見られた頃、S氏は事務局長K氏に対して、次年度に高品質な梨を収穫できるよう梨の摘果作業に戻ることを告げた。この時に、東京農業大学より災害ボランティアセンターに対して農業関係のボランティアの申し出があり、K氏は程なくS氏の「果樹園における梨の摘果作業」と、「和田地区におけるイチゴのランナー取り」を依頼した。また、南飯渕地区でハウスで花き生産を行うT氏については、花のポット苗を早急に植え付ける必要があったことから、「ハウスと作業場のがれきや土砂の撤去のためのボランティア」を多数派遣した。K氏は当初、農作業支援に関連したボランティアの派遣を想定していなかったものの、S氏との会話や和田地区のイチゴ農家、南飯渕地区のT氏へのヒアリングと現地調査を通して、経営主らが早期に経営を再建する要望を持っていたこと、また、専業農家であり収入の確保の面から緊急性があったことからボランティア派遣を決定した。なかでも和田地区のイチゴ農家や南飯渕地区のT氏のハウスについては、甚大な津波被害を受けており、農地を早期に復旧する必要があったことから、日本労働組合総連合会福島支部の協力を得て、バス1台分の大人数のボランティアを数日間にわたり派遣した。また、S氏の果樹園では、東京農大の学生が1週間に渡り摘果作業を支援した。この結果、震災直後にボランティアが入った農家は次年度には営農再開を実現することができた。
　震災直後にボランティアによる農業復興が行われた地域は、相馬市のみであり、以上の状況に鑑みると、ボランティアによる農業復興支援の特徴は以下のように整理することができる。農業復興よりも生活再建への支援が優先されることから、ボランティアおよび支援の受け手、仲介役となる災害ボランティア

センターともに対応が後回しになるものの、生活再建のボランティアが落ち着いた時期に入ればボランティアを農業復興支援に派遣することが可能であると考えられる。しかし、農業ボランティアはニーズのタイミングが農作業スケジュールに依存するため、一般の生活再建のボランティアでみられるように震災後にピークを迎え、徐々に減少するというパターンと一致しない可能性がある。また、ビニールハウス等のがれきや堆積した土砂の撤去作業は単純な作業が続く重労働であり、ボランティア側の専門知識が問われることが少ないが、梨の摘果やイチゴのランナー取りなどは所得確保につながる支援であり、農業に関する基礎的知識や姿勢が求められる。そのほかに農業は作物によって作業のバリエーションが多様であるため、状況によって災害ボランティアセンターが仲介する一般のボランティアでは扱いづらいことも考えられる。最後に、本節で取り上げた相馬市の農業復興ボランティアは、円滑な営農再開に資するために緊急性の高いニーズに早期に応えるものである。このため、農作業体験や技術習得を目的とする一般的な援農ボランティアとの棲み分けが必要であるとともに、農業復興ボランティアと援農ボランティアの性格の違いをボランティア側、受け手側、仲介側がそれぞれ認識することが重要であろう。

（2）大学による農業復興支援

　東日本大震災からの復興支援においては、多くの大学が名乗りを上げ、さまざまな支援活動を展開した。これらの取り組みの全容は、国立大学協会や私立大学連盟によってアンケート調査等で取りまとめられている。国立大学協会がとりまとめた小冊子『国立大学の東日本大震災復興支援』によると、支援の種類が、「医療支援・メンタルヘルスケアに関する支援協力」「ボランティアに関する支援協力（学生、教育支援含）」「放射能に関する支援協力」「教育・研究活動を通じた支援協力」「日本再生・地域防災などの恒常的な取組」の5区分に整理されており、支援内容の全体像がわかる。上記の支援区分のうちで、「ボランティアに関する支援協力」以外については、NPO法人等よりも高い専門性を生かした大学ならではの支援活動といえる。なお、大学による農業復興支援の取組み実態については、第2章を参照されたい。

（3）NPO による農業復興支援

　日本の災害復興の歴史において NPO が注目されたのは、1995 年に発生した阪神・淡路大震災時である。この時に全国から数多くの NPO が復興支援に参加したことを受け、1998 年に特定非営利活動促進法（通称、NPO 法）が成立した。同法により、NPO は市民活動団体として非営利の法人格を取得することが可能となった。現在、NPO ならびに NPO 法人は震災などの緊急時だけでなく、平時においても自治活動を中心に市民社会に欠かすことができない「共助」の担い手となっている（図3-6）。

　東日本大震災発生後においても、被災地域外や地元の NPO・市民団体による支援は盛んに行われた。日本 NPO 学会によれば、震災発生後から 2013 年にかけて、岩手・宮城・福島の3県において新規の NPO 法人（認証）数が増加している。活動分野としては、「まちづくりの推進」「災害救援活動」「子どもの健全育成」である。また、内閣府による「東日本大震災に係る災害ボランティア活動の実態調査」によると、被災地を支援した非営利組織で、法人格を有する組織として NPO 法人がもっとも多いと指摘している。また、こうした組織は、

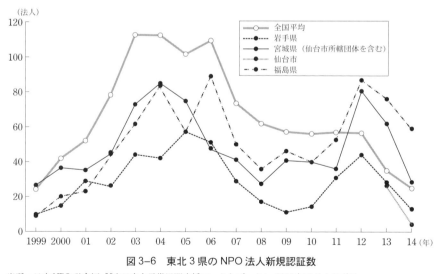

図3-6　東北3県の NPO 法人新規認証数

出所：日本 NPO 学会編「「東日本大震災民間支援ファクトブック」、2015 年7月より引用。

発生当日に被災地支援の活動を開始した団体が 19% と全体の約 2 割存在し、これに発災後 3 日以内に活動を開始した団体を合計すると全体の 4 割弱を占めていた。このように、NPO 法人を中心とした支援団体は震災発生直後に迅速に支援活動を開始した（桜井 (2014)）。また、NPO 法人は個々人のボランティア活動と異なり、組織的に活動ミッションが共有化され、また、活動内容を体系化しやすく効率的な支援活動が行われる。さらに行政などの公的支援が行き届かない地域においても、災害状況に応じてきめ細やかな支援を行うことができる。一方で、NPO 法人は総じて専門が限定的であり、広い分野に精通しているわけではない。また、活動資金や人的資源が少ない組織が多く存在している。このため、多くの NPO 法人は復興支援時において、他の NPO 法人や自治体、企業と連携し、各機関が有する諸資源を享受・補完しながら支援活動を行う場合が多い。

東日本大震災における農業分野の復興においても NPO による支援活動が確認されている。例えば、福島県においては NPO 法人「福島農業復興ネットワーク（災害による酪農者の救援・支援事業、農産物放射性物質測定事業、ほか）」や、NPO 法人「Leaf（農業生産者・食品加工業者に対する農業の復興、土壌の除染、農産物および加工品の分析・安全確認、販売支援など）、NPO 法人「ゆうきの里東和ふるさとづくり協議会」（この取り組みについては、第 4 章で詳しく報告する）が挙げられる。このような農業分野の復興に貢献する NPO 法人は、支援活動を行う上で様々な機関と連携関係を構築し、個別の農業経営や特定の地区を支援対象とするのではなく、地域農業、農村の復興という視点から支援を行っている。

(4) 民間企業による支援

これまでわが国は、北海道南西沖地震（奥尻島地震、1993 年）や阪神・淡路大震災 (1995 年)、新潟中越地震 (2004 年) など未曾有の大震災に見舞われてきた。これら大震災からの復興において、企業は義援金や物資の供給といった支援活動を行ってきた。しかし、今回の東日本大震災では、地域内外から多くの民間企業が早期の段階で様々な支援を迅速に展開している。矢口 (2014) によれば、企業による被災地支援の形態として「金銭支援 (89.6%)」「物資提供 (57.5%)」

「従業員寄付（45.3％）」「サービス支援（43.4％）」などとなっている。金銭・物資支援だけでなく、非被災地企業が人材派遣やチャリティ協力など様々な支援活動を実行できたのは、阪神・淡路大震災以降、被災地域の復旧・復興における社会からの期待の高まりと、その後の国内外での災害で多くの経験を積んだことが生かされたためと指摘している。また、金銭的支援を行った企業は、調査対象100社のうち84％であり、このうち金銭的支援を決定するタイミングが震災発生後1週間以内の企業は80％にまで及んでいる。

　また、復興庁は、こうした震災復興に取組む民間企業の取り組みに着目し、2013年2月には被災地域の活性化に貢献した企業による支援の取り組みを『被災地での55の挑戦－企業による復興事業事例集－』として取りまとめた。この事例集では企業による支援の個別事例を、①まちづくり・インフラ整備、②環境・再生可能エネルギー、③医療・福祉、④農林業、⑤水産業、⑥ものづくり（製造業）、⑦商業・サービス、⑧その他の分野に区分し、地域別に分析するとともに、事例ごとに4課題（①事業に必要な組織・人材・スキルの不足、②用地、設備等の不足、③事業資金の不足、④従来の事業環境）に対する対応策を整理している。また、学術研究においても東日本大震災を契機に、復興における企業の支援活動（企業活動）をCSRの視点から分析を試みる研究も出現している（矢口など）。このように、震災復興における企業の存在と役割が注目されるとともに、企業が実施する支援活動がCSR活動に位置づけられるようになっている。

　一方、農業分野においては、2003年に始まった農地リース特区により企業の農業参入が解禁されるなど、企業と農業の距離は急速に縮まっている。こうした経緯もあり、東日本大震災からの農業分野の復興においても、被災地内外の数多くの企業が農業分野の復興支援を展開している。本節では、福島県相馬市における公益財団法人ヤマト福祉財団「東日本大震災　生活・産業基盤復興再生募金」助成事業を事例に、企業による農業復興支援の特徴を見ていきたい。

　ヤマトグループは被災地の生活基盤の復興と水産業・農業の再生への支援として、震災直後の4月に「宅急便1個につき10円を積み上げて毎月寄付する」ことを決定した。これは、宅急便の運賃表を変更せず、ヤマトグループの収益から1年間に限り寄付をするという事業である。また、ヤマトグループは、被

災地域にはクール便を育ててくれた水産業・農業が集中していることから、寄付金の対象と使い道を、「35年間宅急便を育てていただいた恩返し（クロネコの恩返し）」として被災地の水産業・農業の再生と、その地域の生活を支える病院や保育所等の社会的インフラの復興に限定した。また、今回の寄付に際して、早急に寄付金を助成先に届けるべく、国や日本赤十字に頼らず公益財団ヤマト福祉財団を介して助成先に届けることとした。それまで公益財団法人として活動していたヤマト福祉財団は、財務省より寄付者が非課税で寄付できる「指定寄付金」の指定を受け、7月1日に「東日本大震災・生活産業基盤復興支援募金」を開始した。指定寄付金に認定された理由としては、「寄付対象を被災地の生活基盤に絞り込んだこと」「助成対象の審査、決定機能を第三者の選考委員会にゆだねたこと」「ヤマトホールディングスだけでなく、一般の人にも寄付金を募集したこと」「期限を1年間に限定したこと」が要因となっている。また、寄付金の使途の妥当性と客観性を確保すべく、第三者の専門家で構成する「復興支援選考委員会」を発足し、「見える支援（透明性）・早い支援（迅速性）・効果の高い支援（有効性）」を基本方針として、国の補助のつきにくい事業への助成や、新たな復興モデルの育成に貢献できる助成を行うこととした。また、ヤマト福祉財団は、東北被災県の農水産、福祉関係の部署に直接足を運び、知事を含め寄付事業を丁寧に説明した。助成は、2011年8月の第1次～第5次にわたり実施され、支援事業数31件、支援総額は142億1,849万円（※2017.2.13閲覧）に達した。

　このうち相馬市では、市役所から「農地復旧復興（純国産大豆）プロジェクト事業」が申請され、第4次助成として採択された（2012年2月22日決定）。本事業は、相馬市が市内の3つの農業法人（合同会社飯豊ファーム、合同会社岩子ファーム、合同会社アグリフード飯渕）に対して貸与するトラクタなど農業機器類購入の費用を助成するものであり、津波による塩害を受けた水田を再生し、大豆の生産・加工・販売に移行することが目的とされた。助成金額は3億円に上り、同年の6月1日には相馬市が助成金で購入した大型トラクタ18台などの農業機械が交付され、3つの農業法人に貸与された。震災翌年の2012年11月には、飯豊ファームにおいて作付面積11haに対して大豆約8トンの収穫を実現した。

なお、ヤマト福祉財団では、相馬市を含むすべての助成先に事業開始から完了の１年間に１週間単位で事業報告書を提出してもらうこととした。この事業報告は PDCA サイクルとして実施するものであり、同財団が事業の進捗状況を細かく確認、整理するとともに、会社のホームページや報道関係を通じて社会に公表することで、寄付金の使途や事業成果を寄付元であるステークホルダーに広く認知してもらうようにした。

　このようにヤマト福祉財団の支援によって、相馬市の津波被災地は早期に農業復興を果たすことができた。ヤマトグループは、震災直後に「宅急便１個につき 10 円の寄付事業」として支援の意思決定を行った。また、その支援対象地の選定にあたっては、第三者委員会を設立し、迅速性・透明性・有効性の高い支援、国の補助がつきにくい支援、単なる資金提供でなく復興モデルの育成が期待できる対象に支援することで、国や県が行う支援事業の平等・公平性に基づく支援、時間をかけての支援とは異なる民間企業ならではの支援が実現した。また、今般の大震災の復興にあたり、地域内外から多くの企業が復興支援に参加した。なかには、純粋な復興支援ではなく、自社製品やサービスの営業、事業パートナーの発掘といった支援に名を借りた実質的な事業創出を目的とする企業が散見されたものの、ヤマト福祉財団は、35 年間お世話になった東北地方への恩返しという行動理念と支援事業の意義を被災地の行政機関に丁寧に説明することで、事業に対する理解と信頼を得ることに努めた。

（5）共助による農業復興支援の特性と課題

　本節では、共助の主体であるボランティア、大学、NPO、企業による農業復興支援の取り組みについて整理した。本節で整理したように、共助の主体によって、さらに各セクターにおいて、支援資源（ヒト、モノ（専門力）、カネ（資金））、支援内容は異なっている。

　一方、共助は、国や県などの公助に比較して緊急性の高い問題に対して迅速な意思決定と行動により支援活動を行うことが可能である。また、平等性や公平性を重んじる公助による支援とは異なり、自らの支援資源の状況を細かく検討しながら国の支援では行き届かないピンポイントの支援が実施しやすい。ま

た、共助主体は支援の専門性が限定的とはいえ、公助や他の共助主体と連携することによって補完することも可能である。こうした点が共助による農業復興支援の特徴といえよう。

一方、東日本大震災を契機に共助の重要性が広く認識されつつあるものの、歴史が浅い。このため、自組織において経験に基づく支援手法は整理されているが、全体として効率的な支援方法は確立・共有されていない。とりわけ農業・農村の復興過程において共助による支援は、農村社会の維持やわが国の食料を確保する上で不可欠であろう。今後も大震災の発生が予想される中で、迅速かつ効果的な復興支援を図るために、多様化する共助主体による支援内容や手法、他主体との連携方法を整理し共有することが大切である。

また、本節で取り上げた共助の取り組みは、被災地に対して能動的・積極的にアプローチしたことで効果的な支援を実現した。大震災発生直後に被災者や被災地の行政が落ち着きを取り戻すまでは、まずは共助の主体が公助や他の共助の主体と連携しながら積極的かつ迅速に支援を展開していくことが求められよう。

8．津波被災地域における多様な主体の機能分担による迅速な復興実現条件

本章では津波被災地域に対する自助・共助・公助の役割を一般的な観点および相馬市という特定地域を取り上げて示してきた。ここでは本章のまとめとして、自助・共助・公助にかかる多様な主体の機能分担と連携による迅速な農業復興を実現するための条件を検討していきたい。これまでは相馬市の中で地区を特定していなかったが、迅速な農業復興の条件を見ていくためには、特定の地区を設定して、帰納的に検討していくこととしたい。

（1）福島県相馬市飯豊地区での事例からの考察
1）事例選定の理由と当該地区の営農面の特徴

相馬市の旧飯豊村には、相馬市を代表する広大かつ良好な水田地帯があり、集落としては、岩子、南飯淵、百槻、大曲、新田、馬場野、程田、柏崎からなっている。本地区の農地は岩子、南飯渕、新田の各集落を中心に津波で壊滅的な

被害を受けたものの、自助・共助・公助の連携によって順調に復旧・復興を果たした。自助と公助を中心に復興した地区は多いが、当地区は共助による農業復興支援があったことが特徴的である。

2）農業復興に関わった各主体

農業復興に関わった主体としては、自助である農家自身がある。また岩子集落では集落営農組織としての岩子ファーム（任意団体）が設立されていた。公助としては、市、県、国がある。県については、福島市の本庁と出先機関である相双農林事務所がある。国も東北農政局と農林水産省、さらに復興庁がある。関わりのあった共助としては、東京農業大学の「東日本支援プロジェクト」とヤマト福祉財団による「東日本大震災 生活・産業基盤復興再生募金」プロジェクトがある。また、国の事業（被災農家経営再開支援事業）により集落単位に復興組合が組織されていた。この地域的枠組みを生かす形で震災後には農業者の協力によって、飯豊ファーム、岩子ファーム、アグリフード飯渕という3つの農業法人が合同会社の形式で設立された。これらの会社は、単に構成役員からなる私的な企業という性格だけでなく、被災後の地域の農地の受け皿として認知されたいわば共助による企業という性格も有している。

（2）福島県相馬市飯豊地区での復興ステージ別営農復興モデル

旧飯豊村のうち、岩子、南飯渕、新田、程田の各集落には共助による農業復興支援が入っており、本研究の事例として取り上げるには適した条件が揃っている。このため、旧飯豊村の中でも上記4集落を飯豊地区として、議論を進めていくこととする。

まずは、表3-27に飯豊地区を中心とした営農復興の状況を時系列によってモデル的に示した。

表 3-27　福島県相馬市飯豊地区を中心とした営農復興モデル

復興ステージ	状況	自助	公助	共助
被災直後 2011年3〜4月	・生活の立て直しが中心で営農復興は未着手	・ほとんどなし（茫然自失）	・被害状況の把握 ・復興構想策定	・3月12日にボランティアセンター開設→ボランティア活動開始 ・東京農大やヤマト運輸で支援を検討開始
被災後　〃 5〜8月	・営農復興を考えてはいるが具体的な行動は未着手 ・放射能への心配も大きい	・自宅居住者で被災が軽度の農家の一部が営農準備 ・作付け制限の発令	・計画策定 ・災害査定	・ボランティアが生活再建の一環として農地再生（大きながれき除去等）も支援 ・東京農大が地域に入り、技術と経営の両面で支援開始 ・ヤマト財団が支援スキームを検討
被災後　〃 9〜12月		・営農継続の意思決定 ・復興組合による活動開始	市役所が復興組合の組織化説明開始	・東京農大がヒアリング調査結果をフィードバック ・ヤマト財団への申請を市が検討開始 ・東京農大が現地で報告会を開催
被災後 2012年1〜3月	飯豊ファームの設立検討	次年度の作付け等の意思決定	市役所がヤマト財団支援と農家を仲介	・ヤマト財団から支援決定の通知
被災後 2012年度	飯豊ファーム設立。（4月）11.8ha作付け	農業経営継続の意思決定→営農終了の場合農地貸与	・国によるハード事業が本格開始 ・復興組合による農地復旧作業開始 ・市が経営再開マスタープラン策定（2月）	・ヤマト財団から飯豊ファームに大型農機が贈られる ・東京農大が新田・程田地区で営農意向アンケート実施（11月）
被災後 2013年度	飯豊ファーム 42.3ha作付け	農業経営継続の意思決定→営農終了の場合農地貸与	国によるハード事業が進捗	
被災後 2014年度	飯豊ファーム 49.1ha作付け	農業経営継続の意思決定→営農終了の場合農地貸与	国によるハード事業が進捗	
被災後 2015年度	飯豊ファーム 71.5ha作付け（2016年：79.7ha）	農業経営継続の意思決定→営農終了の場合農地貸与	国によるハード事業が全面終了	

資料：ヒアリング調査より筆者作成

1）被災直後

　震災が発生した 2011 年 3 月 11 日は水稲播種の準備時期であり、ほとんど農作業は始まっていなかった。震災発生から 4 月にかけての約 2 カ月間は、被災者の多くは避難所で暮らしており、生活再建に追われていたため、農業復興に着手する余裕はない状況であった。そこで、自助による農業復興はほとんど未着手であり、公助では農業分野では被害状況の把握などが行われていたと思われる。共助としては、ボランティアが現地に入り家屋の復旧の手伝いなどをしており、一部では農地に堆積したがれきやヘドロのかき出しなどを行っていた。また、大学や企業においては支援の可能性が検討されていた。

2）被災 2～5 カ月後（5～8 月）

　5 月には仮設住宅の整備も進み、6 月には避難所からの移転が進んでいった。しかし、5 月の時点で飯豊地区の農地は海岸保全施設や排水ポンプの損傷により、海水に浸かったままで、とても営農再開できる状況ではなかった。公助としては国レベルで復興のための構想・計画・マスタープランなどが検討・発表されていた。同時並行的に補正予算によって具体的な復興事業が作られていたと考えられる。共助としては、ボランティア活動がゴールデンウィークをピークに家の片付けやヘドロのかき出しなどを行っていた。東京農業大学では既に支援のための実態調査を中心とした支援活動に着手していた。具体的には津波により堆積したヘドロを含めた農地の土壌分析や被災農業者に対する営農意向ヒアリング調査などが行われた。ヤマト福祉財団でも「東日本大震災　生活・産業基盤復興再生募金」の内容が発表され、8 月には 1 次助成の 9 件が発表されている。

3）被災 6～9 カ月後（9～12 月）

　仮設住宅での生活が落ち着いて、今後の生活などを考える時期である。公助の一環として営農再開のためのがれき処理と所得確保を目的に被災農家経営再開支援事業が開始された。相馬市では市職員から農業者に対して、事業の説明があり、「官製共助」ともいえる地域農業復興組合がほぼ集落ごとに組織され、

復興活動がスタートした。東京農業大学では 11 月に市役所を地元側の窓口として市内で成果発表会を行い、半年間の研究成果を地域にフィードバックした。相馬市ではヤマト福祉財団の「東日本大震災 生活・産業基盤復興再生募金」に対して、「農地復旧復興（純国産大豆）プロジェクト」を含む数件を応募した。

4）被災 10～12 カ月後（1～3 月）

　飯豊地区ではヤマト福祉財団より「農地復旧復興（純国産大豆）プロジェクト」が採択されたことで、市役所から新田、程田、岩子、南飯渕の各地区の農業者に法人の立ち上げが提案された。この点では、共助ともいえる企業の資金的支援に市役所が新たな農業形態の提案という知恵を加えることで、農業者に対して資金を農機具として提供する仲介役を担った。その際に市役所が農業者の意欲という自助を引き出して、共助の形成を図った。この点では市役所の役割が大きいといえる。

5）被災 2 年目（2012 年度）

　公助の中心である農地復旧は平成 24 年度から開始された。飯豊地区は既にほ場整備が行われていたため原型復旧が採用され他地区に先駆けて復旧が開始された。復旧には農業用水路の整備も伴うため、川上側の農地から順次復旧が開始された。さらに、国の主導により相馬市でも 2013 年 2 月に「経営再開マスタープラン」が発表され、将来的な担い手と農地の出し手が明確に位置づけられた。

　2012 年 4 月には新田・程田地区を基盤エリアとして合同会社飯豊ファームが設立され、その後岩子集落に合同会社岩子ファーム、南飯渕集落にアグリフード飯渕が設立された。6 月にはこれらの法人にヤマト福祉財団から純国産大豆プロジェクトのための大型農業機械が提供され、9 月にはヤマト福祉財団の支援は終了している。大学の支援としては、除塩方法に関する実証試験のために岩子集落の 1.7ha の水田で「ひとめぼれ」を試験的に作付けし、東京農大方式（そうま方式）による除塩の有効性を確認し、相馬市内での除塩作業の標準的な方法として広がっていくこととなった。また、同年 7～8 月にかけて新田・程

田地区の208戸の農家を対象に営農意向調査をアンケート形式で実施し、規模縮小志向や営農を断念したい農家が拡大しており、農地が復旧しても8割近い担い手が農地を預けることを希望していることがわかった。

6）被災3〜5年目（2013〜2015年度）

2015年度までの5年間は政府が集中復興期間と位置づけており、この間に公助としての復興が集中的に実施された。その結果、津波被災農地はほぼ全てが復旧した。復旧が済んだ農地から順次営農が再開されており、現地では復興の進捗状況が目に見えてわかる状況であり、農業者の意欲という面でも回復していると思われる。なお復旧が間に合わなかった農地は大区画ほ場整備を伴う地区であり、相馬市では2地区が該当する。

共助の支援もヤマト福祉財団の支援により提供された大型農機を活用してこれまで以上に営農が活発に行われている。津波被災農地に対しては大学の支援のピークは2年目くらいまでであり、この時期は土壌回復技術の普及や経営面のコンサルティングなどに移行している。

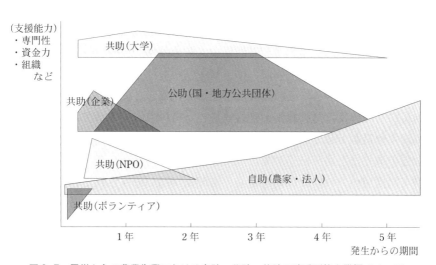

図3-7　震災からの農業復興における自助・公助・共助の時系列能力発揮イメージ
出所：筆者作成

こうした取り組みの結果として、営農を断念した農家は多数存在するものの潜在的な高齢化や兼業化によって営農を断念する時期が早まったにすぎないという考え方ができる。引き続き営農している農家は、自助から自立の段階に移行し、発災以前に比べて大規模で連坦した農地、それに見合う大型農機、さらに一部は法人経営とすることでより高度な水田農業を営んでいる。

（3）各主体の主要な役割と相互連携の実態
1）各主体の主要な役割
＜自助の主体と役割＞

農業復興における自助の主体はいうまでもなく農家自身である。津波被災の程度はさまざまであるが、いずれも自助での復興には限界があり、被災直後は農業再開が物理的にも精神的にも想定できない状況であった。これを支えたのが公助と共助であるが、農業復興の中心はあくまでも農家自身であり、復興の意欲を持ち続けていく必要がある。また、農家の意思や意欲は発災直後から移り変わっていくものであり、周囲はその点も理解して対応する必要がある。

＜公助の主体と役割＞

公助による農業復興は、東日本大震災の際に初めて実施された被災農家経営再開支援事業以外は、農業生産基盤復旧を含め基本的に既に定型化された流れで実施されている。具体的には、国は被災状況を取りまとめて、それに基づいて復興事業を立案する。それに必要な予算を確保し、被災地域に配分する。事業執行にあたっては進捗状況の把握等を行っている。

県の主な役割としては、国と市町村の間のパイプ役として被災状況、復興事業などの取りまとめ・伝達等を行っている。県の特徴として、農業土木職や農業職での採用があり農政部局を中心に専門家集団が形成されている。このため、一般に専門人材に乏しい市町村に対して専門的見地からの助言・支援を行っている。

市町村は行政組織の中で、もっとも住民に近く被災した農業者からの信頼感が高い。このため、国・県が実施する被災状況把握や各種事業を執行する基礎自治体としての役割はもとより、農業者からの信頼感や期待に基づく現場に根

ざした復興事業立案・申請などの役割を持っている。これは、国の事業への定型的な申請のみではなく、事業企画を伴う共助の支援事業の申請主体となることも含まれる。さらに、大学による支援の受入窓口となったり、行政の別働隊ともいえる社会福祉協議会がボランティア活用に重要な役割を果たすなど、市町村が自助・公助・共助の各主体との調整役となっていることも明らかになった。

<共助の主体と役割>

共助の主体は多様であり、組織化の程度や組織目的も多様である。そうした中で、ボランティアは大都市での震災であった阪神・淡路大震災以降その重要性が注目されており、今般の震災復興でも物資の運搬・仕分け・配布やがれき・土砂撤去などで多くのボランティアが活躍した。そうした中で、相馬市では農業復興でのボランティアの受入・活用を図ったほとんど唯一の事例であると考えられる（相馬市社協からの聞き取りより）。

ボランティアの特徴は組織化されていない故の迅速性と多くの希望者による集中的な支援活動といえる。農業の場合は家としては個人宅であっても営農部分はいわば事業所でありボランティアに求められる作業量は一定のボリュームを持っている。このため、大学や労働組合が派遣するボランティアバスのように一度に大人数のボランティアを受け入れることができる、という特徴がある。また、専門性はあまり高くはないが、労力が非常にかかるような作業ができるため、農業者の負担軽減、営農再開意欲増進には効果がある。

NPOはボランティアよりも専門性が高く、組織化もされている。またその設立目的は多様である。今般の震災復興では地域での行政と自治会の中間的な自治組織的NPO法人や企業と被災地の間に立ち、企業の資金等を有効に活用するための専門性・客観性・効率性のある組織として活動したNPO法人などがある。NPOはその組織ならではの専門性があり、NPO法が阪神・淡路大震災後の平成10年に制定されたということもあり、今般の震災復興で注目された主体の1つといえる。

大学は最も高いレベルの専門性を有している組織であり、高度な専門的知見やノウハウの農業現場への提供による問題解決に寄与することが期待される。

一方で、専門的知見は大学教員個人あるいは研究室などの非常に小さな単位で保有されているものであり、効果的かつ継続的な支援が困難な点や個人的な研究対象として農業現場に入っていっても自らの学問的興味が満たされると現場から遠ざかるため受入の労力がかかっても復興には役立たないという批判もある。大学として的確な課題解決につなげるためには、組織的な位置づけおよび活動とバックアップが必要といえる。

企業は大学に匹敵する専門性に加え、豊富な資金力を有する。また、企業として農業や食品に関連する事業を行っている場合もあり、本業の企業行動として農業復興支援を行う力がある。これらは今般の震災復興で初めて顕著に見られた力であり、その有効性の源泉は、迅速な意思決定と豊富な資金力を背景とした支援事業の規模の大きさである。特に、公助が本格的に稼働する前の復興活動への効果が高かった。

最後に、農家の自助努力の補完機能として、農家組織がある。今般の農業復興では官製共助としての復興組合が形成されたが、相馬市ではそれがより自発的な農家組織としての地域に立脚した農業法人設立につながっており、永続性のある農業復興活動の母体となりつつある。

2）共助を伴った農業復興における相互連携の実態

これまで見てきたように、震災からの農業復興において、自助と公助は従来から重要な役割を担っていたが、東日本大震災では共助の力が加わることでより迅速で効果的な復興が可能となったことが、相馬市の事例からうかがえる（表3-28）。

（4）共助を伴った農業復興における多様な主体の連携状況

農業復興において、自助と公助はほぼ従来どおりの対応であり、今般の震災復興にあたっていずれの地域でも発揮されてきた。しかし、共助が関わる農業復興は全ての地域ではない。そこで、主体間の連携状況について共助も活用して農業復興を成し遂げた相馬市を例として、詳細な事業スキームの明確化によって把握することとした。ここで取り上げた共助の主体はヤマト福祉財団と

表 3-28　相馬市の事例にみる自助・公助・共助の各主体の農業復興の主な役割

区分	主体	役割
自助	農家自身	営農継続か否かの意思決定、周辺農家との協力
公助	国（農水省）	（中央）被災状況把握、復興事業立案、予算確保・配分 （農政局）被災状況把握・伝達、復興事業説明、予算配分、事業進捗状況確認・伝達
	県	（本庁）被災状況把握や復興事業の伝達・調整・状況把握 （出先機関）被災状況把握や復興事業の伝達・調整、専門的知見からの助言・支援
	市町村	被災状況調査、復興事業の農家説明、農家からの支援ニーズの把握、現場に根ざした復興事業立案・申請、共助の主体との調整
共助	ボランティア	迅速性・小回り性を生かした農家支援、組織的ボランティアによる集中復興作業
	NPO	専門的見地からの助言、調整
	大学	高度な専門的知見やノウハウの農業現場への提供による問題解決
	企業	資金力と専門性、ネットワーク等による迅速な支援
	農家組織	自助の補完機能としての永続性のある農業復興支援

東京農業大学である。

1）ヤマト福祉財団による大型農機提供による農業復興

　ヤマト福祉財団では、2011年7月1日から「東日本大震災　生活・産業基盤復興再生募金」の助成先の募集を開始し、広く申請を呼びかけた。相馬市では「農地復旧復興（純国産大豆）プロジェクト事業」を立案し、地元の農業者に呼びかけ、同財団への事業申請を行った。結果として申請事業は採択され、2012年6月1日に農業機械が相馬市に交付されることとなった。

　この事業の流れを示したのが図3-8である。これをみると、相馬市役所が助成元であるヤマト福祉財団と地元の農業者の間に立ち、事業立案から各種調整を行っていたことがわかる。

2）東京農業大学による「東日本支援プロジェクト」

　東京農業大学の東日本支援プロジェクトでも津波被害の大きかった飯豊地区の農業者との間に立ったのも相馬市役所であった。大学による地元へのファーストコンタクトは市役所への訪問であり、初対面同士であるにもかかわらず、

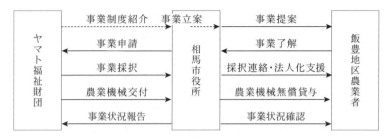

図3-8　ヤマト福祉財団による「農地復旧復興(純国産大豆)プロジェクト事業」のスキーム

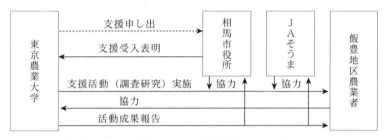

図3-9　東京農業大学による「東日本支援プロジェクト」のスキーム

学長から市長に支援の申し出を行った。このトップ同士の合意形成により、大学教員と市役所職員間の協力体制もでき、飯豊地区をはじめとする市内の農業者に対する調査研究などが展開された(図3-9)。

　上記の2事例からわかるように、自助・公助・共助の連携による農業復興支援を有効に機能させるための鍵となる組織は市町村であったことがわかる。共助の主体に対する窓口機能はもとより、農業者に対する説明能力の高さやJAを含めた協力体制の構築などコーディネート機能が十分に発揮されている。

(5) 多様な主体の機能分担による迅速な復興実現条件

　自助・公助・共助という区分の中でも多様な主体が存在する。各主体には各々の特性に基づいた得意分野があり、迅速な復興を実現するためにはこの得意分野をうまく組み合わせていくことが重要である。特にこれまでほとんど経験のなかった農業復興における共助の力を引き出すには、前述の連携を的確に確立

することが重要である。相馬市の場合は、当初から成果が見込めたわけではなく、試行錯誤を伴う活動を重ねる中で結果として成果が得られたといえる。

　そこで、このような迅速な復興が実現したことから、その条件について整理し、今後の農業復興の際に共助を含む多様な主体の連携による復興を円滑に進めるための条件を試行的に提示したい。

１）自助側の条件

　農業者による自助努力といっても本当に単独で立ち直るのは容易ではない。そこで、被災しても一人にならず良好なコミュニケーションをとれる同志が地域にいることが重要である。また、日頃からつきあいのない共助の主体を受け入れるようなオープンマインドを持っていることも必要である。相馬市飯豊地区の農業者はこうした条件を十分備えていたからこそ、迅速な復興が実現したといえる。

２）公助側の条件

＜市町村＞

　市町村が動くためには、首長の考え方が重要である。農業者同様首長が日頃からつきあいがない共助の主体が現れた際に柔軟に受け入れるオープンマインドがあることと、職員や市民をまとめるリーダーシップがあることが必要である。また、職員自身が優秀であり、震災復興という非常時でも民間の支援事業を含めて幅広く情報収集を行い、地元を知る立場から良好な事業提案ができることが必要である。さらに、実際に農業復興を遂げるのは農業者であり、日頃より彼らからの信頼を得ていることが必要である。相馬市役所はこれらの条件が全て揃っていたことが共助の円滑な導入・活用につながったといえる。

＜県・国＞

　県や国は公助による農業復興の中心的存在である。しかし、公助の限界もあり、共助がその隙間を埋めることで円滑な復興につながる。県や国はこうした公助の限界を認識するとともに、共助の力を農業復興の一主体として認知し、積極的に活用する意識が必要である。こうした意識を土台に、共助の活用も視

野に入れた政策立案ができるいっそう踏み込んだ連携が可能となる。

また、県や農政局などには、企業や NPO などの共助の主体から支援の申し出が多く来る。そのほとんどは、適当な支援場所の紹介依頼や企業や NPO の製品・サービスの採用依頼などである。特に企業からの申し出は支援活動と営業活動の線引きが難しく、安易に市町村に紹介してよいかどうかの判断が難しい。そこで、県や国の職員は共助の主体からの支援を画一的に断るのではなく、まずはオープンマインドを持ち、有効な共助の主体を見いだす目利きの力が求められる。

＜共助側の条件＞

まず、ボランティアについて鍵を握るのが各市町村に設置されている社会福祉協議会のボランティアセンターである。このセンターが早期に開設されることがボランティア有効活用の条件となる。その上で、ボランティアセンターが農業部門でもボランティアに対する支援ニーズがあり、営農再開に有効であることを的確に察知することが必要である。これは、農家側から言い出しにくい

表 3-29　自助・公助・共助の各主体の機能分担による迅速な復興実現条件

区分	主体	条件
自助	農家自身	・日頃からの地域での良好なコミュニケーションの確立 ・外部の機能を取り入れるオープンマインド
公助	市町村	・首長のオープンマインドとリーダーシップ ・職員の情報収集力と政策立案力の高さ ・市民からの信頼感
	県・国	・公助の限界の認識 ・共助を農業復興の一主体としての認知 ・共助の活用を視野に入れた政策立案 ・職員のオープンマインドと有効な共助主体の目利き
共助	ボランティア	・社会福祉協議会によるボランティアセンターの早期開設 ・ボランティアセンターによる農業部門の支援ニーズの発掘
	NPO	・自組織と支援対象のマッチングのための探索行動 ・農業部門での NPO による支援活動事例の蓄積
	大学	・組織としての迅速な支援意思 ・組織を挙げての支援体制（人・もの・金）の確立
	企業	・迅速な意思決定 ・営利活動との明確な線引きとその周知
	農家組織	・組織化の仕掛けとしての市町村の働きかけ ・リーダーシップのある農業者の存在

ことであり、センターからのプッシュ型（提案型）の支援が有効である。

　NPO は活動内容が非常に多様であり、農業復興に非常に役立つ組織もある。しかし、支援にあたっては NPO 側のシーズと地域農業側のニーズを一致させるのが困難である。そこで、支援できる内容に応じて、県、市町村、あるいは直接集落などに出向き、支援対象を積極的に見つけ出す必要がある。さらに、円滑に支援活動に入るためには、NPO としての支援活動を重ねることで、関係主体に迅速に支援内容や効果を理解させていくことが必要である。

　大学では教員個人ではなく組織としての支援が重要である。また、支援効果は発災後早いほど高い。このため、組織としての迅速な意志決定が必要である。さらにそれを受けて組織を挙げての支援体制を作り、早急に動くことが必要である。支援対象も日頃からつきあいのある市町村か否かを問わず、依頼に基づくプル型の支援ではなく、プッシュ型の支援が必要である。

　企業も大学同様に迅速な意志決定が求められる。さらに企業の場合は営業活動との関連が常につきまとうが、トップの言葉として、営業ではなく支援である旨を明示し、関係者に周知させる必要がある。

　さらに、震災後という非常時で農家組織の相互扶助を生かすためには、信頼ある第三者としての市町村からの働きかけが有効である。また、地域内でリーダーシップを取ることができる農業者が存在することがまとまりのある組織作りに有効である。

　最後に、共助を加えた農業復興はこれまでほとんど見られなかった取り組みであり、従来の固定概念が邪魔になる。たとえば、行政は硬直的で話を聞いてくれない、企業は結局のところ営業ベースで動く、大学は自分勝手で好きな時だけ来てやりたいことをやったらすぐいなくなる、というようなことである。今般の震災復興という経験を機にこうした固定概念を払拭していくことが重要である。

引用・参考文献

「国立大学の東日本大震災復興支援」http://www.shidairen.or.jp/blog/disaster_c/2014/09/05/7730「【東日本地区加盟大学】東日本大震災への取り組み、2014 年 9 月 5 日」.

復興庁:「民間企業との連携(被災地での 55 の挑戦-企業による復興事業事例集-)」:
　http://www.reconstruction.go.jp/topics/main-cat4/sub-cat4-1/index.html.
門間敏幸 (2014):「東京農大・東日本支援プロジェクト 3 年間の経験を伝える　その 1　震災発生
　時から支援組織決定までの対応東京農業大学『新・実学ジャーナル』、2014 (5).
日経 BP ビジョナリー経営研究所編 (2013):『クロネコの恩返し』、日経 BP 社.
日本 NPO 学会編 (2015):「東日本大震災　民間支援　ファクトブック」、矢口善教 (2014)『震災と
　企業の社会性・CSR-東日本大震災における企業活動と CSR-』、創成社、103-108.
東日本復興構想会議:「復興への提言～悲惨のなかの希望～」
　http://www.cas.go.jp/jp/fukkou/pdf/fukkouhenoteigen.pdf、平成 23 年 6 月 25 日.
緊急災害対策本部:「平成 23 年 (2011 年) 東北地方太平洋沖地震 (東日本大震災) について」
　http://www.bousai.go.jp/2011daishinsai/pdf/torimatome20150909.pdf、平成 27 年 9 月 9 日 (14:00).
国土地理院:「津波浸水範囲の土地利用別面積について」http://www.gsi.go.jp/common/000060371.pdf、
　平成 23 年 4 月 18 日.
農林水産省編 (2014):「津波により流失や冠水等の被害を受けた農地の推定面積」、『平成 24 年版
　食料・農業・農村白書』、財団法人農林統計協会、6.
国土地理院:「平成 23 年 (2011 年) 東北地方太平洋沖地震に伴う地盤沈下調査」、
　http://www.gsi.go.jp/common/000060316.pdf.
農林水産省統計部 (2012):「平成 22 年生産農業所得統計」.
農林水産省経営局 (2014):「東日本大震災について～東北地方太平洋地震の被害と対応～ (平成 26
　年 6 月 17 日更新)」、http://www.maff.go.jp/j/kanbo/joho/saigai/higai_taiou/index.html.
東日本大震災復興対策本部 (2011):「東日本大震災からの復興の基本方針」、
　https://www.reconstruction.go.jp/topics/doc/20110729houshin.pdf.
農林水産省 (2015):「農業・農村の復興マスタープラン (平成 25 年 5 月 29 日改正)」、
　http://www.maff.go.jp/j/kanbo/joho/saigai/higai_taio/pdf/plan_2505.pdf.
農林水産省:「農地・農業用施設の災害復旧事業とは?」、
　http://www.maff.go.jp/j/nousin/bousai/bousai_saigai/b_hukkyuu/pdf/fukkyu.pdf.
全国社会福祉協議会 (2012):「東日本大震災　災害ボランティアセンター報告書」、
　http://www.shakyo.or.jp/research/11volunteer.html.
ニャムフー　バットデルゲル・山田崇裕・鈴村源太郎・渋谷往男・ルハタイオパット　プウォンケオ・
　門間敏幸 (2012):「津波被災地域における復興組合活動の実態と課題-福島県相馬市を対象とし
　て-」、『2012 年度日本農業経済学会論文集』、192-198.
渋谷往男・山田崇裕・ニャムフー　バットデルゲル・ルハタイオパット　プウォンケオ・新妻俊栄・
　薄真昭・門間敏幸 (2012):「東日本大震災被災農家の営農継続意向とその要因についての考察」、

『農業経営研究』、50(2)、66-71.
渋谷往男・山田崇裕・門間敏幸(2013):「津波被災地域における農業法人化の動きと課題－福島県相馬市を対象として－」、『農業経営研究』、50(4)、87-92.
東京農業大学・相馬市編(2014):『東日本大震災からの真の農業復興への挑戦－東京農業大学と相馬市の連携－』、ぎょうせい.

第4章 放射能汚染地域の復興における自助・共助・公助の連携
－農林業の復興を中心に－

門間敏幸・山田崇裕

1．はじめに－問題意識と課題

　2011年3月11日の東日本大震災の大津波で発生した東京電力福島第一原子力発電所のメルトダウンは、わが国の災害史上類を見ない放射能災害をもたらした。この原子力災害は、1986年4月26日にソビエト連邦（現：ウクライナ）のチェルノブイリ原子力発電所4号炉で起きた原子力事故後に起きた世界でも類を見ない災害である。全く未知の原子力発電所事故に遭遇し、事故当時者である東京電力はもとより、国、福島県、そして被災地周辺の市町村は大きな混乱に陥った。住民に納得がいく説明がないまま強制的な住民避難が行われ、人々は追われるように故郷を後にせざるを得なかった。
　また、原子力発電所の水素爆発の報道、原子炉冷却のための決死の作業に関わる連日の報道は、国民を不安のどん底に突き落とした。さらに、高濃度な放射性物質を含んだ食品・農産物の相次ぐ発見、さらには東京の水道水からの放射性物質の検出は、水道水、食品・農産物の安全性に関わる国民の不安を一気に高め、深刻な風評を生み出し、被災地の産業復興の大きな不安定要素となり、復興を大きく妨げることになった。一方、わが国の原子力発電所事故に関する海外での報道は、日本に暮らす外国人、留学生の安全確保に対する母国の肉親や関係者の不安を増幅し、海外諸国は関東、東北に住む自国民の帰国のためのチャーター機を派遣し帰国を促した。こうした海外の人々の不安は、日本製品特に食品の安全性に対する不信を高め、製品輸出が大きく阻害され、被災地の

産業復興の大きな障害となった。

　こうした未知の未曾有の原子力災害に対して、公助である国、被災県である福島県、被災した市町村はどのように対応したのか、自助の主体である住民はどのような自己防衛手段をとったのか、さらには専門家、ボランティアなどの共助は、どのように行われたのか。本章は、自助・共助・公助の視点から放射能汚染地域で展開された災害対策と自己防衛対策の実態をできる限り詳細に伝えることを目指している。しかし、あまりにも複雑かつ多様な問題を生み出した原子力災害の全貌をとらえるのは、筆者らの能力を超えている。そのため、ここでは筆者らの専門分野である農林業の被害、復興に関わる自助・共助・公助の取り組みに重点を置きながら、必要な範囲で被災地において発生している多様な問題とその問題解決の取り組みを評価する。

　具体的には、まず第1に原子力災害の多面的な影響を整理したうえで、放射能汚染地域における農林水産業の復旧・復興対策の特徴を整理する。続いて自助・共助・公助による放射能汚染地域の農林業の復旧の課題・取り組みとその限界を整理する。そして、最後にこうした整理に基づき、原子力災害に対する自助・共助・公助の望ましい連携のあり方について考察する。

2．原子力災害の多面的な影響と対応
（1）原子力災害の影響と対策の全体像

　東日本大震災の津波に起因する福島第一原子力発電所のメルトダウンは、想像を絶する被害を東日本の各地にもたらした。原子力災害の全貌をとらえるのは難しいが、各種の資料から大きく次のような災害対策が実施されたことが整理できる。

＜人への被害とその対応＞
- 原子力プラント勤務者・作業員の被ばくとその軽減策
- 近隣住民の避難、屋内退避、一時移転
- 放射能汚染地域の区域設定と管理
- 避難のための住民の輸送手段と受け入れ先の確保
- 被ばくに対する医療と安全対策のための医療活動

・原発作業員、放射能汚染地域住民の健康対策
・線量計の整備・配置と測定データの公開システムの構築
・緊急物資の調達・供給・配分
・警戒区域への一時立ち入りの判断
・安全な飲食物の供給システムの確立
・人が集まる公共用地、公共施設の優先的除染
・住宅・宅地など個人の生活環境の除染
・経済的・精神的・健康を含む損害賠償
・社会コミュニティーの崩壊とその対策

＜産業への被害と対策＞
・食品などの安全基準の策定と検査体制の確立
・基準値を超える食品の市場への出回りを遮断するための対策
・農地・工場用地などの除染
・休業・事業規模の縮小、顧客の減少などの経済的被害の確定と賠償
・風評による経済的被害の確定と賠償

＜環境へのダメージ＞
・海の放射能汚染
・森林、河川、ため池などの放射能汚染
・野生動植物など生態系への影響

　以上のように原子力発電所の事故は、放射性物質が広域に飛散することによって我々人間の健康、生活だけでなく、野生動植物などの全ての生物、そして土地、水、空気、海など広い範囲の自然環境の汚染が長期間にわたって持続する深刻な被害を生み出している。

（2）原子力災害と現場の対応実態
1）避難対応

　こうした原子力災害の被害の実態をよりリアルに把握するために整理したのが表4-1である。この表は2011年の東日本大震災で地震、津波、そして放射能災害という3つの被害を同時に受けた福島県南相馬市における震災の記録か

表 4-1 津波・原子力災害への南相馬市の対応

日時	南相馬市内の状況とその時起こった出来事
2011.3.11 14:46	南相馬市で震度6弱を観測
	福島第一原発及び福島第二原発など原発11基が自動停止
15:00	災害対策本部を設置
15:14	気象庁が大津波警報発令を更新（予想される津波の高さが3mから6mに更新）
15:35	南相馬市に津波到達
18:00	災害対策本部会議（避難所の職員配置体制）、災害時相互応援協定先に食糧要請
20:34	災害対策本部会議（仮設トイレ、毛布の手配、原町高等学校へ遺体収容、ボランティアの受入態勢）
2011.3.12 5:44	避難指示区域を福島第一原発から半径3km圏内から10km圏内に拡大
15:36	1号機建屋で水素爆発。17:39 福島第二原発から半径10km圏内の住民へ避難指示
18:25	福島第一原発から半径20km圏内の住民へ避難指示、小高区内の各避難所から、バスによる集団避難を開始
2011.3.13 5:00	災害対策本部会議（マスク着用指示、避難者数再確認、市内企業の状況把握の指示）
2011.3.14 11:01	小高赤坂病院の患者60人と職員21人を県相双保健福祉事務所や福島県立医科大学に搬送
11:01	福島第一原発3号機で水素爆発
2011.3.15 0:00	政府は、福島第一原発から半径20km圏外〜30km圏内の住民に対し屋内退避指示、バスにより市外へ集団避難開始
	福島第一原発2号機で高濃度の放射性物質を含む蒸気を外部放出
2011.3.17	県外への集団避難開始（新潟県上越市、糸魚川市、群馬県東吾妻町、片品村）（〜20日）
2011.3.19	県警機動隊が原町区小野田病院、大町病院の入院患者を福島第一原発から半径30km圏外へ搬送
	枝野官房長官は福島県の牛乳と茨城県のホウレンソウから基準値を超える放射線量を検出と発表
2011.3.21	災害対策本部会議（職員へ休息の指示、避難移送先の集計結果報告）
	県警機動隊が原町区の老人福祉施設「長生院」の入所者ら約90人を新潟県へ搬送
	福島、茨城、栃木、群馬の4県に、政府がホウレンソウとカキナの出荷停止を指示 18:00
	厚生労働省が飯舘村で検査した水道水から国の摂取基準値の3倍を超える965Bq/kgの放射性ヨウ素を検出
2011.3.25	県外避難を希望する市民152人が群馬県草津町へ避難
2011.3.30	市内の水道水の放射性ヨウ素の値が指標値を下回り、数値の安定として摂取制限を解除
2011.4.2	旅館,ホテルへの2次避難の検討、福島第一原発から半径20km圏外〜半径30km圏内の学校再開は困難
2011.4.6	2次避難開始、市民約500人が福島市の飯坂温泉などに移動（〜10日計4,500人移動計画）
2011.4.7	災害対策本部会議（福島第一原発から半径20km圏内への立入り禁止指示）
	南相馬市地域水田農業推進協議会、米の作付けなどを協議
2011.4.12	災害対策本部会議（計画的避難区域設定の検討、旧相女高の移設先検討）
	文部科学省、原町一小で限度上回るヨウ素を検出したと発表
	2次避難、南相馬市民約100人が福島市や南会津町方面に移動
	南相馬市地域水田農業推進協議会、市内全域で2011年度産米の作付けを行わないことを決定
2011.5.19	災害対策本部会議（帰宅者への雇用確保・借上住宅の支援体制、計画的避難区域の境の線量調査）

2011.5.25	災害対策本部会議（一時立入りのリハーサル実施）
2011.5.28	鹿島区、原町区で放射線による健康影響の説明会を実施
2011.5.31	小学校、幼稚園の保護者への環境放射線や土壌、環境試料のモニタリング情報提供
	放射線量測定所を開設
2011.6.1	災害対策本部会議（放射線量等分布マップの作成協力依頼、モニタリング箇所の増加）
2011.6.11	警戒区域へバスによる一時立入り開始
	ホットスポット対策の対応の明確化（再調査後、各戸の意向調査により対応を国へ要望）
2011.6.19	災害対策本部会議（除染土の仮置きの検討、ガソリンスタンド継続要請）
2011.6.21	災害対策本部会議（警戒区域内の家畜の対応）
2011.6.22	放射線に関する説明会を開催（各戸測定、モニタリングの実施、外部、内部被ばく対策）
2011.6.25	災害対策本部会議（ホールボディカウンターの配置計画）
2011.6.27	災害対策本部会議（ホットスポット111カ所の調査実施）
2011.6.28	災害対策本部会議（一時立入りの対応）
2011.7.11	災害対策本部会議（セシウム検出による牛肉の出荷自粛通知）
2011.7.13	災害対策本部会議（全畜産農家へ稲わらの調査）、南相馬市避難市民コールセンターの開設
2011.7.14	災害対策本部会議（除染計画の強化）
2011.7.15	緊急時避難準備区域避難計画と避難実施計画を策定
2011.7.21	市内の57地点（59世帯）を特定避難勧奨地点に設定
2011.9.12	除染活動（原町区深野行政区から開始、以下次々と地区の除染を実施）
2011.9.16	放射能測定所を開設
2011.9.30	福島第一原発から半径20km圏外～30km圏内に設定されていた緊急時避難準備区域を解除
2012.1.27	南相馬市放射線対策総合センター開所
2012.2.3	県は2011年産米の放射性物質緊急調査の最終結果を公表。焦点となる100Bq超500Bq以下は12市町村の旧56市町村
2012.4.2	2012年度放射線内部被ばく検診の受付を開始
2012.4.16	警戒区域が解除され、帰還困難区域、居住制限区域、避難指示解除準備区域に再編される避難指示解除準備区域となる
2012.8.25	2012年度産米の放射性物質を調べる全袋検査が開始
2013.2.2	小高区の住民（西部地区、中部地区、東部地区の3地区）に対し、復興に向けた説明会を開催
2013.6.17	国道6号など帰還困難区域の通過が可能となる
2014.1.29	第3代南相馬市長に桜井勝延氏就任
2014.4.16	福島県南相馬市が市内最大規模の除染土仮置き場を整備する方針を発表
2014.4.26	国は、小高区を含む避難指示解除準備区域と居住制限区域において、ゴールデンウィークの特例的な宿泊を許可。746人が宿泊を実施（4月26日～5月11日の最長15泊16日）
2014.5.16	東京電力が福島県の森林汚染に対する賠償基準を初めて提示
2014.5.31	国による除染土壌などの中間貯蔵施設の住民説明会が開始（～6月15日）
2014.7.14	農水省が、福島第一原発から20km圏外の南相馬市の水田から基準値を超えたセシウムが検出された原因を説明
2014.9.13	20km圏内の特例宿泊実施（～9月28日）

ら放射能災害に関わる部分を抽出して整理したものである（http://www.city.minamisoma.lg.jp/index.cfm/10,0,144,html）。

　南相馬市では、2011年3月11日の3時35分に過去に経験したことがない巨大な津波が押し寄せ、その対策で市役所全体が大混乱に陥っている最中の翌朝の5時44分に、福島第一原子力発電所の発電装置の停止に伴い原発から10km圏内の住民に対する避難勧告が出された。南相馬市では福島第一原発に近い小高区の一部が該当することになり、避難対策に追われることとなった。原子炉冷却装置が作動しないため、発熱により原子炉内の圧力が異常に上昇したため、12日の14時30分に圧力を下げるためのベントが行われた。しかし、その1時間後の15時36分、1号機の原子炉建屋は水素爆発を起こして大破、14日には3号機、15日には4号機で水素爆発が起き、大量の放射性物質が大気中に放出された。こうした状況下で、12日の18時25分には避難区域は20kmに拡大され、小高区の各避難所からバスによる住民の集団避難が開始された。

　その結果、南相馬市小高区を中心とする同市の避難指示区域の3,516世帯、1万967人の住民は、2016年7月の避難指示解除まで故郷に戻ることができなくなった。このような過酷な避難生活が続いた結果、2016年6月16日現在、南相馬市全体の人口7万1,561人のうち、自宅居住者は3万4,467人、市内の知人宅や借上げ住宅等居住者3,608人、市内の仮設住宅居住者3,303人、市外の知人宅や借上げ住宅等居住者9,666人（うち福島県外5,676人）、転出9,903人、その他（死亡、市内転居等1万614人）となっている。また、避難先は南相馬市内、相馬市、福島市、いわき市など周辺市町村や仙台、東京などの大都市だけでなく、北海道から沖縄、さらには海外に広がっている。

2）放射線被爆への対応

　次に大きな問題になったのが、放射能による健康への影響である。放射能に関する知識を全く持たない被災地の住民にとって、専門家によるアドバイスが唯一の頼りであったが、専門家によって言うことが異なり、多くの住民は何を信じていいか疑心暗鬼に陥ってしまった。また、放射線による外部被爆の恐怖とともに、放射能に汚染された食物を摂取することによる内部被爆の恐怖が住

民を不安に陥れた。特に相次いで食品や飲料水などで発見される暫定規制値、基準値を超える放射性物質、さらには設定された暫定規制値、基準値の安全性に対する不安などが人々のパニックを引き起こした。放射性ヨウ素による子供の甲状腺ガン発症に対する恐怖、放射性セシウム、ストロンチウム、ベクレル、シーベルトなど、耳慣れない恐ろしい言葉が新聞、テレビで連日報道され、避難指示区域以外の住民をも自己防衛のための避難行動へと駆り立て、地域から子供のいる若い世帯が少なくなった。また、市内の至る所で放射線量が高いホットスポットが発見され、地域でそのまま住み続けることに対する恐怖が高まった。

　こうした状況下で、南相馬市は市立総合病院北側入口の放射線量の測定・公表を2011年3月27日から開始するとともに、測定地点を速やかに増加していき、住民の不安解消に努めた。2013年12月26日現在、市内129地点で測定が行われ、市役所のホームページで迅速に測定結果を公開している。2014年1月6日からは放射線量測定結果は電光掲示板で表示されるようになった。また、市民の外部被ばくの不安に対しては外部被爆線量計（ガラスバッジ）を希望者全員に貸与した。2012年度までは妊婦と子供に限定して実施したが、2013年度からは一般市民に拡大して実施している。表4-2は、ガラスバッジによる個人放射線量測定者数と測定結果を整理したものであるが、時間の経過とともに外

表4-2　ガラスバッジによる個人積算線量測定者数

(単位：人、マイクロシーベルト、％)

測定時期	測定者数	測定期間中の個人積算線量の平均値	年間1mSv未満の割合
2013年度第1回（6～8月）	9,619	0.2mSv	76.5
第2回（9～11月）	9,361	0.2mSv	73.5
第3回（2013年12月～2014年2月）	8,652	0.19mSv	76.8
2014年度第1回（6～8月）	6,942	0.15mSv	85.1
第2回（9～11月）	7,459	0.15mSv	87.0
第3回（2014年12月～2015年2月）	6,976	0.14mSv	89.4
2015年度第1回（4～6月）	5,582	0.1mSv	94.7
第2回（7～9月）	5,952	0.11mSv	95.1

出所：南相馬市ホームページのデータより筆者作成。

部被ばくの危険は低下していることがわかる。

なお、放射線のモニタリングは、空間線量だけでなく、水道水、井戸水、学校施設、学校や保育所などの給食食品、市内産農産物、農地土壌、ため池、用水路、自家用消費食品等、多岐にわたっている。特に自家消費用の食品等については、2011年3月に市内8カ所に測定器が設置 (2013年4月から9カ所) され、市民が持ち込んだ食品の放射性物質濃度を検査するというサービスが開始され

表4-3　自家用消費の食品等放射性物質簡易検査結果

検査時期	測定件数	Cs 検出件数	基準値超件数	検査時期	測定件数	Cs 検出件数	基準値超件数
2012年3月	235	36	16	2014年4月	424	282	93
4月	562	222	132	5月	549	303	82
5月	1,019	464	226	6月	599	223	22
6月	920	262	48	7月	694	120	3
7月	1,198	296	26	8月	363	77	5
8月	693	169	18	9月	483	218	61
9月	510	225	37	10月	769	267	50
10月	1,243	674	253	11月	662	272	20
11月	1,174	593	110	12月	358	169	8
12月	531	270	52	2015年1月	72	33	2
2013年1月	160	82	16	2月	37	8	0
2月	105	38	9	3月	118	37	7
3月	165	43	4	4月	649	467	144
4月	471	295	129	5月	516	230	47
5月	685	417	152	6月	1,141	468	12
6月	675	290	32	7月	787	197	6
7月	968	305	8	8月	427	114	5
8月	486	172	7	9月	770	466	182
9月	470	302	28	10月	1,373	718	56
10月	908	606	144	11月	1,063	522	140
11月	826	468	49	12月	521	254	7
12月	438	266	29	2016年1月	174	86	8
2014年1月	127	77	10	2月	80	30	0
2月	35	21	3	3月	146	47	2
3月	83	45	7	4月	148	46	4

出所：南相馬市ホームページから筆者作成。

た。測定件数とセシウム検出件数、測定値が基準値を超えた件数を表4-3に整理した。測定件数は、春の山菜、秋のキノコの収穫時期に多くなるとともに、これらの山から採取された山菜・きのこ等の放射性物質濃度が基準値を超えて高く検出されるケースが増えている。なお、市民が持ち込む食品は多岐にわたり、こうした測定によって市民は何が危険か、安全かを判断して自己防衛することが可能になり、放射性物質との付き合い方を習得していった。

　健康不安に対しては乳幼児専用のホールボディカウンター（通称：ベビースキャン）1台と一般用のホールボディカウンター2台を市内の主要病院に設置し、希望者に対する健康診断を開始した。2011年9月の測定開始以来の月別の受診者数の推移を図4-1に、測定の結果、測定器の検出限界以上の放射性セシウムを検出した市民数を図4-2に示した。この2つの図から多くの市民がホールボディカウンターによる診察を受けるとともに、放射性セシウムが検出される市民の数が2012年以降、急激に減少していることがわかる。その要因としては、空間線量の自然減衰、除染の効果、市民による放射能汚染防止対策（安全な飲食物の摂取、外での作業の抑制、調理方法の工夫等）の浸透が考えられる。

3）除染による生活・産業の回復

　震災から半年が経過した2011年9月からは除染が開始され、学校、公共用地などの除染から始まり、個人の住宅、農地へと次第に拡大され、放射能の恐怖が徐々に取り除かれていった。南相馬市が除染を担当するのは、図4-3に示したように旧計画的避難地域、旧警戒区域を除く市内全域である。除染は生活圏（①住宅・事業用建物約2万1,000カ所、4万2,000棟、②歩道、③生活圏の森林で、2012年6月～2017年3月実施予定）、小中学校表土除去事業（2011年8月1日から2011年11月5日実施）、農業用水路1,494km（農道側溝含む2014年2月20日～2016年3月22日実施）、農地・農道（田畑4,198ha、2014年5月19日～2016年3月22日実施）を対象に実施された。このように気の遠くなるような除染作業の地道な積み重ねによって、地域で生活する上での放射能のリスクが次第に取り除かれるとともに、農林水産業生産を復旧・復興するための条件が整備されていることがわかる。

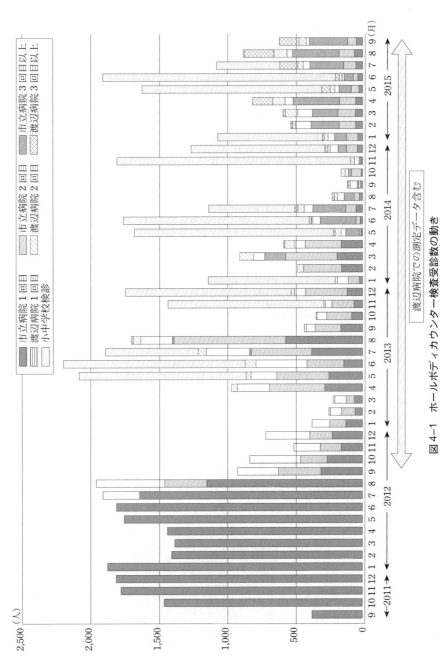

図4-1 ホールボディカウンター検査受診者数の動き

出所：南相馬市ホームページ

第4章　放射能汚染地域の復興における自助・共助・公助の連携　143

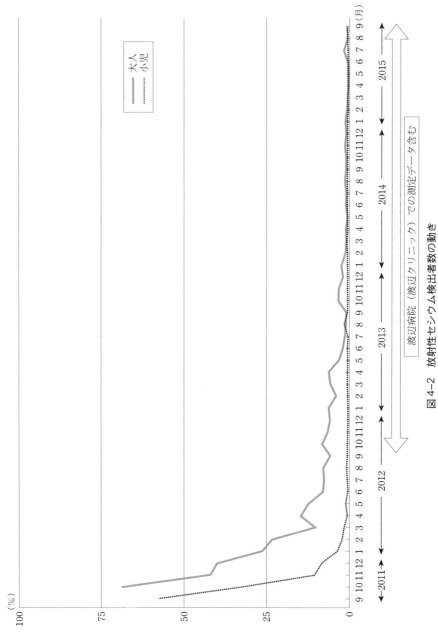

図4-2　放射性セシウム検出者数の動き

出所：南相馬市ホームページ

しかしながら、除染が行われても、福島県産農産物に対する風評は依然として収まらず、農業生産の再開に対する農家の判断は揺れ動いた。特に福島県浜通り地域の最大の水稲産地である南相馬市の水稲生産の再開は、東電からの補償金の打ち切り時期との兼ね合いで大きく混乱した。放射線量が低く、放射能汚染リスクが少なく生産を再開したい地区と、リスクが高くて再開を躊躇する地区の農家の意見は対立した。福島県は、福島県産農産物の安全性を担保して信頼回復を実現して風評被害を払拭する目的で、米の全量全袋検査を2012年産米から実施した。2012年産米の全量全袋検査は30kg袋で1,034万6,169点に対して実施された。測定結果を見ると、基準値である100ベクレル/kgを超える米が検出されたのはわずかに71点（0.0007％）であり、その後も基準値を超えて検出される米の点数は減少している。2015年産米の全量全袋検査は1,049万1,903点で100ベクレル/kgを超える米は検出されていない（表4-4）。

このように、除染、作物の放射性物質吸収抑制技術の実践によって福島県産

図4-3 国と南相馬市が担当する除染区域の区分
出所：南相馬市ホームページから引用

表 4-4　福島県における米の全量全袋検査の結果

年次	総検査点数	検査の種類	25 ベクレル/kg（測定下限値未満）	25～50 ベクレル/kg	51～75 ベクレル/kg	76～100 ベクレル/kg	100 ベクレル/kg 超	計
2012 年産米	10,346,169	スクリーニング検査	10,323,530 (99.78%)	20,317 (0.2%)	1,383 (0.01%)	72 (0.0007%)		10,345,302 (99.99%)
		詳細検査	144 (0.0014%)	40 (0.0004%)	295 (0.0029%)	317 (0.0031%)	71 (0.0007%)	867 (0.0084%)
2013 年産米	11,006,551	スクリーニング検査	10,999,155 (99.93%)	6,478 (0.06%)	224 (0.002%)	1 (0.00001%)		11,005,858 (99.99%)
		詳細検査	68 (0000065%)	6 (0.0001%)	269 (0.0024%)	322 (0.0029%)	28 (0.0003%)	693 (0.0063%)
2014 年産米	11,014,971	スクリーニング検査	11,013,018 (99.98%)	1,910 (0.02%)	11 (0.0001%)	1 (0.00001%)		11,014,940 (100%)
		詳細検査	27 (0.0003%)	0 (0%)	1 (0.00001%)	1 (0.00001%)	2 (0.00002%)	31 (0.0003%)
2015 年産米	10,498,302	スクリーニング検査	10,497,502 (99.99%)	645 (0.01%)	13 (0.0001%)	1 (0.00001%)		10,498,161 (100%)
		詳細検査	135 (0.0013%)	2 (0.00002%)	4 (0.00004%)	0 (0%)	0 (0%)	141 (0.0013%)
2016 年産米	54,166 (2016 年 8 月末から 9 月末の 1 月測定)	スクリーニング検査	54,166 (100%)	0 (0%)	0 (0%)	0 (0%)		54,166 (100%)
		詳細検査	0 (0%)	0 (0%)	0 (0%)	0 (0%)	0 (0%)	0 (0%)

出所：福島県ホームページ：https://fukumegu.org/ok/kome/ より筆者作成。

の米の安全性が担保されていることがわかる。このように、福島県全域で生産された米の安全性が確認されていく中で、南相馬市旧太田村で試験栽培した 2013 年産の米 198 検体のうち 12 検体から、基準値 100 ベクレル/kg を超える放射性セシウムが検出され大問題になった。調査の結果、東電が実施したがれき撤去の際の粉じんが南相馬市まで飛び散ったと結論づけられたが、その影響は南相馬市の米の作付け再開を遅らすことになり、農業生産の復興が停滞した。南相馬市は震災から 4 年が経過した 2014 年から旧警戒区域を除く地域での米の作付け再開を決断し、本格的な農業復興へと一歩を踏み出した。

　除染と時間の経過に伴う放射能の自然崩壊により、空間線量、土壌などに付着した放射性物質の濃度は、次第に低下していった。こうした情勢を受けて 2011 年 9 月 30 日には福島第一原発から 20～30km 圏内に指定されていた緊急

時避難準備区域の指定が解除されるとともに、避難地区であった小高区の住民に対して復興計画が説明され、帰宅へ備えた条件を整備する動きが始まった。2012年4月には警戒区域が解除、2014年4月には避難指示解除準備区域と居住制限区域での特例的な宿泊が可能となった。

3．放射能汚染地域における農林水産業の復旧・復興対策の特徴
（1）農林水産省による復旧・復興対策とその進捗状況

放射能汚染地域の農林業復旧・復興に関わる農林業政策は、次の8本柱で展開されている。

①農地・森林の効果的・効率的な除染に向けた技術開発
②農地、農業水利施設等のインフラ復旧
③除染後の農地等の保全管理（除染後から営農再開までの農地、畦畔等の保全管理）
④鳥獣被害防止対策
⑤営農再開に向けた作付け実証（放射性物質の吸収抑制技術の実証）
⑥水稲の作付け再開支援
⑦放射性物質の吸収抑制対策（カリ肥料の施用支援）
⑧新たな農業への転換（経営の大規模化や施設園芸への転換支援施策）

ここでは、農地の除染対策と、放射性物質の農畜産物への吸収抑制対策、被災農家の営農再開支援に関わる政策の特徴と課題について整理する。

（2）農地の除染と課題

農地の除染は、国直轄除染地域では土地の放射性セシウム濃度（ベクレル単位）に応じた表4-5に示した農地除染技術を適用して環境省が実施主体となる除染事業が実施された。

営農再開が同時並行で行われない国直轄地域とは異なり、すでに営農が行われているその他の地域の除染では様々な問題が発生した。筆者らも相馬市の除染現場で被災農家の営農活動を支援したが、除染の過程で以下のような問題が発生した。水田では耕土が浅く十分に深く反転できない場所がかなり存在、大

図 4-4　農地除染で大量に出る汚染土の一時貯蔵風景（農林統計協会提供写真）

表 4-5　農地の防染技術

土壌の放射性セシウム濃度 (Bq/kg)	適用する主な技術
〜5,000 まで	反転耕、移行低減栽培、表土削り取り（未耕起圃場）
5,000〜10,000	表土の削り取り、反転耕、水による土壌撹拌・除去
10,000〜25,000	表土削り取り
25,000〜	固化剤を使った表土削り取り

　型トラクタによる湿田の反転耕では耕盤が壊れ漏水が発生、転作田の表土剥ぎ取り作業は後回しにされ、除染が長期化した。さらに、畑では除染が遅れたため、農家による作物の作付けが行われ、当初予定した反転耕による除染の実施は困難を極めた。また、除染を待った農家は1年間作物を作ることができなかった。さらに、これまで不作付け、耕作放棄していた農地まで除染希望があり、予定面積を上回る除染を実施しなければならなかった。
　除染が特に困難を極めたのが、牧草地の除染である。牧草地の除染は、すべて表土剥ぎ取り方式で実施されたが、除染が遅れた牧草地では、年内の牧草収穫が困難になった。また、農家の希望に従って、剥ぎ取った牧草地に盛土をする場合としない場合があり、その後の牧草の生育に大きな差が生じた。また、

放射性セシウム吸収抑制のためのカリウム散布については、牛への影響を懸念し、散布量を減らした農家も多かった。また、指示に従ってカリウムを散布した結果、牛の健康被害を招いたと後悔した農家も現れている。しかし、最大の問題は、表土剥ぎ取りを行っても、生産した牧草から基準値を上回る放射性セシウムが検出されたことである。こうしたホットスポットが牧草地の中に点在するため、乾草生産と牛への牧草給与の難しさが増した。また、放射性セシウム吸収抑制のためのゼオライトやカリウム、そしてたい肥の散布量については、機械的に施用量が決められたため、牧草地の土壌条件によっては牛への影響が現れる懸念が農家から指摘された。なお、牧草地内におけるホットスポットの発生について、我々の測定では森林に接している牧草地では落ち葉の影響が、また雨水の通り道となる場所でも土壌の放射性セシウム濃度が上昇し、牧草に吸収されることを確認した。

　図4-5を見てもわかるように、福島第一原発のメルトダウンによって飛散した放射性物質は、福島第一原発から北西の風に乗って北上し、その後南西に向かい、雪や雨でこれらの地域に降下した。放射性物質が降下した多くの市町村は中山間地域で営農条件の厳しい地域であった。これらの地域では事故前から、農業を支える若い担い手は地域外に流出して高齢化が進み、それに伴って不作付地や耕作放棄地が増加し、農地が荒廃化していた。こうした地域では住民の強制的な避難、自主的な避難、あるいは避難しなくても農業生産の規制、風評による農産物販売への影響、地元直売所の閉鎖などが続き、農林業生産は大きな打撃を受けた。早期の営農再開には除染による農地の安全確保が不可欠とされ、住民は大きな期待を抱いた。

　しかし、除染が完了しても、除染された農地での農業生産は元のようには回復していない。すなわち、仮設住宅に避難した若い世代は除染が済んでも多くは故郷に帰還していないし、風評による農産物の価格低迷も続いている。そのため、除染した農地での農業生産を放棄する農家が増加した。筆者らが早期の営農再開を目指して農地1筆単位の放射性物質のモニタリングシステムを開発した相馬市玉野地区においても、除染後に作付けが再開された農地は震災前の6割にとどまり、耕作放棄が増加した。さらに、サルやイノシシの獣害が耕作

第 4 章　放射能汚染地域の復興における自助・共助・公助の連携　149

福島第一原発から漏れた放射能の広がり

この地図、2011 年 3 月に地表に落ちた放射性物質がそのままの状態で保存されている場所の 2011 年 12 月時点の放射線量を示しています。高さ 1m での測定です。芝生などの草地で測定される数値に相当します。アスファルト道路は、放射性物質が雨で流されたため、この地図に示した数値の 4 割程度が測られるのが普通です。一方、流された放射性物質が集積している雨どい、軒下・側溝などではこの地図より何倍も高い数値が観測されます。

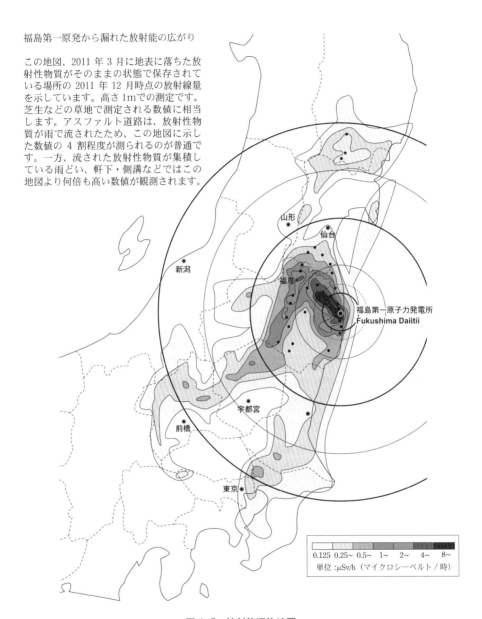

図 4-5　放射能汚染地図

出所：http://www.kananet.com/fukushima-osenmap/fukushima-osenmap1.htm より、原図は、群馬大学早川教授作成（6 版）

放棄に拍車をかけている。

　放射能汚染地域における農業の担い手が減少することは目に見えており、今後ますます耕作放棄が進行する可能性が高い。膨大な国費をかけて除染をしても、その成果は耕作放棄で泡のように消えてしまう。そうした危機感をもった筆者らは、除染を農地の基盤整備と一体で実施すべきことを提言したが、実施されることはなかった。すでに多くの被災地で農地の除染は終了してしまっており、基盤整備と除染の一体での実施という放射能汚染地域の農業を持続するための重要な手段の1つが失われてしまった。

（3）放射性物質の農畜産物への吸収抑制対策
＜食品の安全基準と消費者の不安＞

　農畜産物への放射性物質の吸収抑制技術の開発と実証は、農林水産省関係の試験研究機関を中心に、全国の大学、福島県農業総合センター、東北各地の農業試験研究機関が被災直後から総力を上げて取り組んだ研究課題であった。対策の基本は、放射性物質の検査体制の整備と農畜産物への放射性物質吸収抑制技術の開発に置かれた。検査体制確立の前提となったのが、基準値の設定である。震災当初は、放射能汚染という全く未知の災害への迅速な対応が求められるという状況下で、とにかく基準を作ることが求められ、2011年3月17日に、「原子力施設等の防災対策について」（1980年6月原子力安全委員会）中の「飲食物摂取制限に関する指標」を暫定規制値とし、これを上回る放射性物質を含有する食品の摂取を制限した。

　暫定規制値設定の基本的な考え方は、以下のとおりである。①食品からの被ばくに対する年間の介入線量レベルを5ミリシーベルト（＝5mSv/年）と設定し、これを食品カテゴリーごとに割り当てる（＝5カテゴリーごとに各々年1ミリシーベルト 1mSv/年）。次に、②日本人の平均的な食生活を前提として平均的な汚染食品の1年間の摂取量を求めて、設定した線量レベル 1mSv/年を超えないような限度値ベクレル/キログラム（Bq/kg）として算定された。その結果、飲料水、牛乳・乳製品 200Bq/kg、野菜類、穀類、肉・卵・魚・その他 500Bq/kg に設定された。しかし、その後の食品中の放射性物質のモニタリング検査の結果が続々

と明らかになるとともに、世界主要各国の基準値を分析した結果、食品摂取による内部被ばくは実際には暫定規制値よりも小さく、時間の経過とともに低減していくことが予想された。また、この暫定規制値の安全性について、不安を叫ぶ国民の声も多く寄せられた。

こうした状況を踏まえ、政府は食品の国際規格を作成しているコーデックス委員会が設定した許容できる線量を年間 1 ミリシーベルトと設定するとともに、50％の食品が放射性物質に汚染されているという前提を採用して、新たな基準値を設定し、2012 年 4 月から実施することとした。新たに設定された基準値は、以下のとおりである。

飲料水 10Bq/kg、牛乳 50Bq/kg、一般食品 100Bq/kg、乳児用食品 5Bq/kg。

確かに、新たな基準値は暫定規制値に比較してその基準は大幅に引き下げられ、安全性を担保しているように見える。しかし、これで、国民の不安が解消されることはなかった。筆者が暫定規制値、新たな基準値の安全性について、一般の人々の意識を調査した結果、暫定規制値である 500Bq/kg の基準が 100Bq/kg に下げられたことに対する評価では、確かに不安と感じる人の割合は 36％から 27％に下がっているが、それでも放射性物質に対する不安は大きく残っている。通常の放射能測定器で測定して「検出できない（ND）」になって初めて、多くの人々が安心と感じることを示している。こうした一般国民の不安を背景に、食品スーパーや飲食店などでは ND の証明書を求める動きが生まれ、福島県を中心とする東北各県、北関東の農業は大きな影響を受けた。また、福島県が実施した米の全量全袋検査に対する評価では 7 割の人が安心であると評価している。食品の安全性に関するこうした国民の評価は、正確な科学的な知識に裏付けられたものでなく、主観的な判断に基づくものであることがわれわれが実施した調査結果から裏付けられた。すなわち、放射能に関する知識が乏しい人ほど放射性物質による食品の安全性に不安を強く感じていることが明らかになった。なお、こうした消費者調査結果の詳細については、第 5 章を参照されたい。

＜放射性物質の吸収抑制技術＞

農林水産省は、土壌や水等に含まれる放射性物質を作物が吸収することを抑

制する技術を開発し、放射性セシウムが基準値を超えて含まれる農産物が生産されないような生産技術の試験を推進した。そうした試験に基づいて表4-6に整理した放射性物質の吸収抑制技術を取りまとめた。

放射性物質の吸収抑制技術の基本は、土壌中の放射性物質の濃度を下げること、土壌から作物への放射性物質の移行を抑制すること、果樹や茶などの永年作物では放射性物質が付着した葉、枝、樹皮を取り除く、もしくは洗い流すことに置かれた。また、放射性セシウムの吸収を抑制するカリウムなどの肥料を散布する、カリウムを含むたい肥や稲わらを土壌中に散布する、ゼオライトなどの吸収抑制資材を使用するといった技術である。こうした技術を作物の特性に従って適切に実施することにより、作物に移行する放射性セシウムを抑制できることが、各種の実証試験で確認されている。

筆者らも現場で、こうした放射性物質吸収抑制技術を農家が実践して一定の成果が得られていることを確認している。特に、水稲、麦、大豆、野菜などでは、有効な結果が得られ放射性物質の吸収抑制に成功しているといえよう。しかし、きのこ類では、菌床栽培などの比較的閉鎖的な栽培環境で生産する場合は効果が現れるが、原木シイタケなど生産環境のコントロールが難しい作物の場合、期待した成果を挙げることが難しい。また、リンゴ、ナシ、モモなどの

表4-6 作物、畜産物への放射性物質の移行を低減する技術

水稲	反転耕、カリウム散布、稲わらの圃場すきこみ、たい肥の利用、倒伏防止（多肥栽培を避ける、代かき除染）
麦・大豆	反転耕、カリウム散布、コンバインの刈り取り位置を高くする、マグネシウムの補給
野菜	表土、生産から出荷に至る作業工程全体における放射性セシウムの付着防止対策、深耕・反転耕、カリウム散布
きのこ	放射性物資を含まない原木・培地の使用、周辺の生産環境の除染
茶	深刈り等のせん枝・整枝の徹底、中刈りの実施、放射性セシウムを含む土・ほこり等の付着の防止、放射性物質に汚染されていない水の利用など
果樹	主幹部と主枝の上部および側部を中心に、ブドウは粗皮剥ぎや粗皮削り、ナシ、リンゴ、カキは粗皮削りを実施、モモ樹では主枝上部の樹皮を高圧洗浄処理
畜産物	牧草地の除染（反転耕、表土剥離、カリウム肥料・たい肥散布等）、プルシャンブルーの牛への給与、安全な飼料の給与（安全な飼料の外部からの調達）、牧草・飼料作物の高刈りによる汚染土付着の防止

出所：農林水産省資料

果樹では成果が現れているが、福島県特産のあんぽ柿のような乾燥して放射性物質が濃縮される果実では基準値をクリアするのに苦労している。さらに、牧草地のような地形条件が多様で、林地、水の通り道等の周辺の自然環境の影響を受ける作物の場合、除染効果が現れない場合がある。さらに乾草生産の場合は、牧草内に蓄積した放射性セシウムが乾燥によって濃度が高まり、吸収抑制技術は思い通りの効果を発揮できない場合もある。

（4）被災農家の営農再開支援に関わる政策
＜避難等の指示が出ていない地域の営農再開支援＞

避難などの指示が出ていない地域の営農再開支援は、基本的には除染、放射性物質の作物への移行抑制技術の指導、生産された農産物の放射能検査という3段階で実施されている。除染と放射性物質の作物への移行抑制技術については既に述べたので、ここでは放射性物質検査について述べる。

食品の放射性物質に対する検査は、震災後1年間（2011年3月17日～2012年3月31日）は暫定規制値に基づいて、2012年4月1日以降は新たに設定された基準値に基づいて表4-7に示した検査計画に基づいて実施された。放射性物質の検査データは、厚生労働省の委託により国立保健医療科学院が運営・管理しているホームページ（http://www.radioactivity-db.info/）で公開されている。2012年4月以降の食品カテゴリーと検査件数は、次の通りである。畜産物［101万599件］、農産物［17万2,697件］、水産物［9万3,285件］、その他［4万4,356件］、牛乳・乳児用食品［1万9,207件］、野生鳥獣肉［5,363件］、飲料水［4,323件］。暫定規制値に基づいて検査したサンプルは13万6,975件でうち暫定規制値を超えたものは1,204件であった。基準値を超える放射性物質が検出された食品について、生産地域の広がりがあると認められる場合には、出荷制限や摂取制限が実施される。

また、表4-8は、放射性セシウムの基準値100Bq/kg（ベクレル/キログラム）を超えた点数の推移を2011年から2015年にかけて整理したものである。この測定結果から、2012年以降、多くの農畜産物で基準値を超えた放射性セシウムが検出される点数はゼロになっており、放射能の自然崩壊、さらには作物への

表 4-7　食品中の放射性セシウムに関する検査結果

		青森県	岩手県	秋田県	宮城県	山形県	福島県	茨城県	栃木県	群馬県	千葉県	埼玉県	東京都	神奈川県	新潟県	山梨県	長野県	静岡県
基準値超の品目	きのこ・山菜類等	■	◎	◎	◎	◎	◎	◎	◎	◎	●	■	■	■	◎	◎	◎	◎
	野生鳥獣の肉類	■	◎	■	◎	●	◎	◎	◎	◎	●	■	■	■	◎	◎	■	■
	豆類						◎											
基準値の1/2～基準値の品目	果実類						●											
	きのこ・山菜類等	■	■	●	●	●	●	●	●	●	●	●	●	●	●	●	●	●
	野生鳥獣の肉類	■	■	■	■	●	■	■	■	■	■	■	■	■	■	■	■	■
	穀物（米）				■	●	■											
	穀物（そば）		■			●	■											
	はちみつ						●											
乳・牛肉			■		■		■		■	■								
海産魚種			◎		◎		◎	◎										
内水面魚種			◎		◎		◎	◎	◎	◎								

2014 年 4 月 1 日～2015 年 2 月 28 日までの結果に基づき分類
◎基準値を超過したもの（水産物は基準値の 1/2 超）
●基準値の 1/2 を超過したもの
■飼養管理の重要性や移動性または管理の困難性を考慮し検査が必要なもの

	◎の自治体			●の自治体（■の自治体も準じて実施）	
	＞基準値の1/2 市町村	主要産地の市町村	その他の市町村	＞基準値の1/2 市町村	その他の市町村
＞基準値	3検体以上	3検体以上	1検体以上	3検体以上	1検体以上
基準値1/2～基準値		—		3検体以上	1検体以上
牛肉		—		農家毎に3カ月に1回	
乳		—		クーラーステーション単位で1回以上/2週間	
内水面魚海産魚		週1回程度		—	

出所：厚生労働省提供資料 http://www.whlw.go.jp/shinsai_jouhou/dl/20131025-1.pdf

表 4-8　100Bq を超える放射性セシウムが検出された点数の推移

(単位：点、％)

検査年度	2011 年	12 年	13 年	14 年	15 年
【栽培/飼養管理が可能な品目群】					
野菜・いも類	167 (3.3)	((0.07)	0 (0)	0 (0)	0 (0)
果実類・種実類	73 (5.9)	15 (0.4)	0 (0)	0 (0)	0 (0)
米	9 (0.3)	84 (1.0)	28 (0.8)	0 (0)	2 (0.2)
麦類	2 (0.6)	0 (0)	0 (0)	0 (0)	0 (0)
豆類・雑穀類	18 (1.9)	39 (0.5)	59 (0.7)	2 (0.06)	3 (0.1)
肉類	261 (0.4)	7 (0.005)	0 (0)	0 (0)	0 (0)
卵類	0 (0)	0 (0)	0 (0)	0 (0)	0 (0)
原乳*	3 (0.2)	0 (0)	0 (0)	0 (0)	0 (0)
茶*	—	13 (1.7)	0 (0)	0 (0)	0 (0)
きのこ類（栽培）	298 (17.0)	240 (7.6)	0 (0)	3 (0.1)	0 (0)
山菜類等（栽培）	2 (1.7)	6 (2.1)	0 (0)	0 (0)	0 (0)
【栽培/飼養管理が困難な品目群】					
きのこ類（野生）	36 (13.0)	77 (18.0)	46 (8.5)	34 (5.3)	16 (2.4)
山菜類等（野生）	28 (23.0)	183 (13.0)	138 (5.8)	59 (2.1)	63 (2.6)
野生鳥獣肉類	373 (61.0)	495 (39.0)	417 (31.0)	349 (26.0)	166 (22.0)
水産物（海産）	744 (16.0)	830 (6.0)	192 (3.1)	50 (0.3)	0 (0)
水産物（淡水産）	161 (18.0)	240 (7.0)	109 (3.1)	50 (1.5)	14 (0.6)
はちみつ	1 (10.0)	0 (0)	0 (0)	0 (0)	0 (0)

注：1) 数値は検出点数、カッコの中の数値は検出された割合。
　　2) 原乳は、50Bq/kg、茶は 10Bq/kg
　　3) 2015 年の米の 2 点は、2014 年産米が検査されたもの。

　移行抑制技術の実践が効果を上げていることがわかる。しかし、その一方で吸収抑制技術の適用が困難な野生のきのこ、山菜、鳥獣肉、水産物などからは依然として基準値を超えるものが検出されていることがわかる。

　また、表 4-9 は、現在出荷制限を受けている都道府県別の農畜産物を整理したものである。これをみても明らかなように、野生の山菜、きのこ、獣肉、さらには海や川の水産物を中心に、点数が多い福島県だけでなく多くの都道府県で少数でも出荷制限がかかっていることがわかる。福島県を除けば栽培されている野菜などの出荷制限はほとんど無く、安全が確保されている。

表 4-9　現在、出荷制限されている品目（都道府県別）

＜福島県＞	原乳、非結球性葉菜類（ホウレンソウ、コマツナ等）、結球性葉菜類（キャベツ等）、アブラナ科の花蕾類（ブロッコリー、カリフラワー等）、原木しいたけ（露地栽培、一部施設栽培）、原木ナメコ（露地栽培）、野生のきのこ、タケノコ、ワサビ、ウド（野生）、こごみ、コシアブラ、ゼンマイ、ウワバミソウ、タラノメ（野生）、フキ（野生）、フキノトウ（野生）、ワラビ（野生）、ウメ、ユズ、クリ、キウイフルーツ、米、ヤマメ、ウグイ、ウナギ、イワナ、アユ、コイ、フナ、水産物 26 種、牛（管理外）・イノシシ・カルガモ・キジ・クマ、ノウサギ、ヤマドリの肉
＜青森県＞	キノコ類（野生）
＜岩手県＞	原木しいたけ（露地栽培）、原木クリタケ（露地栽培）、原木ナメコ（露地栽培）、野生のきのこ、タケノコ、コシアブラ、ゼンマイ、セリ（露地）、ワラビ（野生）、クロダイ、イワナ、牛（管理外）・シカ、クマ、ノウサギ、ヤマドリの肉
＜宮城県＞	原木しいたけ（露地栽培）、野生のきのこ、タケノコ、コゴミ、コシアブラ、ゼンマイ、タラノメ、クロダイ、イワナ、ヤマメ、ウグイ、牛（管理外）・イノシシ、クマの肉
＜山形県＞	クマの肉
＜茨城県＞	原木しいたけ（露地と一部施設）、タケノコ、コシアブラ、アメリカナマズ、ウナギ、イノシシの肉
＜栃木県＞	原木しいたけ（露地と一部施設）、原木クリタケ、原木ナメコ、キノコ類（野生）、タケノコ、コゴミ、コシアブラ、サンショウ、ゼンマイ、タラノメ、ワラビ、クリ、牛・イノシシ・シカの肉
＜群馬県＞	キノコ類（野生）、イワナ、ヤマメ、イノシシ・クマ・シカ・ヤマドリの肉
＜埼玉県＞	キノコ類（野生）
＜千葉県＞	原木しいたけ（露地と一部施設）、タケノコ、ギンブナ、コイ、ウナギ、イノシシの肉
＜新潟県＞	クマの肉
＜山梨県＞	キノコ類（野生）
＜長野県＞	キノコ類（野生）、コシアブラ
＜静岡県＞	キノコ類（野生）

出所：厚生労働省ホームページ：現在の出荷制限・摂取制限の指示の一覧より作成
　　　http://www.mhlw.go.jp/stf/houdou/2r9852000001a3pj-att/2r9852000001a3rg.pdf
注：1）2016 年 6 月 24 日現在の品目である。
　　2）原木シンタケやナメコでは、露地栽培だけでなく、一部地域の施設栽培も制限を受けている場合がある。
　　3）山菜や川魚などでは野生にのみ限定される。牛の肉は管理されていないものに限定される。

＜避難指示区域の営農再開支援＞

　避難指示区域の営農再開は、水利施設の復旧、農地の除染、除染後の農地の営農再開までの管理、営農再開のための放射性物質の吸収抑制技術確立のための試験栽培の実施と安全確認、鳥獣害の防止対策、被災農家が営農再開するための資材供給・技術指導などの支援対策の実施という手順で進められる。また、

露地栽培から施設園芸への転換、作物生産から資源作物（バイオマスエネルギー源となる）への転換、避難先で定住もしくは新しい仕事の確保などの理由で帰村しない農家の農地の保全と流動化による大規模農家の育成等、地域の実態に応じた多様な支援施策の展開が不可欠になる。

　図4-6は、農林水産省が整理した避難指示区域見直し後の営農再開状況である。また、福島相双復興官民合同チームが調査した営農再開に関する農家の要望は、次のように整理されている。①安全な農作物が生産できることを確認する試験栽培・実証栽培の支援、②農業用機械・施設の支援、③農産物の販路確保、④除染後農地の保全管理支援、⑤鳥獣被害対策、⑥帰還しない農家の農地の保全管理、⑦農作物の放射性物質モニタリングの継続、⑧地域営農ビジョンの作成、⑨地域営農の担い手確保支援、⑩畜産の営農再開支援、⑪避難先での営農再開支援。

　このように避難指示区域における営農再開には様々なハードルがあることがわかる。こうした状況の中、農家は、果たして地域に帰っても十分な生活環境が整備されるのか、避難した多くの住民は地域に帰ってくるのか、営農を再開しても果たして安全な農畜産物が生産できるのか、増え続けているイノシシ、サルなどの野生動物の被害が大丈夫か、基準値を下回る安全な農畜産物を生産しても風評などで売れるのか、買い叩かれないだろうか、東電からの補償がなくなって生活できるか、子供達は故郷に帰ってくるのか等、といった大きな不安を抱えている。

　こうした不安にいかに応えていくのか、関係機関に課せられた課題はあまりにも大きい。

4．自助による放射能汚染地域の農業復旧とその限界
（1）自助による農業復興の困難性

　放射能汚染地域の農業の復旧・復興において農家の自助は大きな限界に突き当たる。その第1は放射能という目に見えない敵との闘いである。放射能の見える化のためには、放射能測定器が不可欠となる。空間線量の測定には安価な測定器が市販されており、個人で購入することは可能であるが、土壌や作物の

《飯館村》
・2013年産米から実証栽培を実施
　（2013年産米は1.4ha、2014年産米は1.5ha）

《川俣町（山木屋地区）》
・2013年産米から実証栽培を実施
　（2013年産米は1.1ha、2014年産米は1.4ha）
・2013年度から、トルコギキョウの実証栽培をハウス1棟（242㎡）で開始し、26年度からは震災前に栽培を行っていた農家全戸で栽培を再開
　（栽培面積2010比で約5割）

《南相馬市》
・2013産米から実証栽培を実施
　（2013年産米は125ha、2014年産米は11ha）
・2014年産米から避難指示区域以外の地域で作付けを再開（96ha）

《浪江市》
・2014年産米から実証栽培を実施（1.0ha）

《富岡町》
・2014年産米から避難指示解除準備区域で実証災害を実施　（1.2ha）

《楢葉町》
・2013年産米から実証栽培を実施
　（2013年産米は3.4ha、2014年産米は6.3ha）

《広野町》
・2013年産米から作付けを再開
　〔2013年産米は110ha、（2010比約6割）〕
　〔2014年産米は148ha、（2010比約7割）〕

《田村市（都路地区等）》
・2013年産米から作付けを再開
　　2013年産米は181ha、（2010比約4割）
　　2014年産米は297ha、（2010比約6割）
・2014年5月から都路地区の農家が肉用牛の飼養を再開

《川内村》
・20km県外では、2013年産米から作付けを再開
　〔2013年産米は102ha、（2010比約5割）〕
　〔2014年産米は155ha、（2010比約8割）〕
・20km県外では、2013年産米から実証栽培
　（2013年産米は0.1ha、2014年産米は0.5ha）
・2013年度から、そばの作付けを本格的に再開
　（2013年度は93ha、2014年度は86ha）

凡例
■ 帰還避難区域
■ 居住制限区域
□ 避難指示解除準備区域

（2014年度は10月1日現在）

図4-6　避難指示区域見直し後の営農再開状況

出所：農林水産省：http://www.maff.go.jp/j/kanbo/saisei/zenkoku_kyogikai/pdf/3_4hukkyu_uhukkou_part4.pdf

放射性セシウムの濃度を測定するためには、Nai のシンチレーション検出器でも数百万円、ゲルマニウム型の半導体検出器では 1,500 万円以上の費用さらには維持経費もかかるため、個人で購入するには負担が大きい。また、分析センターなどでゲルマニウム半導体検出器での測定を依頼すると、当初は 1 サンプル 1 万円以上となった。それでも、必要に迫られて測定を委託した農家も多かった。次の 2 つの事例は、放射能汚染に真正面から向き合い、その測定と吸収抑制技術の開発・採用によって安全を確保して消費者の不安を払しょくして信頼を確保しようとする農家の苦闘である。

（2）自助による放射能汚染とのたたかいの事例
＜放射能測定所を自ら開設－宮城県仙台市Ａ氏＞

　農家が実施できる放射能汚染に対する自己防衛手段は、自らが耕作する農地の放射能汚染レベルを知ること、そして土壌から各作物への放射性物質の移行特性を知って吸収抑制対策を実施し、基準値を下回る作物を生産することに尽きる。しかし、こうした対応は農家個人で実施するにはあまりにも経済的な負担が大きい。しかし、こうしたことに真正面から挑戦したのが宮城県仙台市の有機栽培農家のＡ氏である。福島第一原発事故の影響は仙台市では比較的小さいと考えられていた。しかし、仙台市の山間部で有機農業を営むＡ氏が生産した農産物からは基準値を超える放射性セシウムが検出された。これまで安全を最大のセールスポイントとして 30 名の消費者に有機農産物を直接販売してきたＡ氏は、安全が確保できない農産物の取引を停止した。山林を開墾して切り開いてきた農地が放射能に汚染され、農地土壌から 5,000 ベクレル以上の放射性セシウムが検出された。土壌に蓄積した放射性物質が消滅するまで 100 年以上の時間がかかる。どのように生活を維持するか、また、どのように放射能に立ち向かうか、悩んだ末に出した結論が「農家の営農を支援できる放射性物質のモニタリング」の実践である。これまで、放射性物質の測定は高度な知識を持った専門家が行うものと考えていたが、自ら行うことを決意し、2011 年 11 月に「小さき花　市民の放射能測定室」をオープンした。

　仙台市にもより詳しい測定を依頼したが、積極的に測定してくれる動きはな

かったため、自ら測定して、自己防衛することを決意した。A 氏はなけなしの預金をはたいて Nai シンチレーション方式では最高の性能を持つ放射能検出器を購入して測定作業を開始した。頼まれれば 1 検体 3,000 円で検査を引き受けた。当時、一般では 1 検体 1 万円以上の検査料を取るのが一般的であった。こうした放射能検査から、一般に広まっている対策技術の効果に関しても様々な例外が認められることが明らかになり、土壌の条件、生産する作物の特性、栽培方法、周辺環境の特性などを総合的に判断して適切な対策を顧客に提言するという草の根の取り組みを展開している。

＜消費者の信頼確保の取り組み福島県須賀川市 B 経営＞

　次の事例は、筆者の一人である門間も参加した日本都市センター（2014）による風評調査で実施した福島県須賀川市で米や野菜等の農産物の生産流通販売を行う農業生産法人の取り組みである。同社は有機栽培に取り組むとともに、消費者との契約生産を行っている。安全に対する意識が強い消費者の契約解除を防ぐため、実験田を設け、放射性物質の稲への吸収抑制技術を検証するとともに、放射能検査機器を導入して出荷する米の放射性物質を測定して、測定数値を商品に添付するなど情報開示に努めた。それでも顧客離れを止めることは難しく、有機栽培や特別栽培米では 2010 年度対比で 2011 年度が 75％減、2012 年度が 60％減と大打撃を受けた。一方、有機栽培以外については、2010 年度対比で 2011 年度が 32％減と比較的影響は小さかった。時間の経過とともに次第に契約者数は増加しているが、完全回復は難しい状況にある。

　同社では事故直後の農産物の検査については外部検査機関へ委託して対応していたが、2011 年 7 月にベクレル測定器 1 台を導入した。同年 10 月にはさらに 1 台導入し、2 台体制として、出荷する全ての農産物について検査を実施し、安全を確認して販売を行っている。こうした取り組みの哲学と実際は、法人のホームページで次のように述べられている（http://www.j-rap.co.jp/philosophy/2011/10/post-8.html、2016 年 8 月 16 日閲覧）。

- 放射性物資による汚染実態に関する情報を開示する
- 稲作研究会の米の出荷基準は、国の暫定基準（500 ベクレル）ではなく、世界一厳しいウクライナ基準（20 ベクレル）を下回ることを自主基準とした。

これは、国の暫定基準に疑心をもった稲作研究会が、家族や子供たちを内部被曝から守り抜くために選択した指針と重なる。
- 多方面から多様な支援を受けて、独自の検査体制が確立された。
- シンチレーション式放射能測定機を2台体制とし、迅速かつ正確な検査体制の確立を目指す。他の測定機とのクロスチェック体制を確立して測定ミスの回避に努める。
- 基礎データーの精度を高めるために、田んぼ1枚ごとに検査を実施。ライスセンターにおいては玄米ロットごと、精米工場においては精米ロットごとに検査を実施。
- 出荷先に開示する検査データーは、出荷ロットごとに検査した結果をお届けする。
- 「稲作研究会の米」に関しては、第3者機関委託による「ゲルマニウム半導体検出法」でしか得られない高精度測定結果を一緒に届ける。
- その他、青果物、果物、山菜、土壌、飲料水など、積極的に分析を進め、汚染実態を見極める。

ここまでの自助努力を継続的に実施することは資金面だけでなく、労力を含めてかなりな困難を伴うであろう。それでも取り組むという原動力は、消費者に対する生産者の責任であるという強い信念である。すべての農家がこのような努力をしなければならないとすれば、原子力災害が農家に強いる負担はあまりにも大きい。原子力災害からの復旧・復興は自助の範囲を超えていると言わざるを得ない。

（3）原子力災害に対する地域レベルの自助の限界

前節で整理したように、原子力災害の影響は多方面にわたるが、住民自らができることは極めて限られている。避難地域には指定されていないが、飯舘村と隣接している相馬市玉野地区において、我々は放射能災害からの農業の復興の支援活動を震災後から継続して実施してきた。ここでは、玉野地区住民の放射能汚染からの営農再開の取り組みとその難しさの実態を紹介する。

1) 相馬市玉野地区の放射能汚染の実態

相馬市玉野地区は，相馬市最西端に所在し、4つの行政区（玉野、東玉野、霊山、副霊山）から成る地区であるが、南側を計画的避難区域に指定され全村避難した飯舘村に、西側は特定避難勧奨地点に指定された伊達市霊山町と隣接している。山間部の豊かな自然のもとに、酪農、高冷地野菜、花きなどの栽培と、山々で採取できる山菜やきのこ等の山の恵みが地域の人々の暮らしを支えてきた。しかし、玉野地区の暮らしは、2011年3月11日に発生した東京電力福島第一原子力発電所事故により一変した。図4-7から明らかなように、玉野地区の放射線量は相馬市の他の地区より群を抜いて高いことがわかる。

また、我々が2012年末に測定した農地の放射能汚染の状況は表4-10のとおりである。これを見ても明らかなように、多くの農地の放射性物質濃度は5,000Bq/kgを超えており、牧草地では1万ベクレルを超えるホットスポットが数多く認められた。こうした状況下で2011年産米から100ベクレルを超えるコメが発見され、水稲生産の持続に対する懸念は大きく高まり、2012年の水稲生産は見送られ、放射性物質の吸収抑制技術の有効性を検証するための実証田の栽培試験と反転耕・深耕による除染が実施された。一方、高冷地という土地条件を生かした玉野産の野菜や花については、その味の良さ・色や鮮度の良さ

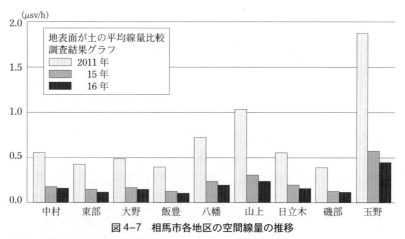

図4-7　相馬市各地区の空間線量の推移
出所：広報そうま　2016年7月号

表4-10　玉野地区の農地の放射能汚染の実態

		地上1mの空間線量（μSv/h）	農地表面の放射線量（μSv/h）	作土の厚さ（cm）	土壌放射性物質濃度	
					0〜5cm (Bq/kg)	5〜10cm (Bq/kg)
水田		0.94	0.25	21	5,008	2,726
畑		0.97	0.27	14	5,113	3,330
牧草地		1.19	0.70	7	8,715	1,001
水田	東玉野	0.83	0.25	19	4,050	3,312
	西玉野	1.01	0.26	22	5,576	2,423
畑	東玉野	0.84	0.25	17	3,540	3,304
	西玉野	1.07	0.29	13	5,754	3,696
	副霊山	0.78	0.22	14	3,879	2,107
	霊山	1.06	0.30	9	6,820	3,465
牧草地	東玉野	1.29	0.45	11	8,673	1,069
	西玉野	1.29	0.33	7	8,183	694
	副霊山	1.10	1.00	6	8,529	717
	霊山	1.30	0.38	8	10,137	2,330

出所：筆者らの調査（2012年末に実施）による

から産地の農産物直売所に多くの固定客を確保してきたが、震災以降、直売所は閉鎖せざるを得なくなった。酪農については、地区内で生産された牧草の乳牛への給与は除染が終了するまで禁止され、購入牧草（東電が費用を補償）に頼らざるを得なくなり、牧草地の荒廃が急速に進んだ。

2）玉野地区住民の放射能汚染とのたたかい

　また、高い放射線による被爆を不安視する家庭では、小中学生とその親を市内の仮設住宅に避難させており、小中学校の維持に支障が起きている。また、市内に避難した家族が玉野地区に帰る頻度が少なくなる家庭も現れており、大家族の崩壊が認められる。

　このように玉野地区は、全村避難となった飯舘村や、特定避難勧奨地点に指定された伊達市霊山町石田地区と同様に、高い放射線量と高濃度の放射性物質により土地が汚染され、日常生活、農業生産の様々な場面で深刻な問題に遭遇している。玉野地区の住民の日常生活上の不安や苦痛は、特定避難勧奨地点と

変わらないにも関わらず、東京電力からの損害賠償は受けていない。こうした事から、現在、ふくしま原発損害賠償弁護団の支援により特定避難勧奨地点の指定を受けた住民と同様の損害賠償を求めてADR（裁判外紛争解決手続）申立てを行っている。その申立ての理由は、次のように整理されている。

＜将来の健康に関する不安＞
＜従来の生活が営めなくなったことによる不安や苦痛＞
　生業を続けられなくなった／家庭菜園ができなくなった／山菜・きのこも採れなくなった／害獣被害の増加／水を安心して口にできなくなった／薪も安心して使えなくなってしまった／若年層がいなくなり、地域生活に支障が生じた／子どもや孫が遊びに来なくなった／生活における不便が生じてしまった
＜不当な差別・偏見による不安や苦痛＞
　家族の将来の結婚に対する不安／培ってきた事業上の販路が崩壊したことによる苦痛

　このような損害賠償の取り組みを進める一方で、玉野地区の住民は水田の除染、牧草地の除染の終了とともに、迅速に営農を再開した。水稲については、反転耕・深耕で水田土壌の放射性セシウム濃度を下げるとともに、稲わらの圃場還元とカリウムの散布で作物への放射性セシウムの吸収抑制を徹底した。その結果、基準値を超える米はゼロとなり、我々の測定でも大部分の米は20ベクレル以下となり、水稲生産の安全性は担保されている。一方、牧草地の除染は、表土剥離（表土を4センチ剥離して、新たに牧草種子とカリウム肥料散布で放射性セシウムの吸収抑制を実施、また希望者には客土を実施）という方法を採用して2014年の牧草生産に間に合わせるため2013年末から開始された。しかし、2014年産牧草については、一部の牧草地で生産された牧草から50ベクレルを超える放射性セシウムが検出され、給与量の制限がかけられている。また、カリ肥料の過剰給与が疑われる牛の健康被害も現れており、生産者の不安は解消されていない。

5．公助による放射能汚染地域の農業復旧・復興とその限界
（1）放射能汚染地域の復旧・復興のための公助の体系

　既に述べたように放射能汚染地域の復旧・復興のために公共機関の果たす役割は大きい。現在、国、都道府県、市町村によって実施されている対策は、次の様に整理することができる。

＜国が実施する対策＞
　①避難指示区域の設定・見直し・解除
　②原子力損害賠償支援機構の設立と紛争解決スキーム（ADR）の整備等
　③除染の推進と除染に伴う除去土壌などの中間貯蔵、指定廃棄物の最終処分
　④放射性物質の安全性を確保するための基準値の設定
　⑤関係県への出荷制限及び摂取制限指示
　⑥正確な情報の国民への提供
　⑦農産物・食品等の放射性物質検査の推進と検査結果のまとめ
　⑧放射能汚染実態の把握、放射性物質を吸収抑制するための技術開発

＜都道府県が実施する対策＞
　①汚染された農林水産物の出荷自粛・操業自粛
　②農産物・食品等の放射性物質検査の実施
　③空間線量の測定と公表
　④安全性 PR 活動（テレビコマーシャル、復興支援イベント、知事などのトップセールス等）
　⑤国との連携による放射能汚染実態の把握、放射性物質を吸収抑制するための技術開発
　⑥避難住宅の建設・管理と避難者の居住意向把握と支援

＜市町村が実施する対策＞
　①住民が持ち込む農産物・食品の放射性物質検査とその公表
　②国直轄地域以外の市町村では除染の実施
　③住民の被ばく調査の実施と健康管理
　④仮設住宅、復興住宅の建設と入居者募集
　⑤安全性 PR 活動（県などが主催する復興支援イベントへの参加、誘致企業などで

のマルシェ活動、姉妹都市でのPR活動)
⑥義援金の受付と活用
⑦各種の被災者支援活動の実施

　以上のように、放射能汚染地域の復旧・復興は、避難、賠償、除染と放射性物質の吸収抑制技術の開発、安全基準の策定と出荷制限というスキームで、国、都道府県、市町村の連携で実施されていることがわかる。以上の対策のスムーズな展開は、公的機関の良好な連携と、災害を引き起こした東京電力の責任分担によって可能となる。

　しかしながら、原子力災害が引き起こす問題の中で、住民の避難が行われていない被災地の農林水産業の復旧・復興を大きく阻害しているのは風評である。風評の克服対策については、公的機関による対策としては安全基準の策定と出荷制限が主要な対策となっているが、これだけで風評を払しょくすることは困難である。また、風評対策はその実施が義務づけられているものではなく、自主的に実施されているのが実態である。風評対策の効果を評価することは難しく、その効果に疑問を感じながら実施せざるを得ないのが現実である。

(2) 放射能被災地自治体の公助による農林水産業の復興の取り組みと課題
1) 被災地自治体の一般的な放射能対策・風評対策

　ここでは、主として強制避難が行われなかった放射能汚染地域の自治体における農林水産業の復旧・復興の取り組みについて評価する。放射能汚染問題に対する被災地の自治体の対応は、大きく次のように分けることができる。①正確な情報収集による住民の不安解消、②住民避難への対応、③住民の健康不安への対応、④放射能汚染実態の把握、⑤放射能モニタリングシステムの導入、⑥健康診断の実施、⑦食品の放射性物質検査サービスの実施、⑧公共施設・個人住宅の除染、⑨農地の除染、⑩復興支援イベントへの参加、⑪市町村産農水産物の安全性のPRなどである。

　これらの各種の放射能対策のうち、健康対策、食品の放射性物質検査、除染の3つが特に重要な対策として展開された。健康対策では、放射線による外部被ばく、放射性物質による内部被ばくに起因する健康への影響に対する住民の

不安を払しょくするために、専門家による説明会が開催された。しかし、講師となった専門家の意見が大きく異なるといった問題から、住民の不安や不信感を増幅したことも一部の地域では見られた。健康対策としては、ガラスバッジを利用した個人の累積線量の計測による健康への影響評価、専門医による診察、ホールボディカウンターなどによる被ばく量のチェックが行われた。しかし、国も含めて初めての経験であるため、対策は後手に回った感が否めない。また、地域をメッシュで区切ってメッシュごとに空間線量を毎日測定して市町村のホームページで閲覧できるサービスを多くの市町村が実施している。

　食品の放射性物質測定サービスは、食品の放射能汚染に対する住民の不安を払しょくするために 2011 年 11 月ごろから、汚染地域の市町村を中心に実施され、その後多くの市町村でも実施されるようになったサービスである。このサービスは、市町村役場の本所内・支所内に NaI シンチレーションサーベイメーターを設置して住民が持ち込んだ食品の放射性物質濃度を測定するというサービスである。このサービスの実施によって多くの食品の放射性物質濃度が測定され、住民自ら相対的に安全な食品、リスクが高い食品の識別ができるようになり、家庭菜園で作る野菜品目の選定、リスクが高い食品摂取の回避等、住民自ら危険を避ける食生活改善をすることが可能になった。

　除染については、幼稚園・保育園・学校の校庭、公民館、公園等、緊急性・公共性が高いものから順次実施され、その後に個人の住宅、そして農地などの除染が行われるようになっている。除染は、空間線量を下げて、年間被ばく線量を安全と考えられている年間 1 ミリシーベルト以下にすることを目的として実施されている。しかし、個人住宅や農地の除染の進行具合は市町村によって大きく異なり、住民の不満を拡大している。また、周辺を山林に囲まれた地域では空間線量を除染だけで下げることは難しく、顕著な効果が得られていない。また、一時的に空間線量が低下しても、再び高くなってしまった地域もあり、膨大な国費を投じた除染の効果を疑問視する声も挙がっている。

2）他の市町村、都道府県との連携
＜他の市町村との連携＞

　津波・放射能被害を受けた被災地の市町村にとって、姉妹都市などでこれまで交流・連携してきた市町村のありがたさを痛感したのが今回の東日本大震災であった。特に震災直後のまだ一般の支援物資が届かない時期に、いち早く水や食料、医薬品などを届けてくれた連携市町村の取り組みほどありがたかったものはなかった。さらに、被災した児童・生徒の学校への受入れ、住民の受入れ等、迅速な対応が行われた。さらに、福島県双葉町と埼玉県加須市のように町役場ごと引き受けてくれた市町村もある。また、いわき市と港区では、姉妹都市交流の一環として農産物・食品そして観光サービスなどに関する風評を払しょくするために、復興支援イベントを積極的に開催するなど相互に積極的な取り組みを展開している。こうした市町村連携に関しては、災害などの異常事態が発生しない場合は、文化的な交流に終始することが多く、その効果を疑問視する声もあるが、今回のような大災害の発生といった非常事態の場合には、実に機動的で有効な機能を果たすことが多くの市町村で実証されている。災害大国と呼ばれる日本の場合、重要なリスク管理の一つの手段として海外も含めた市町村連携を位置づける必要がある。援助する側、援助される側から見た、市町村連携のメリットは、次のように整理することができる。

＜援助する側＞
　①義捐金、援助物資、ボランティアなどの活動が目に見える形で組織化できるとともに、援助効果が実感・確認できる
　②自分たちが援助される側に回った時に、連携した市町村から援助されるという安心感がある
　③リスク管理の視点から多様な市町村連携を組織化することができる

＜援助される側＞
　①連携市町村からどこよりも迅速な支援が受けられる
　②一過性でなく、持続的な支援活動が期待できる
　③一方的な援助ではなく、相互援助であるため真の問題解決に貢献できる
　なお、援助された側は、次は恩返しという意味で受けた恩以上の支援を意識

するであろう。

<都道府県との連携>

　都道府県との連携では、メリット、デメリットの両方がある。筆者らの復興支援活動実践の経験から、都道府県と市町村との連携の効果と課題を整理してみたい。今回の震災復興に関して、都道府県と市町村でその活動が明確に分担されたのは、放射線・放射性物質検査である。農産物・農地に関する放射能汚染の実態把握とモニタリングは都道府県が、地域単位の空間線量、市民が持ち込む食品の検査は市町村が実施するという形で仕分けが行われている。特にゲルマニウム半導体検出器を用いた放射性物質の測定は都道府県に機器が整備され、一元的に全県から集められたサンプルの検査が実施されている。一方、市町村民が持ち込む食品の検査は市町村で実施されている。こうした放射性物質検査の実施に関する市町村と都道府県の仕分けは合理的であると評価できるが、検査結果の詳細な解析とフィードバックをどこが行うかが重要である。一般的には都道府県が中核組織となって検査結果データを一元管理して、様々な比較（地域単位、食品単位等）分析を行い、それを誰でもが理解できるようにわかりやすく整理して市民、市町村さらには国にフィードバックするのが望ましい。

　また、放射能と健康被害に関わる適切な情報の住民への提供に関しては、市町村と都道府県の連携がうまくいかなかったことは反省すべき点である。特に放射能の影響に関して、異なる見解をもった専門家、あるいは専門家を自称する人々が現地に入り、様々な情報を流し住民は混乱するとともに、公的機関が提供する情報に関しても不信感をもってしまった。また、各市町村で説明会や講演会を依頼する専門家が異なることが、こうした傾向に拍車をかけてしまった。「真の情報を公共機関は隠ぺいしているのではないか」「どうせ、また変わるだろう」「隣町の情報とうちの町の情報が違う」というような疑念や諦めを持たれてしまった。

　放射能災害という前代未聞の災害を経験した当初は、こうした混乱はやむを得なかったが、今後の戒めとして、正しい情報を偏り無く迅速に流すことがいかに重要かを肝に銘じておく必要がある。こうした情報の提供場面では、都道

府県の役割が重要である。除染に関しても、被害が特に甚大な市町村は国が直轄で行い、その他の地域では市町村にその業務が任された。その結果、除染の進み具合に関して国直轄地域とその他の地域との格差、市町村同士の格差が生まれ、住民の不安と不満を大きく高めてしまった。本来、除染活動のような膨大な費用と時間がかかる事業は、優先順位を決めて計画的に実施すべきものであり、市町村単位の取り組みに格差が出ることを避けなければならない。取り残された住民の不安と怒りは、時間の経過とともに爆発することを肝に銘ずべきである。

　また、震災復興対策、風評対策における市町村と都道府県との役割分担に関して次の課題を指摘できる。第1は、全県挙げて取り組む課題と、市町村に任すべき課題の仕分けである。その考え方の基本は、全県の市町村にとって有効な対策は都道府県が、市町村単位に柔軟な問題解決が必要な場合は市町村に任せることに置くべきである。例えば、福島県がアイドルグループ「TOKIO」を使って福島県産農産物の安全性を PR した。この対策の効果は全県に及ぶものであり、福島県が全面に出て実施する合理性が高い。また、費用面からも市町村単独で実施するのは難しい。ちなみに東京農業大学の学生 200 名にこのコマーシャル見せて、その効果をアンケート調査した結果、福島県産農産物の「安全性」「新鮮さ・美味しさ」「購入したいか」「福島農業の応援」意識について、「非常に高まった」または「やや高まった」という回答が、見る前に比べて高くなり、若者の感性に訴えることに成功している。また、農産物のサンプリング検査も、全県の農産物を扱うため、県が実施するのが合理的である。なお、福島県が実施している米の全量全袋検査は、福島県が県内の農協に委託して実施しており、その仕組みは合理的である。

　しかし、除染に関しては、市町村に任せられたため、その進捗に関して市町村間で大きな格差が発生してしまった。除染に関しては、その大きな枠組み（緊急性、平等性を総合的に評価して優先して除染を実施する地域、場所を決定）を国と都道府県が決定して県民に提示し、細部の枠組み（地域内の優先順位の決定）については市町村のリーダーシップで実施することが望ましい。

（3）消費地自治体の対応の方向と自治体間の連携

　風評に対する消費地自治体の取り組みとしては、被災地産農産物・食品の応援消費、食品の放射性物質検査の実施、被災地都道府県のアンテナショップの支援、被災地の県人会組織などの活動支援、被災地を支援する NPO などの団体活動の支援が指摘できる。被災地産農産物・食品の応援消費は、被災地を直接支援して食の安全性を PR して風評被害を克服するのに有効性を発揮する。一方、住民サービスとして実施する食品の放射性物質検査は、農産物・食品の安全性を自ら確認し、理由なき恐怖や不安を払しょくするのに有効な取り組みであると評価できる。また、こうした取り組みを実施する NPO などの活動を支援するのも有効である。

　なお、消費地自治体の多くは大都市の区市である場合が多い。こうした消費地の自治体では、今後、発生が予想されている大地震への備えが必要である。そうした大災害へ備える対策として、市町村間の連携を重要な課題として取り上げるべきであろう。特に、被災者の受入れ、医師などの派遣、一般の支援物資が届かない災害直後の支援物資の確保、農産物・食品の確保といった視点から連携すべき市町村を選択して連携活動プログラムを事前に準備しておくことが望ましい。

　例えば、東京都港区では、2005 年 3 月に「港区大規模災害被災地の支援等に関する条例」を制定している。この条例では、大規模な災害に見舞われた他の特別区及び市町村に対し支援を行うとともに、被災地で支援活動を行う区民等を援助することにより、被災地の災害応急対策及び災害復旧に資することを目的としている。支援の内容としては、①防災備蓄物資その他の物資の供与、②防災資機材等の供与又は貸与、③物資及び防災資機材等の輸送、④災害応急対策等に従事する職員の派遣、⑤見舞金の支給、⑥その他区長が特に必要と認める支援、となっている。また、港区よりも早く東京都武蔵野市では「大規模災害被災地支援に関する条例」を平成 7 年に制定している。さらに、東日本大震災をきっかけに、堺市では「大規模災害被災地等支援基金条例」を、根室市では「東日本大震災被災地等の支援に関する条例」を制定し、自治体として組織的な支援活動ができるような体制を整備している。こうした取り組みは他の市

町村にも波及し、東日本大震災のような大災害が自らに及んだ時の対策に取り組んでいる。

（4）企業による共助の役割と貢献の方向

　震災からの復興に関して企業の果たした役割と貢献を見逃すことはできない。東日本大震災からの復興に果たした企業の活動は、次のように整理することができる。①社員をボランティアとして被災地に派遣、②義捐金の提供、③企業内での復興支援活動やマルシェの開催、④被災地への企業進出、⑤企業保有技術・機器での被災地支援。

　①のボランティアへの参加は、被災地の現状をよく知り被災地を応援しようとする参加者の意識を大きく高めるため、参加後の応援消費といった活動につながる。時間がかかる災害復興活動が軌道に乗るまでの間の被災者のがれき除去、支援物資の配送等で大きな力を発揮するとともに、精神的な支援という点でも大きな効果を及ぼしている。②は公的支援ができない被災者の生活・仕事再建の直接的な救済で大きな効果を発揮する、③は積極的に風評を払しょくして、被災地で生産される農産物・食品の安全性をPRするといった局面で有効性を発揮し、復興を助けるという意義を有する。④の企業進出には様々なタイプがある。有利な補助金が活用できて工場が安価に建設できる、安価な地元の労働力が活用できるといった経済的な視点から被災地に進出する企業もある。特に放射能汚染地域では土地利用型の農業の復活が放射能問題から懸念されるため、汚染された土を使わない植物工場、水耕栽培等の導入が 復興促進のための補助金が利用できるメリットから歓迎されている。この場合、企業直営のタイプと施設を販売（被災地では市町村が補助金の受け手となって農業機械や施設を購入して農家に無料で貸し出すという方式が採用される場合が多い）して、それを農業法人や個別農家が経営するという方法が採用されている。⑤も④と類似した活動であるが、がれきの除去、除染、自然エネルギー活用に関して企業が開発した技術の導入によって被災地の復興支援を試みるものである。

　③の取組事例としては、会津若松市と誘致企業であるトヨタ自動車、昭和電工、資生堂との連携がある。これらの取り組みは、農産物・食品の風評を払しょ

くしたい市町村と、誘致企業として多くの地元出身社員を抱える状況に配慮した地域への貢献、企業としての社会貢献の内外へのPR等、相互に利害が一致している点に特徴がある（より詳細な内容については、第5章および筆者の一人である門間も参加した共同調査の報告（日本都市センター（2014））を参照されたい。

　一方、ビジネス視点からの企業の取り組み事例としては、原発事故で避難を余儀なくされた福島県双葉郡の川内村にアルミ製品加工の菊池製作所（東京都八王子市）、家具工房ニングル（北海道剣淵町）など3社が進出を決めている。投資額は4億6,000万円で、県と村の補助金で全額を賄い、雇用については村内から確保することが条件となっている。また、(株)グランパによるドーム型ハウスでの水耕栽培技術・システムの農業者への提供（福島県南相馬市）、自社生産農場の展開（岩手県・陸前高田市）などがある。また、2013年度からは農林水産省の研究支援事業である先端技術展開事業が福島県で実施されることが決定され、花き、野菜、果樹、畜産、バイオマスエネルギーに関わる最先端の技術開発とその現地での実証に関する研究が展開されている。

　また、企業ではないが、東京農業大学は、震災発生当初から被災地（相馬地方）に入り、震災からの復興支援研究を展開している。こうした活動の中で、津波被害水田復旧のために東京農業大学が開発した技術を採用して生産した米については「そうま復興米」として、放射能汚染からの安全性をゲルマニウム半導体検出器で確認し、様々なイベントで復興の成果と放射能からの安全性を積極的にPRして販売するとともに、東京農大の学食でも毎日提供してその安全性をPRしている。

（5）放射能汚染地域の農林業復興における公助の限界と対応

　放射能汚染地域の農林水産業の復旧・復興は、避難、賠償、除染と放射性物質の吸収抑制技術の開発、安全基準の策定と出荷制限というスキームで、国、都道府県、市町村の連携で実施されており、公助の役割は極めて大きい。地方公共団体が中心となりながら、国・東京電力と連携して大きな被害を被った農林業の復興を迅速に実施する必要がある。しかし、一方で公助による農林業の復興には大きな限界が存在する。

その第1は、避難した住民が帰村して農林業に従事するか否か不確定な要素が多いことである。いかに膨大な予算をつぎ込んで生活環境や農地の除染をしても、被災し避難した農家が故郷に戻ってくるか否かは不確定である。また、戻ってきたとしても風評による不安から、農業を再開できない場合がある。その場合、除染した農地が再び荒廃する恐れがある。こうした問題に対応するためには、農地を除染して元に戻すだけでなく、新たな農業創造のための生産基盤の整備が不可欠である。放射能汚染地域の多くは生産条件が悪い中山間地域であり、災害がなくても担い手の喪失により荒廃が予測される地域である。農業法人などの少数の担い手によって地域農業を支えることができるように、未来に向けて生産基盤を整備するとともに、施設型の農業の展開を考えていく必要がある。未来の地域農業を支えることができる担い手にターゲットをあてた革新的な農業創造のための取り組みを大学、NPO等の専門機関との連携で公助が仕組んでいく必要がある。

　また、住民の避難の有無にかかわらず、被災地の農林水産業の復旧・復興を大きく阻害しているのは風評であり、公助による放射性物質の安全基準の策定と出荷制限と除染だけで風評を払しょくすることは困難である。なお、風評対策はその実施が公的機関に義務づけられているものではなく、自主的に実施されているのが実態であり、市町村間の取り組みの格差は大きい。そうした中でいわき市の取り組みは革新的である。市場からの農産物の取引拒否に対するイベント販売活動は多くの市町村でも実施してきたが、その効果は一過的である。そのため、いわき市は農産物の安全性を消費者に目に見えるようにして信頼回復を目指す「いわき見える化プロジェクト」を組織化し、市内の農地、そしてそこから生産される農作物の放射性物質検査を実施し、その結果を情報開示して様々なPR活動を、市役所の部局横断のプロジェクトチーム「見せます！いわき情報局　見せる課」を開設して展開して、消費者の信頼を回復していった（いわき市の風評克服のための取り組みについては、第5章を参照されたい）。

　風評は一過的な対策で克服できるほど簡単な問題ではない。消費者の心の中に巣くっている目に見えない恐怖を取り除くための活動である。こうした活動が効果を挙げるためには、消費者の誤った理解を正しい理解に変えるための試

み、生産した農産物の安全に関わる情報を出し続ける試み、生産地・生産者と消費地・消費者との信頼を回復するための取り組みを持続して行うことが不可欠である。

　放射能汚染地域の農林業の復興にあたっては、復興の担い手となる農業経営者を確保・育成することが必要である。公助は、どうしても多くの国民、県民、住民に平等なサービスを行うことを使命とするため、特定の個人・経営者に焦点を絞ってサービスを展開することを避けてきた。しかし、放射能汚染地域の農林業の復興を支える担い手は、ごく少数に限られるであろう。こうした担い手を育成することが、地域農業の存続に不可欠であるとする考え方に転換する必要がある。そして積極的に地域農業の方向性を示し、その推進エンジンとなる担い手を育成すべきである。相馬市の津波被災地域の復興を支援した我々の経験では、農業の復興の担い手として集落営農組織よりも少数の農家で結成する農業法人の育成が有効であった。その理由は、迅速な復興の担い手として集落営農組織を結成するためには農家間の合意形成に時間がかかること、また組織を結成したとしても新たなチャレンジを決定するまでに時間がかかるとともに、全員一致で採択する対策は現状維持的なものになってしまい、現状を変革することは難しくなる。

6．共助による放射能汚染地域の農業復旧とその限界
（1）放射能汚染地域の農業復興のための共助の取り組み

　既に何度も述べているが、共助は自助・公助では対応できない課題を解決するためにその効果を発揮する。放射能災害の場面では、被ばくの恐怖におののく被災地の住民を支援する活動、放射能の安全性・危険を正しく啓蒙する活動、放射能に汚染された農地での安全な農産物の生産活動の支援、地域の社会・農業を支援するための共助が実践されている。次にこうした活動を展開している組織を紹介しながら放射能汚染地域の復興に共助がいかに重要な役割を果たしているかを見ていく。

（2）医療専門家集団の共助による放射線からの健康対策の展開

　相馬市では、立谷市長自身が医者であることから、放射線被爆に関わる市民の健康問題に自らの医師のネットワークを生かして震災当初から積極的に取り組んだ。震災の翌日から相馬市医師会チームが避難所を巡回診察するとともに、東京医科大学チーム、東京都医療救護班、全日本病院協会チーム、JMAT 日本医師会チームが次々と避難所での医療活動に従事した。その後、市内の病院業務が次第に平常に戻るとともに、避難所が閉鎖され、緊急時の医療支援活動は終息することになる。

　緊急時の医療支援から、次に問題となったのが放射線・放射性物質に対する安全対策である。この問題については、東京大学医科学研究所の上昌広特任教授を「相馬市放射能対策アドバイザー」に依頼し、組織的・体系的な啓蒙活動を展開した。上特任教授とともに、同研究所の坪倉正治医師と、市の主要メンバーから構成される「健康対策専門部会」を 2012 年 2 月に設置し、様々な活動を展開することになる。上特任教授と坪倉医師は、2011 年 5～6 月にかけて市内 12 地区で開催された「放射線と健康影響対策説明会」の講師としても参加され、原発直後の混乱期における市民の不安の解消に努めた。

　また、とりわけ力を入れて取り組まれたのが、小中学生への放射線とその被ばくに関わる正しい知識の啓蒙活動である。そのため、相馬市教育員会は「相馬市放射線教育計画」を策定し、小学生、中学生に各学年 2 時間ずつの放射線教育を義務付けた。この教育を担当したのが坪倉医師であり、教育内容は放射線の正しい理解（放射線と放射能と放射性物質、放射線の測り方、放射線の単位、放射線の半減期等、外部被ばくと内部被ばく等）、安全のための適切な判断と行動（外部被ばく・内部被ばくを減らす生活の仕方、放射線の人体の影響、除染、今回の放射線事故の影響等）である。また、この教育に対する生徒たちのアンケートがとられており、放射能、放射線に関わる正しい知識を理解していることが確認されている。

（3）NPO 法人ゆうきの里東和ふるさとづくり協議会による共助の取り組み

　ここでは、福島県二本松市東和地区（旧東和町）に拠点を置き、農業・農村の

復興支援を行う「NPO 法人ゆうきの里東和ふるさとづくり協議会 (以降、ふるさとづくり協議会と略記)」を事例に、これまでの農業活性化と東日本大震災からの復興に向けた取り組みおよびその特徴を整理する。

　ふるさとづくり協議会は、2005 年 4 月に設立された NPO 法人である (同年 10 月に NPO 法人認証)。それまで東和地域においては、東和町活性化センターの農産物展示販売運営会「つどいあい」や有機農業生産団体、桑葉生産組合、特産振興会などの農業者団体、市民団体が個々に活動を展開していた。しかし、2005 年の二本松市の誕生と旧東和町編入に伴い、農協の合併が進められた中で、東和地域の農業衰退を危惧した地域の青年農業者の呼びかけにより上述の団体が統合され、ふるさとづくり協議会が設立された。また、NPO 法人として組織化した理由については、「行政に可能な限り依存せず、故郷の里山を地域住民が協力して守りたい」というメンバーの強い想いが存在していたためである。協議会設立後の翌年 7 月には、二本松市より道の駅「ふくしま東和」の指定管理を委任され、以降、ここを拠点として里山の歴史、文化・景観の保全、地域資源循環のふるさとづくり、社会福祉活動、住民主体の地域活性化を目標に事業を展開してきた。ふるさとづくり協議会は、2013 年現在、地域の農家や非農家を含む役員 20 名、職員数 25 名 (うち常時雇用 4 名、パート 21 名)、会員数 270 名 (うち農家 170 名、非農家 100 名) で構成されている。また、当該協議会には、東和町出身者だけでなく、他産業退職後に東和町に移住し協議会職員として活躍する者、東和地域に定住し、新規就農した者など多様な人材が所属している。

　ふるさとづくり協議会の具体的な事業については、東和地域の特産品である桑、いちじく、リンゴを活用した加工品 (ジャム、桑の葉パウダー、桑リキュールなど)、漬け物などの開発、道路休憩施設内の食堂とジェラートショップにて郷土食を中心とした飲食販売、地元食材を利用したアイス・ジェラートの販売を行う「特産加工推進事業」、道の駅「ふくしま東和」の店舗にて、地域の新鮮な野菜、特産加工品、里山の資源を利用した工芸品などの直売および情報発信を行う「展示販売事業」、地域の資源循環センターを活用し、畜産農家の牛糞、もみがら、食品残渣をベースとした堆肥「げんき 1 号」の販売を行う「有機農産物販売・営農支援事業」、東京都内・近郊の小中高校、大学生の教育旅行・農家

民泊の受け入れを行うとともに、定住を希望する新規就農者の受け入れを行う「交流定住促進事業」など多様な事業を行っている。また、ふるさとづくり協議会では、NPO活動を持続的に展開するために、行政からの助成や寄付・会員の年会費に依存するだけでなく、特産加工事業、店舗販売事業、有機農産物販売事業を中心に、利用手数料を収益として確保するなど、経済活動を通じて地域住民自らが「自助」努力により活動資金の調達を行う事業型 NPO 法人といえよう。

2011年3月11日に東日本大震災により福島第一原子力発電所が爆発事故を起こし、放射性物質が拡散した。福島第一原子力発電所より約40km離れた東和地域では放射性物質による農地、農産物、河川などの汚染、風評被害が早くから懸念されていた。ふるさとづくり協議会では、震災直後の4月には生産者会議を開催し、理事長自らが会員農家に対して営農継続を呼びかけた。そして、翌5月にはそれまで実施してきた里山再生プロジェクトに加え、災害復興プログラムを立ち上げた（図4-8）。

この災害復興プログラムは、会員とその家族を対象に、①損害賠償申請の支援、②農産物の安全確認活動、③生産圃場再生活動、④農産物の販売拡大活動、⑤健康を放射線から守る活動を主たる目的として策定された。また、当該プログラムでは、震災後6～8月の3カ月間で即時に復興活動を行う「スピード」段階、9月～翌年9月の1年間をかけて基礎的な復興活動を行う「ベースメイク」段階、2011～2013年の3年間で具体的な対応策と復興計画を検討する「グランドデザイン」段階、2013年秋以降から30年先までの長期的な復興計画を検討する「ロングラン」段階の全4段階に区分し、各段階別に農地放射線量マップの作成・経過測定、会員の農産物の簡易放射性物質測定、土・水・空気の健康づくり、人・家族・地域の健康づくりの活動と、経営向上策を体系的に整理している。

さらに、災害復興プログラムの計画、実施にあたっては、民間企業からの助成基金を受けつつ、大学、研究機関など多様な主体との連携体制を構築している。プログラム内容とその成果をみると、農地放射線量マップの作成・経過測定活動では、プレマ基金からガイガーカウンターの供与を受け、いち早く農地

段階 内容	①会員の損害賠償申請の支援	②会員の農産物の安全確認活動	③会員の生産ほ場調査、再生活動	④会員の農産物の販売拡大	⑤会員と家族の健康を放射線から守る
	経営向上策	農地（土壌）放射能マップの作成・経過測定	会員の農産物の簡易放射能測定	土（水・空気）の健康づくり	人・家族・地域の健康づくり
		ひと・土・水・食べ物の測定・把握			
Ⅰスピード （即時活動） 2011年6～8月 （3カ月）	■運営面 ・節電（業務用冷蔵庫の半数使用停止） ・クールビス（28℃設定） ・営業時間短縮	●農地放射線量の測定（約1,600箇所） ・ガイガーカウンター供与〈プレマ基金〉 ・第1回放射線マップの公開			●放射性物質の影響対応 ・ワークショップの開催 ・講演会、相談会の開催
Ⅱベースメイク （基礎活動） 2011年9月 ～2012年9月	■販路面	・第2回放射線マップの公開 ・放射線量マップのデータ化 〈三井物産環境基金〉 ★福島大学、新潟大学	●農産物放射線量の測定 ・ベクレルモニターの借用 〈プレマ基金・カタログハウス〉 ・市民放射能測定所にて、測定技術の習得 ・道の駅事務所内に測定器を確保	●水源地、山林 ・生物などの調査〈三井物産環境基金〉 ★新潟大学、東京農工大学 ●資源エネルギーの取組 ・ヒマワリの種回収と搾油 〈日本競輪協会（JFK）助成事業〉	・ホールボディカウンター利用による農作業従事者の被爆状況の把握 〈三井物産環境基金〉
Ⅲグランドデザイン （全体活動） 2013年まで 3年間		●里山系列土壌調査 ・改良+地域 ・人への対策 〈三井物産環境基金〉 ★新潟大学、茨城大学、福島大学、東京農工大学、横浜国立大学、日本有機農業学会			
Ⅳロングラン （継続活動） Ⅲ段階以降 30年以上			・改善指導と勉強会 ・目標レベルの引き上げ	・測定マップに基づく対応策と指導の実施 ・モデルほ場の実現	・予防の徹底 ・チェック後の対応 ・賠償へのガイド
				・里山の再生（子孫の代まで引き継げる再生活動）	

図4-8 ゆうきの里東和ふるさとづくり協議会の災害復興プロジェクトと主な実施内容

出所：ふるさとづくり協議会2011年度総会資料および聞き取りに基づき作成
　注：図中の〈　〉は申請・利用した助成基金、★は調査・研究協力機関を示す。

（土壌）放射線量の測定を行うとともに、三井物産環境基金の助成と福島大学・新潟大学の協力を得て当該マップを作成、データ化を実現した。また、会員の農産物放射性物質濃度の測定活動では、プレマ基金、（株）カタログハウスよりベクレルモニターを借用し、放射性物質の測定技術を習得した上で、道の駅内に測定場を確保した。会員農家の農産物の放射性物質の測定活動については、東和げんき野菜の認証を受けるための新たな条件となっている。土・水・空気の健康づくり活動では、里山の水源、山林に生息する生き物の調査を東京農工大学と新潟大学が実施した。資源エネルギーの再利用の取り組みとしては、日本競輪協会の助成を受け土壌の除染効果が期待されたヒマワリを作付けし、搾油を行った。そして、人・家族・地域づくり活動では、地域を子孫に引き継ぐことが可能かを検証するために、大学の研究者の協力を得て会員農家とその家族を対象に放射線被ばくに関するワークショップや講演会を開催し、放射線被ばくに対する知識の共有化を図った。加えて、三井物産環境基金助成を活用しホールボディカウンターを利用した農作業従事会員の被爆状況を確認する活動を行っている。

　震災後早期の段階で災害復興プログラムが策定された要因については、放射性物質から地域の里山、農地、農産物、人の健康を守る対応策が早急に求められたこと、迅速性、柔軟性という特徴を有するNPO法人の強みが発揮されたことにあると推察される。

（4）大学等の専門家集団による共助の実践による放射能汚染地域の農林業復興
1）支援活動形態とその特徴

　放射能汚染地域の農林業の復興に関しては、大学組織を挙げての支援、研究者としての個人的な支援、NPO組織の活動に協力しての支援、研究者自らNPOを組織化して継続的な支援活動を展開、といったように多様である。これらの活動形態はそれぞれ次のような一長一短がある。

＜大学組織を挙げての支援＞
　大学組織を挙げての復興支援の最大のメリットは、多様な専門分野の研究者を組織化して、放射能汚染からの農林業の復興を多面的な角度から支援するこ

とができる点である。また、大学として復興支援予算を計上して支援活動を持続的に行えることも大きなメリットである。一方、問題点としては、専門家集団による復興支援全体に関わる問題であるが、研究的・学術的な興味が優先され、現場で発生している緊急問題の解決が優先されない傾向があるという点である。また、農業経営の持続的な発展を視野にいれた問題解決を目指すものが少なく、狭い技術分野だけの問題解決に終始する場合がある点である。福島県中通り地域を中心とした大学組織を挙げた支援を実践しているのは福島大学、相馬市を中心とした相馬地方での活動を展開している東京農業大学、福島県二本松市の「ゆうきの里東和」、さらには南相馬市で組織的な活動を展開している東京農工大学などがある。

＜研究者としての個人的な支援＞

　研究者としての個人的な支援は、組織を動かす必要が無いため、迅速に実行することができる。しかし、その一方で研究資金の確保、活動の継続性、個人の専門以外の問題解決ができないといった課題がある。放射能汚染が問題となった早い時期に被災地に現れデータだけをとって去っていった研究者もおり、被災者の不信感を高めた。

＜NPO組織の活動に協力しての支援＞

　NPO組織の一員として復興支援活動に参加して専門的な知識を生かす取り組みである。活動の持続性という点ではメリットを有するが、幅広い問題解決への貢献という点では限界がある。また、NPO自体の活動を市町村、地域住民が受け入れない可能性もあり、広範な成果の実現という点で限界を持つ場合がある。

＜NPO組織を形成して支援＞

　大学という大きな組織を動かすことは容易でない。また、大学内に多様な放射能問題の専門家がいることも少ない。そのため、同一、もしくは異なる大学の研究者がNPO組織を形成して、お互いの専門を生かしながら多様な問題解決に取り組むケースである。研究資金の確保がうまくいけば、有効な成果を実現できる取り組みといえる。このケースとしては、東京大学の研究者を中心とした飯舘村での活動がある。

2）大学などによる農林業復興の取組事例

　福島大学、東京農業大学による震災復興の組織的な取り組みについては、第2章で詳しく紹介したので、ここでは、東京農工大学、東京大学の研究者を中心とした NPO 組織による放射能汚染地域の農林業の復興の取り組みについて紹介する。

＜東京農工大学の取り組み＞

　東京農工大学は 2012 年度から文部科学省特別経費を受け、二本松市の「ゆうきの里東和」において農林業の復興支援研究を展開している。具体的な研究テーマは、①福島の農耕地から放射性 Cs（セシウム）を除く技術開発、②放射性 Cs の里山－農地生態系での循環実態の把握、③放射性 Cs を吸収させない栽培技術の開発、④バイオ肥料・植物保護技術の創成とその利用による安全・安心な福島ブランド再生、の 4 つである。協力連携機関は、二本松の NPO 法人「ゆうきの里東和ふるさとづくり協議会」、新潟大学、農業生物資源研究所、農業環境技術研究所、福島県農業総合センター、岩手生物工学研究センター等である。なお、研究成果は学内でタイムリーに発表されるとともに、二本松市でも地域の人々を集めた報告会が開催され、成果の普及が意識されている。成果の詳細については、http://web.tuat.ac.jp/~biof-pro/sub2.html を参照されたい。

＜認定 NPO 法人　ふくしま再生の会＞

　「ふくしま再生の会」は、東京電力福島第一原子力発電所の事故によって破壊された生活と産業の再生を目的とした非営利団体であり、「被災地域の現場において被災者と協働し、継続的な活動を行うこと」を活動の指針としている。主な活動内容は、放射線・放射能のモニタリング／除染方法の開発／農業再生のためのパイロットプロジェクト／新産業育成のためのパイロットプロジェクト／被災地域における住民の健康ケア／原発事故被害地域から世界への情報発信、に置いている。

　当該組織の活動は、2011 年 6 月 16 日に飯舘村の被災農家を訪問し、
- 今回の原発事故は人災である
- 世界の叡智を集めて原発被害地域を調査し結果を世界に公表する
- 被災した農家の農場を再生のための活動の拠点・実験場として活用する

・活動の結果得られた知見・情報は村民・行政と共有する

ことを意思統一して任意団体「ふくしま再生の会」がスタートした。その後、2012年6月に特定非営利活動法人に改組して現在に至っている。運営はボランティアによって行われ、各種のプロジェクトは、参加ボランティアから発案され、賛同するボランティアによって推進される「この指とまれ」方式で運営されている。会の運営費は、会費と寄付で賄われるとともに、三井物産環境基金による助成も受けている。

主要な活動とその成果は、次のとおりである。

- 2012年6月飯舘村佐須地区で原発事故後初めての水稲栽培を実施(以下、毎年実施)
- 大学共同利用機関法人・高エネルギー加速器研究機構提供の放射線測定器を設置
- 2012年11月飯舘村から「モニタリングセンター運営委託業務」を受託
- 村民による放射線の全村測定と測定データのマップ化事業に着手
- 2012年11月東京大学の学内職員サークル「までい」が発足、放射能測定を開始
- 2013年1月伊達市保原町に常設の活動拠点を開設
- 2013年飯舘村小宮地区で水稲栽培実験を開始(以下、毎年実施)
- 飯舘村佐須地区の実験拠点に「点滴養液栽培施設」を設置
- 2014年飯舘村佐須地区で試験栽培により収穫した米をJAそうまで検査、全袋が検出限界値を下回る
- 飯舘村産出の木材の放射能量の測定を開始
- 福島市の「再生可能エネルギー合同ビル」に入居し福島事務所とする

なお、当該NPO法人の活動の詳細については、http://www.fukushima-saisei.jp/aboutus/history/ を参照されたい。

(5) 放射能汚染地域の農林業復興における共助の限界と対応

大学、NPOさらにはボランティア組織、個人等の共助による放射能汚染地域の農林業復興の限界と限界を打ち破るための対応方向は、次のように整理で

きる。

　まず第1は、支援活動の持続性の限界である。この限界は、予算の持続性、人材の確保、そして公助との連携の持続性からもたらされる。まず、予算の持続性であるが、大学、NPOなどいずれの共助の主体も、支援活動を持続するためには研究資金、人材雇用に関わる資金がかかる。大学などの共助では、東京農業大学のように大学自体が資金を提供する場合は比較的長期の支援活動が可能になるが、多くの場合は公的機関・民間が提供する競争的資金を獲得して支援活動を展開する。この場合は3年前後の支援が中心となり、その後の活動が持続される保証はない。NPOやボランティア組織の場合も活動資金確保が大きな問題となる。

　次の課題は、復旧・復興のステージごとに次々と出現する問題に的確に対応できる人材をいかに確保するかという問題である。研究者による支援の場合、現場の問題解決よりも自分の研究の興味が優先される場合がある。その場合でも、現場で発生している問題解決につながるのであれば問題ないが、そうでない場合はプロジェクトリーダーによる指導と軌道修正が必要となる。また、復旧・復興のステージごとに現れる問題に的確に対応できる人材を確保するためには、活動組織を柔軟に組み替えることができる仕組みを構築することが不可欠である。

　支援活動の持続性に関しては、首長などの市町村のトップリーダーの交代、支援を担当する職員の人事異動による交代などによって、支援活動の持続性が左右される場合がある。特にお互いに信頼関係を構築できていない場合は、連携の持続性は大きく損なわれることになる。公助と共助がお互いに高い信頼関係を構築するためには、現場で発生している問題解決に支援活動がどれだけ貢献できるかが重要である。

　最後にこうした共助の限界を打破するためには、被災市町村自らが共助を選択できる仕組みを構築できるようにすることが重要である。具体的には、国もしくは東京電力が被災市町村に対して、農林業復興のための研究支援活動、あるいはNPO等の専門的な支援活動を委託するための資金を提供する。市町村はこうした資金の提供を受けて、具体的な支援課題や支援ニーズを農林業生産

者から提示してもらい、解決すべき課題と解決までの年次を示して大学やNPOによる共助を公募するという方式を構築すべきである。

7．むすび－多様な主体の連携による放射能汚染地域の農林業復興の方向と課題

本章では、放射能汚染地域で展開されている災害対策の実態を整理するとともに、農林業の復旧・復興に関わる取り組みの実態・特徴を整理した。さらに、放射能汚染地域の農林業の復旧の課題・取り組みとその限界を整理するとともに、限界克服のための方向について若干の問題提起を行った。

最後に以上の整理内容を自助・共助・公助の連携視点から整理し、放射能汚染地域の農林業の復旧・復興の方向を提言する。

＜個々の経営レベルで放射能汚染の実態を把握する＞

まず、放射能汚染からの農林業の復興を自助で行うには大きな限界があることを指摘しておきたい。確かに事例でも紹介したように、個人で放射能汚染の実態を把握するために放射能測定器を自費で購入して測定作業を行っている経営者もいる。しかし、こうした経済的な負担、労力負担は大きく、個人の努力の範囲を超えている。また、正式の検査機関に農産物の放射性物質検査を委託する場合の費用は高い。さらに、県などによるモニタリング検査は実施されているが、米の全量全袋検査を除けば、サンプル検査であり個々の経営の生産物の安全を保証するものではない。こうした農産物の検査に関しては、広域を対象とした検査は公的な機関による実施が基本となるが、個々の産地や農業経営の要請に従って柔軟に検査できる体制を整備することが必要である。こうした取り組みについては、NPO法人「ゆうきの里東和ふるさとづくり協議会」による放射性物質検査サービスの実施、認定NPO法人 ふくしま再生の会が飯舘村から委託されて実施している放射性物質検査サービスの実践が、個々の経営者のニーズに従った検査サービの展開方向を示しているといえよう。さらに、いわき市の見える化プロジェクトのように、市自らが放射性物質の検査サービス体制を構築して体系的な風評克服の取り組みを展開するという取り組みも先進的である。

＜公助の限界を打破して新たな農業を創造する試み＞

　放射能汚染地域の農林水産業の復旧・復興は、避難、賠償、除染と放射性物質の吸収抑制技術の開発、放射性物質の安全基準の策定と出荷制限というスキームでの公助の役割は極めて大きいが、一方で公助による復興の限界が存在する。その第1は、避難した住民が帰村して農林業に従事する担い手を確保できるか否かという問題である。こうした問題に対応するためには、農地を除染して元に戻すだけでなく、新たな農業創造のための生産基盤の整備と新たな担い手の確保が不可欠である。そのためには、未来の地域農業を支えることができる担い手にターゲットをあてた革新的な農業創造のための技術革新、経営革新、担い手支援を大学、NPO等の専門機関との連携で公助が中心となって推進する必要がある。

　また、放射能汚染地域の農林業の復興を支える担い手は、ごく少数に限られるであろう。こうした担い手を育成するためには、公助によるサービスの基本的な考え方の転換と、担い手に未来農業創造の羅針盤を提供することが重要である。そのためには大学やNPOなどの専門家と連携して革新的な技術の開発、新たな経営の支援を持続的に実施できる仕組みを構築することが必要である。そのためには、被災市町村自らが現場で発生している問題や被災農家のニーズに的確に対応できる共助を、国や東京電力さらには企業の資金提供を受けて選択できる仕組みを構築できるようにすることが求められる。

引用・参考文献

公益財団法人・日本都市センター (2014)：『自治体の風評被害対応－東日本大震災の事例－』.

第5章　放射能汚染に対する消費者行動の特徴と風評の発生実態・対応

門間　敏幸・ルハタイオパット　プウォンケオ

1．はじめに－問題意識と課題

　3.11東日本大震災は、現代人が築きあげてきた様々な知的建造物を一瞬で破壊し、近代科学の基礎となっている価値観の根底からの変更をせまるものであった。これまで幾多の災害を克服してきたわれわれ日本人であるが、だれもが経験したことがない大津波の猛威に茫然自失した。また、近代科学技術の粋を集めて構築され安全と思われていた原子力発電所が、津波の前にもろくもメルトダウンし、膨大な放射性物質を東日本の大地・人々に降らせ、いつ果てるともわからない放射能汚染との戦いを私たち現代人の大きな課題として残した。放射線・放射性物質や津波に襲われ安定した日常生活を奪われた福島の人々に私たち一人一人ができることは何かを今も問い続けている。放射能汚染がもたらす様々な問題は、われわれ研究者にこれまで経験したことがない問題を提起した。特に社会科学の側面からは、放射能汚染に伴って発生した風評に対する理解・対応が問題となった。

　本章では、まず第1に農業経済学分野における放射能汚染に伴って発生した風評に関わる研究成果の特徴を要約する。続いて風評の理解と定義を検討するとともに、風評対策の論点と風評評価の視点、放射能汚染に起因する風評発生とその持続のメカニズムについて整理する。さらに、放射能汚染や風評の産業への影響と、風評に対する被災地の対応の特徴を福島県ならびに被災した市町村の取り組みの特徴に基づいて考察する。

最後に、筆者らがこれまで実施した風評に関わる調査結果に基づき、風評防止対策の方向を整理する。なお、本章は、門間・星（2011）、門間（2013）、門間（2014）、プウォンケオ・門間（2014）、Puangkaew・門間（2015）、ならびに門間も参加した日本都市センター（2014）の調査報告を元に、総合的に加筆修正して取りまとめたものである。

2．農産物・食品の放射能汚染の消費者行動への影響評価と風評に関する研究成果

（1）風評の理解と定義

　風評の考え方を主として社会学的な視点から評価し、様々な分野の研究に大きな影響を与えた研究成果としては関谷（2003）があり、これまであいまいであった風評被害の定義を次のように明確にした。「風評被害とは、ある事件・事故・環境汚染・災害が大々的に報道されることによって、本来『安全』とされる食品・商品・土地を人々が危険視し、消費や観光をやめることによって引き起こされる経済的被害である」。また、風評被害のメカニズムの特徴を、「経済的被害の発生→人々の心理・消費行動への影響を関係者が評価して風評被害が成立→経済的被害、人々の悪評などが報道され風評被害が社会的に認知→多くの人々が忌避行動をとり風評被害が実態化」するという風評被害の発生メカニズムを整理し、その克服対策として流通業者・関係者の過剰な反応を抑制するための教育・啓蒙活動が重要であることを提案している。また、関谷（2004）は、法学的な視点から放射能汚染に対する被害賠償問題をレビューし、被害者側のリーガルサポート対策として、①人間の心理や行動の専門家と法律の専門家による生産者の被害の範囲、被害額の認定、②価格差損的手法による損害額の算定が重要であり、次に補償の原資を確保するための基金制度として、③被害業種ごとの共済制度、④加害業種ごとの強制保険制度の確立の重要性を提言している。

　風評に関する関谷の定義の有効性・操作性は非常に高く、一般的に使用する上での問題は少ない。しかし、たまたま私の研究室に所属するウクライナ出身の大学院生がチェルノブイリ事故の影響による風評被害について調査をしたと

ころ、関谷が定義するような意味の風評という言葉はウクライナでは存在せず、その実態の確認もできなかった。それでは、風評被害という現象は日本特有の現象なのかという疑問をもった。その後、たまたま海外における風評被害実態の調査に参加する機会があり、2014年3月10～16日にかけてウクライナとベラルーシで研究機関、行政組織、NPO 等で訪問調査を実施した（調査結果の詳細は、第10章を参照されたい）。

　この調査では多くの関係者にインタビュー調査を行ったが、日本の風評被害のように基準値をクリアしているにも関わらず、被災地域で生産された農産物の購入が消費者から回避される、あるいは低い価格で取引されるといった経済的な風評被害が深刻な社会問題になったという指摘はなされなかった。確かに情報の隠蔽が行われるなど、社会不安は発生したが、日本で使われている意味での風評の存在は調査では確認できなかった。その背景には、市場、学校など主要な場所に放射能測定器を整備するとともに、移動車による食品などの放射性物質の測定を実施する等、放射能に関する正しい知識の国民への普及、安全に関する基準値を上回る農産物・食品は市場に出回らない仕組みの構築による対策の展開があった。しかし、市場に出回らない農村部で自給される野菜、森の幸（きのこ、ベリー類）等に含まれる放射性物質に対する不安が依然として続いており、自らできる健康対策、食品に含まれる放射性物質を下げる調理方法に関する情報提供が現在でも求められている。

　ウクライナ社会科学研究所が 1992 年から実施している健康に関する社会心理調査によれば、ウクライナでは低線量の内部・外部被爆による健康不安は今でも強く残っており、最近は福島第一原子力発電所の事故の影響でその不安は再び高まっている。すなわち、事故後 28 年が経過した調査時点において、チェルノブイリ事故被災地域で最も深刻な問題は健康被害であるといえる。放射線の健康に対する影響に関して、研究者、関係者の見解は一致していない。特に事故後数年間にわたってソビエト連邦政府によって正しい情報の提供が行われなかったことに起因して、独立後の政府が提供する情報に対する信頼性は低い。チェルノブイリ事故の最大の風評は健康に関するものであり、ガン・白血病の発生、血管系や神経系の病気の多発など、長期間にわたる低線量被爆の影響に

対して住民は大きな不安を今でも抱いている。

こうしたチェルノブイリ原子力発電所事故で発生した社会現象を適切に評価して対策を考えるためには、風評と風評被害を次のように定義するのが望ましいと考える。「風評とは、その原因となる事故や事件がもたらす社会的・物理的・心理的影響に関する噂や風説である」「風評被害は、その原因となる事故や事件に関わる社会的・物理的・心理的影響に関する噂や風説によって、直接的な被害以外の多様な経済的被害もしくは社会的・心理的な被害をもたらすことをいう」。この定義では、マスコミ報道による影響だけに限定することなく、クチコミなどによる情報伝播の影響を考慮するとともに、直接的被害以外の経済的被害、健康への影響に関する多様な情報が飛び交うことによる心理的な不安や意欲喪失と社会・コミュニティの活力の喪失などの影響の評価を重視している。特にこれから重視すべきなのが健康に対する風評である。放射線の影響や不安が疲労感、悪夢、周期的な鬱や不快感、原因不明の倦怠感、記憶障害、広範な筋肉の痛み、関節の痛み、気分の変化などの人々の健康不安をもたらし、そうした不安がクチコミで多くの人々に広がるという形での風評問題に対応することが重要である。

（2）農産物・食品の放射能汚染の消費者行動への影響評価に関する研究成果

農産物・食品の放射能汚染の影響評価は、多面的な角度から実施されている。放射能汚染で最も深刻な被害を受けた福島県農業の復興に関して風評の克服は最重要の課題であり、福島県農業総合センター（現，東京農業大学）の半杭（2011）によって研究が実施された。半杭は、地震・津波・原発事故という複合災害が福島県にもたらした影響を農産物の流通・消費の面から論じている。方法としては、震災後の福島県産青果物の取引実態の把握と首都圏消費者500人を対象とした消費者調査が行われた。その結果、モモの場合には系統出荷率が対前年比 160%を超え、系統共販率が高まり、農協以外の販売が困難になったこと示している。また、贈答用需要の激減からモモの販売価格は 800 円/3kgと通常価格 2,460 円と比較して3分の1近くに低下したことを示している。首都圏在住の既婚女性を対象とした Web 調査では、トマト、キュウリ、モモを対象として、

「放射性物質の影響がない地域のキュウリが 150 円の場合、福島産キュウリはいくらなら購入するか」という質問様式で、他産地と無差別になる選択累積比率が 50％となる提示価格を把握した結果、通常の測定器で放射性物質が検出限界値以下の場合は 150 円、200 ベクレル/kg 以下では 70 円、500 ベクレル/kg 以下では価格がつかない、という結果を示している。

また、門間・星（2012）も半杭と同様な視点から、放射性物質の測定結果と消費者の農産物・食品に対する消費行動の関連を、震災から 8 カ月が経過した 2011 年の 12 月（第 1 次調査）と 1 年 8 カ月が経過した 2012 年の 12 月（第 2 次調査）に 2 回調査を実施した。調査は、農産物に対する 3 つの放射性物質の測定結果（検出限界値以下（ND）、500 ベクレル/kg、100 ベクレル/kg）対する消費者の安全意識を探るという形で実施した。第 1 次調査は、500 ベクレル/kg の農産物が発見された福島県会津と神奈川県小田原の農産物直売所で直売所利用者を対象として実施した。震災後 8 カ月経過時点でのこの調査では、放射能汚染やその健康被害に関する正しい情報が消費者に伝わっておらず、「わからない」という回答が 40％近くを占め、消費者の不安感が高く、暫定規制値である 500 ベクレルが 100 ベクレルに下がっても消費者の安全意識はそれほど大きく高まらないことがわかった。1 年 8 カ月が経過した第 2 次調査では、放射性物質の安全性に対する消費者の理解度が高まり「どちらとも言えない」という回答は大きく減少し、安全性に対する判断力は高まっていることがわかった。また、福島県が実施している米の全量全袋検査や ND を基準として採用することにより、消費者の安全に対する評価は大きく高まり、風評の克服が可能であることを示している。さらに、福島復興応援イベントなどに参加する復興応援者の獲得は、風評の克服に有効であることを明らかにした。

新山（2012）は、①消費者は何にリスクや不安を感じているか、②どのような情報が不足し、何に疑問を感じているか、不安や疑問に応える科学情報とはどのようなものか、を明らかにして情報提供方法として双方向の密なリスクコミュニケーションモデルを提案した。また、鬼頭（2012）は、消費者が感じている放射性物質の健康リスクの知覚と関連する情報をどこから得ているか、さらにはこうした知識と、リスクの知覚と買い控え行動の関連をインターネット

を利用した Web 調査 (2,472 名対象) を 2011 年の 5〜6 月にかけて実施した。その結果、放射性物質に対するリスクは高く評価され、その背景には蓄積性や影響の遅延性、さらには政府の措置に対する不信感が存在することを明らかにした。細野・熊谷・関崎 (2012) は、リスクコミュニケーションモデルを用いて消費者の牛肉リスク認知と放射性物質検査に対する評価を実施した。その結果、放射性物質のリスクは BSE 等と比較して高くないと認識されているが、30〜40 代では相対的にリスクを高く評価し、規制値以下、未検出でも被災地の食品・農産物に対する評価は低いことを明らかにした。半杭 (2012) も福島県の緊急時モニタリング調査や新山によって提起されたリスクコミュニケーションモデルを用いて放射性物質に対する忌避行動の特徴を分析し、検査結果の表示は有効であること、食品の規制に関する正しい情報理解が不足していること、リスクコミュニケーションによって知覚されたリスクが低下することを報告している。

　栗山 (2012) は、放射性物質が消費者の購買行動へ及ぼす影響を、マーケティング・リサーチの 1 つの手法である選択実験を用いて、関東地域と関西地域の消費者を対象に米の購入特性を分析した。その結果、東北、北関東産米を敬遠する傾向の存在、被ばく量の支払意思額は 1 マイクロシーベルト当たり 35 円であること、福島県産米はその他の米より安くなければ購入しないこと、現状の放射能検査は消費者の購買促進に有効性を発揮していないことを明らかにした。なお、遠藤 (2012) は、原発事故による放射性物質の大量飛散に対処するための食品の安全管理の必要性を体系的に整理するとともに、現在の安全管理に関する暫定規制値の決定と見直しのプロセス、さらには食品の安全管理のために採られた一連の措置の導入過程を整理している。さらに放射性セシウムで汚染された牛肉の市場への出回り、水産物の汚染の実態やメカニズムを整理し、その克服方策について論じている。以上の整理に基づいて、アクシデント・マネジメントと確率論的リスク評価導入の重要性、国民にわかりやすいリスクコミュニケーション導入の必要性を提言している。

　伊藤 (2012、a、b) は、震災後半年が経過した時点での震災が食卓に及ぼした影響と消費者意識の評価を Web アンケート (2 人以上世帯の主婦 300 人を対象) を

用いて実施した。その結果、魚料理、単品野菜料理が減少、メニューの数も減少し、冷凍食品の利用頻度がやや増加したことを明らかにした。また、野菜、果物、魚、コメについて産地を意識するようになっていること、被災地支援意識をもっている消費者の割合はほぼ50％前後であること、また6割強が放射性物質の検査情報を気にし、5割前後はメニューを決める時に考慮していること、放射性物質の考慮では年齢による差が存在すること等を明らかにした。

　風評の実態に関する農業の社会経済分野の研究蓄積は豊富であり、学術的にも注目できる成果が多い。特にリスクコミュニケーションに関して多くの成果が蓄積され、風評被害のメカニズムを規定する要因と風評被害軽減のための情報提供のあり方等が解明されている。現在、放射性物質の検査体制の整備と産地の努力、さらには時間の経過とともに風評は次第に収まる傾向にあるが、完全には払拭されていない。こうした状況を考慮した上で、消費者の放射能汚染に対する考え方の変化、放射性物質検査の評価、放射能汚染地域で生産される農産物の購入行動などを継続的にモニタリングして、その変化を把握するとともに、風評の克服に有効な情報の質、提供方法についてさらなる研究成果の蓄積が望まれる。なお、放射能汚染地域で生産された農産物の取引チャネルごとの価格形成の特徴を評価し、いわれなき買い叩きなどの実態についても明らかにして社会に積極的に発信していく必要がある。

3．風評評価の視点と風評対策の論点
(1) 風評を評価する視点

　福島第一原発の爆発事故に起因する放射性物質の広い範囲の拡散がもたらす被害の影響については、①影響範囲の広さ、②影響期間の長さ、③商品・サービスの代替可能性、④損害補償の存在、⑤強く恐れる階層の存在とその影響の強さ、という5つの視点から評価することが、その対策を考える上で重要である。以下、それぞれの視点の重要性について整理する。

1) 影響範囲の広さ

　放射性物質拡散の影響範囲は、「地理的な範囲の広さ」と「影響を受ける業種

の広さ」から評価することができる。まず、地理的な広さであるが、関東以南での影響が特に深刻であったのがお茶である。お茶の場合、生葉から茶葉に乾燥する過程で放射性セシウムが濃縮されるため、暫定規制値、基準値を上回る製品が各地で検出された。基準値（100Bq/kg）を上回る放射性セシウムが検出された茶の産地を挙げると、静岡茶、狭山茶（埼玉県）、足柄茶（神奈川県）、愛知と広範囲にわたっている。しかし、汚染した枝葉の除去、強い剪定の実施、放射性物質吸収抑制資材としてのカリウム肥料の投入により、お茶の安全性は確保されていった。

　また、福島第一原発の爆発直後に生産されていたホウレンソウ、ニラなどの露地生産の葉物野菜では、関東地方を含めた広範囲に影響がみられた。しかし、生産の回転が速いこれらの葉菜類ではその後の深耕、ゼオライトやカリウムなどの放射性セシウム吸収抑制資材の活用、ハウス管理などの対策を確実に実施することにより、その後は基準値を超える商品は出回らなくなり、消費者の購買行動も平常に戻っている。その他の野菜についても福島第一原発の爆発当初は飛散した放射性物質の影響を受けたが、その後の吸収抑制対策の実施により基準値を超える野菜はほとんど検出されなくなった。

　なお、比較的広範囲の影響がみられたのが永年牧草である。永年牧草の場合、牧草を更新する以外に除染、吸収抑制技術を導入するのが困難であり、米や野菜などの作物に比較して対策は遅れ、その影響は長引いている。また、比較的小さな子供が良く飲むという牛乳の特質、さらには牧草から牛乳に放射性セシウムが移行しやすいという特質、さらには多くの生産者の牛乳が混合されるという特質から、乳業メーカーの牛乳に対する放射性セシウムの基準値は低く設定され、生産者には厳しい対応が求められ、その影響は広い範囲に及んでいる。また、肉用牛に関しては、厳しい検査をすり抜けて基準値を超える放射性物質に汚染された牛肉が市場に出回り、消費者の不安を掻き立てたことは記憶に新しい。

　さらに、野生の山菜、きのこなども、植物の特性、山林という生育地の特性、除染や放射性物質の吸収抑制が出来ないという特性から、その影響は広範囲に及んでいる。なお、山林については、現在に至るも汚染の実態は全国規模で明

らかされていない。林（2014）の調査結果によれば、林木の内部にまで放射性セシウムが入り込み、その影響は年々深刻化していることを警告している。しかし、森林の放射能汚染の広がりは、まだ十分に解明されているとはいえない。

　影響を受ける業種の広さとその影響の内容については、本章の第4節で詳しく検討するが、影響を受ける業種については、農林水産業を中心として食品・飲料の製造業・卸売業・小売業、旅行・観光・飲食娯楽業、タクシー・運送業、その他と多様である。

2）影響期間の長さ

　これまでの農薬汚染などに比較して、放射能汚染に起因する風評は長引くことが予想される。何年続くかを断言することはできないが、福島第一原発の廃炉までに発生が予想される様々な問題に関してマスコミの報道は続くであろうし、不測の事態が発生する恐れも否定できない。さらに、半減期 30 年のセシウム 137 を考えれば、その影響は 50 年以上続くことが予想される。チェルノブイリ事故から 30 年近く経過したウクライナでは、放射性物質の濃度は、原子力発電所爆発当時の 2 分の 1 程度に減少はしているが、その影響は極端には減少していない。また、キエフの市民に対する調査結果を見ても放射性物質に対する不安は今後もしばらく続くという意見が多い（Volodymyr Ganzha (2014)）。

　風評に関する以上の状況は、福島第一原発事故に起因して発生した風評を長引かせることを予想させる。しかし、風評の影響は安全な農産物を被災地から生産・出荷し続けることで、徐々に薄れていくであろう。しかし、そのためには、基準値を超える汚染された農林水産物や加工品、その他の製品を市場に絶対に出さないことが基本的な条件となることは言うまでもない。

3）商品・サービスの代替の可能性

　もし、放射性物質に汚染された商品・サービスに対して他に代替商品が存在しないならば、当該商品・サービスの安全性が確認されていれば風評被害は相対的に長引かないであろう。

　例えば、風評被害の影響が良く指摘される福島県産の農産物に関しても、他

の産地の供給が逼迫して品不足となれば、福島県産と他産地産の農産物の市場価格差は縮小する。一方、供給が需要を上回り供給過剰になった場合は福島県産の農産物の市場価格は他産地産よりも大きく下落する。すなわち、代替財の存在と、市場供給量の大小が、風評被害の大きさを左右する。例えば、賞味期限切れの商品を偽って販売した「白い恋人」や「赤福」については、すでに売り上げを回復している。そうした結果がもたらされた背景には、問題の原因が取り除かれたことと、強いブランド力を持つこれらの商品に取って代わることができる代替商品が存在しなかったことも大きな要因として指摘できるであろう。

　商品・サービスの代替性という視点で考えた場合、被災地で生産・提供される農産物、食品、その他の製品、観光などの商品・サービスは、いずれも他産地の商品・サービスで代替が可能であるため、風評の影響が相対的に長引いているとみなすことができる。

4）損害賠償の存在

　今回の風評被害に関しては、客観的にその原因が特定されれば、東京電力から損害賠償を引き出すことができるということも風評被害を長引かせている1つの原因とみなすことができる。損害賠償があるために安く買い叩いても、被災地の生産者は賠償金がもらえるという評価が、購買者のモラル低下をもたらし買い叩きの原因になっていることが予想される。特に代替財が存在する場合には、その傾向は顕著になるであろう。また、損害賠償は全ての事業者がもらっているわけではないが、購入する側にはそうした区別をしないで一律に買い叩きを行う場合が多いと思われる。

　また、風評被害の直接の影響とは言えないが、風評被害の損害賠償をもらえる人と、もらえない人との間に被害の格差をもたらしている。特に有機農産物を生産し、個人で販売している農家や個人で農産物を直売している農家の場合、風評が原因となり売上げが減少したことを証明する書類の不備や個人で東京電力を相手どって損害賠償訴訟を起こす労力・知識の欠如、そして費用負担面から泣き寝入りせざるを得ない状況になっている。こうした損害賠償の格差が、

地域の農家のまとまりに微妙な影響をもたらしているといったことも復興を遅らせる要因として作用している。

5）放射能を強く恐れる階層の存在と、その影響力の強さ

ここでは、われわれが事故直後の 2011 年から 3 年間にわたって一般消費者を対象として福島県産農産物の購入についてどのような意識をもっているか、その変化を調査してきた結果について紹介し、放射能を強く恐れる階層の存在と、その影響力の強さについて考察する。

第 1 回の調査は福島県会津地方の農産物直売所の利用客 216 人を対象に 2011 年 12 月に調査を実施した。第 2 回の調査は、2012 年 11 月に東京の消費者 229 人を対象に、第 3 回は 2013 年 10 月に同じく東京の消費者 108 人、東京農業大学の学生 270 人を対象に、また、飯舘村で収穫された米を配布しながら 442 人の消費者を対象に調査票を配布してその場で回答してもらうという方法で実施した。調査結果の詳細は、ルハタイオパット プウォンケオ・門間敏幸ほか（2014）を参照されたい。

＜調査内容＞

2011 年：会津での調査
　①原発事故前後での農産物購入の変化
　②風評被害の認識とマスコミ報道の影響
　③農産物の安全・安心の判断基準

2012 年、2013 年：都会（東京）の消費者調査
　①福島県産農産物の購入意識
　②放射能検査の方法評価と安全意識の特徴把握

＜調査結果 1 －福島県産農産物の購入意識の変化＞

　①2011 年：会津での調査結果

これらの 3 年間の調査は全て同じ調査票を用いて実施したものでないため、時間の経過に対する人々の放射能と農産物の安全性に対する意識を正確にトレースすることはできないが、一定の意識変化の傾向を把握することはできるであろう。

震災直後に近い時期に会津地方の農産物直売所で利用客を対象にした調査では、事故当初、比較的放射能汚染から安全であるといわれた会津地方でも、放射能汚染に対する安全性の確認を農産物の第1の購入理由にあげた人が30％近くいた。また、会津産の農産物の購入を控えた消費者は10％未満であったが、福島第一原発に近い中通りや浜通り産の農産物の購入を控えた消費者が45％も存在した（表5-1）。また、70％前後の人が、会津産の農産物が風評の影響を受けていると回答している。なお、「暫定規制値を超えた農産物が発見された」というマスコミ報道後に農産物の購入を控えた消費者が48％もおり、マスコミ報道の影響の大きさを物語っている。

以上の結果から、2011年の調査は原発事故1年未満ということもあり、消費者もマスコミ報道の影響を大きく受け、放射能汚染に過剰に反応していたこと

表5-1　原発事故前後の農産物購入実態と意識の変化

(単位：％)

調査内容	回答項目	原発事故前	原発事故後
農産物購入で一番重視する事	鮮度	51.0	34.0
	放射能汚染に対する安全性	－	28.0
	地元産であること	11.0	12.0
	価格	9.0	8.0
	農薬・栽培方法の安全性	9.0	4.0
	旬や季節感	3.0	2.0
	その他	4.0	3.0
	無回答	13.0	9.0
会津産農産物の購入状況	よく購入する	89.8	88.9
	あまり購入しない	4.6	6.5
	全く購入しない	1.9	0.5
	無回答	3.7	4.1
中通り産農産物の購入状況	よく購入する	45.8	19.4
	あまり購入しない	34.3	46.8
	全く購入しない	8.3	20.4
	無回答	11.6	13.4
浜通り産農産物の購入状況	よく購入する	43.5	17.1
	あまり購入しない	35.2	42.6
	全く購入しない	10.2	26.9
	無回答	11.1	13.4

がわかる。

<2012年、2013年：都会（東京）での消費者調査結果>

　震災から1年半が経過した時点で、都会の消費者は福島県産農産物に対して「特に意識せず購入している」34％、「安ければ買う」28％、「復興支援のために買う」が21％であった。特に子供なしでは「安ければ福島産を購入する」という回答が44％と多い。放射性物質検査の徹底や米の全量全袋検査といった産地の取り組みにより「福島県産農産物は危険」とする評価は次第に薄れている。しかし、安ければ購入するという行動をとる消費者が多く存在し、風評被害はいまだに深刻であることがわかる（表5-2参照）。

　さらに、震災から2年半が経過した時点での調査結果を見ると、都会の消費者は福島県産農産物に対して「他産地と区別せず購入している」56％、「安ければ買う」が11％、「復興支援のために購入している」17％、「福島県産農産物は購入しない」7％、価格が同じならば他産地産を購入する」9％であった。他産地と区別しない、応援のために購入する人の割合は73％、福島県産農産物を敬遠するか、価格が安い等の経済的なメリットがなければ購入しない人の割合は27％と、3割近い消費者の行動には風評の影響が残っており、風評は持続していることが示唆された（表5-2）。

<調査結果2－放射性物質検査方法に関する評価>

　わが国の食品安全委員会はICRP（国際放射線防護委員会）の指針に基づき、放射性セシウム起源の放射線量（実効線量）を、1年間で5ミリシーベルト（mSv）以下とし、日本人の平均的な食事パターンに基づき「飲料水」「牛乳・乳製品」

表5-2　福島県産農産物の購入意識の変化

（単位：％）

調査項目	2012年調査	2013年調査
絶対に買わない	1	7
安ければ買う	28	11
価格が同じならば他産地を買う	16	9
復興支援のために買う	21	17
とくに福島産を意識していない	43	56

「野菜類」「穀類」「肉・卵・魚・その他」の5つのグループに食品を分けて、1年間に受ける放射線量の上限を食品グループごとに1mSvずつとし、各グループでの放射性物質濃度の上限を決定した。これが暫定規制値（旧基準値）である。しかし、これはあくまでも暫定的に設定した基準値であり、2012年4月からは被爆限度を年間1mSvとする放射性セシウムの新基準値が設定されている。新しい基準値での食品の区分は、これまでの5分類から「一般食品」「乳児用食品」「牛乳・乳製品」「飲料水」の4分類になり、数値は旧基準値に比較して厳しくなっている。また、国際機関、EUやアメリカが設定した基準値より、日本の基準値の方が厳しく低いことがわかる（表5-3）。

2011年に会津で実施した調査では、放射性セシウムの安全性に関しては暫定規制値として一般の食品・農産物では500Bq/kgが採用されていたが、当初からその値の妥当性が問題視されていた。そのため、会津の農産物直売所での調査では暫定規制値（500Bq/kg）、その後採用された基準値（100Bq/kg）、放射性物質検出器の検出限界以下のND（検出されない）という3つの基準の安全性についての評価を試みた。その結果、500Bq/kg以下、100Bq/kg以下が「安全かどうかわからない」という回答が40％前後となり、暫定規制値、基準値の数値の意味が理解されず、安全か否かを判断できないという回答が多かった。500Bq/kg以

表5-3　放射性セシウム摂取基準値

（放射性セシウム）	日本（旧基準値）	日本（新基準値）	コーデックス委員会（国際機関）	EU	米国
基準値	飲料水　　　　200 牛乳・乳製品　200 野菜類　　　　500 穀類　　　　　500 肉・卵・魚・その他 500	飲料水　　　　10 牛乳・乳製品　50 乳児用食品　　50 一般食品　　　100	幼児用以外　1,000 の食品 乳児用食品　1,000	飲料水　　　　1,000 乳製品　　　　1,000 乳児用食品　　400 その他の食品　1,250	1,200
設定の考え方	被爆限度は年間5ミリシーベルトまで	被爆限度は年間1ミリシーベルトまで。一般食品は50％、牛乳・乳製品と乳幼児用品は100％が汚染されていると仮定。	被爆限度は年間1ミリシーベルトまで。食品中10％までが汚染エリアと仮定。	被爆限度は年間1ミリシーベルトまで。食品中10％までが汚染エリアと仮定。	被爆限度は年間5mリシーベルトまで。食品中30％までが汚染エリアと仮定。

下を 100Bq/kg 以下に下げることに対する一定の評価は得られているが、それでも 4 分の 1 近くの人は「安全とは思わない」と回答しており、基準値を下げても消費者の不安は解消されないことがわかった。なお、ND になって初めて 50％ 近くの人が安全であると評価するようになった（表 5-4）。

2012 年の調査では、福島県が実施した米の全量全袋検査、100Bq/kg、不検出（ND）の安全性について調査を実施した。その結果、「とても安心」は全量全袋検査で 53％、不検出では 57％、「やや安心」を含めると 8 割近くの人がその有効性を評価していたが、100Bq/kg では「とても安心」は 33％ と低下する（表 5-5）。

2013 年の調査結果をみると、「とても安心」は全量全袋検査で 37％、不検出では 17％、100Bq 以下 13％、「やや安心」を含めると全量全袋検査で 76％、不検出では 56％、100Bq 以下では 37％ と 2012 年度もよりも低下している。その原因を探るために実施した調査では、「汚染水漏れ」により不安が高まった人が 33％、やや高まった人が 38％ 存在し、検査結果の信頼性に対する危惧をもたらしていることがわかる（表 5-5）。

表 5-4　放射性物質測定方法の評価（2011 年）

（単位：％）

基準値等	回答項目	2011 年調査
100Bq/kg 以下の基準値	安全だと思う	32
	安全だと思わない	27
	わからない	38
	無回答	3
不検出（ND）	安全だと思う	53
	安全だと思わない	19
	わからない	26
	無回答	2
500Bq/kg 以下の暫定規制値	安全だと思う	23
	安全だと思わない	36
	わからない	40
	無回答	2

表 5-5 放射性物質測定方法の評価 (2012 年、2013 年)

(単位：%)

基準値等	回答項目	2012 年調査	2013 年調査
100Bq/kg 以下の基準値	とても安全	33	13
	やや安全	38	24
	どちらでもない	14	46
	やや不安	9	13
	とても不安	1	3
	無回答	5	1
不検出 (ND)	とても安全	57	17
	やや安全	31	39
	どちらでもない	6	20
	やや不安	3	19
	とても不安	0	4
	無回答	3	1
米の全量全袋検査	とても安全	53	37
	やや安全	33	39
	どちらでもない	6	15
	やや不安	3	7
	とても不安	1	2
	無回答	4	0

＜放射性物質に対する恐れの本質＞

　筆者等は潜在的に福島県産農産物の安全・安心について疑問を感じている人々がいると考え、福島県の特産であるモモ等の果実を親しい人に贈答することができるか否かを 2013 年に調査した。その結果、「できる」という回答が 40％、「できない」が 26％、「わからない」33％となり、多くの人々が贈答にはためらいを感じていることがわかった。また、こうした恐れは検査体制が確立して汚染された農産物・食品が市場に出回らなくなれば収束するかという質問に対しては、「収束する」28％、「収束しない」33％、「わからない」37％となり、検査体制の確立だけでは安心の確保には限界があることが示唆された。また、汚染直後の放射性物質に対する恐れを 100 とした場合の 2013 年末現在の恐れは 50％以上と回答した人が 6 割近く存在しており、放射性物質に対する不安は 3 年近く経過しても解消されていないことがわかる。

また、「放射能・放射線・放射性物質の意味の区別」「ベクレル・シーベルトの意味の理解」「ヨウ素、セシウム、ストロンチウムなどの半減期」を正確に理解している人は全体の10～15％程度であり、放射能に関して知識がない、曖昧な知識しかない人々が多い。こうした放射能に関する知識レベルの違いが、農産物検査の安全性の評価にどのような違いをもたらしているかを評価した。その結果、放射能に関する知識レベルが低い人ほど、検査結果の安全性に関して「わからない」の回答が多くなり、「とても安心」と評価する人の割合が大きく低下する（図5-1）。この結果は、正しい知識に基づかないで感情的・感覚的に放射能を恐れる人が多く、風評がなかなか収束しない要因になっていることを示している。

　以上の結果からわかるように、人々の放射能に対する恐れはあいまいな知識に基づく感覚的な要因が中心となり、時間の経過と共にわずかではあるが解消されつつあるが払拭されるまでには至っていない。

　また、一般的に報道などがなくなり、時間の経過とともに風評は収束するという考え方がある。しかし、忘れかけていた震災直後の恐怖が汚染水漏れのような事件とそのマスコミ報道によって再び呼び覚まされ、再認識するというパターンをとっているため、放射能汚染に対する恐怖は収束せず、放射能及び放

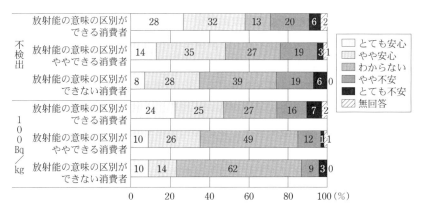

図5-1　放射能に関する知識の違いが検査結果の安全性評価の差異に及ぼす影響

射能のリスクに対するあいまいな人々の知識が風評の収束を妨げているともいえよう。

（2）放射能汚染に起因する風評発生とその持続のメカニズム

　これまでの整理と分析結果から、放射能汚染に起因する風評発生とその持続のメカニズムは、次のように整理することができる。
　①風評の原因：福島第一原発から放出された放射性物質とその拡散に関するマスコミ報道と消費者による生活防衛行動（放射性物質汚染が懸念される商品・サービスの買い控え）
　②政府・汚染地域の安全確保の取り組み：放射性物質の暫定規制値、基準値の設定と放射能測定情報の提供（安全性の担保行動）
　③不確定かつ難解な情報の流通：専門家によって異なる意見や理解が難しい情報の流布（情報の信頼性に関する国民の疑惑や正しい知識の理解不足）
　④放射性物質の測定と安全が確認された商品流通後の問題の発生：福島県産農産物安全宣言の後での基準値をオーバーする農産物の発見（検査情報に対する信頼喪失）
　⑤基準値を超える農林水産物の発見情報：安全確保への不安（不安の継続）
　⑥東京電力の汚染水問題に関する連日の報道：原子力発電所事故当時の恐怖の記憶が蘇り、安全へのさらなる不安（新たな不安）
　⑦廃炉が進まないことによる不安の持続

　以上のような福島第一原発事故発生以降の様々な事象の発生による放射性物質の拡散に対する不安と恐れが、農林水産物・食品、さらには放射性物質に汚染されたと思われる物品の購入を消費者、企業などが控える、さらには放射能汚染の危険が心配される地域に足を踏み入れることを忌避する行動による経済的な被害をもたらしている。すなわち、＜放射性物質の拡散→そうした事象のマスコミによる情報伝達→消費者・企業の生活防衛行動→政府による安全担保の試み→安全に関する情報の混乱→さらなる不安と生活防衛＞という不安行動の連鎖が放射能被害もしくは風評被害と呼ばれる事象を生み出している。

4．風評の産業・観光への影響の実態
（1）風評被害の類型化

次に風評被害の実態を　消費者・企業の買い控えという視点から概観する。まず、風評被害の様相の類型化を試みる。こうした類型化は様々な角度から行うことができるが、まず、直接的な被害と間接的な被害で分類することが有効である。表5-6は直接的な被害と間接的な被害を整理したものである。これを見ると、消費者の買い控えの影響は、製品・サービスの生産、コスト、販売という3つの側面から評価することができる。製品・サービスの生産では需要減少に対応するための生産調整・削減がある。また、サービス業では顧客の減少に起因するサービス販売の減少がある。こうした生産・サービスの減少は、放射能の影響が無い、もしくは少ない部門への事業展開、売上減少をカバーするための新たな事業展開といった間接的な影響をもたらす。さらに、放射能に対する不安に起因する従業員の確保難、あるいは生産・サービスの減少による従業員の解雇、土地・生産施設等の生産手段の遊休化といった問題を生み出す。

コスト面では、家畜のエサや木材等の放射能汚染の心配がある原材料利用の制限・自粛、ゼオライトやカリウムといった放射性物質吸収抑制資材需要の急増による価格高騰、放射能検査などによる費用増大が直接的な影響として指摘できる。間接的な被害としては、原材料の転換に伴うコストの増加、安全性確

表5-6　風評被害の類型化

被害領域	直接的な被害	間接的な被害
製品・サービスの生産	生産制限	事業転換
	生産量の減少	従業員確保難
		従業員解雇
		生産施設の遊休化
コスト面	放射能検査費用	原材料転換コスト
	原材料確保難	除染費用
	原材料価格の高騰	従業員の休業補償
販売面	販売量減少	安全PRコスト
	販売価格の低下	販売先減少
		厳しい自主検査

保のための除染費用の負担、従業員の休業補償等の費用増大が問題となる。

販売面では、販売量の減少、販売価格の低下が問題となる。特に福島県産農産物に関して、安全基準をクリアしているにも関わらず、販売業者から福島県産の販売が難しいことを理由に価格を下げることを求められる場合がある。また、農産物の卸売市場においても福島県産農産物の市場価格が低く抑えられるという事態が発生している。間接的な被害としては、安全性をPRするためのイベントの開催、様々なPRコストの発生、厳しい放射性物質の自主検査に関わる費用の発生がある。

(2) 風評被害の実態
1) 風評被害の諸相

ここでは風評被害の実態を、各産業別に概観する。各産業への影響については東京電力への賠償請求の視点から様々な調査が行われている。そこで、東京電力福島第一原子力発電所事故対策みやぎ県民会議・宮城県環境生活部宮城県(2012)が実施した各産業部門への風評被害実態調査から、風評被害実態の広がりを整理する。表5-7は先の風評被害実態調査に基づいて、その影響を直接的および間接的な影響に分類して整理したものである。

これらの整理を見ると、売り上げの減少に関わる様々な直接的被害があることがわかる。また、風評被害の影響は、農林水産業だけでなく、製造・販売・小売り、流通・サービス業、その他と多様な業種にまたがっている。さらに、間接的な被害について見ると、労働者の配置転換、事業の転換、資材の変更等、多様な防衛対策を企業は採用している。以下、その内容について産業別に考察する。

2) 農林水産業の風評被害

今回の東日本大震災における放射能汚染問題で最も大きな影響を受けたのが農林水産業である。その被害の範囲を、文部科学省が2011年10月に公表した放射能汚染マップで見ると、福島県を中心に宮城県、岩手県、栃木県、茨城県、群馬県、千葉県、埼玉県などに広がっている。また、お茶などへの放射性セシ

表5-7　産業部門別に見た風評被害の実態

業種	直接的な被害	間接的な被害
農林水産業	売上減少、放射性物質検査費用、出荷制限	作業員の配置転換
	取引減少、注文減少、カタログから削除	事業の転換
	出荷先の厳しい放射性物質検査基準	資材の値上がり
	キャンセル、価格低下、体験学習のキャンセル	独自の除染対策
食品・飲料製造	販売量の減少、放射性物質検査費用	原料確保先の変更
	取引停止、海外輸出の減少	高価な原材料の調達
		観光バスツアーの減少
食品・飲料卸売	被災地からの製品入荷量の減少、取扱い価格の低下	農家の生産意欲低下（商品確保難）
	市場からの厳しい放射性物質検査の要請	被災地産製品の扱い忌避・自粛要請
	東北・関東産農産物の売り上げ減少・価格低迷	
	商品が売れない	
小売業	観光客減少で観光土産が売れない	商品の品揃え困難
	放射能検査の要請	地元産品の減少
旅行・観光業・飲食	旅行客・利用客の減少、観光・娯楽施設利用者の減少	地元食材の確保難
	体験ツアー・教育旅行の減少、駐車料金の減少	海外出身従業員の帰国
	宿泊客のキャンセル,サービスエリア利用客の減少	サービス価格の低下
タクシー・運送業	観光客の減少,貸切バスのキャンセル	サービス価格の低下
	農業関連資材の運送料減少, 農産物の運送料の減少	従業員・車両の遊休化
その他	スポーツウエアの売り上げ減少	
	プール用消毒薬剤の売り上げ減少	
	印刷資材の売り上げ減少（インキ、ダンボール）	
	まき・木材・チップ・バーク堆肥等の売り上げ減少	
	自動車、タイヤ等の放射能検査（製造業）	
	海外からの技能実習生の帰国（農業・中小企業）	
	海外からの留学生の帰国と確保難（教育関係）	
	受け入れ困難な廃棄物の発生	

出所：東京電力福島第一原子力発電所事故対策みやぎ県民会議・宮城県環境生活部（2012）に基づき筆者作成。

ウムの検出状況から、神奈川県、静岡県、愛知県といった広大な地域に汚染が及んだことがわかる。

　とりわけ福島第一原発が立地する福島県では、多くの住民が避難するとともに、立ち入り禁止区域に指定された市町村もあり、農林業生産が大きく制約された。また、水産業についても安全が確保された魚種だけの試験操業が認めら

れているが、本格的な再開に向けてのめどは立っていない。

　このような震災による実害だけでなく、農林水産業生産者を悩ませているのが風評である。作って安全を確認しても売れない、売れても価格が低い、賠償金を理由に値下げを要求される、自分が作った農産物を家族が食べない、いつ収束するかわからない状況で生産する意欲がわかない、サル・イノシシ被害で農地が荒れて生産できない、といった深刻な問題の出口は現在も見えていない。

　その実態を見ると、検査して安全を確認したにも関わらず農産物が売れない、取引価格・市場価格が他産地よりも低いといった直接的な被害が深刻化している。また、農林水産物の放射性物質検査に係る費用負担、さらには通常の検査よりも厳しい検査を求められることによる人的・費用負担も大きい。福島県では、2012年産米から米の全量全袋検査を実施している。毎年30kg袋で1,100万袋という膨大な数を検査しており、その労力と費用は想像を絶するものである。米以外にも果樹・野菜・畜産物・水産物・林産物などの農林水産物のサンプル検査を実施している。これらの検査にかかる検査機器の購入負担は国が行っているが、測定に関わる労働力については福島県の職員、JA職員が多く動員されている。この費用を国や東京電力が負担したとしても、職員が本来の業務に専念できずに放射性物質検査に従事することの損失ははかりしれない。なお、福島県におけるモニタリング検査は、農林水産物だけにとどまらず、生活空間、土壌・汚泥、食品などについても実施しており、放射能汚染の影響は住民の生活・産業、そして環境等あらゆる場面で発生している。

　さらには安全意識が高い消費者との契約栽培で経営を展開してきた有機農産物の生産農家の場合は、契約の解除が続出するとともに、個別相対取引であるため被害額の客観的な把握が困難で賠償金をもらえない農家も多い。直売など個人販売を行ってきた農家の場合も売り上げが減少しても、それを証明する書類が不備で賠償金がもらえない事例が多い。その他にも、ギフトなどのカタログから除外された、取引契約を解除されたといった被害も見られる。

　間接的な被害としては、生産する品目の転換、より厳しい除染による費用増加、エサ・生産資材の値上がり、新たな放射性物質吸収抑制資材の利用による費用負担の増大などがある。また、海外からの研修生の労働力に頼ってきた経

営では、研修生の帰国によって労働不足に陥り、経営規模の縮小などの緊急対応を余儀なくされた。

3）食品・その他製造業、卸・小売業の風評被害

食品・その他製造業の直接被害については、地元産の原材料を使うことに対する不安、製造過程での放射能汚染への心配などから売り上げが減少する事態が発生している。また、製造した商品に対する放射性物質検査の実施で費用負担が増加するとともに、取引停止・海外への輸出のストップといった事態も発生している。卸・小売業の場合は、放射能汚染地域からの商品の入荷のストップや減少、商品自体の販売量の減少、価格の低下といった問題が発生し、売上は量・金額ともに減少している。間接的な被害では、農産物に関して言えば放射能汚染地域での生産の自主規制や生産者の意欲低下による商品の品揃えの減少、被災地の商品の購入忌避と販売の自粛といった影響が認められる。

4）旅行・観光業・レジャー関連産業の風評被害

風評被害の影響が多様な影響を及ぼしているのが観光に関わる産業分野である。宿泊を伴う観光の場合、旅館・ホテルなどの宿泊客の減少、キャンセルが直接的な被害となるが、それに関わる食材・土産などを提供する企業の売り上げ減少、宿泊客へのベッドサービス等のサービスの減少といった被害が認められる。また、観光に関わるバス、タクシー、駐車場などのサービス利用者の減少といった直接的な影響が指摘されている。間接的な影響としては、外国人スタッフの帰国、地元土産の品ぞろえ低下といった問題が指摘できる。福島県における観光への影響を見ると、震災直後に大きな落ち込みがあったが、その後の工事関係者の宿泊、避難した被災地住民の受け入れなどにより、宿泊人数の減少は比較的少ない。しかし、観光関連の土産店などの売り上げは回復していない。図5-2は震災前後の福島県内の観光客入込数の推移を示したものである。震災が発生した2011年は2010年の観光客数の61.6％に減少している。その後、2013年までは回復傾向がみられたが、2014年は再び減少しており、2010年の82％にとどまっている。

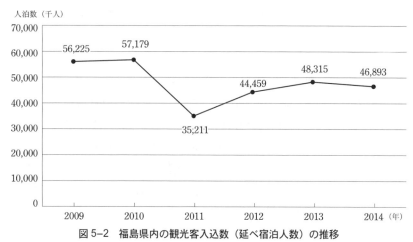

図 5-2 福島県内の観光客入込数（延べ宿泊人数）の推移
出所：ふくしま復興ステーションポータルサイト（平成 28 年 9 月 26 日閲覧）

風評の影響を最も大きく受けているのは、教育旅行、修学旅行、クラブの合宿などのキャンセルである。教育旅行の受け入れは福島県の場合、会津地域が中心であり、福島県内からの受け入れについては福島県が補助金を出して支援したことと、会津が安全であることを福島県民はよく理解しているため、その影響は比較的短期間で終結した。しかし、県外からの教育旅行者は大きく減少しており、全体として大きく落ち込んでいる（図 5-3）。その後、一定の回復は見られるものの、震災前の水準には達しておらず、会津若松市は教育旅行の誘致回復に向け、安全に関する正確な情報発信や学校等の個別訪問、キャラバン活動、学習効果の高い既存メニューの PR および学校側のニーズに沿った新たなメニューの企画・検討などの対策を現在も展開している。

また、福島県を訪れる外国人旅行者の数も震災前の 8.7 万人から 2011 年度 2.4 万人、2012 年度 2.9 万人、2013 年度 3.0 万人と回復していない。

5）その他の産業への影響

その他の産業への影響は、意外なものがあって興味深い。スポーツウェアの売上減少、プール消毒薬剤の売り上げ減少があるが、子供・児童・学生を中心

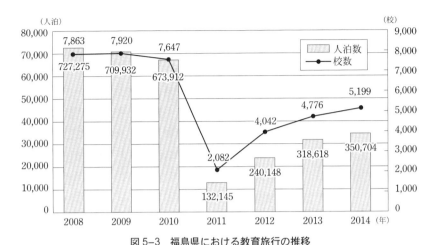

図 5-3　福島県における教育旅行の推移
出所：ふくしま復興ステーションポータルサイト（平成28年9月26日閲覧）

に外でのスポーツの制限・自粛の影響と思われる。また、農産物、食品などを中心に放射能汚染地域の商品生産の減少は、運送用資材、印刷用インクの売り上げ減少をもたらしていることがわかる。さらに、外国人学生の確保で定員を満たしていた地方の大学にとって、今回の放射能汚染の影響により学生が帰国して帰ってこない、留学生が集まらないといった問題が発生している。また、中小企業や農業における海外からの技能実習生の帰国と、募集しても集まらないといった影響は、海外の安価な労働力に頼って経営を行っている地方の中小企業や農業にとって死活問題である。

6）買い叩き問題と倫理観

東日本大震災に対する世界の報道を見ると、被災された人々が避難所で自らコミュニティを作って整然と生活している姿や、支援物資の配給を整然と待っている姿が配信され、日本人の道徳観、危機への対応能力の高さが賞賛を受けたことは記憶に新しい。また、避難地域に指定され、主を失った家々が荒らされずに姿を保っていることに対する日本人のモラルの高さを聞くことも多い。しかし、その一方で被災直後に被災地のコンビニが荒らされたこと、津波被害

地域に不審者が現れたことも事実であり、美談だけではない、負の部分があることを忘れてはならない。

また、売れ残りが予想されていた福島県産のお米が販売価格を下げて売り切っていることも事実である。こうしたお米は外食、惣菜など、主として安価なコメを求める業者から引っ張りだこであるとも聞く。また、明確な数字として把握することは困難であるが、「東電が補償するのだから安くてもいいだろう」「売る方も放射能汚染地域の農産物を売る場合に売れ残りのリスクがあるから安くしてほしい」「国が定めた基準値よりもはるかに低い測定値の提示を求められる」といった話を被災地の関係者からよく聞く。しかし、こうした買い叩きの実態を数字で把握することは難しい。そうした中で放射能測定を業務とする㈱同位体研究所への検査依頼に関するニュースを見ると、東日本大震災後、東日本と西日本からの依頼の内容が、大きく異なっていることを指摘している。すなわち、自治体や食品メーカー、生協などからの依頼のうち、産地判別依頼は月約400件、このうち西日本が約300件と多い。一方、放射性物質の検査は月約4,000件の依頼のうち、東日本が3,800件であることを報告している。すなわち、被災地の農産物を安価に購入して、産地表示しないで関西方面で販売するという行為が警戒されていることを示している（神奈川発コミュニティーサイト カナロコ記事（2011年10月3日 http://news.kanaloco.jp/localnews/article/1110030006/））。

また、マスコミなどの報道にも関してもことさら基準値を超えた農産物が出たことの報道が多く、ほとんどの農産物は基準値以下であるという報道はしない。こうしたスポット的に基準値を超えた農産物があるという報道は、その点数が例外的に少なくても人々の不安を常に喚起し、風評の終結を大きく抑制する要因となる。

買い叩き問題に関しては、マイケル・サンデル（2012）が、便乗値上げの妥当性を哲学的に考察しているように、正常な経済行為（安く購入して安く販売する）なのか、あるいは社会道徳に反する行為（暴利を貪る）なのかの判断は倫理学からみても極めて難しい問題として取り上げられている。また偏ったマスコミの報道に関しても、報道機関の側からすれば、まだまだ放射能汚染は収束し

ておらず、社会的に大きな問題があることを社会に喚起するという視点に立てば正当化されてしまい、反論の余地がなくなる。

　要するに、買い叩き問題、報道のあり方問題に関しては、どのような視点から評価するかという問題であり、放射能汚染の被害者のサイドからは、その問題を強く指摘して問題の実態を多くの人々に知ってもらうことが重要であることを忘れてはならない。

5．公助による風評対策の特徴と課題
（1）放射能被災地自治体の公助による風評対策

　ここでは、主として強制避難が行われなかった放射能汚染地域の自治体における農林水産業の復旧・復興に関わる風評対策について評価する。被災地の自治体では、放射能汚染に対して、住民の健康不安払拭、さらには健康リスク除去を目的に様々な放射能汚染対策を展開している。これらの対策を風評対策という視点から見た場合、2つの異なる風評を識別することができる。第1の風評は、被災地の農産物・食品や観光などのサービスが受ける経済的な被害を伴う通常の意味で用いられている風評である。第2の風評は、放射能に関する噂や様々な不確定な情報に基づく不安や恐れが増幅されることによる被害である。この場合は直接的な経済的被害の有無を確定することは困難であるが、住民の生活に対して深刻な影響を及ぼしている。

　第1の風評対策として市町村が採用することができるのは、農産物・食品の放射性物質検査の実施による安全確認、全国で開催される復興支援イベントへの積極的な参加、食品・農産物の安全性や観光PR活動等であり、JA等の経済団体に比較して採用できる対策は限られている。また、県の方針に従った対策を実施することが求められるため、なかなか独自の対策をとりづらいのが実態である。そうした中で比較的独自の対策が実施できるのが姉妹都市などの連携市町村、誘致企業との連携である。例えば、福島県いわき市では、東京都港区と連携して各種のイベントでいわき市産の農産物や食品を持ち込み、安全性をPRしている（西丸（2014）、佐々木貴宏（2014））。企業との連携では、会津若松市がトヨタ自動車、昭和電工、双日、資生堂等との間で企業マルシェを開催し、

農産物・食品の安全性を PR している。福島県伊達市の場合は、企業が開催する復興支援マルシェに積極的に参加するとともに、モモ、リンゴ、カキ、ブドウ、イチゴ等の高級フルーツ産地であるという特性を生かして、多様な果実とその加工品などを中心に、伊達市独自の「伊達マルシェ」を主要都市で開催して復興を PR するとともに、風評被害の克服を目指した活動を展開している。会津若松市・伊達市の取り組みについては、佐野（2014）を参照されたい。

　第2の風評対策では、正確な情報の提供による噂やあいまいな情報の払拭が課題となる。こうした不確かな情報が蔓延することにより住民の不安が大きくなり、結果として市町村行政や首長への不満となり、スムーズな行政施策展開の大きな障害となるであろう。福島県の被災地の首長選挙で現職が相次いで敗れるという事態の一因として、こうした性格を持った風評の存在を指摘することができる。住民の放射線・放射性物質による健康被害に対する不安を抑止するためには、放射線・放射性物質の健康への影響に関するわかりやすい情報提供サービスの展開、不安払拭のための医師による健康チェックの実施が必要である。また、モニタリングしている空間線量に関しても、市町村のホームページだけでなく常に住民が身近に知ることができるようにしておくことが大切である。地元でとれた農産物・食品の放射能汚染に対する不安に関しては、食品の放射性物質測定サービスの実施は有効であるが、測定場所から遠い場所に居住する住民がそのサービスを受けることは難しい。そのため、定期的に巡回して測定を希望するサンプルを集めて、測定して結果を返すといったきめ細かなサービスの実施が求められるであろう。

　また、除染の遅れによる様々な風評を払拭するためには、除染で出た汚染物質の貯蔵施設の早急な設置、除染の方針・戦略、そして計画情報の住民への迅速な提供、除染効果の検証と検証結果の住民への情報提供が不可欠である。

（2）風評と向き合った福島県いわき市の取り組み
1）震災直後の取り組み

　福島県いわき市は、その北部が福島第一原発から 30km 圏内に含まれ、首都圏に最も近い福島県の市として多様な農業を展開するとともに、豊かな漁場を

有して漁業も盛んな人口34万2,249人（2010年国勢調査）、市域面積1,231.35平方キロメートルの地方中核都市である。東日本大震災は、いわき市にも大きな被害を及ぼした。特に福島第一原発から30km圏内ということもあり、深刻な風評を受けることとなった。いわき市では、行政、生産者、関係機関・団体が一丸となって「いわき見える化プロジェクト」を展開し、風評の払拭に向けて立ち上がった。

　いわき市は地震発生直後の午後2時50分に「いわき市災害対策本部」を設置、24時間体制による災害対応業務を開始した。福島第一原発の事故直後からいわき市の農業は深刻な風評に悩まされることになった。その後、市場からの農産物の取引拒否が相次ぎ、苦肉の策として2011年4月9・10日の2日間、関係機関と生産者が一体となって「がんばっぺ！いわき　オールいわきキャラバン」が組織され、市内5カ所で農産物の販売等を開催した。さらに、4月12・13日の2日間は、いわき産の農産物を一堂に集めJR新橋駅前SL広場で販売イベントを開催した。こうした復興支援のためのイベント販売活動は、2011年度だけで市内、全国各地で60回を超えた。

2）「いわき見える化プロジェクト"見せます！いわき"」への発展

　イベントについては、当初はその効果が表れたが、次第に手詰まりになるとともに、復興支援に対する人々の関心も薄れていった。しかし、風評は依然として収まらず、さらなる取り組みが模索された。そうした中で生産者の意見を取り入れながら、いわき市の農産物の安全性を消費者に目に見えるようにして信頼回復を目指す「いわき見える化プロジェクト」が2011年10月からスタートした。この活動の基本となったのが、農地、農作物の放射性物質検査であり、他の福島県内の市町村に先駆けた取り組みであった。

　消費者の多くは、どのような農産物を購入すれば安全か判断に迷っていると想定し、その人たちに納得できる判断材料を提供するという戦略に基づき活動が展開された。このプロジェクトを担うウェブサイト「見せます！いわき情報局」では、農作物の検査結果を中心に、その検査方法、農作物を育む土壌及び水道水の放射性物質の検査結果や空間線量、生産者の取り組みなどを発信した。

同時に、情報を幅広く伝えるため、クロスメディア戦略を展開した。さらに、検査体制の強化（検査機器と検査員の増員）、検査結果の精度の向上なども行い、信頼確保に努めている。

また、2012 年 10 月からは、料理人や小さな子を持つ母親等の厳しい目を持った人々の信頼確保のための取り組みを展開するとともに、首都圏でのトマトなどの特産農産物の販売店舗の拡充、見せる対象を林業、水産業、観光にまで広げた活動を展開した。そのため、農林水産部及び商工観光部の職員 22 名で構成した部局横断のプロジェクトチーム「見せます！いわき情報局　見せる課」が開設された。これにより、料理研究家によるいわき野菜のレシピ動画の作成・公開、水産物のモニタリング検査結果の公開、メディア懇談会等の多様かつユニークな活動を展開し風評克服の成果を実現していった。

なお、いわき市の取り組みの詳細については、西丸（2014）を参照されたい。

（3）市町村における風評対策と課題
1）市町村ができる風評対策

市町村が取り組める風評対策は、住民に対して行う対策と住民以外に対して行う対策、に大別できる。住民に対する対策としては、①市町村内の空間線量などの放射能汚染情報の提供、②食品の放射性物質検査サービス、③健康診断などのサービス、④農地除染、⑤施設園芸等、放射能汚染の影響が少ない農業システム導入の支援、⑥市町村産農産物の安全性の住民への PR と積極的な利用、などがある。

一方、住民以外の人々に対する風評被害対策としては、①誘致企業との連携、②イベント参加など積極的な PR 活動の展開、③地域産農産物の取扱いに関する地域内外の流通業者との連携、④観光・教育旅行等に関する企業・学校への PR 活動の展開等の活動に整理できる。

2）市町村の風評対策の課題と方向

地域住民を対象とした風評対策で最も難しいのが、学校給食への地元産農産物の利用に関する対応である。放射線・放射性物質の人体への影響は、小さな

子供でより強く現れるという知識が一般に広まり、多くの調査結果からも子供を持つ親の世代で、放射能汚染を深刻に受け止めるとともに、より厳しい放射性物質検査を求めている。そのため、放射能汚染地域では、学校給食で地元産農産物を使う、安全性を地域外部に PR するために、地元産農産物の地域内消費を積極的に推進するという活動に関して、住民の合意がなかなか得られないという問題が発生している。例えば、2013 年 2 月 25 日の福島民友ニュースによれば、福島県内の学校給食の現在の県産食材活用率は 18.3％で、東日本大震災前のほぼ半分にまで落ち込んでいることを示している。

　この問題は、地元産の農産物の安全性を PR するとともに、自ら消費してその安全性を強く世間に PR して風評を払拭したい生産者や農業団体と、放射能汚染から子供の健康を守るためにリスクのある農産物・食品の摂取を極力回避したいと考える住民との間で生まれる意見の相違である。この問題の解決は、当事者間の話し合いにゆだねるしかないが、市町村の役割としては、正確な判断情報の提供、話し合いの場の設定といった支援活動が基本となるであろう。また、解決策の基本は、双方が求める基準値の合意、給食に利用する地元食材の優先順位と利用頻度を優先して決定し、段階的に利用する食品を増やしていくのが現実的である。この問題を克服して学校給食に地元食材を利用することに成功した市町村として福島市の取り組みを指摘することができる。その取り組みを見ると、ゲルマニウム半導体検出器を用いた厳格な放射性物質の濃度検査を実施している。具体的には、放射能測定器を学校給食センター 4 施設に設置し、2011 年 11 月から 2012 年 3 月まで、給食センターでは週 1 回、単独給食実施学校では月 2 回の頻度で学校給食に使用する食材の放射性物質検査を実施している。また、2012 年 4 月からは、給食で使用する食材を 1 人分の割合で混ぜ合わせた試料（混合試料）を作り、毎日放射性物質を測定している。その結果、2013 年 1 月より学校給食用米飯に福島市産コシヒカリを使用することができるようになった。

　このように市町村内部の風評問題に関しては、正しい情報の不断の提供と徹底的な話合いで段階的に問題解決していくことが重要であり、決して結論を急いではいけないというのが、問題解決の一番の近道である。また、科学的な分

析は、そのための重要な手段となることがわかる。決して感情論に左右されることなく、安全を科学的に追及することが重要である。

6．企業などの共助による風評対策の特徴
（1）企業による共助の取り組み

　被災市町村と企業が連携して風評対策を展開した事例としては、われわれは会津若松市と誘致企業であるトヨタ自動車、昭和電工、資生堂との連携を共同調査した（日本都市センター（2014））。これらの取り組みは、農産物・食品の風評を払拭したい市町村と、誘致企業として多くの地元出身社員を抱える状況に配慮した地域への貢献、企業としての社会貢献の内外へのPR等、相互に利害が一致している点に特徴がある。

　例えば、昭和電工の場合は、福島県内に事業所を有して震災前から会津若松市と継続的なイベントなどを行っていた。震災後は風評被害の影響を受けている被災地と連携し、企業マルシェをはじめ農業支援を通じて被災地の復興に尽力している。また、被災地の施設園芸経営にLED光源を使用する植物工場向け栽培技術を無償で供与するなど、被災地の安全安心な食料供給の実現による農業振興に貢献している。企業マルシェは、2011年より毎年1回本社と川崎事業所で実施し、会津地方の特産品（会津若松市・喜多方市産）を午後4時から6時半頃まで、社員とグループ企業の従業員向けに販売している。販売売上は、2011年は約80万円（来場者300～400名）、2012年は約30万円（来場者数は不明）、2013年は約40万円（来場者約200名）と多くはないが、社員の被災地支援意識を高めるとともに、福島県産農産物・食品の安全性を冷静に判断できるようになった。また、マルシェ以外にも、2011年（8～12月）に1回だけであるが、社員を対象にした通販を会津地方の生活協同組合とタイアップして実施した。

　以上のように、被災地の農産物や食品販売を行うマルシェなどは、短期的なものであり売上額は多くはなく、大きな経済効果はあまり望めない。しかし、福島県（被災地）産農産物・食品を購入して被災者を応援する意識が高まるとともに、放射能汚染問題を正しく理解する契機となるという効果が期待できる。

（2）民間組織による支援活動

　一方、福島県旧東和町の出身者で組織される東京東和会は、以前から同町にある NPO 法人「ゆうきの里東和ふるさとづくり協議会」と連携し地元の物産販売等の支援を行っている。震災後は、被災地支援活動に力を入れ、東京都内の各区民祭りにおける物産販売支援を通じた被災地復興支援の取り組みに尽力している。同会では、「ふるさとの現状を知らせる」「ふるさとを訪れる」「ふるさとの物産販売を応援する」という3つの視点で支援活動を展開している。特に「物産販売の支援」については、協議会が都内4区（荒川区・墨田区・板橋区・世田谷区）で行われる区民まつりなどで同市産の物産販売を中心に実施している。しかし、震災以降は各区民まつりでの販売は、順調には展開しなかった。区民祭りに出品する農産物や食品は、放射性物質濃度をすべて測定し、基準値以下のものが用意されたが、震災の年には 3〜4 割ほどが売れ残ってしまい、放射能に対する不安が消費者の行動を大きく左右していたことを実感した。2013 年度あたりから各区民まつりでも福島県産品を忌避する気持ちが薄れてきたが、それでも生鮮品よりも加工品の売り上げが良く、風評は完全には払拭されていない（日本都市センター（2014））。

　また、東京農業大学では、放射能汚染地域の真の復興を達成するためには、風評の払拭が不可欠であると考え、2012 年から東京農業大学が開発した津波被災水田の復元技術を用いて生産された相馬市産の米を東京農大の収穫祭で 1,000 袋（1kg 袋）販売して支援を行っている。安全性については、全て福島県が実施する全量全袋検査に合格するとともに、東京農大が保有するゲルマニウム型半導体検出器の検査で、放射性セシウムは検出されていないという安全性を PR して販売している。この取り組みは、現在も継続して実施しており、毎年完売している。また、2013 年の東京農大の収穫祭には、飯舘村の実験田で生産され安全が確認された米を配布して復興を PR しながらアンケート調査を実施したが、多くの参加者は快く協力してくれた。

　さらに、震災発生直後の 2011 年 5 月から相馬市で震災復興支援活動を展開している東京農業大学は、津波被害水田で生産された相馬市産の米（そうま復興米と命名）の安全性を多くの市民に PR して風評を払拭するため、「そうま復興

米」の米袋のデザインを相馬市の小中学生に募集するとともに、市内 15 校の小中学生と教職員全員 3,450 人に 2014 年産米（ひとめぼれ）1kg（採用したデザインを使用）を無料で配布し、その安全性を PR した（図5-4）。その後、相馬市では学校給食に相馬市産の米を採用するために、より厳しい放射性物質の検査等の安全確保の取り組みを強化徹底するとともに、保護者への説明会、意向調査、医師による講演などを行って合意を形成し、2015 年 4 月から学校給食に相馬市産の米が使用されることが決定した。

（3）風評克服のための企業・民間組織と連携した取り組みの課題
　風評克服のための企業や民間組織などと連携した取り組みの最大の利点は、通常のイベントでの PR 活動に比較して長期的な支援活動の展開が期待できる

図 5-4　そうま復興米贈呈式の様子
出所：相馬市ホームページ

ことである。深刻な風評の影響を受けた福島県特産の果樹などの復興にも企業からの支援が大きく貢献している。一方、企業との連携による風評克服の取り組みの問題点は、その活動が特定の企業・社員の中だけにとどまり広がりが少ない点である。また、風評に困っている被災地の現状を目・耳・肌で感じている人に限定されてしまい、被災地の実情、復旧・復興の現状をよく知らない一般の消費者の支援を獲得するまで活動が発展しないといった問題を指摘できる。

　風評克服に関わる企業・民間組織との連携に関する今後の最大の課題は、連携する企業・組織の拡大と、支援活動を通して多くの消費者への被災地産の農産物の安全性をどれだけ啓蒙できるかにかかっている。そのためには、スーパー、外食、レストラン等、消費者と直接接触する企業・民間組織との連携活動を展開することが有効である。スーパーにおける被災地支援コーナーでの安全性のPR、外食・レストランにおける被災地産の農産物の活用とPRが有効である。こうした取り組みを活性化するためには、国が定めた基準値にとどまらず企業が求める放射性物質濃度の水準実現に対応して安全性のレベルを高めていくとともに、そのことを積極的にPRしていくことが大切である。

7．まとめ－放射能汚染に起因する風評対策の望ましいあり方

　風評の払拭には、生産段階・出荷段階における厳しい放射性物質検査の実施と、放射線・放射性物質の健康への影響に関する正しい情報の啓蒙による被災地の農産物・食品を中心とした生産物ならびに観光サービスが安全だという利用者の認識を獲得することが重要である。ここでは、生産・流通・消費の各段階において実施すべき重要な対策を整理する。

（1）生産地における風評対策

　生産地における風評防止対策として重要な手段は、除染による空間線量の低減、農地除染による放射性物質の除去もしくは濃度の低減、農産物の場合は土壌から作物への放射性物質の移行を抑制する吸収抑制対策の展開である。製造業や観光業においても除染対策が基本となる。こうした対策は、住民の健康安全の確保、農業や製造業に対する信頼確保、観光・サービスの安全確保の視点

から実施すべきである。また、こうした対策の実施とその効果については、地域内外の人々に対して積極的に PR すべきである。こうした取り組みは、市町村単独で実施すべきものではないが、被災地域の実態・住民・生産者の不安に身近に接してその声を聴いている市町村が中心となるべきである。すなわち、国・都道府県への支援対策の要請、補助事業導入の手続きと住民への説明、NPOや大学への支援要請と連携した活動の展開、マスコミなどの機関への積極的な情報提供、誘致企業や連携市町村への支援要請、復興イベントへの積極的な参加等の対策を地域の置かれている条件に従って柔軟に使い分けて風評を克服して震災からの復興を加速化していかなければならない。

（2）流通・消費段階における風評対策

　流通、消費段階における風評対策の基本は、生産物の徹底的な放射性物質検査の実施による汚染農産物・食品の市場への出回りを 100％抑え込むことである。ここで重要なことは、検査を実施して基準値を超える放射性物質が検出されないからといって、油断して手を抜かない事である。現在、問題となっているセシウムについて見ると、セシウム 137 の半減期は 30 年であり、容易になくならないことがわかる。また、今年、100 ベクレルを超えなかったからといって、来年も超えないとはいえない。常に吸収抑制対策を実施して、農産物・食品に放射性物質が移行しないようにするとともに、その結果をモニタリングしていかなければならない。油断大敵である。

　また、放射能に対する正しい知識の普及、市町村における放射能汚染対策の実施とその効果に関しては、専門家と連携して地域住民、地域外の消費者に対してリスクコミュニケーションによる啓蒙活動を実施する必要がある。こうした対策は、特に放射能への懸念を強く持っている地域住民、消費者に対して展開することが重要である。こうした取り組みは、学校給食への地元農産物の採用に関しての経験が役に立つであろう。

（3）風評払しょくのための重要課題と望ましい対応方向

　風評を克服するためにこれまで展開された様々な取り組みから、風評被害の

予防、払しょくに関して次のような対策の重要性が理解できる。第1は消費者と生産者・産地との間に日常的に信頼関係を構築することの重要性であり、関係性マーケティングとして整理することができる。なお、関係性マーケティングは、農産物だけに限らず、今回の調査で明らかになった市町村と企業との連携、市町村間の連携による信頼関係、相互扶助システムの構築という視点からもその有効性を評価することができる。第2は、農産物・食品に対する新たなリスク管理システム構築の必要性である。ここでいう新たなリスクとは、放射能汚染リスクである。放射能汚染に対するリスク管理は、予防と発生した場合の対策の2つの視点から評価することができる。第3の対策は、買い叩き等モラルハザードに関わる対策の必要性である。企業のモラル、社会性等、倫理的な問題を伴う課題である。第4の対策は、正しい情報提供の重要性である。特に放射能汚染に関しては、全く未知の経験であったため、適切な情報が提供されないことによる恐怖が人々の間に蔓延した。特に福島第一原発事故発生初期の買い控え行動は、情報不足による過剰反応がもたらしたといえる。また、福島県知事が発した安全宣言の直後に、基準値を超える農産物が発見されたという事態も、情報そのものに対する不信感と、情報を提供する側である国や県に対する不信感を招く結果となってしまった。

以下ではこの4つの対策についてより詳細に検討し、風評払拭に向けた取り組みの望ましい方向について提案する。

1）新たな農産物マーケティングの示唆（多様な関係性マーケティング）

関係性マーケティング（リレーションシップ・マーケテイング）とは、買い手と売り手が相互のコミュニケーションによって信頼関係を構築し、持続的な取引関係を構築して取引に伴う費用の削減など取引の効率化を目指す取り組みである。

今回、われわれが共同調査を行った（日本都市センター2014）須賀川市の（株）ジェイラップや二本松市のNPO法人ゆうきの里東和ふるさとづくり協議会における風評克服の取り組みを見ると、不特定多数を相手とする市場流通よりも、相対で顧客に情報発信できて信頼性を獲得するための持続的な双方向の取引の

重要性を指摘できる。特に農産物直売所を運営するゆうきの里東和ふるさとづくり協議会では、顔の見える関係の強化による信頼性の獲得でお客が次第に戻ってきている。さらに、福島県の消費者は他の地域の消費者よりも放射能に関する知識が豊富で、他の地域よりも福島県産農産物の消費の戻りが早いといった傾向、復興支援イベントの継続的な実施による正しい情報の提供による安全の PR の重要性が指摘されている。また、企業マルシェ等の取り組みも売り手と買い手の信頼性構築のための関係性マーケティングの一種と見なすことができる。

2）リスクコミュニケーションによる風評防止

　われわれは、様々な危険の中で毎日の生活を送っている。しかし、こうした危険（リスク）のことをどれだけ正確に知っているか極めて疑問である。特に人々の健康に大きな影響を与える農産物や食品のリスクについてどれだけ正しい情報を取得して正しい判断をしているであろうか。例えば、遺伝子組換え農産物についての判断情報の正確さはどうか、農薬の適正使用基準の妥当性についての知識はどうか、食品表示のルールに関する知識は、そして放射性物質を摂取することによる健康への影響に関する知識は、と問われると、かなり乏しい知識で主観的に判断しているのが一般的といえる。また、放射能の安全問題に関して、様々な専門家が被災地に入り、様々な異なる意見を主張したことに関して、住民の専門家と称する人々に対する信頼性が薄れているのも事実である。

　放射能に対する被災地や都会の人々の反応には大きな個人差があり、そのことが風評を生み出す1つの原因となっている。こうした情報判断の個人差をできる限り小さくする対策を実施することは重要である。その1つの方法としてリスクコミュニケーションがある。リスクコミュニケーション（Risk Communication）とは、われわれの生活に関わる様々なリスクに関する正確な情報を、行政、専門家、企業、住民間で共有して相互理解を高めることで、リスク回避のための合理的な対策を実施するためのコミュニケーションの方法である。農産物や食品では、BSE の克服場面でその重要性が認識され始めた。リス

クコミュニケーションが必要とされるのは、主として不確定な情報の存在が問題の解決を大きく妨げるような場面である。放射能汚染問題では、特に適切な情報が提供されないことによる恐怖が関東・東北産農産物の買い控えや飲用水などの買い占め行動などの風評被害をもたらした。こうした状況を二度と起こさないようにするためには、専門家同士のコミュニケーションによる適切な情報判断の統一、専門家と行政による国民・市民への正しい情報提供のためのコミュニケーション、そして国民・市民への専門家・行政からの適切な情報の提供と意見交換等の相互交流型コミュニケーションによる不安の払拭が必要である。

　リスクコミュニケーションの方法については、確立したものはなく、問題に応じてケースバイケースで行うのが一般的である。農産物の風評被害を対象としたものとしては、半杭（2012）が消費者モニターに対して実施した研究例があり、その有効性が検証されたが、実際に福島県が実施しているのは、安全性PRのためのイベントの開催、県のホームページでの検査・安全情報の提供サービス、アイドルを使った安全性PRのためのテレビコマーシャルの実施等であり、本格的なリスクコミュニケーションは実施されていない。

　本格的なリスクコミュニケーションについては、小さな子供を持った親、放射線や放射性物質に対して特に強い恐れを持っている人々に対して実施する必要がある。この場合、現在の基準の安全性の根拠を押し付けるのではなく、できる限り客観的かつ専門的な情報をわかりやすく提供して、偏った判断をしないようにすることが重要である。「怖い」と思っている人に、根拠もなく「怖くない」と言っても、全く効果がないことを肝に銘ずべきである。

3）モラル・ハザードへの対応

　モラル・ハザード（moral hazard）とは、雇用する側と雇用される側に情報の格差が存在するために、資源の効率的利用が妨げられる、保険の加入がリスクを伴う行動を誘発する、さらには倫理観の欠如がもたらす様々な社会的な問題を意味する言葉として用いられる。前の2つは経済学における資源配分の非効率の原因として、最後は倫理学の問題に関わるものである。買い叩き問題は、

適正な資源配分を歪める行為であるともとれるし、倫理観の欠如がもたらす社会問題としての性格も持っている。

適正な資源配分を歪める問題としては、風評による価格低下とみなされれば、東京電力による賠償が生産者に支払われ、生産者に実害は発生しない。また、買い叩いた分だけ消費者に利益が還元されるならば、生産者の利益の保持、消費者の利益の向上が東京電力によって補償されたことになり、東京電力の損失を無視すれば、経済的な効率性は損なわれていないことになる。こうした点に関して、我々が実施したアンケート調査によれば、「安ければ福島県産農産物を購入する」という回答者が一定数存在したことからも裏付けられる。しかし、買い叩いた側が、買い叩きによって通常以上の利益を確保し、消費者に還元されないならば、適正な資源配分を歪める行為となり、経済学的には容認されないことになり、何らかの是正対策の実施が求められる。

一方、倫理観の欠如がもたらす問題に関しても、適正な資源配分問題と同様に、買い叩いた分を消費者に還元するならば、社会的に批判されるかどうかは疑問である。問題は、生産者の弱みに付け込んで、通常以上の利益を確保する行為が社会的に認められるかどうかという点である。需要と供給による市場での取引の成立という経済行為として考えた場合、放射能汚染のリスクが他の農産物より高くて通常の価格では売れないと判断した購買者が、生産者側に価格を下げることを要求し、生産者側もそれに応じるという行動を正当な経済行為とみなすかどうかに関しては意見が分かれる点である。

以上のように、買い叩き行為を風評被害とみなすかどうかは意見が分かれ、必ずしも倫理観の欠如がもたらす反社会行為と一方的に決めつけることはできないことがわかる。しかし、生産者にとっては、費用と労力をかけて安全確認をして出荷した農産物が買い叩きにあって適正な価格で販売できないことは、たとえ価格差が賠償によって補償されたとしても許せない行為として憤りを感じるであろう。こうした問題をどのように解決するかは、難しい点があるが、次のような対策を構築するのが有効と考えられる。まず、市場に出回っている被災地産の農産物については、全て安全性が確認され、何ら問題がないことを消費者（国民）に周知徹底すること。購入業者に対しては、被災地産の農産物

の価格を他産地産と差別化して安く購入しようとする行為をチェックする仕組みを作る。また、被災地産農産物を安く販売するという行為に対するチェックも必要である。こうした仕組みを構築するために最も重要なのは、放射性物質の基準値、その検査方法の信頼性について、生産者、流通・加工業者、消費者間の情報格差をなくし、同じ知識レベルで安全に関する判断ができるようにすることが大切である。

引用・参考文献

遠藤保雄（2012）：『原発事故と食品安全－農林水産業再建と食品安全確保の試練－』農林統計出版.
Volodymyr Ganzha（2014）：「チェルノブイリ原発事故による放射能汚染の実態と農産物・食品の風評被害の評価」、東京農業大学・大学院国際バイオビジネス学専攻修士論文.
半杭真一（2011）：「東日本大震災と原子力発電所事故が福島県農業へもたらした影響－流通・消費段階を中心に－」『農業経営研究』、49(4)、93-96.
半杭真一（2012）：「放射性物質による農業被害とその対応」『農業と経済』、2012、4別冊、49-56.
林 隆久（2014）：「樹木の放射性セシウムの動態の解明と森林除染戦略」東京農業大学・相馬市編『東日本大震災からの真の農業復興への挑戦－東京農業大学と相馬市の連携－』、ぎょうせい、212-227.
細野ひろみ・熊谷優子・関崎勉（2012）：「消費者の牛肉リスク認知と放射性物質検査に対する評価」『2012年度日本農業経済学会大会報告要旨』、k11及び個別報告配布資料
伊藤雅之（2012.a）：「東日本大震災における食品の放射能汚染に関する消費者意識と夕食メニューの変化」『農村研究』、1-10.
伊藤雅之（2012.b）：「東日本大震災が食卓に及ぼした影響」『2012年度日本農業経済学会論文集』、231-237.
公益財団法人・日本都市センター（2014）：『自治体の風評被害対応－東日本大震災の事例－』.
栗山浩一（2012）：「放射性物質と食品購買行動－選択実験による分析から－」『農業と経済』臨時増刊号、30-38.
門間敏幸・星誠（2012）：「津波・放射能汚染からの福島農業復興の課題と復興モデル－東京農大・東日本支援プロジェクトの経験から－」『農村と都市をむすぶ』、62(4)、15-23.
門間敏幸（2013）：「放射能汚染地域の農業・食料消費に関する研究動向」、『農業経済研究』、85(1)、17-27.
門間敏幸（2014）：「放射能汚染対策と農業政策」、『農村経済研究』、32(1)、15-24.
新山陽子（2012）：「放射性物質の健康影響に対する消費者の心理」『農業と経済』臨時増刊号、5-17.

西丸巧 (2014):「いわき市の風評への対応（取り組み）について」、公益財団法人・日本都市センター『自治体の風評被害対応－東日本大震災の事例－』、51-68.

ルハタイオパット プウォンケオ・門間敏幸ほか (2014):「農産物風評被害の実態と克服方向」、東京農業大学・相馬市編『東日本大震災からの真の農業復興への挑戦』ぎょうせい、267-279.

L.Puangkaew、T.Monma,et.al (2015) : A Consumer survey Approach to Reputation-Based Damage Affecting Agricultural Products and How to Overcome It、T.Monma et.al, Agricultural and Forestry Reconstruction after the Great East Japan Earthquake, Springer Open, 221-231.

マイケル・サンデル・鬼澤忍訳 (2012):『これからの正義の話をしよう－いまを生き延びるための哲学－』早川書房.

佐野雅哉 (2014a):「自治体における風評被害払拭に向けた取り組み事例報告－会津若松市、伊達市－」、公益財団法人・日本都市センター『自治体の風評被害対応－東日本大震災の事例－』、143-164.

佐野雅哉 (2014b):「㈱ジェイラップ（須賀川市所在）の取り組み」、公益財団法人・日本都市センター『自治体の風評被害対応－東日本大震災の事例－』、165-172.

佐々木貴宏 (2014):「消費地における被災自治体との連携による被災地復興支援の取り組み　自治体間の相互連携について－港区の取り組み」、公益財団法人・日本都市センター『自治体の風評被害対応－東日本大震災の事例－』、69-78.

関谷直也 (2003):「「風評被害」の社会心理－「風評被害」の実態とそのメカニズム－」『災害情報』（日本災害情報学会）1、78-89.

関谷直也 (2004):「風評被害の法政策－「風評被害」補償における法的論点・対応策とその改善策－」『災害情報』（日本災害情報学会）、2、102-113.

東京電力福島第一原子力発電所事故対策みやぎ県民会議・宮城県環境生活部 (2012)「東京電力福島第一原子力発電所事故対策みやぎ県民会議関係団体等における風評被害の状況について」.

第6章　災害復興基金の活用による被災者ニーズに対応した復旧・復興の実現と課題

門間　敏幸

1．はじめに－災害復興基金の特性と本章の課題

　内閣府によれば、災害復興基金（以下、復興基金と略記）とは、「災害からの復興において、既存の復興施策を補完し、被災者の救済及び自立支援のために、また、被災地域の総合的な復興対策を長期的、安定的、機動的に進めるために設立される基金」として整理されている。復興基金設立のためには、復興基金の管理・運用および基金の運用益による支援を実施する地方公共団体が設立する財団法人の設置が義務付けられる。運営方式としては、地方公共団体条例、または公益信託方式のいずれかが採用される。復興基金の財源としては、義援金と地方公共団体からの出損金・貸付金が充てられる。条例方式は、地方自治法第241条の規定に基づく基金条例によって設置され、地方公共団体の行政施策との整合性を図りやすいが、反面、支援事業の実施に際して、予算の議決などの執行手続きに時間を要するという問題がある。財団方式は、公益活動を迅速かつ弾力的に実施できるが、人材・物的施設の配置が必要になる。

　復興基金による支援事業としては、次のような事業が想定されている。
・被災者の生活の安定・自立及び健康・福祉の増進を支援する事業
・被災者の住宅の再建など住宅の復興を支援する事業
・被害を受けた中小企業者の事業再開など産業の復興を支援する事業
・被害を受けた私立学校の再建など教育・文化の復興を支援する事業
・被災地域の早期かつ総合的な復興に資する事業

また、具体的な復興支援としては、被災者の生活再建では施設の設置、被災者住宅再建・購入支援に対する利子補給、民間賃貸住宅家賃補助、被災者雇用奨励金などが、地域経済復興支援に関しては、中小企業金融機関災害復興資金等に対する利子補給、事業再開等支援資金利子補給が、教育・文化の復興に関しては、私立学校復興支援利子補給、文化財修理費助成事業補助などが想定されている。

　以上は、内閣府：防災情報のページより要約したものである。
（http://www.bousai.go.jp/kaigirep/houkokusho/hukkousesaku/saigaitaiou/output_html_1/2-2-4-3.html）

　本章では、国や地方公共団体が中心となって展開される災害復旧・復興の現場において、自助が原則とされる被災者個人の生活再建、被災地の農林水産業や中小企業等の地方の産業復興をいかに迅速に復興させるか、復興基金の利活用側面から考察していく。雲仙岳噴火災害で初めて採用された復興基金事業は、被災者個人の生活再建や多様な支援ニーズがある農林業の復興と新たな営農システムの創造に大きな貢献を果たした。その後、阪神・淡路大震災、北海道南西沖地震、新潟中越大震災、能登半島地震、そして東日本大震災などでも復興基金は、被災者の生活を支え、さらには被災地域の農林水産業や中小企業の復旧・復興、さらには新たな地域産業の創造に大きな貢献を果たしている。本章では、未曾有の被害をもたらし復興途上にある東日本大震災からの復興に焦点を当て、これまでの災害復興に復興基金が果たした役割を評価するとともに、東日本大震災の復興基金の実態と課題について考察する。

2．災害復興基金が必要になる背景

　復興に莫大な予算を伴う大災害への対応は、政府を中心とした公的な対応が中心となる。しかし、公的支援の場合、どうしても多くの被災者に共通の支援が行きわたるように最大公約数的・標準的な対応が中心となるため、被害を受けた人々の人道的な救済とインフラなどの復旧が中心となる。災害における個人的な被害は多様であり、個々の被害の内容に立ち入った救済は公的な支援では困難である。また、公的支援の場合、予算の制約から救済期間も限られ持続

的な救済の実施は困難となる。災害を受けた被災者の被害の内容をみると、肉親の死亡やケガ、本人の肉体的な被害、家屋など個人資産の被害、農地・工場・商店等の生産・生活基盤の被害、そして精神的なダメージ等、実に多様である。こうした被災者の肉体的・精神的なダメージ、生産・生活に関わる個人資産の回復・復興なくして、災害からの真の復興は難しいといえる。ここでは、災害復興基金の歴史を概観することによって、基金が生まれた背景と必要性について考察する。

　地方交付税や義援金等を資金基盤とする復興基金は、1991年の雲仙岳噴火災害対策で初めて導入され、その後大きな災害が発生する度に、災害復興基金が設置されるようになった。これまでの復興基金の運営管理は、財団法人を設立して都道府県が財団に無利子の資金を貸し付けし、財団はその運用益で様々な復興支援事業を行うという形が採用されてきた。なお、市町村が基金を設置する場合は、その原資は義援金が充てられることが多い。

　表6-1は、東日本大震災以前に設置された災害復興基金の概要を整理したものである。北海道庁による復興基金が設置されなかった北海道南西沖地震の場合を除けば、いずれも復興基金は財団方式で運営され、設置期間も10年前後と長いことがわかる。積み立てられた基金の額は、災害の規模と当時の貸付金利に従って異なるが、阪神・淡路大震災ではほぼ1兆円、中越大震災では3,000億円、中越沖地震、雲仙岳噴火災害でも1,000億円を超える基金が県からの貸付金を主たる原資として積み立てられた。なお、北海道南西沖地震では奥尻町を中心として被災した市町村に対して配分された義援金を原資として条例方式で復興基金が設立されている。また、低金利時代の到来とともに、基金の運用益で活動資金を賄うことが次第に困難になり、蓄積した基金を取り崩す「取り崩し型基金」が東日本大震災では採用されている。復興基金を活用した復興事業総額は災害の被害規模によって異なるが、阪神・淡路大震災が3,550億円、中越大震災が600億円、雲仙岳災害275億円などが多い。

　また、能登半島沖地震や中越沖地震の場合は、通常の災害復興基金とともに、被災した中小企業の復興を支援する基金が設立されており、地方の経済を支える産業の迅速な復興が雇用確保面から重要であることを示している。

表6−1 大災害時に設置された災害復興基金の概要

基金名称	雲仙岳災害対策基金	島原市義援金基金	北海道南西沖地震基金	阪神・淡路大震災復興基金	中越大震災復興基金	能登半島地震復興基金	能登半島地震被災中小企業復興支援基金	中越沖地震復興基金	中越沖地震被災中小企業復興支援基金
災害発生年次	1991.6.3	1991.6.3	1993.7.12	1995.1.17	2004.10.23	2007.3.25	2007.3.25	2007.7.16	2007.7.16
基金事業開始年次	1991.9.26	1991.12.1	1993.11.24	1995.4.1	2005.3.1	2007.8.1	2007.7.1	2007.10.1	2007.10.1
設置主体	長崎県	島原市	桧山管内の奥尻町、大成町、瀬棚町、北桧山町、後志管内の島牧村の5町村がそれぞれ設置	兵庫県、神戸市	新潟県	石川県	石川県	新潟県	新潟県
運営方式	財団方式	財団方式	各市町村による条例方式	財団方式	財団方式	財団方式	財団方式	財団方式	財団方式
基金の財源と規模	1,090億円（県の出金30億円、貸付金1,000億円、義援金60億円）	義援金：44億円	義援金257億円（基金を設立しない市町村分を含む）・奥尻町：132.6億円（当初90.0億円）・大成町：6.0億円（当初5.9億円）・瀬棚町：6.5億円（当初6.3億円）・北桧山町：7.5億円（当初6.3億円）・島牧村：5.0億円	・基本財産（出資金）：200億円・運用財産（長期借入金）8,800億円・宝くじ収益金寄付金139億円	・基本財産（出資金）50億円・新潟県貸付金3,000億円・農業復興宝くじ補助金	・基本財産（出資金）：3,000万円・県からの無利子貸付金500億円	・300億円（中小企業近代化資金貸付金＋石川県）	1,200億円（地方交付税）	40億円（中小近代化資金貸付金＋新潟県）
事業の予定期間	11年間	14年	3～4年	10年	10年	2007～継続中	2007～継続中	5年	5年
事業費総額	275億円	76億円	奥尻町：140億円	3,550億円	600億円	34億円	20数億円	90億円	30億円
事業数（メニュー数）	73	56	奥尻町：73	118	139	25	16	163（終了したメニュー含む）	
事業内容	・住民等の復興自立支援・農林水産業・商工業の災害対策事業・災害援護及び観光の復興再開事業	災害対策による救済に利用しない災害対策基金として、災害対策事業の基金を補完する機能を殺たす。	・住宅再建費の助成等・農業、水産業、商工観光業の振興対策のための営業施設、漁具購入の助成等・建物の助成等・中小企業再開費の助成等	・被災者の生活の安定、自立および健康・福祉の増進支援・被災者受けた私学学校の再開支援・被災地域の早期の総合的な復興	・被災者生活支援対策事業・雇用対策事業・被災者住宅支援対策事業・被災水産業対策事業・観光対策事業・教育・文化・記録・広報・地域復興支援・三種被災	・暮らしの再建・産業の再建・持続可能な地域づくりを3本柱で実施	・被災した中小企業者（輸魚業、酒造業、商店街、温泉街）の施設、設備の補助などをはじめ、ハード・ソフトの様々な事業を実施	・生活・雇用・住宅・産業・農林水産業・観光・教育・文化・記録・広報・地域復興・三種被災	被災した中小企業者が災害復旧資金を借り入れるための資金調達、中小企業保証付けのための資金の保証料負担を軽減、事業を再開したい方のための事業（事業所解体施設、店舗復旧支援）

出所：内閣府HP：「防災情報のページ」(http://www.bousai.go.jp/kaigirep/houkokusho/hukkousesaku/saigaitaiou/output_html_12-2-4-3.htm) 及び各財団のホームページ、及び青田良介「被災者支援にかかる災害復興基金と最低の役割に関する考察」p69を参考に筆者作成。

3. 災害復興基金の活用場面と農林水産業の復興 – 東日本大震災以前
（1）雲仙岳災害対策基金の事業実施状況と農林業復興事業の特徴
1）雲仙岳災害の特徴と被害概況

　雲仙岳災害の予兆は、1990年11月17日の山頂付近の噴火より始まった。1991年2月12日に再噴火、4月3日、4月9日と噴火が拡大した。5月20日には溶岩の噴出が確認され次第に火口周辺に溶岩ドームが形成され拡大していった。1991年6月3日の火砕流は、特に大規模な人的被害をもたらした。また、雲仙岳の裾野を水源とする水無川の土石流は5月15日に最初に発生して以来、19、20、21日と立て続けに発生した。また、5月24日に最初の火砕流が発生し、その後小規模な火砕流が頻発し、26日には水無川流域にある北上木場町、南上木場町、白谷町、天神元町、札の元町に対して島原市から火砕流の避難勧告が出された。こうした警戒態勢が敷かれた6月3日15時57分には最初の大規模な火砕流が、続いて16時8分に大規模な火砕流が発生し、報道関係者16名、火山学者ら3名、警戒にあたっていた消防団員12名、タクシー運転手4名、警察官2名、市議会選挙ポスター掲示板を撤去作業中だった職員2名、農作業中の住民4名、合計で43名の死者・行方不明者を出すとともに建物被害2,511戸、被害額2,299億円の大惨事となった。

　特に建物被害、避難勧告に伴う生活拠点の喪失、そして地域産業の柱であった農業生産の被害は大きく、その復興が大きな課題として被災者・関係者の肩に大きくのしかかった。

2）復興を支える災害対策基金事業の実施状況

　生活、産業各方面に甚大な被害をもたらした雲仙岳災害からの復興に関しては、被災した個人の生活基盤と生産基盤をいかに復旧・復興するかが大きな課題となった。こうした個人の被害を救済するためには、破壊されたインフラの復旧を目指す従来の公共的な災害復旧事業では困難であり、多様な個人の被災状況に対応できる新たな復興支援事業の創設が求められた。こうした背景のもとで制度化されたのが、わが国初の災害復興基金である雲仙岳災害対策基金である。この基金の活用によって、多様な被害の状況に応じて柔軟かつ迅速な復

旧・復興の対応が可能となった。特に災害の収束が見えない中での警戒区域設定は、住民の生活・生産基盤を奪うとともに地域社会・経済に長期にわたる被害を及ぼすこととなった。そのため、従来とは異なる災害対策の仕組みが求められた。

長崎県が1991年9月に設立した「雲仙岳災害対策基金」の仕組みは、図6-1のように整理されている。①基本財産30億円、②災害対策基金540億円、③義援金基金60億円の3つの資金が原資となり、その運用益が復興に活用されることとなった。この災害対策基金540億円は1991～1996年までの原資であり、1996～2001年にかけては1,000億円に増額されている。

雲仙岳災害対策基金を原資として1996年から2002年にかけて実施された事業金額274.6億円の利用内訳をみると、農林業対策事業が25.6％と最も多く、続いて住居安定対策事業19.5％、商工業・観光復興事業12.9％となり、農林業の復興に最も多くの基金が使用されていることがわかる（図6-2）。農林業対策事業に関しては、次節で詳しく評価するので、ここでは基金全体の活用の特徴について整理する。

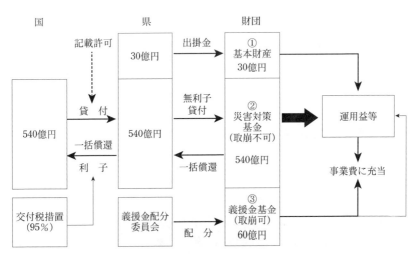

図6-1　長崎県の雲仙岳災害対策基金の仕組み

出所：宮入(1994)、p39より引用、原図は長崎県(1993)「雲仙岳災害・島原半島復興支援計画」

第6章　災害復興基金の活用による被災者ニーズに対応した復旧・復興の実現と課題　235

事業名	金額（万円）	支出割合
住居安定対策事業	535,226	19.5
生業の支援対策事業	247,762	9.0
雇用の安定対策事業	22,843	0.8
生活の安定対策事業	57,977	2.1
農林業対策事業	703,914	25.6
水産業対策事業	148,133	5.4
商工業・観光振興事業	354,775	12.9
その他災害対策、復興振興事業	675,479	24.6
(財)雲仙岳災害対策基金事業の総額	2,746,109	100.0

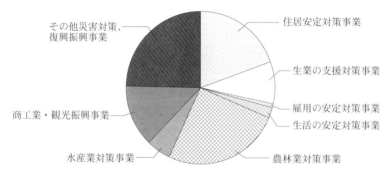

図6-2　雲仙岳災害対策基金による各種事業の実施状況
出所：長崎県：「雲仙岳災害対策基金の概要」より筆者作成

　住居安定対策事業は、被災者の生活を様々な角度から守るための事業であり、生活資金の支給、住宅再建の助成、家賃助成、被災者住宅団地造成促進、生活維持資金の利子補てん、事業再開準備金の支給、就職奨励金の支給など多様な支援が実施されている。例えば、住宅再建支援事業の各種の事業項目、事業内容、助成金額などは、表6-2のようにきめ細かく決められており、義援金を原資として設立された被災市町村の復興基金事業と連携をとり、被災者の自助努力をサポートしながら迅速な住宅再建にきめ細かく取り組んでいることがわかる。
　雲仙岳噴火災害の特徴は、噴火の状況が常に変化するとともに、その収束の予測が難しいため、警戒区域の解除が長引き、本格的な復旧事業が遅れた点を指摘できる。そのため、警戒区域内に住宅があり、被害を受けていないにも関

表 6-2 雲仙岳災害対策基金での住宅再建支援事業

項目	事業内容	助成金額等
住宅再建時助成事業	半壊以上の被害を受けた住宅の再建を行う者に対し、その一部を助成	・新築の場合：定額 300 万 　（別途市町基金から 250 万） ・200 万円以上の大規模改修の場合 　助成率 1/2・限度額 350 万 　（内 7 分の 4 基金、7 分の 3 町村基金負担）
警戒区域内残存住宅再建時助成事業	現に警戒区域内に長期にわたって残存する住宅について、移転して住宅を再建する場合に助成	・助成額：300 万円 　（別途市町基金から 250 万）
住居確保助成基金	住宅の全壊者、半壊者で民間住宅、公営住宅等に入居し、将来にわたって住宅を建設しない者に助成	・全壊者：定額 200 万 　（別途市町基金から 100 万） ・半壊者：定額 100 万 　（別途市町基金から 50 万）
住宅被災者生活再建助成事業	住宅に被害を受けた人が家具購入等の生活の再建を行う場合に助成	滅失：定額 105 万 　（別途市町基金 45 万） 全壊：定額 70 万 　（別途市町基金 30 万） 半壊：定額 35 万 　（別途市町基金 15 万） 床上浸水等：定額 14 万 　（別途市町基金 6 万）
被災者用住宅団地造成促進助成事業	被災者用住宅団地の造成費用に対する利子補給等	
避難住宅家賃助成事業	警戒区域等内に住居があるため、若しくは住居が全半壊であるため、賃貸住宅等に入居している世帯に対しその家賃の一部を助成	・月額 2 万円まで全額、それを超える部分 2 分の 1 を助成、限度額月 4 万
家財置場のための倉庫等確保助成事業	現に計画区域の設定等が行われている区域内に居住していた世帯、又は警戒区域の設定等が解除された区域内に居住していた世帯が倉庫等を借り上げるもしくは購入等を行った場合、その経費の一部を助成 （倉庫として仮設住宅を利用している世帯は対象外）	・借り上げ：月額 1 万円まで全額、それを超える部分 2 分の 1 を助成（限度額 24 万） ・建設・購入：12 万円まで全額、それを超える部分 2 分の 1 を助成（限度額 24 万）
移転費用助成事業	仮設住宅入居世帯、住宅家賃補助対象世帯等が警戒区域解除等の事情により、仮設住宅等からの一時移転を行った場合に対し、移転費用を助成	・1 世帯あたり移転 1 回につき：5 万円

出所：内閣府 HP：「防災情報のページ」より筆者作成

第6章　災害復興基金の活用による被災者ニーズに対応した復旧・復興の実現と課題　237

わらず長期の避難生活を多くの住民が余儀なくされ多くの問題が発生した。津波、集中豪雨などの被害と異なる火山災害特有の災害特性であり、三宅島噴火などでも大きな問題となった点である。なお、東日本大震災の放射能汚染被害も火山災害と同様に災害の収束判断が難しい特性を持っており、被災者の生活を守るための多様な取り組みが必要なる。その意味では雲仙岳噴火災害の取り組みは、東日本大震災の復興に大いに参考にすべき先駆的な取り組みを数多く含んでいる。雲仙岳における長期にわたる災害の住宅対策展開の留意点は、長崎県（1998）によって、次のようにまとめられている。

①避難対策の側面を持つことから、短期間に避難者に対応すること。
②災害の長期化と終息という正反対の事態を想定しつつ対策を進めること。
③状況が時々刻々変化するため、住民が将来の住宅計画を定められない中で、住民の意向との整合を図ること。
④避難対策、一時的対策、恒久的対策としてのそれぞれの住宅対策が明確に区分できないため、総量的な居住の場の確保と時間経過に伴う質の向上を進めるという課題に対応することが必要。

この短いまとめの中に、被災住民に寄り添った支援対策展開の本質が整理されており、参考にすべき点が多い。

3）雲仙岳災害対策基金で実施された農林業復興対策の特徴

雲仙岳災害対策基金の25.6％（70.4億円）は、農林業の復興に活用されたように、雲仙岳噴火で農林業が被った被害は甚大であった。被害額については、まとめる時期によって異なるが、1990年の被害発生からほぼ被害が収束する1996年の集計値として把握されている。表6-3は、長崎県島原振興局の調査データに基づく山本ら（1990）の集計値を引用したものである。

このまとめから、被災地域の農業被害総額は221億円で、うち避難対象地域の被害額は32.2億円、その他の地域188.8億円となっている。被害を受けた品目をみると、避難対象地域では葉たばこが、その他の地域では野菜・花き、果樹、葉たばこなどの被害が大きい。この結果から、避難対象地域では葉たばこを中心に野菜や果実、畜産を組み合わせた複合経営が、その他の地域では野菜・

表6-3 雲仙岳災害における農業被害と被害金額

避難対象地域 （警戒区域を含む）			その他の地域		
農作物	被害面積 (ha)	被害額 (百万円)	農作物	被害面積 (ha)	被害額 (百万円)
水稲	32.6	44.0	水稲等	494.0	38.0
小麦	8.6	3.0	ばれいしょ等	14,012.2	1,193.8
ばれいしょ等	39.5	30.3	雑穀いも豆類	201.0	8.0
野菜・花き	91.0	493.0	野菜・花き	15,227.3	8,034.3
果樹	90.2	375.1	果樹	9,787.0	7,185.7
飼料作物	332.7	123.0	飼料作物	10,089.0	488.2
茶	124.0	338.8	茶	193.2	107.8
葉たばこ	205.0	1,076.0	葉たばこ	1,312.9	1,684.5
小計	923.6	2,483.2	桑	212.5	141.7
			合計	51,529.1	18,882.0

樹体	被害面積 (ha)	被害額 (百万円)
果樹	53.5	140.0
小計	53.5	140.0

被害額合計　22,100.0　（百万円）

家畜	被害頭羽数	被害額 (百万円)
乳用牛	2,196	322.4
肉用牛	42	20.0
養豚	1,177	31.5
養鶏（千羽）	158	221.0
小計		594.9
合計		3,218.8

出所：山本晴彦・早川誠而・鈴木義則・平山耕三（1990）より引用

　花き、果樹を中心とした複合経営が展開されていたことがわかる。これらの作物はいずれも植物体の葉や花を収穫する性格を持っているため、降灰の影響を強く受けることがわかる。

　こうした被害の状況から、復興対策では降灰の影響を直接受けにくい施設型の農業が志向され、葉たばこ生産から施設園芸への転換が避難地域で試みられた。表6-4は、長崎県がまとめた「雲仙岳災害対策基金の概要」から、農林業対策関連の事業をピックアップして整理したものである。事業別の実施金額を

第6章　災害復興基金の活用による被災者ニーズに対応した復旧・復興の実現と課題

表6-4　雲仙岳災害復興基金の農業復興への活用状況

事業名	助成期間	延べ支援件数(戸数)	支援金額(千円)	主対策の内容
避難家畜放牧草助成事業	1991～1996	168	160,860	飼料購入費の3分の1補助(避難農家)
農地借上促進・整備等助成事業	1991～2001	1,837	217,517	借り入れた農地の小作料の3分の2、整備助成10万円以内/10a、農地の貸し手に2万円/10a
農業共同施設等再建助成事業 (1)	1992～2001	169	2,664,502	助成率2分の1 (国、県の助成がある場合はその助成残額の2分の1)
(1) のうち園芸関連施設	1992～2001	85	1,061,779	さく、葉タバコ、トマト、イチゴ、みかん、メロン等
(1) のうち土地基盤など	1992～2001	10	26,290	かんすい施設、揚水ポンプ、暗渠排水等
(1) のうち農業用機械保管施設	1992～2001	14	41,164	保管施設、たい肥、マニアスプレッダー等
(1) のうち蚕業等	1992	4	6,000	
(1) のうち果樹苗生産施設	1992～1993	3	15,043	葉合紗、散水車、トラクタ等
(1) のうち畜産関連施設	1992～1995	3	249,039	鶏舎、豚舎等
(1) のうち畜産施設リース	1995	1	60,138	酪農牛舎
(1) のうち葉タバコ関連施設	1992～1995	12	85,327	乾燥施設、たい肥製造機械
(1) のうちきのこ関連施設	1993～2001	8	381,706	生産出荷施設、菌床ブロック購入支援
(1) のうち園芸作物防風網設置	1999～2001	5	9,959	
被災営農施設等再開助成事業	1991～2001	393	548,369	助成率2分の1、限度額　移転再開200万円、現地再開100万円
農地災害復旧等助成事業	1993～2001	331ha	1,378,389	土地改良区に対して経費の一部負担(整備事業では10%以内、付帯事業では75%以内)
作物転換等技術研修助成事業	1992～1997	16人	10,084	研修手当3,100円/日、宿泊手当月額25,000円　受講手当590円/日
稚蚕飼育委任事業	1992～1996	176	5,313	経費の2分の1
果樹稲苗供給助成事業	1991～2000	455	28,312	苗木4万9,892本
簡易ハウス耐灰被覆資材助成事業	1991	465	18,105	74ha
降灰対策事業	1992～2000	1,008ha	1,077,947	防塵ビニール張替費用助成(普通ビニールとの価格差の10分の7を助成)
避難畜舎等借上助成事業	1991～1996	137	21,051	借上賃料の2分の1
園芸施設借上助成事業	1991～1997	58	13,169	借上賃料の2分の1
園芸用ハウスリース助成事業	1992～2001	94	352,823	助成率2分の1
森林牧営復旧対策助成事業	1991～2001	22	161,702	森林復旧に関わる器具・機械の整備経費の増加分の4分の3を助成
森林造成推進対策助成事業	1991～2001	74	381,000	地元負担額の2分の1を助成

出所：長崎県：「雲仙岳災害対策基金の概要」より筆者作成

図6-3　現在も噴煙を上げる雲仙普賢岳（農林統計協会提供写真）

図6-4　災害復興基金で生まれ変わった被災地の農業（農林統計協会提供写真）

みると、農業共同施設等再建助成事業が26.6億円で全事業の37.9％を占めている。その内訳をみると、園芸関連施設の整備が最も金額が大きい。さらに、その他の対策事業をみると、防塵ビニールの張替に関する助成金、園芸用ハウスリース事業などの助成金額が比較的大きく、復興基金を活用して葉たばこ中心の農業から施設型の園芸への転換が図られていることがわかる。また、延べ支援件数でみると、農地借上促進・整備が1,837件と圧倒的に多く、個人での農地の整備や農地が担い手によって効率的に利用されるように、小作料の3分の2補助や農地の貸し手に対しても2万円/10aの助成金を出すという対策で農地

の効率的な利用が実現されていることがわかる。また、降灰対策としての防塵ビニールへの張替費用の助成も 1,008ha と多くの施設で利用されており、長く続くことが予想される降灰への農家の懸念の払拭に効果を挙げている。

　こうした災害対策基金の柔軟な活用の成果は、長崎県島原振興局が 2002 年に整理した資料（表 6-5）の被災農家のその後の営農再開状況をみると理解できる。表の数値は災害発生からほぼ 10 年後の営農の状況を示している。まず、営農を再開した農家の割合は 56％にとどまり、4 割以上の農家が災害を契機として農業生産から離脱していることがわかる。東日本大震災の場合も雲仙岳災害以上に農家の農業生産からの離脱が進み、大きな農業構造変化が生まれている。雲仙岳災害の場合も、ほぼ同様な傾向が認められる。その構造変化の特徴は次のように整理できる。第 1 は震災前の農業を大きく支えていた畜産・葉たばこ・茶生産から、施設野菜・施設花き・施設果樹・露地野菜生産への構造変化が急激に進んだことである。特に、降灰のリスクを回避できる施設型農業への転換が特筆できる。第 2 は農家 1 戸あたりの農業粗生産額の増加である。震災前の平成 2 年を基準とした平成 10 年の農業粗生産額は島原市 57 億円

表 6-5　雲仙岳災害における被災農家の営農再開状況（2000 年 10 月現在）

作目名	被災農家（最大）			営農再開（現在）			増減（％）
	島原市	深江町	計	島原市	深江町	計	
乳用牛	60	17	77	12	14	26	34
肉用牛	22	46	68	12	8	20	29
豚鶏馬	31	17	48	8	5	13	27
施設野菜	6	31	37	35	64	99	268
施設花き	7	4	11	15	9	24	218
施設果樹	9	1	10	14	10	24	240
露地野菜	13	23	36	83	9	92	256
露地果樹	58	19	77	21	6	27	35
葉たばこ	90	59	149	8	18	26	17
茶	88	0	88	2	0	2	2
その他	54	12	66	16	5	21	32
合計	438	229	667	226	148	37	56

出所：長崎県島原振興局（平成 14 年 3 月）作成資料「よみがえる農地－雲仙岳噴火災害農地復旧・復興事業概要書」

(79.7%)、深江町33.5億円 (97.7%) であり、災害前の水準に近づきつつある。農家の営農再開率56％から類推しても1戸あたりの農業粗生産額はかなり増加していることがわかる。

このように、雲仙岳災害対策基金は、農業の復興に対してきめ細かな対策メニューを体系的に整備し、地域農業の迅速な復旧・復興に大きな役割を果たしている。こうした対策の展開が可能であった背景には、被災地の島原市や深江町の担当者が被災者の営農再開ニーズに細かく対応できる多様なメニューを用意するとともに、長崎県の普及組織による新たな農業創造のための技術実証試験や技術指導が大きな役割を果たした。こうした雲仙岳災害対策基金の取り組みは、その後に発生した大災害からの復興場面で相次いで災害復興基金が設立されたという事実をみても画期的な取り組みとして高い評価を各方面から受けたことが理解できる。

（2）新潟・中越大震災復興基金の事業実施状況と農林業復興事業の特徴
1）中越大震災の特徴と被害概況

2004年10月23日17時56分に中越地方を襲った地震の規模はマグニチュード6.8であり、避難者約10万人、住宅損壊約12万棟などの直接被害をもたらすとともに、上越新幹線の不通で新潟県中越地方の社会・経済に甚大な影響を及ぼした。災害救助法適用市町村は17市町村（合併後）と広域に及んだ。新潟県が2008年9月にまとめた人的被害、家屋などの被害をみると、死者68名、負傷者4,795人、家屋全壊3,175棟、大規模半壊2,167棟、半壊1万1,643棟、一部損壊10万4,510棟に達している。被害総額は1兆6,542億円と膨大であり、そのうちの68.5％は個人の住宅被害が占めている。その他では、公共土木施設1,934億円（11.7％）、農林水産施設1,305億円（7.9％）等の被害が大きい。

新潟県の災害対策本部の中に復旧・復興本部が2004年11月8日に設置され、「雪が降る前に」を合言葉に本格的な復興対策が展開された。復旧・復興本部は、生活安定、インフラ復旧、産業復興の3つの班で構成され、様々な復興活動を展開した。生活安定班は、被災地・被災者を対象として、①生活関連物資の需給と価格安定、②災害廃棄物処理による生活環境の確保、③生活資金の確

保や租税・公共料金の減免措置、④健康管理と心のケア、⑤仮設住宅、公営住宅の整備と自宅再建の支援等の対策を展開した。インフラ復旧班は、①公共施設復旧、②災害実態の調査、③ライフラインの復旧を、産業復興班は、①被災した地域の中小企業・地場産業・農林水産業の再建、②経営再開・安定のための融資制度の整備を実施した。

2）自助・共助・公助が連携する「新潟モデル」による復興

中越大地震は、新潟県中越地方の中山間地を中心とする多数の小規模な町村を襲った。震災前（2004年10月）の当該地域の市町村数は9市22町9村であったが、震災後急速に合併が進み、9市4町1村となった（表6-6）。

震災前より中山間地域の小規模町村では、住民の減少と高齢化が進み、集落

表6-6　中越大震災前後の中越地域の市町村の合併状況

2004年10月	2014年4月	合併日	2004年10月	2014年4月	合併日
長岡市	長岡市	2005年4月	六日町	南魚沼市	2004年11月
中之島町			大和町		
越路町			塩沢町		2005年10月
三島町			三条市	三条市	2005年5月
山古志村			栄町		
小国町			下田村		
和島村		2006年1月	柏崎市	柏崎市	2005年5月
寺泊町			高柳町		
栃尾市			西山町		
与板町			十日町市	十日町市	2005年4月
川口町		2010年3月	川西町		
堀之内町	魚沼市	2004年11月	中里村		
魚沼市			松代町		
小出町			松之山町		
湯之谷村			5市18町8村	6市	
広神村					
守門村					
入広瀬村					

合併していない市町村－3市4町1村
　加茂市、見附市、小千谷市、田上町、出雲崎町、湯沢町、津南町、刈羽村

やコミュニティの維持が困難になりつつあったが、震災はこうした傾向に拍車をかけることとなった。そのため、中越大震災の被災地の復興にあたっては、単に元に戻すという復興ではなく、住民の減少により維持が困難となった地域の社会・生活システムの再編、高齢化・弱体化し住民だけでは維持が難しくなった集落機能の補完システムの構築、人口構成にあわせた生業・産業の再編といった伝統や地域特性を生かしながら地域の総合的な再編整備を行う復興、すなわち新潟モデルと呼ばれる復興にチャレンジすることになった。

「新潟モデル」とは、被災から10年が経過したことを契機に新潟県が10年間の取り組みを検証・評価した「新潟県中越大震災復興検証調査会」の検証結果を基にして、中越地域における復興の取り組みから得られた知見を公益社団法人・中越防災安全推進機構が「新潟モデル」と位置づけて公表したものである。このレポートの詳細については、「新潟モデルの発信」（公益社団法人中越防災安全推進機構）を参照されたい。

以下、このレポートに基づき「新潟モデル」の特徴を要約し、若干の評価を試みる。まず、レポートは、「新潟モデル」とは復興方策や事業ではなく「復興の哲学」であることを強調する。すなわち、被災地域と被災住民自体が多様性を持つとともに、災害の種類や規模において被害は千差万別であり、復興のあり方は地域によって異なるのが当たり前という考え方である。したがって中山間地域の再生方策も、それぞれの地域の特性を活かしたものにすべきという哲学が貫かれている。

「新潟モデル」は、地域が目指すべき目標、すなわち「山の暮らし」が続けられる持続可能な地域を住民主役で形成することに定め、相互に目標を共有し、主役である住民の活動を促すための仕組みと事業や制度の設計・実践といった住民主体の地域再生の取り組みを目指している。住民が主役の地域復興を支えるのが3極構造の取り組みである。こうした取り組みの哲学と住民主役の取り組みを支える3極構造モデルと復興プロセス自体を「新潟モデル」と呼んでいる。なお、3極構造とは、これまでの災害復興は被災者と行政の2極構造が中心であったが、これにボランティアやNPO等の中間支援組織（第3極）を加えた「協働のまちづくり」を意味しており、自助・公助に共助を加えた復興組織

を意味している。

また、こうした取り組みの基本方針は、次のように整理されている。

＜目指す地域のイメージ＞

「最素朴と最新鋭が絶妙に組み合わさり、都市と川と棚田と山が一体となって光り輝く中越」

＜基本方針＞

①情報公開による win-win（お互いにいい）復興

②中山間地の段階的復興と魅力を活かした新作業の計画的生み出し

③産業の持続的発展のための条件整備

④安全・安心な市民自治の確立

⑤市民安全にかかわる新しい学問・研究の開拓

⑥他地域・全国・他国への貢献

＜タイムスケジュール＞

①初期3年「滑走・離陸期」　②中期4〜6年「上昇期」　③7年以降「快調飛行期」

以下、新潟モデルの取り組みの特徴について整理する。

①避難所、仮設住宅での活動から、コミュニティ（集落）の再生を目指す。その基本は避難所や仮設住宅を集落単位で編成することと、そうした活動を支援できる復興基金事業を整備（神社の補修・再建、地域復興のデザインづくり、祭りや伝統芸能の復興等）。

②人口減少による集落機能の低下を、複数集落の連携、集落を離れた旧住民や支援団体等の地域外の人たちとの連携の強化で補う取り組み（祭りや各種の集落行事の新たな持続システム構築）。

③ボランティアや中間支援組織（大学、NPO等）との連携、「地域復興支援員」制度の本格導入による外部の力との連携、すなわち共助の推進。地域復興支援員や各地の支援組織・団体との情報の共有化やマッチングを推進する中間支援組織「中越復興市民会議」（現中越防災安全推進機構復興デザインセンター）の設立。住民・行政・中間支援組織の3極構造を構築。

④地域ビジネスの担い手強化。地域の基盤産業である農業分野における農

業生産法人化、新たな生産組織の設立や再編による生産体制の強化。農産物とその加工品のブランド化推進における外部の専門家の活用。観光農業、グリーン・ツーリズムと地域文化の融合。

以上の「新潟モデル」の構造は、図6-5に要約されている。

「新潟モデル」は、住民が主役の復興という哲学を貫徹しながら10年間の復興の試行錯誤の中から生まれたモデルである。復興モデルありきで、それに従って復興を進めるという、これまで一般的に行われてきた復興とは異なる考え方に基づく取り組みである。地域の被災の多様性、被災住民・集落・営農の多様性に適応して自助・公助に新たな共助の連携を基本としながら多様性に富んだ復興の仕組みづくりを目指す取り組みといえよう。

東日本大震災による放射能汚染地域は中越地域と同様に高齢化が進行した中

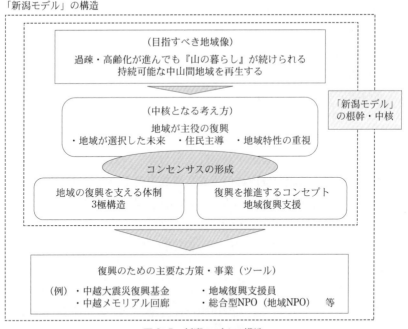

図6-5 新潟モデルの構造

出所：公益社団法人中越防災安全推進機構（2015）：「新潟モデルの発信」、p483より引用

山間地域であり、多様な地域文化と農林水産業を基幹とした産業が展開してきた地域である。福島第一原子力発電所のメルトダウンによって飛散した放射能は、次のような多様な被災地域を生み出した。すなわち、地域全体の住民が強制的に避難させられた地域、一部住民が避難させられた地域、自主避難をした地域、避難せずに生活・生業を営んでいる地域等多様である。しかしながら、震災から5年が経過し避難指示が解除された今も放射能汚染やそれに伴う風評に影響され、多くの住民は故郷に帰還していない。故郷に対する強い愛情と望郷の念にかられながらも、コミュニティを維持できるだけの帰還者がいない、復興を支えるNPOや中間組織が形成されない、公的機関も日常の仕事の処理に追われ創造的な地域再生に取り組む人材や時間の確保が難しいという状況にある。新潟モデルをそのまま放射能汚染地域の復興に活用することは難しいが、住民を主役に据えた地域再生という哲学は重要である。あらためて住民を主役とした放射能汚染地域の復興が求められているといえよう。

3）復興を支える復興基金事業の実施状況

ここでは、「新潟モデル」の実践における多様な活動の展開を支えた中越大震災復興基金について考えてみよう。中越大震災復興基金は、2005年3月に中越大震災からの早期復興のための公共的な災害復旧・復興対策を補完するとともに、被災者の救済及び自立支援並びに被災地域の産業の総合的な復興に関わる多様な対策の迅速な推進を目指して設立された。基本財産は新潟県が出資する50億円で、その他に新潟県貸付金3,000億円、震災復興宝くじ補助金などを原資とし、その資金の運用金で各種事業が財団方式で展開されることとなった。

復興基金事業の基本的な考え方は、公共的な支援を補完しながら、被災者個人での負担が過重で復興の妨げになっている事業を中心として、被災者の復旧・復興の自助努力を補完するとともに、NPOなどの中間組織等の共助を支える組織の活動を支援することに置かれた。中越大震災の被災地は中山間地域であり、地域に賦存する多様な資源を有効に活用した資源循環型の復興が目指された点に大きな特徴がある。被災した人々の生活支援、住宅の再建、雇用対策、農林業を中心とした産業の復興、観光対策を柱した多様な事業が展開された。

表6-7は、復興基金を活用した事業の初期メニューである。初期のメニューをみると雲仙岳災害対策基金と大きな差はないが、10年間の中越大震災復興基金の取り組みをみると、復興の進捗状況に対応して事業内容は大きく変化し、地域特性を反映した独自の復興の取り組みに対する支援が行われていることがわかる。

表6-7 中越大震災復興基金事業の初期メニュー

事業名	メニュー
被災者生活支援対策事業	生活福祉資金貸付金利子補給
	母子寡婦福祉資金貸付金利子補給
	生活支援相談員設置
	応急仮設住宅維持管理等復興支援ネットワーク
雇用対策事業	雇用維持奨励金
	被災地域緊急雇用創出
被災者住宅支援対策事業	被災者住宅復興資金利子補給
	高齢者・障害者向け住宅整備支援
	雪国住まいづくり支援
	被災宅地復旧工事
	県産瓦使用屋根復旧支援
	高齢者等を融資対象者とするための支援
産業対策事業	平成16年大規模災害対策資金特別利子補給
	「平成16年新潟県中越大震災」災害融資特別利子補給
	平成16年大規模災害対策資金特別保証料負担金中堅企業等
	復旧・復興事業利子補給事業所解体撤去支援補助
	市町村支援商店街復興支援
農林水産業対策事業	中越地震災害対策資金利子補給
	中越大震災農林水産業再建資金利子補給
	農林漁業制度資金利子助成
	家畜緊急避難輸送支援緊急避難家畜管理支援
	畜産廃棄物処理経費補助
	飼育魚避難輸送経費助成
	錦鯉養殖業廃棄物処分費助成
	一時避難飼育魚管理経費助成
観光対策事業	観光復興キャンペーン推進
	市町村支援観光地域復興支援

出所：内閣府HP：「防災情報のページ」より筆者作成

第6章　災害復興基金の活用による被災者ニーズに対応した復旧・復興の実現と課題

　図6-6は、災害発生5年後の2009年4月現在の復興基金の交付金額を整理したものである。ほぼ全交付金額の45％にあたる138億円が被災者の生活支援対策に使われており、地震で家や生活基盤を失った人々の生活支援が急務であり、6,078件の支援が行われている。そのメニューは、次のように多様である。

＜被災者生活支援対策事業＞　6,078件、138億3,365万円

生活福祉資金貸付金利子補給／母子寡婦福祉資金貸付金利子補給／生活支援相談員設置／応急仮設住宅維持管理等／復興支援ネットワーク／健康サポート事業／こころのケア事業／地域コミュニティ再建（ソフト）／仮設デイサービスセンター設置／地域水道施設等復旧／障害者グループホーム復旧／緊急障害福祉関係施設災害復旧／仮設住宅等生活交通確保／情報通信基盤施設復旧・整備支援／復興ボランティア活動支援／障害者生活再建支援／地域コミュニティ施設等再建支援／地域共用施設等復旧支援／集落共用施設等維持管理支援／水道設置等支援／被災地域代替生活交通確保支援／被災児童生徒の学区外通学支援／地域生活利便性確保（小売・サービス業再開支援）／中山間地域再生総合支援／社会福祉施設等災害復旧支援／医療施設等災害復旧支

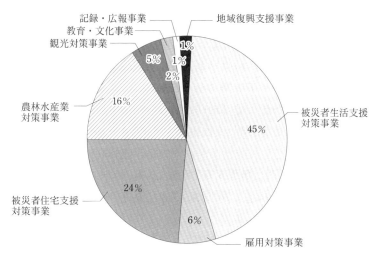

図6-6　中越大震災復興基金の支出項目別割合

出所：（財）新潟県中越大震災復興基金「復興基金の交付申請状況」（2009年4月1日現在）より筆者作成

援／コミュニティ FM 放送サテライト局設置支援／地域復興支援員設置支援／アスベスト飛散防止緊急対策／災害援護資金利子助成／コミュニティ FM 耐震化整備支援／地域生活交通確保／障害者支援施設整備支援／ライフサポートセンター設置支援／

また、地震で家を失った人々の住宅支援も緊急を要する事業であり、実に2万 9,828 件、74.7 億円の支援が行われている。次のメニューにみるように、被災者の住宅復興の利子補給を中心に二重ローン償還支援、公営住宅や民間住宅への入居支援等、実に多様なメニューが用意され、被災者の住む場所の確保を支援している。

＜被災者住宅支援対策事業＞

被災者住宅復興資金利子補給（後払い方式）／被災者住宅復興資金利子補給（低利融資方式）／高齢者・障害者向け住宅整備支援／雪国住まいづくり支援／被災宅地復旧工事／県産瓦使用屋根復旧支援／越後杉で家づくり復興支援／被災宅地復旧調査／住宅債務（二重ローン）償還特別支援／住宅再建総合相談窓口設置／高齢者ハウス整備・運営／公営住宅入居支援／民間賃貸住宅入居支援／親族等住宅同居支援／中山間地型復興住宅支援／高齢者等を融資対象者とするための支援／緊急不動産活用型住宅再建資金融資／緊急公営住宅入居支援／

雇用対策としては、雇用維持奨励金／被災地域緊急雇用創出／ヤング・ジョブ・カフェながおかキャリア応援プラザ館設置／被災者特別訓練受講手当支援／被災地域若年者雇用対策／被災地域就業場所確保等、1,272 件、1.8 億円の事業が実施されている。その他の、支援事業のメニューと支援件数と支援金額は、以下のとおりである。

＜観光対策事業＞　122 件、15 億 5,773 万円

観光復興キャンペーン推進／2009 新潟県大観光交流年推進／市町村支援観光地域復興支援／

＜記録・広報＞　15 件、3 億 2,809 万円

震災復興広報強化事業／「震災の記憶」収集・保全支援／「復興と感謝のモニュメント」等設置支援／

＜地域復興支援＞　51 件、3 億 9,601 万円

地域復興デザイン策定支援／災害復興調査・研究活動支援／地域復興デザイン先導事業支援／地域特産化・交流支援／「震災フェニックス2009」開催支援／地域復興人材育成支援／地域貢献型中越復興研究支援／交流プラットホーム支援／

＜二重被災者緊急対策＞　5 件、228 万円

2重被災者住宅債務償還特別支援／2重被災者宅地復旧工事特別支援／2重被災者産業関係債務償還特別支援／2重被災者農林水産関係債務償還特別支援／

上記の整理から明らかなように、生活支援、雇用対策、住宅支援に関する多様な事業メニューが復興のステージに従ってタイムリーに用意され、住民主体の生活再建を支えていることがわかる。さらに、こうした生活支援にとどまらず、観光や地域復興に関する様々な取り組み、人材育成対策が展開され、地域復興を総合的に支援している。

4）中越大震災復興基金における農業の復興対策の特徴と成果

＜基金を活用した農業の復旧・復興の特徴＞

中越大震災における農林業復興における復興基金の活用用途では、手作り田直し支援（支援額の上限 40 万円）が件数 5,985 件、支援金額 18.3 億円で農林水産業全体に占める割合は件数では 79.2％、金額では 37.2％と最大の比重を占めている。1 件あたりの支援金額は 30.6 万円と必ずしも大きくないが、広く薄く多くの被災農家の農地の復旧に大きな役割を果たしたことがわかる。有田・宮澤（2011）の調査では、田直し事業では、①農道・用排水路・養魚池等における小規模被害の復旧（補助率 4 分の 3）、②農地の地力回復（補助率 2 分の 1）などの事業が行われたことが報告されている。また、当該事業は被害発生から 3 年間を期限としたが、その後も 2009 年度まで継続され、農家自らが実施する水田の復旧を支え地域農業の柱である水田作の復興に大きく貢献した。地域営農活動緊急支援（2006～2010 年）対策は、農業者の組織する団体が効率的で継続的な営農体制を確立するために営農用機械の整備費、研修会費などを補助し、農家組織の自主的な活動を支えた。また、被災した家畜や錦鯉の避難と避難先での

管理、家畜や錦鯉を導入して経営を再開する場合の各種の支援措置も充実している（表6-8）。

このように、自主的な農家の農地・経営の復旧に関して考えられるあらゆる支援事業をきめ細かく整備して、農業の復旧・復興を支えたことが特筆できる。

表6-8　中越大震災・農林水産業関連事業の実施状況

事業名	申請件数	支出金額（百万円）
中越地震災害対策資金利子補給	57	15.4
中越大震災農林水産業再建資金利子補給	0	0
農林漁業制度資金利子助成	8	5.3
家畜緊急避難輸送支援	4	74.7
緊急避難家畜管理支援	19	16.6
畜産廃棄物処理経費補助	3	3.7
経営再建家畜導入支援	24	55.9
飼育魚避難輸送経費助成	2	1.8
一時避難飼育魚管理経費助成	120	28.1
錦鯉養殖業廃棄物処分費助成	15	18
錦鯉生産確保緊急支援	127	24.3
代替農地等営農継続支援	24	84.2
手づくり田直し等支援	5,985	1,830.7
農林水産業経営再建整備支援	28	62.6
農業用水水源確保支援	276	695.5
養鯉池水源確保支援	158	322.4
畜産施設緊急防災対策支援	1	12.4
緊急手づくり田直し等総合支援	69	378.3
災害査定設計委託費等支援	199	186.6
共同利用畜舎等施設整備支援	3	150.7
地域営農活動緊急支援	59	574.9
災害復旧事業費等負担金支援	337	272.8
森林整備緊急支援	29	33.9
錦鯉復興支援対策	1	11.6
「越後杉」ふれあい拠点創造・技術伝承支援	5	5.9
森林（もり）の守り手復興支援	0	51.7
中山間地域農業創造的復興支援	1	7.4
計（27事業）	7,554	4,925.4

出所：内閣府HP：「防災情報のページ」より筆者作成

5）基金を活用した農業の復旧・復興の成果

中越大震災による農林業・農地の被害は、表6-9のように整理されている。

表6-9 中越大地震による農林・農地関係被害状況

	市町村数	被害規模	被害額（百万円）	主な被害内容
農業施設・機械（生産関係）	37	5,847件	12,043	カントリーエレベーター、ライスセンター、農業倉庫、農作業場等の破損・陥没、種子保管倉庫等の倒壊、機器破損等、地方卸売市場施設の損傷
農作物	6	6.35ha	3	農道普通によるユリ切り花農家の収穫遅延・不能 土砂流出による花き球根の掘取り不能等
農協在庫品等	15	78.5t	24	JA倉庫内の米袋破袋等
水産業	15	6,431カ所	6,512	養鯉池の破損・亀裂、越冬施設・共同利用施設の損壊・漏水、鯉の斃死被害
畜産業	25	129カ所	952	家畜死亡（乳牛4戸：8頭、肉用牛9戸：143頭、豚3戸：60頭） 生乳被害（54戸：37t） 畜舎被害（倒壊・一部損壊等）49カ所 施設被害（乳業工場等関連・畜舎附帯施設）10カ所
林地・林道・林業施設等	40	640カ所	20,852	林地（山腹崩壊等）147カ所 林道施設被害（路肩決壊、法面崩壊等）410カ所 きのこ被害（生産施設損壊、収穫不能等）75カ所 その他林業施設等被害8カ所
農地	32	3,985カ所	15,593	水田・畑地の亀裂、崩壊、液状化、土砂による埋没等（1,503ha）
農業用施設（生産基盤関係）	43	10,780カ所	53,218	ダム堤体の沈下、ブロック破損、管理棟傾き ため池堤体等に亀裂、漏水、破堤 道路の亀裂、隆起、液状化 用排水機場の積みブロック崩壊等
地滑り防止区域施設（農村振興局所管）	3	10カ所	56	排水路、土留工、堰堤工、水抜ボーリングの破損等
生活関連施設	20	76地区	20,671	農業集落排水処理施設の汚水管破損・マンホール浮上・排水不良等
県農林水産関係庁舎・備品	9	13カ所	590	県試験研究機関等の庁舎・研究施設の破損、備品の破損等
合計	−	−	130,514	

出所：中越大震災復興検証調査会（2015）：「新潟県中越大震災復興検証報告書」、p258より引用
注：市町村数は、2014年11月時点である。

被害総額は1,305億円であり、そのうち農業用施設・生産基盤532億円、林地・林道・林業施設209億円、生活関連施設207億円、農地156億円、農業用施設・機械120億円が主たるものとなっている。次に中越大震災における農林水産業の10年間の復興の成果を中越大震災復興検証調査会（2015）の報告書からまとめてみよう。

中越大震災によって大きな影響を受けた長岡、小千谷、見附、十日町、柏崎の各市の総水田面積の35.6％にあたる1万410haの水田で震災直後の作付けに影響があったことが調査された。また、作付け不可能水田面積も1,000ha近くあったが、田直し事業の展開で震災後3年でほとんどなくなり、2014年には0となり、被災した農地の復旧はほぼ完成していることがわかる（図6-7）。

農地の復旧とともに、震災後の新しい担い手の育成を目指して実施した営農体制再建支援は、166の集落を対象に実施された。その成果は2014年7月までに66の集落営農組織が形成され、うち31が法人化している。また、100集落で担い手を中心とした生産体制が確立されている。このように、震災を契機として新たな担い手の確保と、担い手を中心とした営農体制が集落を核としながら形成されたことがわかる。また、新しい担い手として農林水産業に関わる女性起業家の育成が積極的に行われ、約60名近い人材を輩出し、地域農業の新しい担い手としての活躍が期待されている。

稲作とともに被災地域の農業の柱であった畜産については、酪農65戸、肉牛22戸、養豚19戸が被害を受けたが、廃業したのは酪農2戸、肉牛7戸、養

図6-7　災害復興基金で復旧した山間地の棚田と山古志の闘牛場（農林統計協会提供写真）

豚1戸にとどまり、震災前の家畜飼養頭数2万7,599頭から、26年には2万1,583頭まで回復している。また、当該地域の特産品として全国的に有名である錦鯉については、新潟県の錦鯉品評会の出品点数が、震災前の1,000点近くまで回復している。

(3) 北海道南西沖地震復興基金の事業実施状況と農林業復興の特徴
1) 北海道南西沖地震の特徴と被害概況

　北海道南西沖地震は、1993年7月12日の22時17分頃に発生したマグニチュード7.8の大地震であり、北海道、東北地方の日本海側では大津波が襲来した。北海道企画振興部南西沖地震災害復興対策室（1995）の記録をみると、とくに震源地近くの奥尻島では、高さが最大21mの津波が襲来し、大きな被害をもたらした。北海道南西沖地震による被害は、死者・行方不明者226名、住宅の全壊577棟、半壊213棟のほか、道路、港湾、漁港、漁船等などに大きな被害をもたらし総被害額は約1,323億円に上っている。特に奥尻町の被害の割合が死者・行方不明者の87.6％、住宅の全壊・半壊の66.5％を占める大惨事となったことが記されている。

2) 復興を支える復興基金事業の実施状況

　北海道南西沖地震・津波災害からの復旧・復興は、北海道庁の関係各部局を集めて「南西沖地震災害復興対策推進委員会」が設置され、「まちづくり対策」「水産業振興対策」「生活支援対策」の3つのプロジェクトチームによって具体的な復興対策の検討が行われた。

　災害復興基金についても、先行する長崎県の雲仙岳災害対策基金を参考に検討された。その結果、設置の目的は被災者の救済、地域住民の自立支援、そして地域の総合的な復興を支援することに置かれた。また、設置主体は長崎県が主体となって財団方式を採用した雲仙岳災害と異なり、災害救助法が適用された桧山管内の奥尻町、大成町、瀬棚町、北桧山町、後志管内の島牧村の5町村が条例方式で設置した。こうした設置方式を採用した背景には、受けた被害の町村間の大きな格差の存在、被害の状況に応じて国や道の補助制度を有効に活

用した復旧・復興が可能であったこと、さらには被災した町村に配分された義援金の有効活用といった視点から、町村の裁量で迅速に復旧・復興ができる条例方式が採用された。

災害救助法が適用された5町村で設置された復興基金の概要は、表6-10のとおりである。基金の原資はいずれの町村も全体で257億円に達する義援金の配分金が充てられている。その配分額は、甚大な被害を被った奥尻町が132.6億円と最も多い。そのため、本節では、奥尻町における復興基金の活用と復興への貢献を評価していくことにする。なお、いずれの町村でも義援金を原資として設置された基金（以下、義援金基金と呼ぶ）は、住宅取得費の助成、農業・水産業・商工観光業の振興対策のための施設、漁具魚網の再建費、中小企業事業再開費の助成等に活用されている。また、義援金基金事業の特徴として、事業の予定期間が3～4年と短く、短期間での復旧・復興が意図されていることがわかる。

表6-10　北海道南西沖地震復興基金の概要

項目	内容
主体（条例方式）	災害救助法が適用された奥尻町、大成町、瀬棚町、北桧山町、島牧村
目的	・被災者の救済を図り、地域住民の自立を支援するとともに、地域の総合的な復興に寄与すること
基金の規模	・奥尻町　：132.6億円（当初 90.0億円） ・大成町　：　6.0億円（当初 5.9億円） ・瀬棚町　：　6.5億円（当初 6.0億円） ・北桧山町：　7.5億円（当初 6.3億円） ・島牧村　：　5.0億円
基金の財源	・義援金257億円(基金を設立しない被災市町村への配分も含む)
設立年月日	・奥尻町　：1993年12月21日 ・大成町　：　〃　　12月17日 ・瀬棚町　：　〃　　12月21日 ・北桧山町：　〃　　11月24日 ・島牧村　：　〃　　12月20日
事業の予定期間	・3～4年
事業内容	・住宅取得費の助成等 ・農業、水産業、商工観光業の振興対策のための営農施設、漁具魚網の再建費の助成等 ・中小企業事業再開費の助成等

出所：内閣府HP：「防災情報のページ」より筆者作成

3）奥尻町における義援金基金の活用実態と効果

　北海道南西沖地震において奥尻町は、町の存続にかかわる甚大な被害を被った。表6-11に整理したように奥尻町の被害は、死者・行方不明者198人、物的な被害金額は664億円に達している。特に土木被害、林地被害などのインフラへの被害、住宅など個人の生活を脅かす被害、そして農業・水産業・商工業などの産業基盤を脅かす被害が顕著であった。

　図6-8は、大分類した被害項目別の被害金額割合を示したものである。これからも明らかなように、道路、港湾、漁港、空港などの被害が48.7％と被害総額の半分を占めている。林業被害も23.8％と大きく、林地も大きな被害を被ったことがわかる。水産、住宅などの被害金額も大きいが、内陸部で行われている農業の被害は津波を受けることがなかったため、比較的小さかった。

　このような甚大な被害のうち、住民が受けた個人的な被害の克服に大きな役割を果たしたのが全国から贈られた義援金である。奥尻町には、総額190億円の義援金が集まり、住民の復旧・復興ニーズに応じた町独自の復興対策の展開を支えた。奥尻町における義援金の使用用途をみると、被災者への見舞金とし

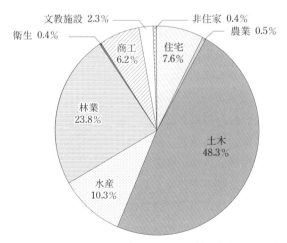

表6-8　北海道南西沖地震で奥尻町が受けた被害金額の項目別割合
出所：表6-11から作成

表6-11 北海道南西沖地震による奥尻町の被害

被害項目		件数、人	被害金額（千円）	被害項目		件数、人	被害金額（千円）
人的被害	死者	172		林業被害	林地	43	15,422,000
	行方不明	26			治山施設	8	312,000
	重傷	50			林道	2	11,658
	軽傷	93			その他	2	66,300
	小計	341			小計	55	15,811,958
住宅被害	全壊	437 (1,242)	3,909,200	衛生被害	水道	2	66,821
	半壊	88 (276)	308,000		病院	3	81,215
	一部破損	827 (2,256)	694,500		廃棄物処理施設	3	138,000
	床上浸水	47 (148)	101,477		小計	8	286,036
	床下浸水	11 (38)	3,300	商工被害	商業	107	1,228,290
	小計	1,410 (3,960)	5,016,477		工業	15	881,700
農業被害	水田	44ha	18,098		その他	82	2,024,210
	畑	10ha	437		小計	204	4,134,200
	農業用施設	14	188,000	文教施設被害	小学校	5	888,183
	共同利用施設	2	10,000		中学校	2	651,256
	営農施設	84	98,400		高校	1	3,068
	その他計		9,376		その他	2	5,500
	小計		324,311		小計	10	1,548,007
土木被害	道路など（道工事）	208	12,186,030	社会教育施設	社会福祉施設	4	11,320
	道路など（町工事）	25	386,000		私立学校		
	港湾	2	9,458,700		公共下水道		
	漁港	8	10,008,000		その他	2	15,897
	空港	1	66,437		小計	6	27,217
	小計	244	32,105,167	非住家被害	全壊	350	287,565
水産被害	漁船	591	3,351,886		半壊	4	5,486
	共同利用施設	49	1,122,921		小計	354	293,051
	その他施設	405	877,043				
	漁具・漁網	938	950,525	総被害金額（千円）			66,420,277
	その他	4	571,478				
	小計	1987	6,873,853				

出所：奥尻町：「蘇る夢の島－北海道南西沖地震災害と復興の概要－」、1996年3月、を一部修正して作成

第6章　災害復興基金の活用による被災者ニーズに対応した復旧・復興の実現と課題　259

ての支出が40億円、災害復旧・防災復興に関わる支出6億円、人材育成・奨学金などの育英基金への支出11億円以外の133億円は復興基金として積み立てられ、復興に関わる町独自の復興事業に活用されることになった。この133億円の復興基金が、奥尻町復興の多様な事業メニューを生み出すとともに、迅速な復興を支えた（表6-12）。

　表6-13は、義援金基金によって実施された73の事業メニューである。また、こうした復興基金による支援施策については、有効活用のためのガイドブックが被災者に配布され、住民自らの自助努力を資金面から支えた。このうち農林業復興支援対策をみると、被災した農業機械や農業施設の修理、新たな取得にかかる経費の一部助成が行われた。具体的には10万円以上の修繕・取得費の3分の2（限度額500万円）が助成対象となった。また、複数の農家が共同で農業機械や倉庫を購入する場合は100％の助成が用意された。老朽化した農業機械（購入後8年以上）の更新整備に対しても3分の2の助成（限度額500万円）が用意された（農業復興特別助成）。

　以上の整理から明らかなように、農業復旧に関わる支援は、津波などで喪失した農業機械の修理・新規購入の助成が中心であり、支援のニーズは決して多様とはいえない。その背景には、奥尻町においては水産業に比較して農業の比重が低いことを指摘できる。それに対して水産関係の助成メニューは、津波で喪失した漁船の修理・購入支援、漁具購入助成、共同利用漁船・倉庫・製氷施設整備への助成、ウニ・アワビ・ホタテ等の漁場回復助成等、実に多様である。

4．東日本大震災からの復興と復興基金の活用実態と課題
（1）東日本大震災復興交付金事業について

　東日本大震災は岩手県、宮城県、福島県の3県を中心として東日本の各地に甚大な被害をもたらした未曾有の広域災害である。その被害の範囲は広域であるため、県単独で復興基金を設営して対応するだけでは復旧・復興は困難であった。そのため、国は東日本大震災復興交付金制度を整備して復興に取り組むことにした。

　復興交付金は、復興特区法に基づき、東日本大震災により著しい被害を受け

表 6-12 奥尻町の義援金収支

＜義援金収入の内訳＞	
・日赤からの配分額	13,284,135
・北海道からの配分額	2,178,400
・奥尻町受付額	3,585,201
収入合計	19,047,736
＜支出内訳＞	
・人的被害見舞金	629,100
・住家被害見舞金	2,042,500
・農業・漁業・商工業見舞金	1,337,100
被害者配分支出額（小計）	4,008,700
・被災者救援物資等購入費	19,553
・犠牲者1周年追悼式典費	20,500
・復興チャリティショー負担金	4,000
・地域防災計画作成事業委託費	10,317
・観音山壁画設置負担金	19,296
・生涯学習センター設置委託費	34,608
・被災地区造成事業公共用地購入費	461,749
・各学校へ	26,880
・各幼稚園へ	163
災害復旧・防災対策等既支出額（小計）	597,066
・復興基金積立て（1993年12月）	9,000,000
・復興基金積立て（1994年12月）	4,180,774
・復興基金積立て（1995年3月）	682
・復興基金積立て（1995年3月）	47,411
・復興基金積立て（1995年9月）	130,613
・利息分	38,691
復興基金積立て額（小計）	13,320,789
・後継者人材育成基金	1,000,000
・北海道南西沖地震育英基金	50,000
・北海道南西沖地震奨学資金基金	50,000
その他基金積立額（小計）	1,100,000
＜支出予定額＞	
・被災者配分見舞金及び災害復旧・防災対策等（追加発注分）	19,932
・復興基金積立て予定額	1,249
小計	21,181
支出合計	19,047,736

出所：奥尻町：「北海道南西沖地震奥尻町記録書」、1996、p231 より作成

第6章 災害復興基金の活用による被災者ニーズに対応した復旧・復興の実現と課題

表6-13 奥尻町災害復興基金による事業一覧

1. 住民の自立復興支援	・小型漁船巻揚施設整備助成	・被災公園復興整備
・生活福祉資金利子補給	・漁具購入助成及び利子補給	**7. 住民活動の復興支援**
・災害援護資金利子補給	・ウニ・アワビ・ホタテ深浅移植助成	①住民活動関連対策
・冬季暖房用灯油等購入費助成	・鮮魚運搬費用助成	・高齢者スポーツ団体活動資材整備助成
・在宅福祉サービス負担金助成	・製氷貯氷冷凍冷蔵施設整備	・奥尻三大祭復興支援
・通学通勤交通費助成	・アワビ資源回収支援センター整備	・地域お祭り復興支援
2. 商工・観光業の復興支援	**4. 防災関連の復興支援**	②住居安定
①商工業振興対策	・防災行政無線戸別受信機購入助成	・応急仮設住宅転出費用助成
・中小企業再開費助成	・町内会各地域避難路整備助成	・住宅解体費助成
・中小企業振興資金，災害資金利子補給	・水難救難所体制強化支援	・住宅基礎上げ工事費助成
②観光振興対策	・避難所等非常用電源確保及び無線機整備	・住宅取得費助成
・観光案内板整備費助成	・災害用保安帽支給	・家具・家財購入費助成
・地域イベント開催費助成	・防災ハンドブック作成	**8. その他復興支援**
・観光復興大型イベント開催費助成	・緊急避難用袋配布	・被災児童生徒特別教育資金支給
・観光復興キャンペーン助成	・避難広場照明施設整備	・郷土芸能保存強化整備助成
・観光案内所設備整備助成	・災害対策用備蓄飲料水整備	・人材育成地域交流助成
・賽の河原休憩所整備助成	**5. まちづくりの復興支援**	・漁業青色申告会運営費助成
3. 農林水産業の復興支援	・青苗地区下水道整備助成	・共同テレビ受信施設復興支援
①農林業振興対策	・定住促進土地購入・住宅整備助成	・津波犠牲者慰霊碑建立
・営農施設等再建費助成	・神威脇町内会温泉施設復興支援	・生涯学習センター建設
・米穀共同利用施設整備助成	・防犯街灯等整備	・高齢者生活福祉センター建設
・農業復興特別助成	・まちづくりに係る公共用地取得	・北海道南西沖地震災害記録誌作成
②水産業振興対策	・まちづくりに係る分譲用地取得	・災害応急仮設住宅整備
・共同利用漁船建造費及び利子補給	・地域ゴミステーション整備	・神威脇町温泉保養所被災機器改修
・共同利用中古船購入費助成	・被災地区まちづくり等復興整備	・その他特別復興対策支援
・水産業共同利用施設整備助成	**6. 公園の復興支援**	
・小型漁船船外機整備費助成	・津波資料館建設	
・共同利用倉庫整備助成	・青苗墓地公園整備	

出所：内閣府HP：「防災情報のページ」より筆者作成

た地域における復興に必要な事業を一括した1つの事業計画の提出により、被災地方公共団体へ交付金を交付するものであり、被災地の復興を支える中核的な制度と位置付けられた。関連する事業の一括化のほか、自由度の高い効果促進事業の実施と地方負担の手当て等、柔軟な仕組みを採用している。

具体的には、被災地方公共団体の復興地域づくりに必要な基幹となるハード

事業（5省40事業）を用意するとともに（表6-14参照）、基幹事業に関連して被災県・市町村が自主的かつ主体的に実施する事業に対して補助率80％で自由度の高い資金の活用を可能にしている。また、基幹事業に係る地方負担分の50％を追加的に国庫補助するとともに、生じる地方負担は地方交付税の加算により全額手当てすることにしている。なお2016年度以降に計上された復興交付金予算を財源として実施された効果促進事業については、地方負担の95％を手当てすることにしている。また、交付金を有効に活用するために基金を設置するとともに、交付・繰越・変更等の諸手続の簡素化を行っている。

（2）県レベルで設立された東日本大震災復興基金の特徴

雲仙岳災害で初めて設立された復興基金については、地方交付税交付金を基本としながら、義援金、寄付金、宝くじなどの資金を活用し、財団方式によって資金から得た利子を運用するという形が採用された。しかし、北海道南西沖地震の復興基金は、義援金を原資として被災市町村ごとに条例を作って町村が主体となって取り崩し型で活用された。

一方、東日本大震災の場合は、その被災地域が東日本の広域にわたるとともに、低金利時代で基金の運用利子の確保が期待できないことから取り崩し型復興基金で運用されることとなった。2011年10月17日に総務省から提供された報道資料をみると、取り崩し型復興基金の創設目的は、地域の実情に応じて、住民生活の安定やコミュニティの再生、地域経済の振興・雇用維持等について、単年度予算の枠に縛られずに弾力的かつきめ細かに対処できる資金として復興基金を創設したと強調されている。基金創設の対象は、特定被災地方公共団体である9県（青森県、岩手県、宮城県、福島県、茨城県、栃木県、千葉県、新潟県、長野県）とし、特別交付税により措置された。措置予定額は2,000億円程度であり、運用型基金に換算すれば2兆3,000億円規模に相当するとしている。運営方式は、各県の判断で直営方式にするか財団方式にするかは任せられたが、いずれの県でも直営方式が採用された。

以下、県レベルで設立された復興基金の特徴と課題を、特に甚大な被害を受けた岩手県、宮城県、福島県の復興基金から考察する。

表6-14　東日本大震災復興交付金基幹事業一覧

番号	事業名
文部科学省	
A-1	公立学校施設整備費国庫負担事業（公立小中学校等の新増築・統合）
A-2	学校施設環境改善事業（公立学校の耐震化等）
A-3	幼稚園等の複合化・多機能化推進事業
A-4	埋蔵文化財発掘調査事業
厚生労働省	
B-1	医療施設耐震化事業
B-2	介護基盤復興まちづくり整備事業（「定期巡回・随時対応サービス」や「訪問看護ステーション」の整備等）
B-3	保育所等の複合化・多機能化推進事業
農林水産省	
C-1	農山漁村地域復興基盤総合整備事業（集落排水等の集落基盤、農地等の生産基盤整備等）
C-2	農山漁村活性化プロジェクト支援（復興対策）事業（被災した生産施設、生活環境施設、地域間交流拠点整備等）
C-3	震災対策・戦略作物生産基盤整備事業（麦・大豆等の生産に必要となる水利施設整備等）
C-4	被災地域農業復興総合支援事業（農業用施設整備等）
C-5	漁業集落防災機能強化事業（漁業集落地盤嵩上げ、生活基盤整備等）
C-6	漁港施設機能強化事業（漁港施設用地嵩上げ、排水対策等）
C-7	水産業共同利用施設復興整備事業（水産業共同利用施設、漁港施設、放流用種苗生産施設整備等）
C-8	農林水産関係試験研究機関緊急整備事業
C-9	木質バイオマス施設等緊急整備事業
国土交通省	
D-1	道路事業（市街地相互の接続道路等）
D-2	道路事業（高台移転等に伴う道路整備（区画整理））
D-3	道路事業（道路の防災・震災対策等）
D-4	災害公営住宅整備事業（災害公営住宅整備事業、災害公営住宅用地取得造成費等補助事業等）
D-5	災害公営住宅家賃低廉化事業
D-6	東日本大震災特別家賃低減事業
D-7	公営住宅等ストック総合改善事業（耐震改修、エレベーター改修）
D-8	住宅地区改良事業（不良住宅除却、改良住宅の建設等）
D-9	小規模住宅地区改良事業（不良住宅除却、小規模改良住宅の建設等）
D-10	住宅市街地総合整備事業（住宅市街地の再生・整備）
D-11	優良建築物等整備事業（市街地住宅の供給、任意の再開発等）
D-12	住宅・建築物安全ストック形成事業（住宅・建築物耐震改修事業）
D-13	住宅・建築物安全ストック形成事業（がけ地近接等危険住宅移転事業）
D-14	造成宅地滑動崩落緊急対策事業
D-15	津波復興拠点整備事業
D-16	市街地再開発事業
D-17	都市再生区画整理事業（被災市街地復興土地区画整理事業等）
D-18	都市再生区画整理事業（市街地液状化対策事業）
D-19	都市防災推進事業（市街地液状化対策事業）
D-20	都市防災総合推進事業（津波シミュレーション等の計画策定等）
D-21	下水道事業
D-22	都市公園事業
D-23	防災集団移転促進事業
環境省	
E-1	低炭素社会対応型浄化槽等集中導入事業

出所：復興庁ホームページより筆者作成

1）岩手県・東日本大震災津波復興基金
＜設立概況＞
　岩手県では、東日本大震災からの復旧・復興に関わり、新たに設立した基金と既存の基金を併用して様々な支援事業を展開している。こうした基金の一覧は、次のとおりである。

　　東日本大震災津波復興基金／消費者行政活性化基金／再生可能エネルギー設備導入等推進基金／災害廃棄物基金／障害者自立支援対策臨時特例基金／介護サービス施設整備等臨時特例基金／子育て支援対策臨時特例基金／自殺対策緊急強化基金／地域医療再生等臨時特例基金／緊急雇用創出事業臨時特例基金／森林整備加速化・林業再生基金／いわての学び希望基金／東日本大震災復興交付金基金／高等学校生徒等修学等支援基金／

　基金の中心になるのが、2011年12月16日に岩手県または岩手県内の市町村が実施する東日本大震災の津波からの復興を図るために設置された東日本大震災津波復興基金である。当該基金は、国からの特別交付金420億円（210億円は市町村に配分）に加えて、クウェートからの寄附金84億円と一般寄付金6億円を原資として設立された。

　岩手県に対する復興交付金として、国から支給される交付金額と契約状況は、次のとおりである（岩手県HP、2016年9月19日閲覧より作成）。

執行年度	交付額（億円）	契約済額（億円）	契約率（％）
2011年度	31.1	10.4	33.4
2012年度	360.7	82.2	22.8
2013年度	341.1	154.9	45.4
2014年度	409.5	206.8	50.5
2015年度	148.7	392.6	264.0
2016年度	124.4		

　復興交付金は複数年度にまたがって使用できるため、契約率は2014年度までは毎年100％を下回っていた。しかし、2015年度は264％と大幅に年度内の交付額を上回る契約状況になっている。復興に関わり県が担当する事業は、いずれも長期にわたるインフラの復旧・整備、被災した住宅・学校・公共施設の

復旧、さらには高台移転等の生活再建に関わるものが多く、復興の進捗状況に応じて契約額は変化する性格を持つものである。

＜復興交付金の活用場面の特徴と進捗状況（農林水産事業以外）＞

　復興交付金で実施されている事業は省庁ごとに所管が分かれている。農林水産省以外の省庁の事業の特性と進捗状況についてみていく。

　①文部科学省関連事業は、遺跡調査、埋蔵文化財発掘、地区の子供園・保育所・幼稚園整備や機能強化等の事業であり、津波被災市町村を対象に実施されている。いずれも都道府県に対して交付金が交付され、全体事業費は5.25億円である。事業期間は24〜28年が中心であるが2012年度単年の事業もある。多くの事業は2012〜2013年度に集中的に実施されている。2015年度までの交付額に対する契約済額の比率は79.8％であり、比較的事業は順調に進んでいる。

　②厚生労働省関連は、地区の子供園・保育所・幼稚園整備や機能強化等の事業であり、文部科学省と連携しながら事業を実施している。岩手県に交付される全体事業費は7.9千万円、事業は2012〜2016年の間に実施されており、予算の執行残額はない。

　③国土交通省関連は、まちづくり連携道路整備、災害公営住宅整備、災害復興型賃貸住宅整備、特別家賃低減事業、県営住宅改修、住宅再建相談、市街地復興に関わる事業であり、被災したすべての市町村に対してセットで実施している。また陸前高田市、山田町では防災型シンボルロード調査事業を実施している。岩手県に交付される全体事業費は1,575億円で、事業期間は事業によって異なるが長いものでは2012〜2020年となっている。2015年度までの交付額に対する契約済額の比率は55.4％であり、事業の進捗状況はほぼ半ばであり、被災者からは復興の迅速化が待望されている。

＜復興交付金の活用場面の特徴と進捗状況（農林水産事業）＞

　農林水産省関連は、被災した多くの沿岸市町村に対して漁業集落防災機能強化、漁港施設機能強化、農用地災害復旧関連区画整理、復旧基盤総合整備、漁業集落復興効果促進等を実施し、津波で大きな被害を受けた漁港と漁業集落の整備、漁業地域に付帯する農地の整備に関わる事業を実施している。また、地域の特性にしたがって、中山間地域総合整備、総合営農拠点総合整備、穀物乾

燥・貯蔵調整施設整備、果樹等集出荷施設整備、大規模園芸団地整備、次世代農業技術開発拠点整備、岩手県水産センター施設の災害復旧、共同利用資機材整備、被災農家農業用機械リース事業、地区農産加工施設・集会施設整備、集落排水事業、ミニライスセンター整備、観光船発着施設整備、野菜加工施設等、多様な復興支援事業を展開している。

　岩手県に交付される全体事業費は437.6億円で、事業期間は事業によって異なるが長いものでは2012〜2020年となっている。交付額に対する2015年度までの契約済額の比率は75.1％であり、事業の進捗状況は良好であり、順調に復興が進んでいることがわかる。

2）宮城県における東日本大震災に関わる復興基金の設立と活用
＜東日本大震災復興基金設立状況＞

　宮城県の東日本大震災復興基金は、国の交付県による基金制度に先駆け、2011年8月に設立された。設立にあたっては、基金そのものを事業費に充てる取り崩し型の基金方式が採用され、設置期間を2020年度までの10年間とした。基金による事業は、緊急性が考慮され、養殖業再生事業、中小企業等施設設備復旧支援事業等の地域産業復興への活用が目指され、160億円の基金が整備された（特別交付税92億円、県への寄附金約42.5億円、ヤマト福祉財団からの助成金が26億円）。その後、10月17日に国は東日本大震災に関わる取り崩し型復興基金を1,960億円の規模で創設し、宮城県には660億円の特別交付税が配分され、東日本大震災復興基金に積み増しされた。またクウェート国からの支援金162億円なども復興基金に積み立てされた。これらの情報は、宮城県のホームページ www.pref.miyagi.jp/pdf/kiki/07dai7syou.pdf による。

　なお、宮城県では東日本大震災復興基金とともに、県が独自で実施する公共施設の整備や地域振興施策の展開に利用する「地域整備推進基金」を設立している。基金の原資としては、ふるさと納税、一般の寄付金、兵庫県からの寄付金15億円、中央競馬会からの寄付金6億円等を充てている。なお、サントリーホールディングスからの寄付金30億円は、県の直接事業に充当されている。

＜東日本大震災復興基金の活用実態（農林水産業以外）＞
　宮城県の東日本大震災復興基金は、被災者や被災した企業等の自己負担の軽減を目的とした支援活用を実施している。具体的には、被災者の生活支援、教育支援、農林水産業支援、商工業支援等の約 51 の事業を実施した。農林水産業を除く支援事業の項目と支援金額は、表 6-15 に整理した。
　事業としては、国庫補助の対象とならない私立の保育所・学校・老人福祉施設、社会福祉施設の復旧支援と、商工業支援、文化財の復旧が対象となっている。2012 年度の事業実績は少なく、2013 年度から本格的な支援が開始された。膨大な震災処理業務の中で事業に対する理解と受け手側の組織構築が難しく事業への対応が遅れたことがわかる。事業実績をみると、仮設住宅共同施設の維持管理、商業機能回復支援費の占める比重が大きく、事業費の事業間格差は大きい。

表 6-15　宮城県東日本大震災復興基金の事業実施状況

農林業以外の支援事業項目		事業実績（百万円）		
		2014 年度	2013 年度	2012 年度
①被災者の生活支援	仮設住宅共同施設維持管理費	482	491	
	老人福祉施設等復旧特別支援費		22	34
	認可外保育施設利用者支援費	32	33	
	私立保育所復旧特別支援費		15	1
	障害福祉施設等復旧特別支援費		21	32
	住宅再建支援費	56	96	
②教育支援	私立学校施設設備復旧特別支援費	9	171	
	私立博物館復旧支援費			6
	県立高校部活動用品備品復旧支援費			13
	被災有形文化財等復旧支援費			2
	指定文化財等災害復旧特別支援費	4	11	
③商工業支援	復興企業相談助成費	9	8	
	中小企業販路開拓・取引拡大支援費	8	7	
	みやぎ雇用創出対策費	11		
	商業機能回復支援費	360	621	
	観光施設再生・立地支援費	44	155	
	中小企業等施設整備復旧支援費	131	577	

出所：http://www.pref.miyagi.jp/soshiki/zaisei/kifu.html より作成

一方、地域整備推進基金の事業項目の実績をみると、震災・復興記録、県外避難者支援、特養老人ホームの建設、農林水産業における新事業創出、被災地交流施設の整備、自然発見、全国的なイベント開催などに支援が行われている。事業実績では特養老人ホーム建設、被災地交流施設建設などの上物建設への支援が大部分を占めている（表6-16）。

宮城県に対する復興交付金の交付額、契約額と契約率は、以下のとおりである。

執行年度（平成）	交付額（億円）	契約済額（億円）	契約率（％）
2011年度	19.8	2.4	12.1
2012年度	378.0	190.7	50.4
2013年度	619.3	222.2	35.9
2014年度	608.8	334.2	54.9
2015年度	361.7	286.2	79.1
2016年度	107.1		

契約率の数字をみると、年々利用率は高まっているが、年度単位では交付額を処理できていないのが現実である。

＜復興交付金の活用場面の特徴と進捗状況（農林水産事業以外）＞

宮城県において復興交付金で実施している基幹事業（農林水産業以外）の特性と進捗状況を次にみる。

①文部科学省関連事業は、石巻市の1カ所でこども園の移転新築事業が行わ

表6-16　地域整備推進基金の活用状況

地域整備推進基金の主な事業	事業実績（百万円）		
	2014年度	2013年度	2012年度
大震災検証記録作成支援費	35	9	
みやぎ県外避難者支援費	28	16	
特別養護老人ホーム建設費	315	550	
農林漁業者等地域資源活用新事業創出支援費	9	6	
被災地域交流拠点施設整備支援費	284	156	
森・里・川・海がつながる宮城の自然再発見費	10		
全国産業教育フェア宮城大会開催費	11		

出所：http://www.pref.miyagi.jp/soshiki/zaisei/kifu.html より作成

れている以外は、全ての被災市町で埋蔵文化財発掘調査が実施されている。全体事業費は1.17億円、事業期間は2012～2016年が中心である。2015年度までの交付額に対する契約済額の比率は50.2％であり、執行残高が発生している。

②厚生労働省関連は、地区の子供園・保育所・幼稚園の移転新築、保育所・子育て支援センターの整備や機能強化、介護基盤復興等の事業が実施されている。宮城県に交付される全体事業費は3.8億円で、事業は2012～2016年の間に実施されており、予算の執行残額はない。

③国土交通省関連は、市街地復興効果促進事業、市街地相互の接続道路事業、防災公園や復興祈念公園整備、広場整備を多くの市町村で実施している。宮城県に交付される全体事業費は1,361億円で、事業期間は事業によって異なるが長いものでは2012～2020年となっている。2015年度までの交付額に対する契約済額の比率は23.4％であり、事業の進捗状況は岩手県と比較して低い。

＜農林水産業の復興支援＞

東日本大震災で甚大な津波被害を受けた宮城県では、沿岸の市町村を中心に農林水産業は壊滅的ともいえる大きな被害を受けた。農林水産業の復興に関しては、津波被害を受けた農地、水利施設、漁港、漁業施設、堤防などのインフラ復旧に莫大な国家予算が投入された。しかし、被災者個人をみた場合、津波による自宅の破壊、農業機械・施設、漁船・漁網などの破壊が重なり、産業としての農林水産業の持続が困難となった。そのため、個人等に対して生活支援、農林水産業の復旧・復興のための支援が強く求められた。

こうした状況下で、宮城県は表6-17に示した農林水産業の復興支援事業を展開した。これをみると、漁船や定置網の共同購入などに対して2012年度と2013年度にそれぞれ10億円が投入されたが、その他の支援は必ずしも緊急性が高くて、被災者のニーズに沿ったものになっているとはいえない。県段階の復旧支援事業としては、特定の地域だけを重点的に支援できないという事情があるものの、市町村の復興基金事業との緊密な連携が不可欠であることがわかる。

表6-17 宮城県が実施した農林水産業の復興支援

農林水産業関連の支援事業項目		事業実績（百万円）		
		2014年度	2013年度	2012年度
農林水産業支援	食産業「再生期」スタートダッシュプロジェクト推進費	41		
	県産農林水産物イメージアップ推進費	4	10	
	特用林産物産地再生支援費	5		
	小規模農地等復旧支援費	7	72	
	水産業団体被災施設等再建整備支援費	60	13	
	小型漁船及び定置網共同化支援費		1,000	1,000
	養殖用資機材等緊急整備支援費	61	305	
	宮城県農業生産復旧緊急対策費			204

出所：http://www.pref.miyagi.jp/soshiki/zaisei/kifu.html より作成

＜復興交付金の活用場面の特徴と進捗状況（農林水産事業）＞

　農林水産省関連の復興交付金は、被災した多くの沿岸市町村を対象に農山漁村復興基盤総合整備、農地整備、共同乾燥調製施設整備、施設園芸団地整備、農業用機械整備、農山漁村活性化プロジェクト支援、集落防災機能強化、地域農業復興総合支援、被災農地の早期復興技術の開発、いちごファーム・団地造成事業、花き・野菜団地造成事業、いちご選果場の整備等、震災後の新たな農業創造のための取り組みを展開していることがわかる。また、漁業・水産業に関しては、漁港施設機能強化、水産技術総合センター実験棟の復旧整備、漁港環境整備、気仙沼水産試験場復旧、漁業集落復興効果促進、漁港施設用地嵩上げに関わる事業等、津波で壊滅的な打撃を受けた漁港の復旧、水産業の復興基盤整備や漁業集落の防災に関わる取り組みを展開している。

　宮城県の農林水産業の復興に交付される全体事業費は1,585億円で、事業期間は事業によって異なるが長いものでは2012〜2020年となっている。交付額に対する27年度までの契約済額の比率は75.1％であり、事業の進捗状況は良好であり、農林水産業の復興が順調に進んでいることがわかる。

3）福島県東日本大震災復興基金の設立と活用
＜復興基金の設立状況＞

　東日本大震災において福島県の太平洋沿岸部の浜通り地域では、甚大な津波被害を受けるとともに、東京電力福島第一原子力発電所のメルトダウンに伴う放射能汚染と風評が深刻化し、その復興の糸口さえ見い出せない困難な状況に陥った。特に福島第一原発のメルトダウンの影響は大きく、多くの人々が故郷から避難し、現在に至るも多くの人々は故郷に帰還していない。また、避難指示区域に指定されずに避難をしなかった地域の住民も健康不安と戦うとともに、風評により農林水産業生産の復興が大きく遅れている。

　こうした出口の見えない困難な復興課題に取り組むために、2011年9月に、県民健康管理基金、除染基金、東日本大震災復興交付金基金、原子力被害対応対策基金、東日本大震災災害廃棄物処理基金の5つの基金が設立されるとともに、2014年2月には長期避難者生活拠点形成資金が、2015年2月には中間貯蔵施設等影響対策及び災害復興基金が設立された（表6-18）。これらの基金は、いずれも取崩型の基金であるとともに、毎年基金に積立が行われ、基金が不足しないように配慮されている点が、他の基金と異なっている。

＜県民健康管理基金と除染基金＞

　県民健康管理基金は、原発事故による災害及びその影響評価のための「県民健康調査」等を実施するとともに、市町村における個人積算線量計の整備等に関わる経費を補助するために設立された基金で、基金事業の期間は2011年〜2040年度の30年間と長期にわたる。特に放射線の影響が強く表れる可能性が高い子どものがん検診、子ども、妊婦への積算線量計配布等が重点的に実施されている。962億円が基本基金として積み立てられるとともに、毎年新規積立が行われ、2015年度末でも790億円の残高が確保され、長期の事業展開に備えている。

　除染基金は、環境省及び内閣府より交付された補助金を財源に基金を造成し、放射性物質汚染対処特措法に基づき市町村が実施する除染対策事業等に対し交付金を交付する基金である。当初の基金額は1,844億円で、執行状況に従って毎年新規の積立が行われ、市町村のニーズに従って柔軟に対応されている。特

表 6-18 東日本大震災からの復興で福島県に設立された復興基金とその利用状況

年次	項目	県民健康管理基金(億円)	除染基金(億円)	原子力災害対応・復興基金(億円)	東日本大震災復興交付金基金(億円)	原子力被害応急対策基金(億円)	東日本大震災廃棄物処理基金(億円)	長期避難者生活拠点形成基金(億円)	中間貯蔵施設等影響対策及び災害復興基金(億円)
設立年次		2011年9月	2011年9月	2011年12月	2011年9月	2011年9月	2011年9月	2014年2月	2015年2月
基金額		962	1,844	3,994	384	404	124	234	1,650
2011年	新規積立額	250	863	72	△364	0	△49		
	取崩額	165	99	292	0	14	73		
	2011年度末残高	1,047	2,608	3,774	20	390	2		
2012年	新規積立額	71	940	1,321	452	49	9		
	取崩額	73	2,617	441	55	373	10		
	2012年度末残高	1,045	931	4,654	417	66	1		
2013年	新規積立額	22	2,724	255	141	16	80		
	取崩額	61	1,502	1,045	236	27	12		
	2013年度末残高	1,006	2,153	3,864	322	55	69		
2014年	新規積立額	21	1,325	112	208	0	0	660	
	取崩額	142	2,841	1,084	156	25	12	132	
	2014年度末残高	885	637	2,892	374	31	57	762	
2015年	新規積立額	20	1,601	138	0	0	0	260	0
	取崩額	115	2,147	1,167	235	15	12	318	62
	2015年度末残高	790	90	1,863	140	16	46	704	1,588

出所：福島県財政課：「東日本大震災後における財政上の対応と課題」2015年6月公表資料より筆者作成

に2012年から27年にかけては2,000億円以上の除染費用が利用されており、各市町村で除染が最重要事項として取り組まれたことがわかる。

＜原子力災害等復興基金＞

　原子力災害等復興基金は、文科省関連事業として放射線医学研究開発拠点整備、放射線核種の生態系における環境動態調査、低線量地域における被ばく線量モニターの開発、福島県環境創造センター整備などに、農水省事業としては農林水産再生研究拠点整備費が、経産省事業としては医療福祉機器・創薬産業拠点整備事業、医療機器産業拠点整備などに、内閣府（消費者庁）事業としては地方消費者行政活性化交付金等に関わる事業が実施されている。

　福島県原子力被害応急対策基金では、原子力災害による風評被害払しょくを

目的に、観光客・消費者・流通業者等への安全性 PR、放射性物質検査情報発信のために市町村が実施する地域ブランドイメージ回復事業や観光復興キャンペーン事業等が実施されている。この活動支援は、2014 年度に集中的に実施されたが、その後は基金が大きく減少したこともあり、それほど活用されていない。

＜東日本大震災復興交付金基金＞

福島県が実施主体となる東日本大震災復興交付金基金事業における復興交付金の交付額、契約額と契約率は、以下のとおりである。

執行年度	交付額（億円）	契約済額（億円）	契約率（％）
2011 年度	5.1	3.7	72.5
2012 年度	122.5	47.6	38.9
2013 年度	298.6	173.4	58.1
2014 年度	196.3	203.7	103.8
2015 年度	212.7	154.3	72.5
2016 年度	61.2		

契約率の数字をみると、利用率は年次間の変動が大きく、一定の傾向は認められない。2011～2015 年度までのトータルの契約率は 64.6％であり、2016 年度の基金残高は 276 億円である。

文部科学省関連の事業は埋蔵文化財発掘調査事業であり、2016 年度までの累計交付額は 2.9 億円、契約額 1.3 億円である。

農林水産省関連事業は、林業研究センター施設管理、園芸産地（いちご）復興プロジェクト支援、水産種苗研究施設整備、道の駅情報館改修、農山漁村地域復興基盤総合整備（漁港環境）、調査船建造、地区防災対策検討、農地整備、農地防災、水産関係試験研究機関緊急整備、農業用施設等整備、漁港環境整備、木質バイオマス発電、農業経営高度化支援、農業復興計画に関わる事業を展開している。2011～2016 年度の交付額は 289.7 億円で、契約率は 53.3％と低い。

国土交通省関連事業は、災害公営住宅整備、県営住宅管理システムプログラム機能追加、市街地相互の接続道路整備、防災緑地基本計画策定、市街地復興効果促進、交通インフラ検討等の事業が実施されている。2016 年度までの累計

交付額は603.9億円で契約率は70.2%である。

＜東日本大震災災害等廃棄物処理基金＞

　東日本大震災災害等廃棄物処理基金は、東日本大震災における被災地域の迅速な復興を図るため、災害廃棄物の処理を支援するために設置された基金である。この基金は、災害廃棄物の収集、運搬及び処分に関わる事業を支援する。長期避難者生活拠点形成基金は、福島特措法に基づき、福島県および避難先市町村等が共同して、避難先市町村における災害公営住宅の整備を推進する国からの交付金に基づいて形成された基金であり、2014年から実施された。中間貯蔵施設整備等影響緩和交付金基金は、中間貯蔵施設等の建設等に伴う影響を緩和するために必要な生活再建及び地域振興等に関わる幅広い事業を実施するための交付金であり、2015年から開始された。

＜復興基金による農林水産業の復興＞

　福島県で設立された復興基金の多くは、原子力災害からの復興を目指しており、その対象は「住民の健康」「放射能に汚染された物質の除去と処理」「地域再生対策」「風評対策」に分けられる。福島県における農林水産業の復興対策は、放射能汚染物質の除去が行われない中で実施するのは困難であり、避難地域ではほとんど取り組まれていないといっても過言ではない。こうした中で、復興庁は、避難区域等における営農再開に向けた基金（232億円規模）を設立し、除染農地の除草、カリ肥料の施用等の活動を支援する事業を2013年から実施している。当該事業の目標は、避難区域において、2017年度までに農地面積の6割で営農再開を目指すものであり、次の3段階のステップによる復興を目指している。

　第1ステップは、除染後の農地の除草対策と鳥獣害被害対策と放れ家畜に対する対策である。特に担い手が地域外に避難している状況下での除染農地の除草対策は、莫大な除染費用をかけて実施した除染を無効にする可能性があり、除染後の農地管理システムの早急な確立が求められる。第2ステップは、除染後の農地で果たして放射性物質などの吸収抑制対策を施して、基準値を下回る作物の生産が可能であるか否かに関する実証試験を実施して、除染した農地での営農を希望する農家の支援を行うステップである。第3ステップは、担い手の

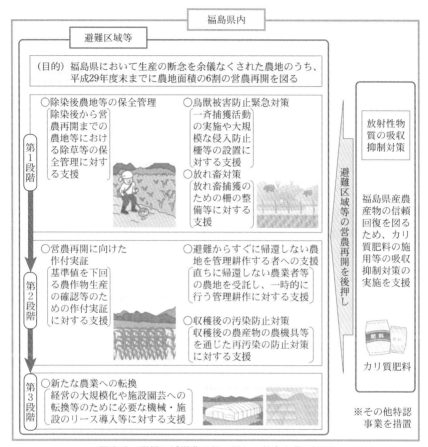

図6-9 避難区域営農再開に関わる基金事業の概要
出所：福島県営農再開支援事業説明資料より

経営規模拡大、施設園芸など放射性物質の影響を受けない新たな農業の展開を支援するステップである（図6-9）。

（3）市町村レベルで設立された東日本大震災復興基金の特徴

　ここでは、被災者・被災地のニーズに従った復旧・復興事業を推進するために、被災した市町村レベルで設立された災害復興基金の特徴について把握する

ため、岩手県陸前高田市、宮城県仙台市、福島県南相馬市を取り上げて検証する。

1）岩手県陸前高田市

　岩手県陸前高田市は、東日本大震災で発生した大津波により、中心市街地のほぼ全域や沿岸集落の大半を含む約1,300haにも及ぶ浸水や地震よる地盤沈下、津波による浸水で大規模な被害を受けた。市内全体の建物被害では全壊3,159戸を含む3,368戸が被災し、人的被害も、発災時の総人口2万4,246人に対して、死者・行方不明者を合わせて2,000名近い方々が犠牲となるなど、甚大な被害を受けた。高田松原海岸の防潮堤は原型を一部残すのみで壊滅的な被害を受け、国指定名勝高田松原も原型をとどめない被害を受けた。

　陸前高田市東日本大震災復興基金条例は2011年12月26日に設置された。基金として積み立てる資金は、岩手県の東日本大震災津波復興基金市町村交付金とその他の収入をもって充てられ、取り崩し型で運用される。条例の有効期間は、2019年3月31日までと決められている。

　表6-19は、陸前高田市において市と岩手県が実施した復興交付金基金を活用した個別の事業を筆者が分類集計して整理したものである。事業金額の推移をみると、2012年から2016年までで400億円を超える事業金額に達しており、この期間に復興が精力的に実施されたことがわかる。特に津波で市街地が消滅するような壊滅的な被害を被ったことから、集団移転を中心に復興拠点・都市再生・防災まちづくりに半分以上の事業予算が投入されている。なお、これらの予算は市単独の復興基金で賄うのは困難であり、県の交付金基金から多くが支出されている。また、家を津波で流された人々に対する公営住宅、市営・県営住宅の整備や家賃の減額に関わる事業予算も多くを占めている。2012年度は、市の産業の中核をなす漁業・水産業に関わる集落防災機能強化、さらには水産共同施設の整備に集中的に予算が投入された。農林業の復旧・復興は、2012～2014年度に集中的に実施されている。

　さらに津波被害で市内の小中学校4校が全壊するとともに、多くの学校が地震・津波被害を受けた。こうした小中学校の復旧・復興を図るため、2011年7

第6章　災害復興基金の活用による被災者ニーズに対応した復旧・復興の実現と課題　277

表6-19　陸前高田市・復興交付金基金事業の事業実績

事業項目分類	事業実施主体	2011年度	2012年度	2013年度	2014年度	2015年度	2016年度	全体事業費	事業期間
小中学校・保育所の統合・整備	市		490,755	372,234	272,951	202,205	37,312	2,665,828	2012-2018
災害公営住宅、市・県営住宅整備、家賃支援	市・県	407,000	6,433,200	5,846,222	10,133,533	4,391,812	1,020,221	34,171,167	2012-2020
集団移転・危険住宅移転	市	156,600	5,356,330	18,616,535	11,894,339	3,742,699	0	40,857,790	2011-2018
道路整備	市・県		314,000	1,110,000	5,943,724	3,821,338	876,909	15,923,488	2012-2018
復興拠点・都市再生・防災まちづくり	市・県	503,400	26,132,251	19,939,596	19,817,797	28,569,195	6,846,287	144,795,180	2012-2020
復興拠点施設・祈念公園	市・県		38,000	90,580	93,306	271,400	218,280	3,898,834	2012-2020
下水道・浄化槽整備	市		438,756	782,286	311,256	32,000	1,518,777	7,480,318	2012-2020
埋蔵文化財・遺跡発掘調査	市		148,942	226,916	21,274	31,139	70,361	498,622	2012-2020
農林業の復興	市・県		1,296,959	2,910,575	1,617,199	30,000	0	5,854,733	2012-2020
漁業集落防災機能強化・水産業共同施設整備	市		5,540,650	299,000	336,000	39,087	300,932	7,584,278	2012-2020
地下埋設物等撤去・土砂仮置き場整備	市			919,000	776,183	754,417	1,576,533	4,955,509	2013-2018
年度別事業金額（千円）		1,067,000	46,189,843	51,112,944	51,217,562	41,885,292	12,465,612	268,685,747 203,938,253	

出所：陸前高田市・復興交付金事業計画書より作成

278

表6-20 陸前高田市・復興交付金基金事業のうち農林水産業に関わる事業実績

事業項目分類	事業実施主体	2012年度	2013年度	2014年度	2015年度	2016年度	全体事業費	事業期間
中山間地域総合整備事業(復興基盤総合整備事業)	県	170,000	200,000	337,600	30,000		913,000	2012-2017
農用地災害復旧関連区画整理事業(復興基盤総合整備事業)	県	1,061,000	1,650,000	534,000			3,069,600	2012-2020
総合営農拠点施設整備事業	市	14,716	160,866	160,865			336,447	2012-2014
穀物乾燥貯蔵調整施設整備事業	市	10,223	140,616	148,218			287,362	2012-2014
果樹等集出荷施設整備事業	市	13,478	181,753	181,752			388,678	2012-2014
大規模園芸団地整備事業	市	2,800	248,100	248,100			499,000	2012-2014
次世代農業技術開発拠点整備事業	県	24,742	329,240				353,982	2012-2013
総合営農拠点施設整備事業(備品等整備)	市	0		6,664			6,664	2014
農林業関連年度別事業金額		1,296,959	2,910,575	1,617,199	30,000	0	5,854,733 5,857,733	
水産業共同利用施設復興整備事業	市	5,540,650					5,540,650	2012-2014
漁港施設機能強化事業	市	0	279,000	336,000			880,000	2013-2019
漁港環境整備事業	県	0	20,000				20,000	2013-2014
漁業集落復興効果促進事業	市	0			6,514	28,940	35,454	2015-2020
漁業集落防災機能強化事業(4地区)	市	0			32,573	223,670	463,363	2015-2017
水産業共同利用施設復興整備事業(4地区)	市	0				48,322	644,811	2015-2017
漁業・水産業関連年度別事業金額(千円)		5,540,650	299,000	336,000	39,087	300,932	7,584,278 6,515,669	

出所:陸前高田市・復興交付金事業計画書より作成

月に市は「陸前高田市立小中学校復興基金」を設置し、寄付金の募金を実施した。その結果、2011年度から2016年度にかけて873件、約2億5,000万円の寄付金が集まり、交付金基金の活用を補完しながら小中学校の統合、グランドや教育機材の整備、スクールバスの運行などの事業が迅速に実施された。

　農林水産業に関する事業実績については、表6-20に整理した。これをみると、農林業に関しては、2012～2015年度の4年間で事業はほぼ終了している。事業総額58億円のうちの約31億円の事業費が投入されたのが農地の復旧関連区画整理事業であり、全て県予算で実施している。また、県が実施しているのは中山間地域の総合整備と次世代農業技術開発拠点整備に関わる事業であり、個々の農業経営者の支援に関わる事業は行われていない。市負担の事業費は約15億円で事業費全体の26％と小さい。事業内容をみると、営農拠点、乾燥貯蔵施設、果樹集出荷施設、大規模園芸団地整備等、主として共同で利用できる施設の整備が中心となり、被災した農家の営農再開に関わる個別支援はほとんど行われていない。

　水産業関連の事業は、共同利用施設の復旧が24年度に迅速に実施され、水産業の早期の再開に貢献している。漁港施設の復旧・機能強化に関しては、2013・2014年度さらには2016年度にも複数の地区で実施され漁業の再開・復興に貢献した。また、2015年度からは漁業集落の復興・防災機能強化に関わる事業が実施されている。

2）宮城県仙台市

　東日本大震災の津波で仙台市は甚大な被害を被った。その概要は、仙台市のホームページ（2016年月16日閲覧）（http://www.city.sendai.jp/higaiho/20110311_jisin.html）に以下のように整理されている。

人的被害（2016年3月31日時点）
- 死者（市内で死亡が確認）904名（男性501名、女性403名、仙台市民以外95名を含む）仙台市民1,002名（男性554名、女性448名、市外での死亡確認者193名を含む）
- 行方不明者：26名（男性13名、女性13名）

・負傷者：重傷　276名、軽傷　1,999名
市内被害額概要：被害推計額　1兆3,829億円（2015年9月30日時点）
市有施設関係：約3,409億円／水道、ガス、下水道などライフライン関係：1,809億円／地下鉄、道路橋りょう、公園など都市基盤関係：1,270億円／廃棄物処理施設など生活・衛生関係：20億円／学校、市営住宅、庁舎など建築物関係：300億円／その他公共施設：約1,452億円／交通関係：259億円／ライフライン・保健医療関係：32億円／公共土木関係：267億円／文教関係：875億円／その他：19億円／住家・宅地：約6,086億円／農林水産業関係：約735億円（農地、農業用機械等　約721億円、林業関係　約1億円、漁業関係　約13億円）／商工業関係：約2,147億円

以上のように900名を超える死者・行方不明者と多数の負傷者、そして1兆3,829億円と気の遠くなるような甚大な津波被害を受けた仙台市における復旧・復興活動は想像を絶する苦難の取り組みだったことが想像できる。ここでは、そのすべてを考察することは難しいため、震災復興基金に関する取り組みに的を絞って考察する。

仙台市は、未曾有の災害からの復興を東日本大震災復興交付金によって進めるべく、いち早く復興プランを策定し交付金基金を設立した。2012年度の交付額は、29事業794億円である。交付金事業の主たる目標は、次のとおりである。

被災者の生活再建の総合的取り組み：宅地滑動崩落防止対策や防災集団移転・災害公営住宅整備・被災等による恒久的な住まいの確保、被災者の心身のケアや雇用創出、仮設住宅入居者の健康・交流支援、被災児童の通学や健康を支える環境整備など

津波から命を守る減災型の多重防御システム構築：堤防機能もある嵩上げ道路・津波避難施設・避難道路や海岸堤防・防潮林・海岸公園の整備、津波情報伝達システムやハザードマップ整備等

教訓を未来に生かす総合的な都市防災対策推進：消防訓練機能や防災教育の防災拠点施設整備、災害に強い道路防災対策や下水道の防災・浸水対策、小中学校等の指定避難所や公共施設の防災機能強化、災害適応力の高い人づくりなど

力強く農業を再生する農と食のフロンティア創造：被災した農業生産施設・生活環

境施設等の整備補強・機能強化、幹線水路改修や農業用排水路・排水機場整備、被災農業者の経営基盤強化支援や6次産業化の促進等

東北の発展を牽引する仙台経済の復興再生：被災中小企業の早期事業再開に向けた施設・設備の貸与や金融支援、被災者の新規創業支援、地域復興を支援するコミュニティビジネス創出や地域商店街の地域支援機能強化、観光業や商店街支援、復興特区等を活用した震災関連の新産業創出等

持続的エネルギー供給を可能とする環境先進性強化：地震に強い東西南北交通軸形成と公共交通のネットワーク強化・利用促進、集団移転地区での持続的にエネルギー供給できるエコモデルタウン推進、沿岸被災地域への次世代エネルギー研究開発拠点づくり等

震災の記憶を後世に伝える震災メモリアル発信：震災アーカイブや情報発信拠点整備、震災の教訓継承と犠牲者鎮魂のモニュメント整備等

原発事故に伴う放射能問題への適切な対応：放射性物質への市民の不安を解消する対策を実施するとともに、風評被害を払しょくし復興の姿を発信する観光交流や情報提供を推進

支え合う自立・協働まちづくり：災害時に家族や地域を守る自助・共助の再構築、地域における様々な分野の支え合い活動推進、復興まちづくりの担い手育成、学都連携強化による復興支援活動プラット

　特に農業の復興に関しては、「農と食のフロンティアプロジェクト」を推進し、被災した農業機械・施設のリースや各種の補助・融資事業を整備して早期の営農再開を目指した集落営農組織などの支援事業を展開した。具体的には、野菜・花きパイプハウス設置補助、被災農家の経営再開支援、各種の生産対策交付金、農地利用集積促進などに関わる各種の助成を用意した。また、被災した東南部の農業振興地域を復興するため、2012年2月に復興特区の申請を行い3月に認定され、税制上の特例を活用して地域農業、食産業の復興を誘導していく取り組みを開始した（農と食のフロンティア特区）。税制の特例内容は、以下のとおりである。

【国税】
　(1) 事業用の設備や建物などを取得した場合の特別償却または税額控除

(2) 被災者等の雇用に係る法人税や所得税の特別控除
(3) 研究開発用資産を取得した場合の特別償却及び税額控除
(4) 新設法人の再投資準備金等積立額の損金算入など

【地方税】

施設・設備の新設または増設をした場合の施設に係る下記の課税免除

《県税》　・事業税　　・不動産取得税

《市税》　・固定資産税

一方、仙台市が取り崩し型の東日本大震災復興基金を設立したのは、2011年12月である。基金の原資としたのは、全国からの寄付金25億円、復興宝くじ収入28億円や県から交付される震災復興基金交付金94億円、さらには職員給与地域手当削減分39億円、その他39億円の総額279億円である。2014年度までの活用状況を、表6-21に整理した。

なお、2014年度までの総額約24億8千万円の寄付の具体的な使用状況は、以下のとおりである（仙台市ホームページ2016年9月15日閲覧）。

表6-21　仙台市における震災復興基金の活用状況

目的	2014年度決算	2014年度決算までの累計	概要
安全な暮らしを取り戻すために	18.7億円	48.1億円	津波や地震で甚大な被害を受けた住宅・宅地の支援など
子どもたちの希望ある未来への成長を応援するために	3.8億円	7.6億円	学校施設・保育所施設の復旧など
中小企業の活性化や雇用の確保を促進するために	2.5億円	12.8億円	被災農業者や地域企業の経営・販路拡大支援など
文化・芸術や交流活動を広げるために	0億円	1.9億円	観光プロモーションの推進など
再生プロジェクトを進めるために	4.6億円	15.3億円	東部地域における農と食のフロンティア創造の推進など
新次元の防災・環境都市づくりをめざすために　ほか	9.5億円	14.3億円	避難所における備蓄物資の整備、道路・公園など都市基盤の復旧など
合計	39.1億円	100.0億円	

出所：仙台市ホームページより作成

＜被災した子どもたちの希望ある未来への成長を応援するための事業＞
　・学校施設災害復旧事業5億5,200万円（2012～2014年度）／学校給食安定供給事業2,400万円（2012～2014年度）／学校運営復旧支援事業1,600万円（2012年度）
＜津波や地震で甚大な被害を受けた人々の安全な暮らしを取り戻すための事業＞
　・東部地域生活基盤整備事業1億4,300万円（2013～2014年度）---津波防災施設整備後も浸水が予測される区域から、コミュニティを維持しながら5戸以上まとまって市街化調整区域に移転する場合に、移転先に必要な道路、水道、下水道を整備／被災宅地支援事業1,500万円（2012～2013年度）
＜被災した高齢者・障害者が安心できる生活を支える事業＞
　・老人福祉センター防災機能強化事業600万円（2013～2014年度）---老人福祉センターに備蓄倉庫や自家発電機等を配備する／障害者福祉センター防災機能強化事業300万円（2013～2014年度）
＜被災した中小企業の活性化や雇用の確保を促進する事業＞
　・地域企業ビジネスマッチングセンター事業200万円（2012年度）／東北復興創業スクエア事業8,100万円（2012年度）／ものづくり産業復旧復興支援事業3,200万円（2012年度）---被災した市内のものづくり関連企業を支援するため、中小機構と共同で仮設事務所・工場を整備し貸与するなどの取り組みを実施。
＜復興に向けた力となる文化・芸術や交流活動を広げる事業＞
　・観光客誘致宣伝事業3,100万円（2012年度）
＜東北の復興のシンボルとなる再生プロジェクトを進める事業＞
　・震災復興メモリアル・市民協働プロジェクト500万円（2014年度）／海岸公園再整備事業300万円（2014年度）
＜東北の持続的な発展に貢献する新次元の防災・環境都市づくりをめざす事業＞
　・道路災害復旧事業1億3,900万円（2012～2014年度）／公園緑地等復旧・整備事業3,200万円（2012～2014年度）／ため池等復旧事業1,500万円（2012～2014年度）／災害対策強化等事業1億6,100万円（2011～2012年度）／学校保健室空調設備整備事業3,000万円（2012年度）／復興の原動力となる市民力育成事

業 1,600 万円（2012 年度）

　以上の整理から明らかなように、東日本大震災による甚大な津波被害を沿岸部の地区を中心に被った仙台市では、公共的な視点から被災者の生活安定を目指す住宅政策、インフラの復旧を目指す対策、破壊された産業基盤や産業施設の復旧対策、防災対策等に関わる事業を、県が中心となって実施する東日本大震災復興交付金事業と、仙台市が中心となって実施する被災者個人の支援を目指す取り崩し型復興基金事業の2本立てで推進している。

　特に農林水産業の復興では、取り崩し型復興基金による農林水産業経営者、集落営農などの地域組織の迅速な支援が大きな効果を発揮している。その結果、復旧した地域の農地を集積して大規模水田作経営を育成して新たな地域農業の担い手の中心にすえるとともに、集落営農組織によって地域農業を守ろうとする農家組織が育成され、大規模水田作、水稲野菜複合経営、いちごやトマトなどの施設園芸等を中心に新たな地域農業の担い手経営を生み出している。さらに、被災した東南部の農業を復興するために設立した復興特区では、農産加工などの事業展開がしやすくなり、6次産業化や農商工連携など高い付加価値実現を目指した食産業経営体の育成が目指され、新たな地域産業創造の動きが始まっている。

　仙台市を中心とする宮城県沿岸の津波被災地域で現在進行している新たな農業・食産業創造の取り組みは、わが国の10～20年後の農業の姿を先取りするものであり、今後ともこうした経営体の発展段階に対応した的確な支援事業の展開が期待される。

3）福島県南相馬市

　東日本大震災に起因して発生した津波とそれに続く福島第一原子力発電所事故は、南相馬市の住民、大地、そして建物に想像を絶する被害をもたらした。それらの被害の実態は、南相馬市によって次のように整理されている。

　＜人的被害（2011 年 6 月 30 日現在）＞
　死者 588 人／行方不明者 87 人／負傷者 59 人（重傷者 2 人、軽症者 57 人）
　＜家屋被害（2011 年 5 月 31 日現在）＞

津波被害家屋世帯数 1,509 世帯/全壊 1,164 世帯／大規模半壊 80 世帯／半壊 159 世帯／床下浸水 106 世帯

＜津波被害面積（2011 年 4 月 8 日現在）＞

合計 40.8km^2

＜市民の所在確認状況（2011 年 6 月 25 日現在）＞

住民基本台帳人口（2011 年 2 月 28 日）7 万 1,494 人／市内居住者 3 万 4,501 人（350 人）市外避難者 3 万 2,397 人（7,085 人）／所在不明者 4,596 人

＊（　）は避難所入所者

　これらの数字が物語るように、東日本大震災によって受けた南相馬市の被害は、住民の生活を根底から奪うとともに、その後の出口の見えない復旧・復興の戦いを強いるものであった。その他の災害と異なり、原子力災害は故郷を奪い、いつ帰還できるかわからない状況に住民を追い込む災害であり、災害復旧・復興に関する取り組みも未知なる困難との闘いであった。

　津波・原子力災害からの復旧・復興を目指す取り組みは、岩手県や宮城県などの津波被災地域に比較して、災害に対する緊急対応に時間がとられ南相馬市東日本大震災復興交付金基金条例が制定されたのは 2012 年 3 月 28 日と遅れた。それだけ、原子力災害への対応が混乱を極め、対策が後手に回ったことがわかる。一方、南相馬市が受け入れた義援金を原資とする南相馬市東日本大震災復旧・復興基金条例は、交付金基金条例よりも早く 2011 年 12 月 28 日に条例制定がされた。

　南相馬市東日本大震災復興交付金基金事業は、2011 年に木質バイオマス施設の整備、災害公営住宅整備、農業復興基盤整備という 3 つの事業から始まった。木質バイオマス施設は、放射能に汚染され一般に利用することが難しい木質系・植物系バイオマスをエネルギーとして利用して発電する施設の整備事業である。農業復興基盤整備は放射能に汚染された農業用機械・施設の除染、補修に関わる事業である。なお、本格的な復興は、2012 年度から開始されることになるが、2012 年度の使用金額の大きさからみると、集団移転促進事業が約 120 億円、市街地復興事業 38 億円、災害公営住宅整備 36 億円、道路整備 16 億円などが大きく、津波で破壊されたインフラ整備と被災者の住居確保が大きな課

表6-22 南相馬市復興交付金事業の実施状況

(単位:千円)

事業名	事業実施主体	2011年度	2012年度	2013年度	2014年度	2015年度	2016年度	全体事業費	事業実施年度
埋蔵文化財発掘調査事業(4地区)	市	0	122,504	254,424	7,973	0	0	384,901	2012-2016
木質バイオマス施設等緊急整備事業	市	168,000	58,000	0	0	0	0	226,000	2011-2013
災害公営住宅整備計画策定支援事業	市	0	31,500	0	0	0	0	31,500	2012
災害公営住宅整備・駐車場事業(3地区)	市	974,384	3,618,194	4,999,563	782,390	30,463	0	10,404,994	2011-2015
防災集団移転促進事業(3地区)	市	0	11,904,459	6,178,792	1,343,780	0	1,571,782	21,282,801	2012-2016
都市防災推進事業(都市防災総合推進事業)	市	0	59,450	0	0	0	0	59,450	2012-2015
被災地域農業復興総合支援事業(3地区)	市(県)	0	405,451	317,381	36,561	530,302	0	1,289,695	2012-2015
学校施設環境改善事業(公立学校の耐震化)	市	0	80,205	0	0	0	0	80,205	2012-2013
被災地域農業復興総合支援事業(農業用施設整備等)	市(県)	0	115,000	0	0	0	0	115,000	2012
震災対応復旧・復興事業のための輸送経路改善事業	市	0	35,520	0	0	0	0	35,520	2012-2014
道路整備事業(5路線)	市(県)	0	1,616,000	898,400	646,200	1,416,379	211,760	5,216,839	2012-2018
都市防災推進事業(災害記録編纂事業)	市	0	10,878	0	0	0	0	10,878	2012
復興作業支援事業	市	0	150,000	100,000	0	0	0	250,000	2012-2016
南相馬市復興工業団地造成事業	市	0	70,000	11,900	0	0	0	81,900	2012-2013
市街地復興効果促進事業(小高地区将来住宅移転事業)	市	0	3,774,035	58,700	52,669	2,044,976	320,448	6,250,828	2012-2020
住宅・建築物安全ストック形成事業(南相馬市仮設置型住宅)	市	0	440,000	440,000	554,806	0	0	1,760,000	2012-2020
低炭素社会対応型特化還集中導入事業(南相馬市仮設置型住宅)	市	0	43,470	94,392	26,082	0	92,736	256,680	2012-2016
罹災者住宅移転再建掘調査事業	市	0	0	24,000	0	0	0	58,200	2013-2020
出土遺物整理収蔵施設整備事業	市	0	0	101,492	39,911	0	4,251	145,654	2013-2016
災害公営住宅家賃・東日本大震災家賃低減事業	市	0	0	32,948	77,626	339,594	209,334	2,308,818	2013-2020
被災地域農業復興総合支援事業(園芸施設整備・造成事業)	県	0	0	1,400,000	0	417,930	0	1,817,930	2013-2017
農山漁村地域復興基盤総合整備事業	県	104,600	123,368	1,414,910	8,230,792	576,895	0	10,594,209	2011-2015
罹災者住宅移転再建支援事業(県分)	県	0	0	50,000	0	0	0	50,000	2013
市街地復興効果促進事業(県分)	県	0	0	377,403	0	0	0	377,403	2013-2020
集落排水整備事業	市	0	0	2,260	12,500	234,576	0	249,336	2013-2016
復興基盤総合整備地形図作成事業	市	0	0	2,468	0	0	0	2,468	2013
水産業共同利用施設復興整備事業(2地区)	市	0	49,800	61,100	925,387	4,433	28,476	1,069,196	2012-2016
年度別事業費(千円)		1,246,984	22,707,834	16,820,133	12,736,677	5,595,548	2,438,787	64,410,405	

出所:福島県ホームページ「福島県内の復興交付金事業計画について」より筆者作成
*()は交付団体

題になっていることがわかる。全体の事業費644億円に占める各事業の金額をみると、集団移転促進事業が213億円、農山漁村地域復興基盤整備事業106億円、災害公営住宅整備104億円が100億円を超えている。農山漁村復興基盤整備は地震津波等により被害を受けた農業用施設の除染・除塩や復旧を進めて安全・安心な農産物の生産加工販売環境の整備の目玉として閉鎖系の植物工場棟設置事業を推進している（表6-22）。

　農林水産業に関する交付金事業としては、木質バイオマス、農山漁村復興基盤総合整備事業、被災地域農業復興総合支援事業（園芸施設整備）、水産業共同利用施設復興整備に関わる事業のみであり、そのメニューは極めて少ない

　また、より市町村が自由に事業展開できる義援金を原資とする取り崩し型の復興基金事業についてみると、2012年度から2016年度の事業合計金額が5.7億円と少なく、その利用用途も教育関係がほとんどであり、地域産業の復旧・復興に関する支援は皆無である（表6-23）。

　南相馬市の復興交付金事業や復興基金事業からみる限り、雲仙岳噴火災害や中越大地震の復興にみられるような農家や域内の企業の復旧・復興ニーズに従った多様な事業展開は認められない。また、仙台市にみられるような支援事業の多様性も認められない。交付金事業や基金事業のメニューが地域の農業や中小企業などの産業復興に活用されなかった背景には、次の2つの大きな理由がある。

　まず、第1は南相馬市の一部が居住制限区域、避難指示解除準備区域に指定され、2016年7月12日にそれらの区域指定が解除されるまで、住民の多くは地域外に避難しており、営農再開、事業再開が困難であったこと。また、農地・農産物の放射能汚染に対する不安から、多くの作物が作付け制限されるとともに、地域の主力作物である水稲生産も2015年まで作付けが再開されなかった。2015年の水稲の作付面積はわずか717ha（6月1日時点）であり、震災前の14.3％しか再開されていない。第2の理由は、営農再開に関わる事業については、福島県に基金を設置して、①避難区域や作付け制限区域等における除染終了後から営農が再開されるまでの間の農地等の保全管理、鳥獣被害防止緊急対策、放れ畜対策、営農再開に向けた作付け実証、避難からすぐに帰還しない農家の除

表 6-23 南相馬市における義援金を原資とする復興基金事業

(単位:千円)

事業名	金額
原町第一中学校屋内運動場改築工事費	24,675
石神中学校校舎耐震改修工事費	1,590
小高中学校屋内運動場耐震改修工事費	9,875
上真野小学校校舎耐震改修工事費	104
2012 年度計	36,244
南相馬市復興市民植樹祭開催事業費	802
育児支援(なかよし広場)に係る遊具整備費	858
小児用インフルエンザ予防接種支援(助成)事業費	14,253
看護師等就学資金貸付費	13,717
放射線対策総合センター管理運営費	23
臨時小学校校舎等管理費	5,847
臨時中学校校舎等管理費	2,037
子どもスポーツ活動促進事業費	490
2013 年度計	38,027
みなみそうま復興大学事業	5,726
東日本大震災追悼式実施事業費	1,392
看護師等就学資金貸付費	20,987
小高区庁舎和みの広場運営費	1,581
高校生による「小高区への提案」事業費	132
旧警戒区域見守りパトロール事業費	4,779
教育施設備品整備費	33,972
2014 年度計	68,569
仮設住宅居住者学習支援事業	200
東日本大震災追悼式実施事業	1,439
南相馬市鎮魂復興市民植樹祭開催負担金	1,820
子どもの遊び場整備事業	344,990
看護師等修学資金貸与事業	24,058
看護師確保推進事業	413
小高区まちなか縁側311緑化事業	1,936
帰還者生活再建支援事業	6,438
小高区美化事業	9,459
特色ある教育施策推進研究事業	143
特色ある学校づくり事業補助金	5,558
スーパーティーチャー招へい事業	7,296
2015 年度計	403,750
南相馬市鎮魂復興市民植樹祭開催負担金	4,245
仮設住宅居住者学習支援事業	174
七夕コンサート事業補助金	1,000
東日本大震災追悼式実施事業	1,518
看護師確保推進事業	1,610
特色ある学校づくり事業補助金	5,800
スーパーティーチャー招へい事業	10,090
2016 年度計	24,437
2012～2016 年度計	571,027

出所:南相馬市提供資料
http://www.city.minamisoma.lg.jp/index.cfm/10,4842,c,html

染後の農地の管理耕作、収穫後の汚染防止対策、水稲の作付け再開支援などの支援対策を実施しているため、営農再開に関しては自治体独自の取り組みが少なく、そうした予算も自前で確保するのは困難である。以上の理由から、個々の農家や地域の復旧・復興ニーズに合った営農支援が展開できないのが実態である。

5．むすびー災害復興基金による大災害からの復興の特徴と課題　自助・共助・公助連携による東日本大震災からの農林水産業の創造的復興に向けて

　ここでは、農林水産業の創造的復興に大きな役割を果たした雲仙岳災害復興基金、中越大震災復興基金、そして仙台市の復興基金の活用の特徴を総括し、こうした先進的取り組みから東日本大震災の被災地の復興方向を考察する。

　雲仙岳災害からの農林業の復興にあたっては、火山災害による降灰の影響ができる限り少ない農業への転換が実践された。すなわち、災害前の中心的な営農形態であった葉たばこ中心に野菜や果実、畜産を組み合わせた複合経営から、降灰の影響を直接受けにくい施設型の営農形態への転換が進められた。そのため、復興基金による園芸関連施設の整備、防塵ビニールの張替、園芸用ハウスリース事業などが展開された。さらに、担い手への農地集積を促進するため、農地借上促進・整備のための小作料の補助や農地の貸し手への助成金支給対策がきめ細かく展開され、4割以上の農家が災害を契機として農業生産から離脱して担い手の経営規模が拡大した。こうした対策の展開が成功した背景には、被災地の市町村が被災者の営農再開ニーズに細かく対応するとともに、普及組織による新たな農業創造のための技術実証試験や技術指導が大きな役割を果たした。すなわち、自助と公助がうまく連携して復興を成し遂げた稀有の事例といえよう。

　中越大震災からの復興の取り組みは、大きな被害を受けた中山間地域の零細で分散している農地をどのように復旧するか、高齢化が進みコミュニティの維持が難しくなりつつあった地域社会・地域農業をどのように再構築して作り変えるかが大きな課題となった。そのため中越大震災からの復興にあたっては、元に戻すという復興ではなく、地域の社会・生活システムの再編、高齢化・弱

体化し住民だけでは維持が難しくなった集落機能の補完システムの構築、人口構成にあわせた生業・産業の再編といった伝統や地域特性を生かしながら地域の総合的な再編整備を行う復興が推進された。すなわち「新潟モデル」と呼ばれる「山の暮らし」の持続を目指して住民を主役とする創造的復興活動が、復興基金を有効に活用しながら展開された。そのため、ボランティアや中間支援組織（大学、NPO等）との連携、「地域復興支援員」制度の本格導入による外部の力との連携、すなわち共助との連携で復興を新たなステージに導く行動が実践された。地域の被災の多様性、被災住民・集落・営農の多様性に適応して自助・公助に新たな共助を加えて多様性に富んだ復興を成し遂げた優れた復興事例といえよう。

東日本大震災で甚大な津波被害を被った仙台市における農林水産業の復興では、取り崩し型復興基金による農林水産業経営者、集落営農などの地域組織の迅速な支援が大きな効果を発揮している。その結果、復旧した地域の農地を集積して大規模な水田作経営が育成されるとともに、集落営農組織なども育ち、これまでの水田＋兼業中心の営農システムから、大規模水田作経営、水稲野菜複合経営、いちごやトマトなどの施設園芸等を中心とした新たな担い手経営モデルを生み出している。さらに、復興特区を設定して6次産業化や農商工連携など高い付加価値実現を目指した食産業経営体の育成による新たな地域産業創造の動きが始まっている。仙台市を中心とする宮城県沿岸の津波被災地域で現在進行している新たな農業・食産業創造の取り組みは、わが国の10～20年後の農業の姿を先取りするものであり、自助、公助、さらには先端技術の開発を行う研究組織・大学等の共助も加わり経営体の発展段階に対応した的確な支援体制が構築されている。

東日本大震災の被災地における農林水産業の復興は、被災地の農林水産業の多様性に従って、多様性を持った方向での創造的復興が実践されなければならない。被災地の農林水産業の特性は、大きく次のように5つに分類することができる。

　Ａ－岩手県沿岸部から宮城県沿岸部にかけての津波被害を受けた漁業と農業の複合経営が中心の三陸沿岸地域

B − 宮城県中南部の都市近郊の津波被害を受けた兼業と水田作経営が中心の地域
C − 福島県沿岸部の津波被害と放射能汚染の複合被害を受けた水田作地帯
D − 福島第一原発から放出された放射性物質の強い影響を受け長期間避難を余儀なくされた地域
E − 避難地域には指定されなかったが、放射能汚染の影響を強く受けた福島県中通り地域

　以下、これらの被災地域の特性を念頭に置きながら、復興基金の有効活用による農林水産業の創造的復興の方向について考察を進める。
　三陸沿岸地域の農業・水産業の復興については、現状では市街地や危険集落の移転、さらには壊滅的な被害を被った地域の主要産業である漁業・水産業の復旧・復興が最優先され、農業復興には十分な力を注げないのが現状であろう。農業と水産業の複合経営体も多く存在することから、農業の復興を軽視すべきではない。こうした状況は甚大な津波被害を受けた奥尻町の復興と重なるところがある。奥尻町では、復興基金を活用して個人が所有する被災した機械・施設の修理・取得費用の3分の2の助成、経営再開のために資金を借り入れした場合の利子補給、共同での農業機材・貯蔵施設を整備する場合は100％の資金提供、老朽化した農機具の整備費の3分の2の助成を震災から1〜2年の間に実施し、早期の復興を実現した。東日本大震災から既に5年が経過しているが、これからでも市町村に配分された交付金を活用して被災者の営農再開に関わる細かなニーズを掘り起こし迅速に助成措置を行うべきであろう。
　宮城県沿岸部の水田作地域、あるいは放射能汚染が比較的軽微な福島県沿岸部の水田作地域の復興に関しては、仙台市の取り組みが大いに参考になる。すなわち、積極的に地域農業の担い手を育成し、農地の集積や施設の整備を促進して大規模経営や先進的な施設型経営を育成して、農地を提供した人々の雇用の受け皿となるような複合化を実現して、地域農業の創造的な復興を図る必要がある。また、こうした経営の安定的な展開を実現するためには、新たな技術、経営管理手法の開発と普及を大学や研究機関、そして普及組織が一体で支援する必要がある。こうした創造的復興に必要となる様々な復興支援活動を復興基

金を活用して持続的に展開できるようにすることが重要である。

　福島県沿岸部の津波被害と放射能汚染の複合被害を受けた水田作地帯においては、担い手の激減が予測されるため、農業法人や大規模家族経営等の地域農業を支える担い手経営の育成が急務である。こうした経営を迅速に育成しないと、除染を終了しても地域の農地は急激に荒廃するであろう。また、放射能汚染や風評が懸念される場合は飼料米やホールクロップサイレージ等の非食用米生産や施設園芸などへの転換を考える必要がある。いずれにしても、こうした地域農業を支える経営体による農地保全、地域農業の維持機能の重要性を認識し、復興基金を活用して担い手のニーズに即した様々な支援策を展開する必要がある。また、当該地域においても担い手経営の安定的な展開を支援するための技術、経営管理手法の開発と普及が不可欠である。

　福島第一原発から放出された放射性物質の強い影響を受け長期間の避難を余儀なくされた地域、避難地域には指定されなかったが放射能汚染の影響を強く受けた福島県の地域の多くは、中越大震災の被災地域と同様に高齢化が進行した中山間地に位置し、今後の地域崩壊が強く懸念される地域である。震災から5年が経過し避難指示が解除された今も放射能汚染やそれに伴う風評に影響され、多くの住民は故郷に帰還していない。故郷に対する強い愛情と望郷の念にかられながらも、コミュニティを維持できるだけの帰還者がいない。こうした地域の復興にあたっては、「新潟モデル」が参考になるであろう。特に、厳しい状況に追い込まれた当該地域では自助と公助だけの復興では、相互に対立関係を生み出すこともあり、住民に寄り添った復興が十分にできない恐れがある。当該地域には放射能汚染の不安を抱えながらも避難せずに残っている住民、避難先から帰還した住民、子供の健康が心配で帰還できない住民など、多様な問題を抱えた多様な住民がいる。また、地域コミュニティが崩壊して復活できない地域もある。こうした多様かつ深刻な状況の中での農林業の復興は難しく、風評の持続に対する心配も大きい。当該地域の復興の基本は、地域農業の担い手の出現を促すことができるような生産基盤の整備、出現した新たな担い手に夢を与えることができる農業の創造支援、新たな地域コミュニティの創造が不可欠である。そのためには当該地域の維持発展を住民に寄り添って支援できる

NPO、持続的なボランティア活動、さらには持続的な研究支援活動が展開できる共助の活動が不可欠である。こうしたNPO、ボランティア、研究者の活動を支援するために復興基金を有効に活用すべきである。

引用・参考文献

有田博之・宮澤紗文 (2011):「新潟県中越地震後の時間経過と農業生産基盤の被害発現」、『農業農村工学会論文集』、79(3)、187-194.

中越大震災復興検証調査会 (2015):「新潟県中越大震災復興検証報告書」

公益社団法人中越防災安全推進機構 (2015):「新潟モデルの発信」

北海道企画振興部南西沖地震災害復興対策室 (1995):「北海道南西沖地震災害復興対策の概要」.

宮入興一 (1994):「災害対策と地方財政運営－雲仙火山災害と県レベルの財政運営の対応－」、『経営と経済』、74(3)、1-65.

長崎県(1998):『雲仙・普賢岳噴火災害誌』、429-430.

山本晴彦・早川誠而・鈴木義則・平山耕三 (1990):「雲仙・普賢岳噴火による農業災害の概要と復旧状況」『自然災害科学』JSNDS16-4、261-275.

第7章 火山噴火のもとでの住民避難と地域の農業復興における自助・共助・公助の連携

杉原 たまえ

1. 研究目的

　火山国家日本は、長年、生活の中に火山がある暮らしをしてきた。世界的にみても、火山周辺の排水性に富む畑作に適した土壌や、プレート境界での水資源や有用金属を求めて人々が集まり暮らし続けてきた。そのため、火山の恩恵を受けた暮らしは、ひとたび大噴火が起これば大災害を被ることとなる。

　本章では、東京都三宅村における火山被害からの復興プロセスについて論じる。「災害文化」や「火山文化」と言われるように、火山と共生する在地の知が口承され、三宅島の島民は雄山の火山噴火と共生してきた。しかし、2000年の三宅島の噴火は、これまでにない被害をもたらした。噴火規模の大きさばかりではなく、2000年6月の全島避難から避難指示解除まで4年5カ月を要した避難生活の長期化が、火山被害を多重なものとしたのである。本章では、災害発生から長期間にわたる避難生活を時系列で整理し、「自助・共助・公助」がどのような役割を果たしたのか、具体的に捉えることを目的としている。

　三宅島は、東京湾から南に約180kmにある、周囲約38kmの島である。降水量年間平均2,900mm、年間平均気温は17.5℃と温暖で、キヌサヤエンドウやアシタバの産地として名高い。とくに2000年の噴火までは、三宅島はアシタバの国内最大産地であった。1983年の噴火後に取り入れられた花き類も基幹作物となっている。主要産業は、農業、水産業や観光業で、かつては年間8万人前後の観光客が来島する島であった。

表7-1 三宅島火山災害の復興プロセスと時期区分

期間	区分名称	概況	本章
期間1： 2000年6-8月	災害発生期	6月26日に始まった噴火活動 9月1日に全島避難が決定	3. 全島避難のための離島プロセス （2000年6月～8月）
期間2： 2000年9月- 2001年8月	長期避難開始期	早期帰島への期待を持ちながら、火山ガスの放出が続き避難生活が長期化。	4. 避難先での島民の暮らし （2000年9月～2003年3月）
期間3： 2001年9月- 2003年3月	避難生活定着期	全島避難から1年後に一時帰宅。避難生活の長期化。	
期間4： 2003年4月- 2004年6月	滞在帰島期	滞在型一時帰宅の実現。帰島に向けたプログラム策定	5. 帰島に向けた復旧の取り組み～帰島プロセス～ （2003年4月～2005年1月）
期間5 2004年7月- 2005年1月	帰島準備期	三宅村が帰島方針「帰島計画」（9月）を公表。	
期間6： 2005年2月-	復興始動期	4年5カ月ぶりの避難指示解除。島民の7割が帰島。農地の復旧事業など。	6. 全島避難と農村社会復興のための自助・共助・公助の連携

出所：東京都三宅村役場：『平成12年三宅島噴火災害の記録 三宅島噴火2000 火山との共生』2008年より筆者作成。

2000年6月の噴火から2005年2月の全島帰島までの災害の経過を、三宅村は6期に分けて捉えている（『三宅島噴火2000火山との共生』）。本章では、この報告書を基礎資料とし、現地調査（①2002年6月29-30日、7月6-7日ほか、②2013年12月9-10日 ③2014年9月15-17日）を踏まえて、帰島までの期間を4区分し（表7-1）、復興過程について整理した[1]。

2．2000年火山噴火の影響－島民避難による地域農業崩壊
（1）噴火の状況

三宅島の雄山の噴火は、記録があるだけでも1085年以降、15回を数える。この100年間はほぼ20年おきに噴火を繰り返してきた[2]。しかし、これらの災害はいずれも局所的で、全島避難という事態には至らなかった。ところが、2000年の噴火は、6月26日の直下型群発地震から始まり、翌日の海底噴火、7月8日の山頂部での小規模噴火を経て、8月18日の大規模噴火に至った[3]。1万4,000mに達する噴煙と大量の火山灰・火山礫が降り、火砕流は海岸部まで達した。

特にひどかったのが、火山ガス（二酸化硫黄）の被害であり、1日平均4.2万トン、最大時で7万トン/日（2000年11月）という、世界でも前例のない大量の火山ガスを放出した。2000年8月に始まったガスの放出は、2005年の避難指示解除時には2,000～5,000トン/日と減少したものの、現在も放出停止に至っていない。この火山ガス放出の長期化が三宅島災害の特徴である。火山ガスは、二酸化硫黄、硫化水素、塩化水素などを含み、人体への影響は深刻である。長期間にわたって、建造物や自然に甚大な影響をもたらした。

（2）被害の状況

　三宅島は、2000年の噴火災害で、農地、農道、農業用施設全般に甚大な被害を被った。さらに長期避難中、農地には草木が繁茂し、農用施設や農業用貯水池などは、火山ガスによる腐食や泥流による破壊が進み、生産基盤が崩壊した（図7-1）。しかし、2000年噴火による被害状況を正確に把握することは、困難である。それは、2000年9月の全島避難以降、4年5カ月間にわたる長期避難生活に伴い、現地の被害が把握できないまま追加的被害が進行する一方で、復旧対策も進められたためである。そのため、被害総額の公式発表は行われていない。これが長期化した火山災害の特徴とされている。被害内容は、人的被害（負傷や避難生活のストレスなど）・経済的被害（産業活動の停止や生計悪化など）、インフラの破壊、自然への影響などの多重被害に及んだ[4]。2000年噴火から2005年の帰島までに投入された国の対策費だけでも700億円を超えた。「安全確保」（火山観測、避難施設の整備など）に26億円、「基盤整備」（インフラ復旧事業、学校関連施設補修など）に547億円、「生活再建」（被災者生活再建制度、生活福祉資金特例貸付など）に136億円の事業費が充てられた。

図 7-1 三宅島火山噴火の被害状況

写真：筆者撮影（2002 年 7 月）

3．全島避難のための離島プロセス（2000 年 6～8 月）
（1）噴火開始後から全島避難に至るプロセス

 2000 年の噴火活動は、6 月 26 日の海底噴火後一旦収まる気配を見せながら、7 月 4 日の山頂噴火、8 月 18 日以降の大噴火と大きくなっていった。最初の噴火以降 2000 年 9 月 1 日までの全島避難指示を発するまでの過程は、この「初動期」「降灰増加期」「大噴火期」の 3 期に分けて捉えられる（表 7-2）。

 「初動期」では、三宅村は 6 月 26 日噴火当初は避難勧告や自主避難を促したものの、気象庁の「今後噴火の可能性はほとんどない」という火山噴火予知連絡会のコメントが発表され、4 日後（6 月 30 日）には村の災害対策本部も解散した。しかし、7 月に入り大きな地震が頻発するようになり、山頂噴火による大量の降灰被害を受けるようになる（「降灰増大期」）。この 1 カ月間に、村は避

難勧告や自主避難の呼び掛けを、島民に対して7回発した。しかし、その他は東京都が要請した自衛隊が6月27日に来島し、降灰除去作業支援や自衛隊炊事班による支援程度であった。被害が深刻化したのは、8月10日以降の「大噴火期」である。これまでにない雄山の大規模噴火が起こり、島内全域で大量の噴石と降灰に見舞われるようになった。島民は、村から配布された土嚢に降灰を詰めて泥流対策を行った。この時期には、自衛隊も来島し降灰除去作業など

表7-2 災害発生期の自助・共助・公助

期間1：災害発生期2000年6月-8月

	火山の状態	自助	公助			共助
		住民の対応	三宅村の対応	東京都の対応	国の対応	その他組織の対応
初動期	6/26 緊急火山情報第1号(19:33)	6/27 島外自主避難 382名	6/26 災害対策本部設置(20:45) 避難勧告1,857名が避難	6/27 都・現地対策本部設置 自衛隊に災害派遣要請	6/26 災害救助法適用 6/28 自衛隊生活救援	
	6/28 臨時火山情報第8号 「今後噴火の可能性はない」		6/29 避難勧告解除 6/30 災害対策本部廃止			
降灰増加期	7/8 山頂で小規模爆発 7月の有感地震：8,218回	三池・神着に降灰	7/7 災害対策本部設置 7/8 災害対策本部廃止			
	7/14・15 山頂噴火 7/30 震度6地震	神着 大量の降灰	7/14 災害対策本部設置 自主避難要請 地震被害調査	都道の降灰除去 交通規制		
	8/10・24 山頂噴火		8/10 自主避難勧告・解除			8/11 日本赤十字救護物資
大噴火期	8/18 山頂大噴火 (14,000m)	島内全域に降灰・泥流対策 島外への自主避難 2,365名(人口の6割)	8/18 避難勧告・自主避難 8/20 土嚢・防塵マスク配布 8/24 児童生徒を島外避難決定	8/23 在宅要介護者の都立施設への受入発表 8/25 生徒島外避難を呼びかけ 自主避難者の住宅提供発表	8/21 自衛隊 河川氾濫対策 降灰除去作業	
	8/29 大規模噴火 低温火砕流		8/30 島内全域に避難勧告 8/24〜 在宅高齢者避難 8/29 児童生徒の島外避難 136名	8/30 避難者用都営住宅提供決定		

出所：東京都三宅村：『要約版：三宅島噴火2000火山との共生』2008年より作成

を行うほか、赤十字からは救援物資が避難所に届けられるようになった。村は、8月23日以降に在宅要介護者の都立施設への移送を、24日には児童・生徒の島外避難をいち早く決定した。8月29日には、再度大規模噴火があり低温火砕流も起きた。8月31日、火山噴火予知連絡会はこれまでを上回る規模の噴火や火砕流の可能性を指摘した。この時期になると、自衛隊派遣のほか、国・東京都は非常対策本部を都内や現地に設置し、東京都は避難者用の住宅提供や生活必需品提供の準備に入った。2000年9月1日に全島避難が決定し、9月2日から4日までに避難を完了した[5]。

このような島民一般の避難と異なる行動をとったのが、漁業関係者（12人）と島に居残る人々である。漁業関係者は船で静岡県下田港に自船を乗り着けて、元北区立下田臨海学園に避難した[6]。また、村役場職員や消防団など、島に残って仕事を続ける人々600名の宿用として船がチャーターされた。

（2）全島避難までの災害対応の特徴

村役場からの全島避難指示が出たのち、9月2〜4日の3日間に定期船で島を離れたのは、1,283人であった。全島避難指示が出るまでに、すでに島民の7割は自主避難を終えていた[7]。6月の初動期に児童・生徒382人が、8月29日には136人が島外へと集団避難している。火山噴火に慣れている島民であっても、今回の噴火は、67日間で1万3,881回の地震（震度5以上の地震が21回）、泥流や噴火による交通規制や断水、避難勧告・解除の繰り返し（避難所開設28日間）、全島を覆う大量の降灰や火山礫、低温火砕流、大規模化していく噴火など、これまでにない災害経験であった。そのため、早期自主避難も多かったといえる。また、6月の噴火から71日間で3,855人の島民が島外に全員無事に避難できたのは、高齢者や児童・生徒などの避難を先に完了したことも大きな要因であった[8]。さらに、この全島避難という大きな決断にあたって、三宅村役場は一度も住民説明会を開いていないことも特筆できる。当時財政課長だった平野元村長は、この時の対応を下記のように説明する。

「6月26日にNHKが危険を放映し、村内では防災無線で何度も避難が呼び掛けられていた。東日本の震災とは異なり、島民の多くが全島避難までに

噴火を3回も経験している。今回は、3カ月間にわたり防災無線で災害状況や避難に関する放送を流し、繰り返し情報を伝えている。噴火も週に1回程度続いた。説明会をしなくとも、自主避難を始めている中で、危険については島民自身が一番理解していた。台帳上の住民は、約3,800人。すでに要介護支援の人は、自主避難をしていた。8月28日の噴火は4,000メートルに上った。泥流火災もあった。火山性ガスの噴出が、都と火山学者の判断を決定づけた。3日間で全島避難することを、防災無線で知らせた。」

早い時期から降灰除去作業や高齢者支援活動を行っていたのは、生協が中心となって組織したボランティアであった。三宅島の老人福祉会館2階の広間を本部とし、三宅島社会福祉協議会がこれを支援する形で活動が行われた。このボランティアは、「東京ボランティアセンター」としてのちに組織され、全島避難後の避難先での島民の生活を支える役割を果たした。

この段階での村や島民の災害対応の特徴として次の4点が指摘できる。①三宅村役場による全島避難勧告に先駆けた島民の自主的な離島避難が極めて早かった、②大規模避難に際し、村から公式の住民説明会を全く行わずに遂行しえた、③人的被害が全くなかった、④初期段階から島外からボランティアが活動を展開していた。つまり、災害に対する早期自主避難による島民の「自助」と、児童や高齢者などの社会的弱者に対する「公助」による優先避難の実施が、被災甚大化を初期段階で食い止めることができたと評価できる。また、ボランティアとして「共助」に関わる者が、すでにこの段階から活動に着手しており、災害の現状を島民とともに把握していたことは、後のボランティア活動の礎となっていった。

4．避難先での島民の暮らし（2000年9月～2003年3月）
（1）避難先への定着プロセス（2000年9月～2001年8月）

9月1日の全島避難指示が出された後、9月2～4日にかけて定期船で避難した1,283名は、竹芝桟橋到着後、一時避難所であった国立代々木オリンピックセンターを経由して、9月8日までには公営住宅（都営住宅、区市町村住宅、都市基盤整備公団住宅など）に2,426人（2000年10月現在）が入居した。避難先は、公

表 7-3　長期避難期の自助・共助・公助

期間 2：長期避難期（避難開始期：2000年9月-2001年8月／　避難生活定着期：2001年9月-2003年3月）

	火山の状態	自助	公助			共助
		住民の対応	三宅村の対応	東京都の対応	国の対応	その他組織的対応
避難開始期		9/2~4 1,283名が避難 国立代々木オリンピックセンターへ入所 9/9までにオリンピックセンターから非難先へ移動	9/1 全島避難決定 9/2 避難指示発令3,829人 1,966世帯 9/4 三宅村東京事務所開設	9/3 相互協定自治体に支援要請 9/4 現地対策本部ホテルシップ 9/5 支所東京事務所開設		
	11/1 火山噴火予知連「大量の火山ガスは長期化」	「島民会」	11/25・26 住民説明会 2001年3月 生活実態調査実施①	9/26 三宅島火山検討委員会設置 9/28・29 就職相談会	12/11 被災者生活再建支援法申請受付開始	12/3 ①三宅島島民ふれあい集会
	2001年 5/27 小規模噴火		5/12 住民説明会	4/20 三宅島災害対策技術会議、夜間滞在の試行開始 5/10 げんき農場開所 8/2 家屋被害調査		4/15 ②三宅島島民ふれあい集会 9/30 ③三宅島島民ふれあい集会
避難生活定着期	2001年9月~2003年3月 01. 9/28 小規模噴火・降灰 02. 1/23 小規模噴火・降灰 3/2 小規模噴火・降灰 4/2・3 小規模噴火・降灰 5/11 泥流 8/1 小規模噴火・降灰		9/9 日帰り一時帰宅開始 10/18~ 生活実態調査実施② 12/1 屋根の被害調査（職工組合） 2002年1/29~2002年11/28まで 三宅村復興計画策定委員会『三宅村の復興に伴う基本的な構想』『三宅村（現況耕作者調査』 10/20 三宅村住民説明会 11/29 三宅島全島民帰島プロセス作成検討会 12/24 第1次帰島計画案 2003年3/28 三宅村火山ガス安全対策検討委員会、クリーンハウス完成	2002年1/15 ゆめ農園開所 2月生活貧困世帯実態調査 2003年1/2 国・村・都　三宅村災害保護特別事業	2002年7/4 中央防災会議 避難施設緊急整備地域に指定 9/30	2002年4/21 ④三宅島島民ふれあい集会 11/4 ⑤三宅島島民ふれあい集会

出所：表7-2と同じ

営住宅や親戚宅、高齢者は特別養護老人ホームや医療施設、児童・生徒は秋川高校であった（図7-2）。仮設住宅の建設は行われなかったことは、阪神・淡路大震災や東日本大震災との大きな違いである。そのメリットは、①公営住宅の居住環境でプライバシーが確保されたこと、②被災地外への避難であったため災害の影響のない生活が可能であったこと、③仮設住宅建設費用を節約できたこと、である。一方、島民の9割が都内23区26市3町に避難したものの、1割の人々が20都道府県に分散したため、避難先情報の把握や、村からの情報提供に支障をきたすこととなるデメリットもあった。しかし、マスコミを利用しての島民の避難先情報提供により、避難2カ月後には95％の島民の避難先が判明した。

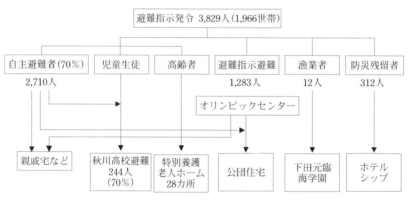

図7-2　三宅村全島避難と避難先

（2）避難半年後の島民の様子

当時島民の大半が、3カ月以内には帰島できると考えていた。しかし、火山ガス大量放出の長期化により、三宅島火山活動検討委員会（東京都）は、全島避難生活を延ばさざるを得ないと決定した。長期化する避難生活には、様々な問題が生じた。避難生活半年後の島民の様子は、「第1回生活実態調査」[9]（2001年3月実施、2004世帯対象、回収数1,285（64.1％））から、下記のようにまとめられている。

①家族数の減少（19.7％：253世帯）がみられる。これは、他の地域に働きに行っている（17.8％）、子供が秋川高校で寮生活をしているため（42.3％）である。

②避難以前の職業が「年金25.7％・公務員15.1％・建設業14.0％」が、避難後は「年金37.9％・公務員14.8％・無職13.2％」となり、半数以上の世帯で、収入の低下がみられ、32.5％は無収入の状態になった。とくに自営者は、5割の世帯で収入がなくなっている。そのため、貯金の切り崩しと義援金によって生活している状況であった。

③現在の暮らし向きについて、45.6％の世帯が「苦しい」としている。特に自営者は5割を超える世帯で悪化している。そして、今後の生活が「非常に苦しくなりそう」としているのが27.6％に上っている。

④経済面で、今の状態が継続するとしたら、「1年未満」もしくは「1年くらい」が限界とする回答が、年金生活者と公務員を除くと、7割を超えた。6割の世帯が求職中であるが、60歳代では、6割の世帯が就労していないためか、38％が1年未満しかこの生活が持たないとしている。借入金を抱えている世帯は3割あり、借入金残金の平均は1,300万円である。

⑤4割の世帯で医療費が増加しており、健康状態の悪化がみられる。

このように、全島避難の半年後に行われた生活実態調査からは、経済的状況の悪化が顕著であった。

「老人世帯生活実態調査 第1回」（三宅村、2001年5月）でも、同様の結果が出ている。避難前に農業に従事していた65歳以上の高齢者は、避難後には「働いていない世帯」が6割で、収入源を「年金」とする世帯が62％である。その生活を「苦しい」と訴える世帯は6割に上っている（調査対象660世帯）。また、避難生活は高齢者の心身に大きな負荷をかけることとなり、避難前の2000年4月に「要介護度3未満」の高齢者は50人だったが、避難後1年間で170人を超えるに至った。対応策としては、高齢者支援センターを設置し、村の保健師が定期的に健康指導を行った。同様に、子どもたちにも避難生活のストレスは大きくのしかかった。当時の子どもたちの様子を平野元村長（当時財政課長）は、次のように語る。

第 7 章　火山噴火のもとでの住民避難と地域の農業復興における自助・共助・公助の連携　305

「8月 27 日に秋川高校に子供たちが入寮し、9月 2〜4 日に親が避難した。当初、子供たちは旅行気分であったが、親たちは必死。しかし、日にちが経つと、子供たちに問題行動（爪かみいじめなど）が出てくるようになった。また、親たちが避難すると、自分の避難先に連れ戻しが始まり、2〜3 カ月が経過すると、低学年の子供たちは寮からいなくなった。高校生は寮に残るものもいたが、秋川からあきる野の高校に通学バスを出して親元から通うようになった。避難当初、小さな子供を親元から離すことに、教育界やマスコミから叩かれた。島内の 18 名の保母は、全島民避難により仕事がなくなったので、避難先の秋川高校で添い寝などのケアをした。子どもたちの次に避難した親たちは、先ず代々木オリンピック村に入ったが、親族や縁故を頼る人もいた。しかし、長期になるとお金の心配もあり、情緒安定のためにも公団へ移り住むようになり、避難先がドーナッツ状になっていった。」

いち早い児童・生徒の避難は、避難時に人的被害を負わなかった点では評価されたが、その後都立高校での寮生活が長引くと、子どもの行動にその影響が認められるようになった。いじめや睡眠障害、集中力低下、チック、円形脱毛症や心因性嘔吐症を発症するものも確認されるようになった。長引く避難生活は、年齢や個人に応じて影響の出方や時間差があるものの、避難中の島民に一様に精神的負荷を負わせるものであった。

（3）一時帰宅（日帰り帰宅）（2001 年 9 月〜2003 年 3 月）

全島避難後から 1 年が経過するまでに、三宅島では測候所改修、水道復旧工事、クリーンハウス（対火山ガス対策のための脱硫化水素付き事務所・宿舎）の建設、工事給食センターの稼働など整備が進んだ。復旧工事関係者の夜間滞在が可能になると、復旧工事も加速化し、2001 年 9 月 18 日には島民の「一時帰宅（日帰り帰宅）」が実現した[10]。火山ガスの危険性がある中を、わずか 4 時間程度の島内滞在でしかなかったが、2004 年 11 月まで「一時帰宅」は続けられた。2002 年 10 月から渡航費は村負担となり、2003 年 4 月から開始された滞在型帰宅と並行して、4 年間に約 200 回、延べ 1 万 2,000 人の島民が一時帰宅をした。

(4) 避難生活が長期化した島民の様子

本節では、避難中の島民の様子を、避難1年後に行われた「第2回避難生活実態調査」と、避難約2年後にわれわれが行った「三宅村農家（現況耕作者）意向調査」から概観する。

1) 第2回避難生活実態調査

避難生活が1年経過し、一時帰宅により被災した自宅や畑などの様子を島民自身が確認できるようになった2001年10月に、村は生活実態に関する意向調査を行った（「三宅島火山活動災害第2回避難生活実態調査」回収数1,603票(80.9％)）。当時の避難生活の実態について、全島避難半年後に行われた第1回調査と比較した要点は次のようになる（表7-4）。

① 一時帰宅で確認した自宅の被害は、「小動物による被害」（51％）、「腐食」（41％）、「カビ」（38％）の被害があるものの、補修をすれば住むことができる被害とした回答は51％であった。
② 「年金」が主要な収入源となっている人は、第1回調査と比較しても37.9％から40.3％へと増加している一方で、避難生活の長期化に伴い、避難先での就労が増加している。1カ月あたりの平均生活費は20万円であり、生活状況を「苦しい」とする世帯の割合が増えている。
③ 帰島に関しては、「何をおいても帰島したい」が46.2％、「島で生活のめどが立てば帰島する」が39.4％であり、帰島する意思のある回答は、85.6％と高かった。

表7-4 避難生活実態調査に見る島民の生活状況の変化

職業の変化（％）				就業形態（％）				現在の生活（％）		
	避難前	第1回	第2回		避難前	第1回	第2回		第1回	第2回
年金	25.7	37.9	40.3	常雇	45.0	57.9	27.1	非常に苦しい	12.8	14.2
公務員	15.1	14.8	15.4	臨時	12.0	22.1	10.2	苦しい	16.4	17.4
建設業	14.0		8.2	自営	23.3	4.1	3.3	何とか暮らす	46.8	38.6
無職	3.2	13.2	8.5					避難前と同じ	18.9	21.9

出所：東京都三宅村：「三宅島火山活動災害避難生活実態調査」第1回（2001年3月）第2回（2001年12月）より作成

④島の復興については、「今まで通り農林水産業と観光の島にすべきだ」(47.7％)、「今まで以上に農林水産業の島にすべきだ」(5.7％) としている。

2）三宅村農家（現況耕作者）意向調査

調査目的・方法：避難生活が 1 年 10 カ月近く経過した頃、われわれ東京農業大学（門間・杉原）は、三宅村からの委託により「三宅村農家（現況耕作者）意向調査」を実施した[11]。三宅村復興計画策定委員会は、『三宅村の復興に伴う基本的な構想』(2002 年 5 月) を策定し、引き続き「三宅島の復興・復旧基本計画（案）」の具体的な策定に向けて、現況耕作者の意向把握の必要があった。

本調査は「現況耕作者」を対象者とした。調査時の島民の避難先は首都圏に集中しており、避難村民の 90％、避難世帯の 88％が東京都を避難先としていた (1,682 世帯 3,185 人)。本調査では、農業委員会で把握している現況耕作者と JA 正組合員および農業用水利用者名簿から現況耕作者リストを三宅村役場産業観光課が作成し、さらに東京都区内および多摩地区に避難している現況耕作者 415 名を「三宅村農家（現況耕作者）意向調査対象者」とした。

調査内容は、「Ⅰ．避難前の農業に関する調査」「Ⅱ．帰島後の営農再開に関する意向調査」「Ⅲ．今後の三宅農業に関する意向調査」であり、東京農業大学の教員・学生が、戸別訪問による聞き取り調査を、2002 年 6 月 29・30 日および 7 月 6・7 日に実施した。有効回答数は 166 件であった（三宅島での居住地区別回答数は、坪田が 58 戸、神着が 35 戸、阿古が 34 戸、伊豆が 22 戸、伊ヶ谷が 20 戸であった）。

本調査から避難前の農業について、次のことが把握できた。家族形態としては、夫婦家族が支配的である。独居老人世帯の割合が高いのが、伊ヶ谷地区 (31.6％) と阿古地区 (21.2％) である。後継者がいる農家は 8.4％にとどまり、また、農業に従事する 50 歳代以下の世帯主がいる農家は 5 戸にすぎず、避難前からすでに農家の高齢化と後継者不足が顕在化していた。耕作面積は、30a 未満が 54.8％を占め、50a 以上は各地区とも 15％前後にとどまった。この 30a 未満層は、自給的農業および農業収入が「無」ないし「15 万円未満」の自給的農業の傾向が強いが、レザーファンなどの集約的生産を行う阿古や伊豆地区で

は、農業収入が100万円以上を達成している農家が2割強を占めていた。

本調査では、帰島後の農業再開の意志を問い、再開の意志のある現況耕作者には、さらにどのような形で再開したいのかを、「三宅村（基本計画・過疎地域・自立促進計画・復興計画）事業計画調書」（三宅村役場産業観光課）をもとに、【A】従来への復帰型、【B】個別営農・農作業や出荷の協同型、【C】地域営農型の三類型を農業再開パターンとして、それぞれの農業類型の評価を行ってもらった。その上で、帰島して農業を再開するにあたって希望する形態を選択してもらい、さらに再開に当たって必要な支援メニューに関する意見を徴集した。「【A】従来への復帰型」とは、避難前と同じ場所で農地などを復旧し、避難前と同じ形態の農業を行うものであり、そのための復旧計画として村役場は、農業用水の復旧・農地の回復・農道の整備・栽培施設等の整備・農業者支援・営農再開支援を挙げている。「【B】個別営農・農作業や出荷の協同型」とは、避難前と同じ場所で農地等は復旧するが、農作業や出荷を互いに協力する形態の農業で、従来の復帰型への行政支援に加えて流通対策や新規就農者受け入れや高齢者農場の設置、集団営農の促進の支援を行うものである。「【C】地域営農型」とは、新たな場所で農地の造成やパイプハウスの団地化・集約化を行い、農作業や出荷を協力する形態の農業で、上記の支援に加え、農地の集約化や新品種の導入、パソコンによる農業情報の提供や農産加工の商品開発およびその施設の設置など新技術の導入を支援メニューとして提示している。

営農再開に対する農家の意向：当時、166戸の農家のうち61.6％が帰島後の営農再開を希望していることが明らかになった。また、時期・条件次第では営農を再開すると回答した農家割合は19.2％であり、両者を含めるとほぼ80％が営農再開の意向を有していた。希望する営農タイプとしては、「従来型への復帰」が51.4％と最も多く、続いて「地域営農」31.2％、「個別＋一部協同営農」17.4％となり、従来の営農への復帰希望が半数であった一方で、何らかの形で新たな営農の仕組みが必要であるという農家も半数いた。

ところが、「農業後継者」がいる農家の割合は8.4％と低く、世帯主の超高齢化と併せて考えると、三宅島の農業を支える担い手が激減し、農業・農地の維持が困難になることが予想された。こうした状況の中で、「後継者の育成方法」

に関しては、「農家と村が一体となった取り組み」が必要であるという意見が58％と圧倒的に多く、村と農家が相互に緊密な連携を取りながら対応しないと、後継者の確保は困難であるという意見が圧倒的多数を占めていた。さらに、新規就農者に対する支援意向では73％が支援すると回答しており、大部分の農家が新規就農に対する強い期待と支援意向を有していた（表7-5）。

営農再開に関する意向を地区別に見ると、再開意向が強いのは阿古、伊豆、神着地区であり、いずれも70％を上回る農家が再開を希望している。一方、坪田地区では48.1％、伊ケ谷地区では50％と、ほぼ半数しか営農再開を希望していないことがわかる。こうした地区ごとの違いを規定する要因は「火山による被害の程度」「担い手の年齢や後継者の有無」「農業形態の特徴」「農地の分散状況」等様々であるため、その主要な要因の解明が必要である。時期・条件次第では営農を再開すると回答した農家割合は、ほぼいずれの地域でも20％前後の値を示しており、地区ごとに顕著な違いはない。

希望する営農タイプについては、地域間で意向がかなり異なる。「従来型への復帰」意向が強いのは坪田（64.5％）、伊豆（60％）、阿古（56.6％）の3地区であり、逆に低いのは神着（36.4％）、伊ケ谷（25％）である。「個別＋一部協同」への意向が強いのは伊豆（25％）、神着（27.2％）阿古（21.7％）であり、続いて伊ケ谷（16.7％）、坪田（3.2％）となり、地域ごとに評価はかなり異なる。地域営農タイプを希望する農家は伊ケ谷が58.3％と最も多く、続いて神着（36.4％）、坪田（32.3％）が高くなっている。阿古（21.7％）と伊豆（15％）はその他の地区に比較して低い。

後継者が確保されている農家の割合はいずれの地区でも低いが、その中で阿古だけが16.7％と比較的高い値を示している。一方、伊豆では4.5％とほとんど後継者が確保されていない。後継者の育成方法については、いずれの地区でも「農家と村が一丸となって取り組む」を評価する農家が圧倒的に多い。さらに、新規就農者に対する支援意向ではいずれの地区でも68％以上が支援すると回答しており、大部分の農家が新規就農に対する強い期待と支援意向をもっている。特に伊豆では86.4％の農家が新規就農に対する支援を希望している（表7-5）。

表7-5 全農家および居住地区別の営農再開・希望営農タイプ・後継者・新規就農者支援意向

調査項目	集計区分	全農家 166	居住地区 阿古 34	居住地区 伊豆 22	居住地区 神着 35	居住地区 坪田 58	居住地区 伊ヶ谷 20
帰島後の営農再開希望	再開希望割合	61.6	72.4	73.9	70.0	48.1	50.0
	時期・条件次第	19.2	17.2	17.4	20.0	21.2	18.7
	再開しない	19.2	10.4	8.7	10.0	30.7	31.3
希望営農タイプ	従来型への復帰希望	51.4	56.6	60.0	36.4	64.5	25.0
	個別＋一部協同営農	17.4	21.7	25.0	27.2	3.2	16.7
	地域営農	31.2	21.7	15.0	36.4	32.3	58.3
後継者	有り	8.4	16.7	4.5	10.3	6.7	0
	無し	80.4	80.0	86.4	69.0	82.2	93.8
後継者育成方法	農家が自主的に育成	7.2	10.3	9.5	7.4	6.5	0
	農家が中心となり地区単位で考える	6.5	10.3	0	7.4	8.7	0
	農家と村が一丸となって考える	58.0	37.9	47.7	66.7	63.0	78.6
	村が考える	9.4	13.8	19.0	7.4	2.2	14.3
	その他	18.8	27.7	23.8	11.1	19.6	7.1
新規就農者への支援意向	ある	73.3	73.3	86.4	73.4	68.1	68.7
	ない	4.8	6.7	4.5	3.3	6.4	0
	不明	20.5	16.7	9.1	20.0	25.5	31.3
	その他	1.4	3.3	0	3.3	0	0

注：1）列見出し項目の下に書いてある数字は、該当農家数である。
　　2）その他の数値は、全てパーセント表示である。100％に満たない箇所は無回答である。

　後継者を確保している農家と確保していない農家の意向の違いは、営農再開希望で顕著に出ている。すなわち、後継者を確保している農家の方が、確保していない農家よりも営農再開意向が20％ほど強い。希望営農タイプについてはほとんど差がなく、従来型への復帰が50％前後、地域営農が30～40％前後となっている。後継者の育成方法については、「農家と村が一丸となって」を支持する農家がいずれも多いが、新規就農の支援意向については、後継者がない農家の方が75.2％とかなり高くなっている。すなわち、後継者がない農家ほど新規就農者に大きな期待を寄せている。

　世帯主の年齢階層別に営農再開意向を見ると、再開希望割合は65％前後で65歳未満も65歳以上も変わりないが、再開しない割合が65歳以上で20％と高くなっており、高齢により農業の持続が困難であると判断している農家が多

いことがわかる。また、希望営農タイプでは、65歳未満では地域営農が39％、従来型への復帰が35％と地域営農への志向が強いが、65歳以上では従来型への復帰が60％で大きな変革に対応できないことを示している。後継者の育成ならびに新規就農者の支援については、年齢別の差はほとんどない。

　帰島後の営農再開については、「従来営農への復帰」「個別＋一部協同」「地域営農」の3営農タイプに対する農家の評価結果について、「魅力と将来性」「担い手育成」「観光と農業の連携」「農業の持続性」「農業形態の問題」の5つの評価項目を5段階評価してもらった。その結果の要点は、次の3点である。
　①「農業の魅力や将来性」「担い手育成」「観光と農業の連携」「農業の持続性」のいずれについても地域営農に対しては、「かなりそう思う」「ややそう思う」と答えた農家割合は60％前後に達している。
　②従来営農への復帰は、特に「担い手育成」「観光と農業の連携」という点で大きな問題があると農家は評価している。
　③「個別＋一部協同」に対する評価はいずれの項目でも賛成と反対が拮抗しており、農家は地域営農と従来型への復帰との中間的な評価を下している。
以上の2つの意向調査から、明らかになった要点は次の通りである。
①80％の世帯が営農再開する意向がある。
②希望する営農タイプとしては、「従来型への復帰」が51.4％と最も多い一方で、「地域営農」31.2％、や「個別＋一部協同営農」17.4％にも関心がある。
③しかし、「農業後継者」がいる農家の割合は8.4％と低く、農家の高齢化に伴う担い手不足問題が深刻化して、農業・農地の維持が困難になることが予想される。
④「後継者の育成方法」に関しては、「農家と村が一体となった取り組み」が必要であるいう意見が58％と圧倒的に多く、村と農家が相互に緊密な連携をとることが必要である。
⑤新規就農者に対する支援意向では73％が支援すると回答している。後継者不足と高齢化という三宅島の現状からすれば、帰島・営農復興に備えて、新規就農者に関する計画案も必要となる。
つまり、避難先での経済状況が悪化していること、帰島意思は85％と高く、

帰島した際は80％の農家が営農再開したいという意向が判明した。ただし、営農再開する農家には、後継者がいる割合が極めて低く、農業の担い手不足が深刻化しており、農家も後継者育成や新規就農について、農家と村が一体となった取り組みが必要であるとしていた。これらの結果をもとに、「三宅島の復興・復旧基本計画（案）」の具体的な策定が行われた。

(5) 長期化する避難生活に対する行政支援

ここで、長期化する避難生活に対する公助のありかたについて、考えてみたい。災害時の財政基金や支援金について、平野元村長（当時財政課長）は次のように語る。

「財政基金の調整金は3億円だった。避難者へは、2000年8月にガス代として、同年12月に（新年を迎えるための）餅代として、2回にわたり支援金を配った。支援金の内容は、この2回の「持ち金の配分」の他「義捐金」と「商品券」であった。「商品券」の用意は商工会に委託し、手数料が商工会に入るようにした。ただし利用は、避難先の商店街で使えるようにした。商品券を避難先で利用することを通じて、地域コミュニティへ三宅島島民を参画することを目的にしたからである。避難先が不明な島民もいたため、マスコミを利用して、1世帯2万円の商品券を配布すると情報を流してもらい、都から島民に贈られた。マスコミは活用すべきだと思った。各自治体には、備えはない。基金など積立は通常はしない。災害が起きて初めて財政的な必要性が出てくる。当時は基金がなかった。40億円の当初予算を補正して、決算時に43億円になった。10％程度は、財政調整金を自治体はもつべきである。大噴火は8月18日。8月28日には、小中高校生を都立秋川高校へ避難させた。当時の教育課長に現金6,000万円をつなぎ資金として渡した。」

このように財政的困難を抱えながら、三宅村は避難生活を支える策を講じていかなければならなかった。まず、避難後の失職問題については、村は都と共催で「就職相談会」を行った。2000年12月からは「被災者生活再建支援法の申請」も始めた。生活困窮度が深まっていることから、世帯主が50歳以上の世帯に対して、2001年8月から生活困窮者世帯へ離職者支援金貸付（生活福祉

金）の特例扱いが開始された。

　また、村は過去に前例のない支援を行っている。「利子補給」と「災害保護事業」である。三宅村商工会のアンケート結果から 9 割の事業所が休業状態であり、うち 6 割が噴火前からの借入金がある事実を受けて、商工会が折衝後、債務に対する利子補給が国・都・村の三者によって行われた。農業分野においても、この利子補給事業が帰島前までの最も優先度の高い事業として、「三宅村復興計画」の中で位置づけられている。また、約 300 世帯が生活保護基準以下の生活であるという実態を把握し、2003 年 2 月には「三宅村災害保護特別事業」[12] を実施し、預貯金が 500 万円以下の生活保護が対象外の世帯にも、生活保護と同様の経済的支援を行い、これらを避難指示解除まで継続した。

　経済問題に加えて、避難中の島民が抱える問題は「情報不足」と「コミュニティ支援」であった。当時の長期化する避難生活について、平野元村長は次のように語る。

　　「次回、全島避難命令が出ても、4 年半にわたる避難当時の苦しさを知っているので、島外への避難はしにくくなるだろう。避難中の苦しさは、経済問題だけでなく、コミュニティがなくなり孤立していく寂しさもあった。島の生活ではドアは開けたままで暮らすことが多かった島民が、公営住宅で同じようなことをしていたらドアを蹴られ怒鳴られたなど、島ではありえない隣人問題にも悩まされていく中で、孤立していった。ただ、公団暮らしのプラス面もあった。公団には、出身の集落が混ざり合って居住したため、集落間のそれまでのエゴがなくなった。以前は、集落内で凝り固まっていた。」

　三宅島では通常、村からの伝達手段は、緊急時には防災無線を、平時には「広報みやけ」を各戸に配布していた。避難後は、住所が判明している島民たちに向けて「広報みやけ」を送付した。第 1 回郵送は 2000 年 9 月 22 日、2 回目は翌 2001 年 3 月以降となった。さらに、「情報連絡員」制度を 2001 年 1 月から開始した。これは、提供された情報や手続きがわからない島民のために、三宅島福祉協議会に委託して村が設置したもので、毎年 20 名の島民が相談員として電話や訪問により島民の相談に応じた。この制度は、村からの情報伝達だけでなく、連絡員は毎月 1 回集まって島民の意見を集約して村へと報告され、島

民の状況把握にも大変役立つものであった。この措置は、帰島前まで続けられた。

また、村は、帰島までの間に7回の「住民説明会」を開催した。1回目（2000年11月）から4回目（2003年3月）までは、現地の様子などが主要課題であったが、5回目（2004年4月以降）になると帰島に向けての具体的な説明と変わっていった。

一方島民の中からは、自主的に「島民会」が組織された（図7-3）。全島避難によって避難先の居住地も分散し、島の自治会は機能を果たさなくなった。そこで、行政は、コミュニティ支援の一環として、2000年秋頃から自治会に代わり自主的に立ち上がった「島民会」に対して、「島民連絡会補助金」制度を創設した（表7-6）。多い時で20数団体に上った島民会に対して、補助金を支給した。さらに、各地区島民会の代表で構成される「三宅島島民連絡会」を2002年4月に結成した。この組織は、島民と行政の橋渡しを目的に結成され、島民対話集会や、要望書の取りまとめ、各種調査の実施などを行った。そのほか、ボランティアの協力を得ながら、避難所に分散した島民交流を目的に「三宅島島民ふれあい集会」を2000年12月に開催した。この集会は、2005年の帰島までの間に9回行われた。

また、三宅村は「島民連絡会補助金」制度を創設した。東京都も「三宅村災害対策技術会議」を都庁内に開き、被害情報の共有や復旧対策事業の検討・調

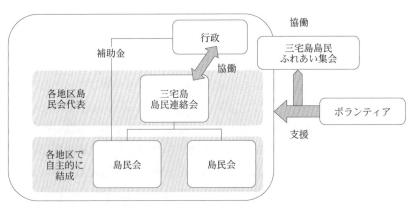

図7-3　島民会をめぐる自助・共助・公助

表7-6 島民コミュニティのための三宅村の支援

名称	支援目的	支援内容
島民連絡会補助金	全島避難と分散居住により機能不全に陥った自治会に代わり、2000年秋から自発的に「島民会」が立ち上がった。この活動を支援する「島民連絡会補助金」制度を創設した。多い時で20数団体に上った。	2000年11月から、1島民会あたり5,000円/月 1世帯あたり500円/月　を補助
住民自主活動支援事業等補助金	島民のコミュニティ維持を目的に、自主活動に対する1組5人以上のグループ支援を行った。	50万円を上限に総事業費の5分の4を補助
三宅島島民連絡会	2002年4月、島民と行政との橋渡しを目的に各地区島民会の代表者が集まって「三宅島島民連絡会」を結成し、島民対話集会や、要望書の取りまとめ、各種調査の実施などを行った。	行政と連携
三宅島島民ふれあい集会	分散して避難した島民同士の親睦会。行政との情報交換や意見交換、支援者との交流などを目的に、村と島民がボランティア団体の協力で開催。参加者は、常時1,000人を超えた。	行政と情報・意見交換

整を行った（2001年4月から5カ月間）。

東京都は、当時、就労先の確保と帰島後の農業再開を目的に、「げんき農場」（八王子：2001年5月）と「ゆめ農園」（江東区：2001年2月）を開所している。げんき農場では、アシタバなどの島野菜を中心とした農作物が栽培され、ゆめ農園では花き類の生産が中心であった。生産物は、販売はせず協力支援へのお礼の品として利用した。農園は、アシタバや赤芽イモなど三宅島の資源をストックする場であり、かつ、島民同士の情報交換の場となった。

（6）復興計画と農業復興

その後、国と都が「三宅島火山ガスに関する検討会」を設置し、村は「三宅村復興基本計画」（2002年12月）を策定した。目標定住人口を3,800人、交流人口（観光客数）を年間12万人とし、島を「生活再建」「地域振興」「防災しまづくり」にゾーニングし、帰島後10年間（2011年まで）の基本計画を提示した。その中で、農業復興は、「帰島後緊急3カ年対策」のなかに盛り込まれた。

2002年3月には「三宅島全島民帰島プロセス作成検討会」も立ち上がり、その検討内容は「第1次帰島計画案」（2002年12月）としてまとめられた。農業関連の事業予定は表7-7に記すとおりである。同年12月に、村は「三宅村復興

計画」「第4次三宅村総合計画」「三宅島火山ガスに関する検討会中間報告」を相次いで発表した。

表7-7 災害復興に向けた三宅村の諸計画における農業関係の事業計画

時期	報告書名・事業名	事業概要
2002.12	「三宅村復興基本計画」（三宅村復興計画策定委員会）	基本方針：「生活再建」「地域振興」「防災島づくり」 ①帰島までに完了すべき優先課題：農・漁業特別対策資金利子補給事業 ②帰島後緊急3か年の課題：農業全体のシステム見直し（地域農政推進事業対策）　農地問題（被災農地回復事業、荒畑造成事業、遊休農地条件整備事業）　農業形態問題（農地団地整備事業　グループ営農　家庭菜園農家の組織化　農業組織支援強化事業など）　経営問題（農業用水の確保と供給　堆肥供給制度の確立など）　新規技術・特産物の開発（花き貸付事業など）流通問題（農産物出荷体制整備など）
2002.12	「三宅島噴火災害帰島計画（第1次案）」（三宅島全島民帰島プロセス）	帰島までのプロセス：**基本方針・前提条件／帰島の判断・決定／帰島準備／帰島に向けた支援措置の準備・全員帰島の実施** 農業再開準備 ・帰島後の営農に関する**意向**を継続的に把握する。・全員帰島開始までに、農地回復、パイプハウス除去、農業用水復旧などに関する被害状況の把握、災害査定準備、設計などを行い、**帰島後営農者との契約**を進め、事業を実施する。・営農再開には相当の期間（1年～数年）が必要となり、その間復旧事業などに関連して発生する雇用によって生計の維持に充てるように考慮する。 ・元気農場やゆめ農園で実施している種子種苗に関連する事業については、**高齢者農場**として全員帰島開始に併せて島内で継続する・全員帰島開始に向けて、**認定農業者育成**に向けた取り組みを進め、帰島後、認定を開始する。・**共同共販**を促進するための組織立ち上げを支援し、帰島後、技術研修を行う
2003.12 中間報告 2004.3 最終報告 2004.9	三宅島帰島プログラム準備検討委員会 ↓ 「三宅島噴火災害三宅村帰島計画」	**安全分科会**（火山ガス濃度の監視測定など）・**基盤分科会**（基盤整備など）・生活文科会 基盤整備（農業関連）： 農業基盤施設災害復旧：現況耕作地 1,173 筆（274ha）のうち、**営農再開後営農意思のある農地を復旧対象**とし、復旧にあたっては、農家の再建のための支援策とし、島民を積極雇用する。 　そのほか復旧事業：農道　農業用水施設　農地集約農業団地等整備　パイプハウス　簡易かんがい施設設置　村営牧場 90ha
2004.9	帰島・生活再開の手引き（三宅村村民用帰島マニュアル）	農林水産業に対する支援 ・農地の復旧状況に合わせ、特産農産物（赤目芋、レザーファン、アシタバなど）の種苗提供・農地の他農業復興に向けて、用水、農道、ハウス施設などの整備・高濃度地区の農家で帰島後の営農再開希望者に、他地域の農地の斡旋・貸付や利子補給の継続

出所：表7-2と同じ

5．帰島に向けた復旧の取り組み－帰島プロセス
　　（2003 年 4 月〜2005 年 1 月）

　火山ガスからの一時避難所であるクリーンハウスの完成により、2003 年 4 月 18 日から宿泊を伴う帰島「滞在帰宅」が始まった。この時期が帰島準備期の前半とすると、後半は 2004 年 7 月 1 日の帰島宣言から全島民帰島までの期間にあたる（表 7-8）。

（1）滞在帰宅期（2003 年 4 月〜2004 年 6 月）

　滞在帰宅に先立ち、「三宅島火山ガスに関する検討会」のなかで、帰島時の火

表 7-8　帰島準備期の自助・公助・共助

期間 3　帰島準備期（滞在帰島期　2003年4月〜2004年6月／帰島準備期2004年7月〜2005年1月）

	火山の状態	自助	公助			共助
		住民の様子	三宅村の対応	東京都の対応	国の対応	その他組織的対応
滞在帰宅期	2003.6.10 火山性ガス 3 千〜1 万トン/日放出	4/18〜滞在帰宅開始 4/24　島民連絡会 被災者生活再建支援法改正署名を国会に提出 12/20　民宿営業再開	2003.4.6〜避難先各地 三宅島火山ガスに関する検討会→2004.10.16　**三宅島帰島プログラム準備委員会**設置 2004.3.30　最終報告発表 2004 年 2 月　平野村長選出 2003.4.24　三宅村住民説明会			2003.5.18　⑥三宅島島民ふれあい集会 2005.11.24　⑦三宅島島民ふれあい集会 2004.5.9　⑧三宅島島民ふれあい集会
帰島準備期	2004.5.7 火山性ガス 3 千〜1 万トン/日放出		2004.7.14　帰島意向調査公表 〃 7.20　「帰島に関する基本方針」発表　帰島宣言 〃 7.21　三宅島帰島対策本部開設	2004.7.21　三宅島帰島支援連絡会議 〃　東京都三宅島帰島支援現地対策本部設置		
	2004 年 12 月 火山性ガス 2 千〜5 千トン/日放出		2004 年 9 月　農地災害復旧申請受付 帰島前健康診断 住民説明会（**帰島計画、帰島・生活再建の手引き発表**） 2004 年 11 月　帰島にあたっての説明会 2005.1.4　村営住宅募集	2004.9.17　避難解除に向けた三宅島帰島緊急支援事業を実施 2004.11.12　党独自の支援制度創設 2004.12.27　義捐金募集配分委員会		2004.11.28　⑨三宅島島民ふれあい集会

出所：表 7-2 に同じ

山ガスの対処法などについての「リスクコミュニケーション[13]」が避難先各所で実施された。一時帰宅や滞在帰宅が行われると、自宅屋根の補修希望が増加した。職人の自発的組織である「三宅島職工組合」が補修を請負い、1,300戸の屋根修理が進められていった（図7-4）。一方、帰島への思いが強い高齢者にとって、一時帰宅や滞在帰宅ができないことは大きなストレスであった。そのため、村は避難先の公団住宅を訪問し、島の様子を撮影したビデオや写真で島の様子を伝える活動「住民懇談会」も行った。2003年4月から2004年まで36回にわたって実施され、参加した島民は437人を数え、村は島民の帰島の気持ちを支えた[14]。

また2003年4月の「被災者生活再建支援法」見直しにあたり、島民連絡会が中心となって法律改正を求める署名運動を展開し、全国14万人の署名が国会に提出された。10月になると、「三宅島帰島プログラム準備検討会」が設置され、帰島対応策が本格的に着手されるようになった。その最終報告（2004年3月）が、2004年2月に新村長に着任した平野祐康氏によって発表され、最終的に「三宅村帰島計画」（2004年9月）となった。

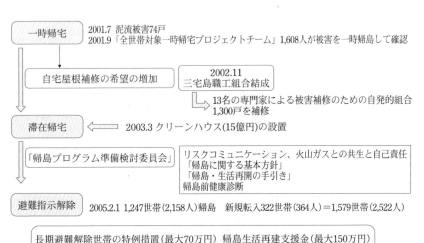

図7-4　一時帰宅から避難指示解除までの支援

（2）帰島準備期（2004年7月～2005年1月）

　一時帰宅を経て、滞在帰宅が始まると、全島民帰島の機運が一気に高まっていった。帰島の意向を把握する必要から「帰島に関する三宅村住民アンケート」調査が実施された（2004年7月、回答世帯：1,388戸）。その結果は、「火山ガスのリスクを受容して帰島する」意向のある島民は7割であった。年齢別には、40歳代が76％で帰島の意向が高かった。20歳代の4割、80歳以上の3割が帰島しない意向を示した。帰島意向がない理由としては、「避難先での医療環境や健康状態の不安」「火山ガスの不安」「避難先での生活の安定」などが挙げられた。農業者（440世帯）の50％が農業を「再開する」、20％が「条件によって再開する」、17％が「再開しない」であった。漁業の再開が4割に比べれば高かったものの、帰島後の農業復興は困難をきたすことが予想された。

　4年にわたる避難生活で精神的・経済的負担が限界にきている島民[15]の状況を把握したうえで、2004年7月、村は「帰島に関する基本方針」を発表した。これが事実上の帰島宣言とされており、都知事に2005年2月帰島に対する支援を要請した。帰島に関する村の基本的な考え方は、「火山ガスとの共生」であり、帰島は島民の自己責任に基づく判断で行うとされた。

　帰島に向けて、村は「三宅村帰島緊急支援事業」として、「三宅村帰島計画」と「帰島生活再開の手引き」を公表した。9月から10月にかけて、火山ガスの感応性に関する「帰島前健康診断」や、子どもも含めた「親子リスクコミュニケーション」を実施する一方、島の住宅の滅失者や火山性ガス高濃度地区の島民には都営住宅の延長を実施した。2004年11月には、帰島に関する「住民説明会」が行われた[16]。

　2005年1月から三宅島村営住宅の募集も始まり、1月5日には「2月1日の避難指示解除」を発表した。島民にとっては、帰島するかとどまるか、選択を迫られた時期でもあった。これらの一連の計画の中で、2002年の「三宅村復興基本計画」の段階では、農業復興事業全般は「帰島後緊急3カ年対策」として農地復興は喫緊の課題とされていたが、帰島半年前に策定された「三宅村帰島計画」（2004年9月）では、「対象は営農継続意思がある農家」に絞られていった（前掲表7-7）。

6．帰島後の営農復旧と暮らしの再建（2005年1月〜）

　2005年2月1日の帰島が始まり[17]、東京都は3月31日には災害対策本部を閉鎖した。一方、被災者生活支援法改正により、「居住安定支援制度」が創設され、長期避難者に対し生活用品の購入代として1世帯当たり70万円の補助金が支給された。この支援金は、のちに「長期避難解除世帯の特例」と呼ばれるようになったが、この時の三宅島の長期避難の経験が下敷きとなってできたものである。また、国の被災者生活支援制度では認められていない住居修繕費について、最大150万円までの経費が認められる「被災者帰島再建支援金制度」[18]を東京都は制度化した。このような公的支援に加えて、全国から集まった27億3,900万円の義援金は、全島避難前の2000年8月から帰島後の2006年2月まで7回にわたって島民に配分された。島では帰島が完了し、年度が明けて学校も通常に戻り、5月からは観光客の受け入れも再開した。5月に行われた「帰島世帯確認調査」では、1,668人が帰島し、新規転入者を含めた人口は1,928人であった。8月末までには、遅れて帰島した人も加わり、島内人口は2,522人となった。若年層の就職や子どもたちの就学が避難先での定着要因であり、高齢者にとっては医療面での懸念から帰島しない人もいた。

（1）営農再開に向けての取り組み

　2014年4月1日三宅村商工会の調査では、農地は普通畑97ha、樹園地2haで総農家数64戸（内訳：専業農家6戸、兼業農家39戸、自給農家19戸）となって

表7-9　全島民帰島と復興期の自助・公助・共助

期間4：全島民帰島と復興期：2005年2〜8月

火山の状態	自助	公助			共助
	住民の様子	三宅村の対応	東京都の対応	国の対応	その他組織的対応
2005.2/7 初の火山ガス注意報発表	4月 小・中・高校再開 5月 観光客受け入れ	2005年2/1 避難指示解除 5/9 帰島世帯確認調査1,928名 6/12・13 農家説明会 9/30 国土交通省へ航空路再開要請	3/31 災害対策本部廃止	3月 「居住安定支援制度」 **「長期避難解除世帯の特例」**	

出所：表7-2に同じ

いる。主な作物は、アシタバ、赤芽イモ、キヌサヤエンドウ、サツマイモ、花き類であり、アシタバ生産は、順調に回復している。避難前に、アシタバ同様に基幹作物となっていたレザーファンやタマシダは、火山ガスに弱く、今後はアシタバや赤芽イモなど、火山ガスを考慮した営農計画が必要となる。

農地復旧：2005年6月に、農地の復旧方法や申請などについての説明会が農家に行われた。農地復旧のためには、降灰除去と、畑に入り込んだ雑木の伐採・抜根が大きな問題であった。本庁直轄事業（国庫）対象の89haと自主開墾の10ha、合計99ha[19]で、「高濃度地区」解除後の2005、2009、2013年度にわたって、国の災害復旧事業として降灰除去作業が実施された。木を伐採・伐根し、農地に戻す農地復旧補助については全農家が希望し[20]、農地整備復旧には総額15億円が投入された。

2007年4月現在で、65.3haの農地災害復旧は完了した。しかし、火山ガスと農家の高齢化・後継者問題の見通しが立たず、農業復興は思うように進まなかった。伊豆集落には農業用水のダムもあるので、30haの農地を集団化し、鉄骨ハウスを建て花き類（タマシダやレザーファン）の集約的農業を展開し、通勤農業をする提案もあったが、意見がまとまることなく計画は頓挫した。三宅島では、いつか帰島する意識が昔から強く、空き家があってもやがて帰島する者のために貸さない、という「三宅島民気質」が根強く、農地の流動化に困難をきたした。

防風：風が強い三宅島では、かねてから施設園芸が中心であった。しかし、2000年の噴火後には、これらの施設が火山ガスによる腐食のために使えなくなってしまった。被災後は、山村振興離島整備事業に三宅島特別枠が設けられたため、この中の「営農再開枠」を活用してパイプハウスよりも強靭な「StrongHouse」を導入した。この補助は、2012年まで継続され、ハウスの付帯施設として水利設備も整備した。

火山ガスと作物：火山ガスの影響は、山側の畑や施設の腐食などに影響を与えた。かつては多くの農家がレザーファンを生産していた[21]。しかし、これらは火山ガスに弱いため、農林水産センターが代替作物を試作していた。避難先のげんき農場やゆめ農園でも、ドラセナやキキョウランなど火山性ガスに耐性がある

作物の栽培実験が着手されていた。これらの農園は、火山ガスに強く昔から作り続けていたサトイモやキヌサヤやアシタバ[22]の種の保存機能も果たしていた。帰島後に新たな特産農産物を目指して導入したのが、土産用として有望なパッションフルーツである。既に伊豆七島で導入済みではあるが、三宅島とは収穫期が異なるため(小笠原系：6月一杯、八丈系：7月まで、三宅系：8-9月)、今後の成長が期待されている果樹である。

(2) 暮らしの再建と防災

火山ガス：火山ガスの対策は、今なお24時間体制で行われている[23]。坪田集落にガス対策本部を設置し、全島14カ所からのデータを本部で一元管理している。警戒レベルに達した際の防災放送は自動発報され（解除は手動）、当初は24時間体制で放送していた。しかし、島民のストレスから発報頻度を下げる措置を行った[24]。また、気象庁の協力を得て、朝7時と17時に日中夜間の火山ガス見通しを放送している[25]。

2005年2月の帰島時以降も、火山ガスからの避難施設として脱窒装置（クリーンルーム）が欠かせない。帰島時はレベル4で、警報が出るとクリーンルームに定員(302名)を超えて収容した。クリーンルームの設置は国の、維持管理は三宅村の費用で賄っている[26]。年間通じて必ず一人を管理要員として配置している。民宿との兼ね合いで、防災に限定して宿泊が可能である。

情報伝達：2000年の噴火の際、島民への連絡手段は防災無線だった。帰島後は、地上波のデジタル化に伴い、IP電話を各戸に無償貸与している。音だけでなく、目で見える情報となり、タッチ式で村のサーバーとつながるため、情報アクセスの利便性が高まった。火山噴火とガス情報の他、定期船着岸情報、飛行機運航状況、診療所等の情報が利用できる。島内ネットワークを使うため、この電話は通話料が無料で、個人負担は電気料金だけとなる[27]。しかし、時折節電のために電気を落とす島民がいるため、防災無線との2本立てで行っている。高齢者のIP電話の利用率は低く、小中学生が無料電話として使っているケースが多い。最近は、IP電話を使って地域の見守り事業を展開しているところがあるように、三宅村でも今後は、防災無線（アナログ）を少なくする方針である[28]。

防災教育：避難訓練は、地区ごと5か所に分けて、5年ごとに実施している。要支援の人の所在を把握するために、自治会が「助け合いマップ」を作成した。避難訓練は、要支援の人もバスを使って参加する。津波対象エリアでは、村・支庁・警察と連携して退避訓練も行った。三宅島で過去に津波が起きたという記録はない。集中豪雨による山崩れは数年前に1カ所あった程度で、砂防ダムなど多く整備しているので、山崩れも少ないとされている。しかし、2000年の噴火により山の木々が消失し裸地化しているため、水害の危険性も懸念されている。

7．全島避難と営農・農村社会復興のための自助・共助・公助の連携
（1）経済的支援を軸とした公助

　「日本の公助は世界に類を見ないくらいに整っている。ニューオリンズで大水害があった時に、現地に行った。『アメリカ大統領は無策で、自分たちは見放された』と住民が話していた。東日本大震災や、大島の災害でみても、日本の公助はしっかりしている」と評する平野元村長が、2000年噴火による全島避難と帰島後の復興過程で得た教訓を3つ挙げている。

　第1が、マスメディアの積極的な利用についてである。行き届かない情報を島民に行き渡らせるツールとしても、国民への状況理解を促すツールとしても、支援者への状況報告のツールとしても、もっと積極的に有効利用ができたはずではなかったか、という反省である。

　第2が、高齢者対策についてである。特別養護老人ホーム職員や看護師の高齢者個別訪問や、情報連絡員配置事業など取り組んだものの、不十分ではなかっただろうか、という反省である。

　第3が公助のあり方についてである。村は、国から「自助」が常に問われた。自助とは、被災者自らの蓄えで復興していく努力であり、共助が義援金やボランティアなどの支援であり、公助は各種資金の貸付や、被災者生活再建支援法などである。三宅の場合、「激甚災害」指定を受けたため、98％が国と都の支援を受ける事ができた。ダムや道路など、ハード面について完ぺきな支援であったと平野元村長は評する。しかし、災害時には自治体の一般財源の減収がある

なかで、被災者に対するソフト面の財源確保のために、今回の国の「三宅島特例（長期避難解除世帯特例）」のような措置を、盛り込むべきであると指摘する。

つまり、自助さえも立ち行かなくなる激甚災害に加えて、避難生活が長期化すれば、ソフト面での財政支援がより求められることとなるのである。今回のケースでは、各団地の中で籠ってしまっていた高齢者に、心のケアをするサポートセンターを設置しようとしたものの、村の財政力では対応できなかった課題を、平野元村長は指摘する。三宅島の場合、離島振興法[29]にも過疎債にもソフト事業予算はなかったため、生活支援再建のための特例が設けられることとなった。

ここで、長期避難中の国と都と村の生活に対する経済支援について、一連の流れをまとめておこう。三宅島から全島避難する際、避難所となった公営住宅の鍵とともに被災者に渡されたのが、「日用品など31品目」だった。その後、2回の生活実態調査などにより、国や都、村はいくつもの経済的支援策を打ち立てていった（表7-10）。まず、避難半年後に行われた生活実態調査などから経済的苦境が明らかとなり、世帯主が50歳以上で生活保護基準以下の収入世帯が338世帯もあることが判明した。避難直後の当座の生活資金として貸し付けられたのが、国の生活福祉資金貸付制度の中の生活資金の災害特例貸付であった。

また、全島避難直後には、島民の生活費支援として、「噴火災害生活支援資金の貸付」を実施した。島外避難者の生計について、国は「被災者生活再建法」を適用可とした。しかし、避難者の中に国の基準に該当しない人がいるため、都は独自の制度を創設し、救済対象とした。避難島民の生活費支援の一環として、国の生活福祉貸付制度の中の離職者支援金の貸付が、特例措置を上乗せして適応された。このように、村の働きかけがあって、国の特例措置や東京都や三宅村の独自施策がこの激甚災害にして適応されたのであった。

（2）連携する「共助」

三宅島災害・東京ボランティア支援センター[30]と三宅島社会福祉協議会は、連携を組んで様々な活動に取り組んだ。避難中の支援は、通信機器を利用した相談機会作りと、島民同士の集会であった。まず、「三宅島島民電話帳」（第1

表 7-10 国・都・村の経済的支援

国	都	村
	2000.9 【都】日用品 31 品目	
2000.9.1～2005.1.31「生活資金災害特例貸付」 ・貸付額：1 件 10 万円　無利子（利率 3%は都が利子負担） ・償還期間：4 年間　据え置き期間は避難指示解除後 12 か月以内 ・実績：569 世帯 5,690 万円		2000.10「噴火災害生活支援資金の貸付」 ・貸付額：1 件 30 万円　無利子 ・償還期間：5 年間　2 年間据え置き ・条件：2000 年 6 月 26 日現在三宅村民であること ・実績：569 世帯 5,690 万円
2000.1～「被災者生活再建支援法」適用 ・基準： ①500 万円以下の世帯：(世帯主年齢不問) ：複数世帯で 100 万円 ②500～700 万円以下（45 歳以上か要援護世帯） ：複数世帯で 50 万円 ③700～800 万円（60 歳以上か要援護世帯） ：複数世帯で 50 万円 ・実績：1,484 世帯に 11 億 7,856 万円支給 (2005 年 2 月末現在)	「東京都の支援金」 ・対象：「被災者生活再建支援法」の支給対象とならない世帯で、避難生活により収入の途を失った人 ・限度額：複数世帯 50 万円、単身 37.5 万円 ・実績：136 世帯 6,386 万円(2004.7 現在)	2003.2～「三宅村災害保護特別事業」 ・対象：被災日に三宅村に住所を有し、帰島の意思を有する世帯 　生活保護の対象とならない世帯 　収入認定額が基準以下であること 　義援金、支援金を含めて預貯金の保有額が 500 万円以下で預貯金を預託する世帯 ・支給額：生活保護基準額を準用する基準額と世帯の収入認定額を比較して、収入認定額が基準額に満たない場合にその不足額を支給 ・実績：ピーク時 48 世帯、月平均 58,000 円支給 　総支給額 5,868 万円 (2005 年 2 月末)
2002.8.14～2005.1.31「離職者支援資金の貸付」 ・対象：三宅村内において就業していた生計中心者であって、三宅村への帰島後、村内で就業希望の者。連帯保証人 1 名（通常 2 名） ・限度額：20 万円　単身者 10 万円　12 か月限度（三宅島民に限り一括貸し付けも可） ・利子：3 %（利率 3%は都が利子負担） ・償還期間：7 年　据え置き期間は避難指示解除後 12 カ月以内 ・実績：102 世帯 1 億 7,630 万円		2000.11「商品券」配布 1 世帯 2 万円　1,944 世帯に配布

出所：表 7-2 に同じ

版：2000 年 10 月、2 版：12 月）を作成し、連絡先が判明した避難先宅に FAX 付き電話を配布（2000 年 9 月）、更にその FAX を使って週刊ニュースレター『みやけの風』（2000 年 10 月より 5 年間 256 号まで）を配信し、情報から隔離されないようにした。また一方的に情報を流すだけではなく、島民自らがボランティアと

なって、三宅島での隣近所だった世帯に「ふれあいコール」(2001 年 1 月開始)という活動も推進した。島民同士の「ふれあいコール」の際に、様子が気になるようであればボランティアセンターに報告すると、後日村役場の職員がその島民の避難先を訪問する仕組みを作った。

また、避難先から島民の世話人が集まり「三宅島島民連絡会議」を毎月 1 回、2000 年 11 月から開始した。島民が直接集える「三宅島島民ふれあい集会」(2000 年 12 月) も設定した。この集会には、東京都や気象庁の担当者も参加し、長期化する避難生活に対し、専門家からの説明を島民が直接聞くことのできる機会となり、避難指示解除されるまでに、年 2 回計 9 回開催した。2001 年 7 月には、「三宅島災害支援ご報告と感謝の集い」を島民と共に支援者に対して行った。長引く避難生活中に、三宅島での災害を記憶にとどめるために、東京都が提供した 32 点の写真を 1 組にした「三宅島災害パネル展」を東京都庁で開いたりした。

2005 年 2 月 1 日に避難解除が出た後は、島内での暮らしの再建支援が主たる活動となった。のべ 5,400 人のボランティアが、208 日間にわたり支援活動を行った[31]。帰島後は、引越しのサポートや降灰除去、竹などの伐採に従事した。復興を進めていくのにあたり直面した「高齢者問題」について、阿古地区の古民家を借り上げて「みやけじま風の家」を開き、高齢者の見守りや島民の交流を行う場作りを行った。

(3) 農業による新たな自助活動

長引く火山ガスの影響で全島避難から帰島まで約 5 年間を要した三宅島では、避難住民の帰島意向や帰島後の営農意向を十分に反映できないまま、復興計画が作成され、復興が当初の計画通りに進まなかったことが指摘されている[32]。そのため、避難前の農家戸数 124 戸は、帰島後は 45 戸に減じ、この担い手不足が耕作放棄地を増大させている。

避難前に 3,800 人いた人口は 7 割程度しか戻っていない。住民台帳上約 2,700 人いる事になっているものの、実際のところ島の居住人口は 2,500 人程度であるといわれている。「三宅村復興基本計画」(2002 年 12 月) には、目標定住人口

を 3,800 人、交流人口（観光客数）を年間 12 万人と記されているが、帰島 10 年が経過しても大きく下回っている。2005 年時点で帰島した若者は、2〜3 年すると東京に戻る人が多かった。三宅島には、もともと 100ha の農用地があり、噴火以前は、アシタバ、キヌサヤなどの蔬菜が 3 億円、花き 3 億円（レザーファン、ルスカス、タマシダ）の生産額を誇っていた。現在は、生産額はその半分以下である。

　観光もまだ復調していない。避難前に年間 8 万人いた観光客数は、帰島翌年に 4 万人にまで戻したものの、観光客を受け入れる民宿数が高齢化のため半減してしまった。帰島後は、1 日 2 便の飛行機もなくなり、帰島後 1 年半くらいは航空便によるアクセスができず、船便も、三宅―御蔵島便がなくなった。現在航空便は、調布空港に航路が変更となった。今後観光客は、固定客のあるバードウォッチング、つり、ダイビングを中心に、火山を紹介する観光を展開していきたいとしている。

　そうした中で、2014 年 8 月から島内で新たに「地産地消」活動が始まった。島内の食料品店で販売される物品は一様に価格が高い[33]。また、観光客にとっても、三宅島で農産物を購入できる機会が少ない。そこで 2014 年 8 月 1 日から 23 戸の農家[34]が、JA 内に地産地消部会を作り、JA（神着）とおさかなセンター（阿古）内に直売所を開設した。村と JA がバックアップしているが初年度は予算措置もなく、また集荷に苦労している様子であった。しかし、基盤強化促進法を利用して農業復興をめざし、直売所の次は「学校給食」にも地産地消の活動を広めていきたいという意向を持っている。そのために必要になるのが作付計画の策定である。担い手不足で、現在、JA の生産部会には 5 戸、島内の認定農業者は 8 名に減じている。これまで三宅島の農家は、アシタバや出荷調整に手間がかかるキヌサヤや赤芽イモを特産としてきた。観光客向けの農産物として、アシタバ、三宅島ニンニク、マンゴー、ドラゴンフルーツを提供できるよう、JA・村・農家と連携して地産地消活動を進める意向である。

（4）営農・農村社会復興に向けた自助・共助・公助の連携

　避難中に自治組織が機能しない中で、島民会が自生的に生まれ、それを統合

した島民連絡会が三宅村の支援の下で結成された。また村と島民がボランティア団体の支援を受けて、島民ふれあい会を結成し、村の支援もあって、避難中に 1,000 人集めるような大集会を行うことができた。こうしたごく身近な島民会、地区代表者の連絡会、1,000 人規模の全体会というコミュニティレベルの異なる集まりに支えられて、精神的に辛い避難生活を乗り越える原動力となった。この組織の結成と維持には、島民自身の他、村役場、ボランティア団体が連携している。

経済的な公助は、過去に前例のない支援である「利子補給」や「災害保護事業」に加えて、「長期避難解除の特例」（長期にわたって避難が続いた場合の被災者を救済するために、引越しや生活用品の購入などに必要な費用について 1 世帯当たり 70 万円（ただし、支援法上の総支給額 300 万円の範囲内）が支給される）は、三宅島の長期避難が制度化のきっかけとなった。この公助には、国・都・村が連携している。

経済支援を中心とする公助には、意向調査や実態調査がその都度行われた。災害補助金や支援策を得るのには有効なエビデンスとなった。しかし、「三宅村復興基本計画」以降の村の諸計画には、農業に関わる具体的な復興計画が描かれないまま、帰島を迎えることとなった。2005 年の帰島時に、避難前と比べて、帰島世帯は 76％、帰島人数は 68％しか戻らず、帰島後の高齢化率は 42.6％まで上がった。高齢化による担い手不足は深刻な問題で、帰島時に地域営農や新規就農に関する取り組みの必要性については、われわれの意向調査でも明らかにしていたものの、帰島後の農業復興計画には十分反映されることはなかった。被災地では火山ガスという被害が進行する中で、島民たちは分散居住し、農地と担い手の現状把握さえも著しく困難をきたしていたためである。ここに遠隔地避難を伴う農村社会復興の難しさがある。

注：

1) 本章での、具体的なデータなどは、主として東京都三宅村役場『平成 12 年三宅島噴火災害の記録－三宅島噴火 2000 火山との共生』および『同／概要版』2008 年に依拠している。
2) 1940 年の噴火は、大量の火山灰や火山弾が続き、死者 11 人を出した。1962 年の噴火は、噴火

時間も30時間と短く人的被害がなかったものの、地震が多発した伊豆地区では学童疎開がおこなわれた。1983年の噴火では、海まで達する溶岩が流れ出し、400世帯が住宅に被害を受けた。

3) 2000年の噴火は、火山学的にはこれまでの噴火と異なり極めて特異な活動であったとされる（下鶴大輔他編集『火山の事典』朝倉書店、第2版、p188）。山頂直下で起きた地震は震源を西方に移動させつつ一旦は遠のき、海底でも小規模な噴火を起こした。その後山頂で噴火が開始し、陥没火口を形成した。このような、海底と山頂の2カ所で噴火し、陥没火口を形成するような噴火は、三宅島では過去2000年間なかったようである。また、2000年噴火前までにあった浅部の玄武岩質安山岩マグマと深部の玄武岩質マグマは、前者は西方に移動し、その浅部マグマだまりの空洞を埋めるように深部玄武岩質マグマが上昇し、過去500年間続いたマグマ供給系は完全に破壊された。よって、「三宅島でみられた数十年周期での噴火サイクルは、マグマ供給系が破壊された以上、これからも繰り返すとは考えにくい」とされている。しかし、今後あらたなマグマ供給系の形成に対し防災対策は欠かせないであろう（また、三宅島と大島の噴火との連動性の高さを指摘する見解もある（木村正昭『噴火と地震の科学』論創社、1993年）。

4) 木村拓郎は、時間の経過に伴って被害が拡大することを「累積災害」と呼んでいる（関西学院大学災害復興制度研究所編『被災地協働』2005年）。

5) 9月4日に全島避難のための最後の船が出港した後、漁船や工事関係者は残った。火山ガスの合間に村の警備が行われた。島は火山ガスがひどく、ホテルシップで滞在しながらの警備であった。当時は、避難中の家屋での盗難事件もあり、全島避難後1年経過しないうちに警視庁特別班が見回りをするようになった。

6) 自力避難した漁民は、式根島や神津島へと避難し、漁を続けることができた。水揚げは他島で実施した。とくに船を持っている漁師は生計への影響は比較的小さかった。

7) 2000年8月31日までに人口3,855人の7割（2,710人）がすでに離島。男女別では、男性は4割（1,175人）が島に残り、女性の8割（1,533人）が離島した（東京都三宅村役場『平成12年三宅島噴火災害の記録/概要版－三宅島噴火2000火山との共生』2008年、p9）。

8) 当時介護の必要な高齢者は、自宅に32名と特別養護老人ホームに49名だった。ヘルパーの移動が困難を極めている中で、住宅の要介護高齢者を優先的に避難させ、8月24日の第1回目（14人）はヘリコプターと船で、8月29日の第2回目（18人）以降は老人ホームの高齢者も避難を開始し、8月30日の第3回目（10人）と9月1日の第4回（20人）にわたり、28カ所の特別養護老人ホームなどの受け入れ先へと無事に移動を遂げた。

9) 東京都三宅村「三宅島火山活動災害の長期化に関する生活実態アンケート調査集計結果報告書」2001年3月。

10) 2001年9月の一般の一時帰宅に先立ち、泥流被害者の強い要望で、74戸の世帯が7月に一時帰宅をして自宅の様子を確認している。

11) 東京農業大学「三宅村農家（現況耕作者）意向調査報告書」2002 年 7 月．
12) 雲仙・普賢岳噴火災害での「食事供与制度」、有珠山噴火災害での「生活支援事業」に相当するものであり、災害が起きるたびに生活支援策が創設されており、避難解除後のスムーズな生活再建のための恒久的な避難生活時の支援制度の創設の必要性を、木村拓郎は指摘している（「災害と復興」『社会調査でみる災害復興』弘文堂、2009）
13) 対話を通じてリスクを理解する方法のこと。半年間に 60 回開催し、のべ 1,400 人が参加し、火山への理解が進んだ。
14) 平野祐康氏（元三宅村村長）からのヒアリング。
15) 長期化する避難生活が、島民に与える影響を語られることは多々あるが、役場職員については語られることは少ない。平野元村長と現役場職員によれば、当時状況は深刻であった。彼らは公務員でありながら自身も被災者であった。避難と公務で、心が擦り減りうつ病の人が多かった。「自分が殺されていくという感覚」に陥り、近寄らないでくれという要求を口にし、PC に向かったまま動かなくなる人もいたという。そうした中でも、ローテーションを組んで避難先を巡回し続けた。巡回先では、島民の対応は厳しくならざるを得ないため、悪循環が続いた。そうした状況は帰島後も続き、役場職員（142 名）は、かなり入れ替えがあり、他市町村から応援に来た。東村山市が多かった。東京都専門職の応援が多く、現在（2014 年 9 月）、役場職員の 4 割が島外出身者であり、消防・村バス・保健所・観光業には、島出身者はほとんどいない。しかし、役場に馴染みの顔ぶれがいないと島民の足は遠のいていく。住民減に伴う役場職員の削減は特にないものの、税収の減少、滞納者も多くなった。2012 年には、村の消滅の危機がうたわれ、帰島後も今なお被災状況は続いている。
16) 説明会での課題は、支援の具体的な内容と火山ガスの行方だった。説明会は、長期避難が続く島民にとって、鬱積する島民の不満の解消の場としても欠かせないもので、公営住宅（団地）ごとにミニ説明会を開いた。
17) 帰島は、団地ごとに区分けしたグループを作り、1 回 50 世帯を帰島させた。
18) この東京都の生活再建支援制度は、住宅の新築・修繕に対する経費の支給（上限 150 万円）であり、加えて住宅の解体や引っ越しなどの経費を支給（上限 300 万円）する国の支援制度を利用することができた。
19) 全島避難時に耕作者であり、営農意向のある農家を対象に、99ha の農地で降灰除去作業が行われた。
20) 帰島していない人の農地管理は、「STOP 遊休農地」のもとで、利用権を設定し、国と村で伐根作業をした。
21) 帰島後も施設を導入したレザーファン生産復旧への希望が強かった。しかし、ガスの影響で葉先が黒ずむ等の影響があり、帰島当初は状態が芳しくなかった。近年はガスが収まっているので、

農家のレザーファン生産の意欲が高まってきているが、支庁はリスクが高いものと評価している。
22) かつて三宅島が、アシタバの生産量が日本一多かった。降灰の影響で生産量が落ちたが、火山ガスの影響は少なかった。今でもJA東京島嶼の中では生産量が一番多い。
23) 管理は、島内のセキュリティー会社に委託し、24時間1人駐在している。
24) 屋外でのラッパ音と、無線機を使用していた。しかし、島民が眠れないなどのクレームやストレスが多く、放送回数を減らした。夜間の放送は控え、レベルの高いもののみの発報となり、危険レベルが低いものは20時から6時までは放送をやめた。
25) 火山ガスは最近の密閉度の高い家にはいってこない。また、感受性も異なるので、同じ対応をしてもらうのは無理がある。しかし、放射能と異なり、臭うものなので、認識することはできる。
26) 国の災害対策費には、火山ガス関連の予算が組めない。そのため、維持管理は自治体もちとなる。
27) ランニング経費（サーバー保守点検料、1代7万円の機械代、ケーブル保管代）などは役場負担。村のデジタル化に伴い、NTTから使用料が入るが、100％元は取れない。
28) 地形などによる不感地帯が発生してしまうので、不確実性や曖昧さがある。デジタルは、入るか入らないか周波数で決まる。アナログは、新島や御蔵島から電波を送っている。テレビは、役場屋上から再配信している。
29) 「離島振興法」では、75％が国の補助。国と都が12.5％ずつを補助する。
30) 構成団体は、三宅島社会福祉協議会、東京災害ボランティアネットワーク、東京ハンディキャップ連絡会、東京ボランティア・市民活動センターより構成された。協力団体は、東京都災害対策本部、日本経営者協会、経済団体連合会、東京商工会議所、全国社会福祉協議会、全国ボランティア活動振興センター、日本財団などである。
31) 「意外と知られていない、三宅島噴火災害の支援活動（後編）」「安心安全情報」
32) 農林水産政策研究所「過去の復興事例などの分析による東日本大震災復興への示唆～農漁業の再編と集落コミュニティの再生に向けて～」2011.10.
33) 村から輸送費の補助は出ているものの、大根1本380円、もやし1袋90円、アボカド320円、コシヒカリ（栃木）5kg 3,130円、卵10個280円で、東京都内の2～3倍の店頭価格である（2014年9月16日）。
34) 農業委員会のなかで「地産地消」を提案した際に賛同した人たちで、20歳代1人以外は60～70歳代が中心。

引用・参考文献

土木学会誌編集委員会編 (2005):『火山噴火に備えて』土木学会.

早川和男他編集 (2012):『災害復興と居住福祉』信山社.

廣瀬進吾 (1987):『三宅島史考』三誠社.

関西学院大学災害復興制度研究所編 (2005):『被災地協働』2005.

木村正昭 (1993):『噴火と地震の科学』論創社.

松尾駿一 (2008):『2000年三宅島噴火・避難―子供たちの記録―』郁朋社年.

三宅島史編纂委員会 (1982):『三宅島史』東京都三宅村役場.

三宅島災害・東京ボランティア支援センター (2005):「三宅島帰島支援ボランティア活動マニュアル」2005.

村　榮 (2005):『三宅島噴火避難のいばらの道』文芸社.

農林水産政策研究所 (2011):「過去の復興事例などの分析による東日本大震災復興への示唆～農漁業の再編と集落コミュニティの再生に向けて～」.

大矢根淳他編 (2007):『災害社会学入門』弘文堂.

岡部慶三 (1985):「1983年10月三宅島噴火における組織と住民の対応」『災害と情報』東京大学新聞研究所.

田中　淳+サーベイリサーチセンター (2009):『社会調査でみる災害復興』弘文堂.

東京都総務局災害対策本部応急対策課 (1985):『記録　昭和58年三宅島噴火災害』東京都情報連絡室.

東京農業大学 (2002):「三宅村農家（現況耕作者）意向調査報告書」.

東京府大島支應編纂 (1942):『昭和15年三宅島噴火記録』六人社版.

東京都三宅村役場 (2008):『平成12年三宅島噴火災害の記録―三宅島噴火2000火山との共生』および『同／概要版』.

東京都三宅村 (2001):「三宅島火山活動災害の長期化に関する生活実態アンケート調査集計結果報告書」.

山崎　登 (2005):『災害情報が命を救う』近代消防社.

吉岡庭三郎 (2001):『普賢岳災害復興20年の体験　一陽来復』長崎新聞社.

第8章　口蹄疫からの地域農業の復興における自助・共助・公助の連携

山本直之

1．目的および方法

　宮崎県の口蹄疫発生地域では、2010年4月の発生以降、消毒の徹底をはじめ、マニュアルの整備や情報の共有化、防疫に関する演習等、家畜防疫体制の徹底に、行政、各種団体、農家等の連携のもとに取り組んできた。

　こうしたなか、社会科学の分野では、例えば2012年に開催された日本農業経営学会（口蹄疫をテーマにしたミニシンポジウム、および東日本大震災をテーマにした特別シンポジウム）において、口蹄疫等の復興の研究が実態把握から支援・計画という新たな段階に達していることが山本（2013）によって示された。そして、それを具体化するためには、復興過程において時間軸との関連から課題を整理し、農家（自助）、JAや生産者部会（共助）、地方自治体・国（公助）の役割と連携方策が明らかにされなければならない。また、畜産の現場においては、口蹄疫発生から6年以上を経過した今、これまでの取り組みの評価が求められる。

　以上の認識のもと本章では、第1に、特に家畜防疫への対応に関する農家自身の評価と口蹄疫発生前後での対応・意識の変化について明らかにする。第2に、災害のなかでも特に口蹄疫では農家自身の自助努力も必要であるが、農家は自助努力に対してどのような意識を持っており、公共組織と連携しながら各主体がいかなる役割を担うか、検討する。具体的には、口蹄疫発生地域における肉用牛農家への調査から、以上の点について検証し、口蹄疫からの復興に関する農家の対応と評価を明らかにすることを目的とする。

本章における調査分析の対象は宮崎県川南町とする。対象とした理由は口蹄疫被害が最も大きかったこと、他方、地域防疫体制の整備や経営復興支援等に実績を挙げていることである。同町における口蹄疫発生後の対応について行政担当者等より確認した上で、肉用牛農家（主に繁殖農家）に対するアンケート、並びに聴き取り調査を行った。なお、アンケートは、平成25年12月、26年7月に実施し、回収戸数97戸、回収率81％であった（町内の全肉用牛農家120戸のうち、郵送での回収分、及び生産者部会の研修会の参加分の合計）。

2．口蹄疫被害の実態と対応の特徴

宮崎県では、2010年4月20日から7月5日までに292戸の農場で疑似患畜が発生した（発生から1週間で1,108頭に増加）。口蹄疫で殺処分された家畜は30万頭弱（疑似患畜21万1,608頭、ワクチン接種7万7,035頭）に上り、県内経済へ多大な影響を及ぼした。経緯を整理すると、国内初の豚への感染と、その後のワクチン接種が大きな転機である。8月27日に口蹄疫終息宣言がなされるまでの間、消毒ポイントは最多時で403カ所、防疫対策の従事者数は行政関係者、JA・畜産関連団体職員、自衛隊員、警察官など県内外を併せて15万8,500人（宮崎県発表）に上った。

では、宮崎県において何故これほどまでに口蹄疫被害が拡大したか。第1に、牛の症状が定型的でなく、発見（確認）が遅れたこと、第2に、家畜密集地域での発生であり、それが豚への感染と人、物、車の往来により爆発的に広がったこと、第3に、初動の段階で封じ込めに失敗し、殺処分終了まで平均で3日を要するなど殺処分が遅れたことであろう。

また、国の検証委員会は、国、県、市町村等の役割分担の不明確さによる水際での防止対策展開の不徹底、そして畜産農家において飼養衛生管理基準が守られていなかったことを、県の検証委員会報告は、以上に加えて埋却地の未確保やマニュアルが十分には機能しなかったことを指摘している。すなわち、農家意識、マニュアル、発生レベル、指揮命令系統の問題などである。

そして、終息後の対応であるが、殺処分頭数が全体の約6割を占める川南町では、8月6日に「川南町畜産復興対策協議会」を立ち上げ、再開に向けた支

援を行ってきた。経営対策では家畜導入から育成までの資金問題等に、防疫環境対策では伝染病発生、環境配慮の畜産に取り組んできた。具体的には、特定疾病のない家畜の導入・飼育と地域ぐるみの防疫体制確立、エコフィード等を活用した飼料自給率の向上、埋却地の確保・保全管理、資材の補助や農地集約化等である。これらのうち特に重要であったのが、家畜の導入・地域ぐるみの防疫体制確立であろう。一方、エコフィードの利用については、現在は生産体制が整っておらず今後の課題として残された。

3．口蹄疫への対応に関する畜産経営の評価
（1）アンケート結果の概要

では、以上の対応に対する畜産農家自身の評価はどうだったのであろうか。このことをみる前に、まずアンケート結果の概要を整理する。アンケートに回答した肉用牛農家97戸の内訳をみると、主業農家が68戸と7割を占める。経営主の年齢は49歳以下25.0％、50～59歳36.5％と60歳未満層が6割に上り、比較的、若年～中年層も多い。飼養頭数は10～30頭が57.7％を占めており、56.7％が頭数拡大意向を示しているのが特徴的である[1]。ただし、6割は9頭以下の増頭であり、口蹄疫発生以前の規模に戻したいという意向がうかがえる[2]。

現在の経営上の課題としては、ほとんどの農家が費用の高さ、労働力の負担を指摘し、特に購入飼料費や自給飼料生産作業の負担を指摘する割合が高い。また、技術上の課題も8割弱が指摘しており、特に衛生管理と病気・事故の対応を挙げている。

（2）家畜防疫等に関する肉用牛農家の評価

図8-1は、口蹄疫の家畜防疫に関し、「発生前～直後」と「現在」においてどのような点に苦労したかについて質問したものである。ほとんどの項目で「現在」の方が、「苦労している」と回答した農家が減少し、県・国の指導のもと川南町が主体的に行っている取り組みに対して農家自身が評価していることがうかがえる。ただし、消毒液等の購入費用の負担だけは大きく増加している。また、防疫にかかる労力負担は横ばいである。

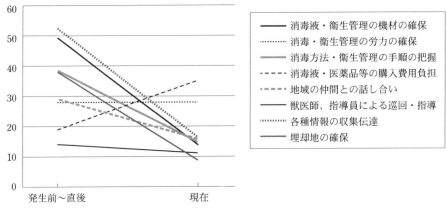

図 8-1　家畜防疫の苦労事項（指摘数）
出所：川南町アンケート、以下同じ。

　費用負担が増加した理由としては、第1に、口蹄疫発生以前は消毒等の防疫作業があまり行われていなかったこと、第2に、発生当初は町から備蓄分の消毒液配布があり、現在も研修会参加者には配布しているものの、それ以外の消毒液使用や不足が生じていること、第3に、現在は防疫設備等の補助事業が基本的に行われていないことが推察される。

　また、農家属性との関連では、経営主年齢 49 歳以下、大規模農家ほど「苦労している」との指摘割合が高く、また後述するように自助意識も高いことから、大規模な若手農家ほど飼養衛生管理基準の厳守等の防疫意識が高いことが考えられる（図 8-2）。

　ただし負担している防疫費用をみると、実際にはそれほど高いとはいえない（図 8-3）。農家属性別でも、農業従事者 4〜5 人の 5 割、20〜30 頭規模の 4 割で 5,000〜9,000 円／頭であるものの明確な関連は認められない。特に若手農家や 30〜100 頭規模の比較的大規模な農家において、認識（トータルでみた負担感）と実際の負担金額のギャップがうかがえる。なお、肥育農家の 5 戸のうち 4 戸は 1 万 5,000 円以上であるが、これは牛舎の消毒液自動散布機導入費用との関連が予想される。

第8章 口蹄疫からの地域農業の復興における自助・共助・公助の連携　337

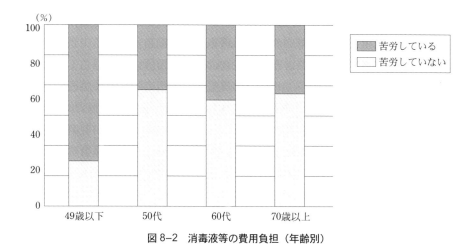

図8-2　消毒液等の費用負担（年齢別）

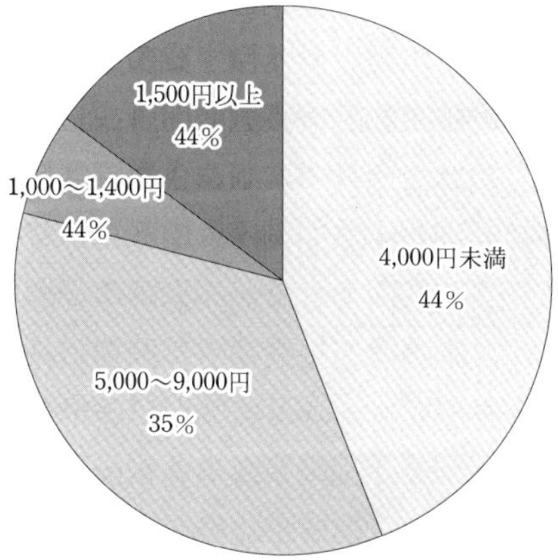

図8-3　年間1頭当たり防疫費用

　一方、労力は「横ばい」であるが、聴き取りによると、消毒などの防疫回数は月2回〜週1回程度で、1回当たり1時間程度が多い。しかし、回数にばらつきがあり、手順も統一されていない。若手農家ほど飼養衛生管理基準等の防疫意識が高く、回数が多いことも予想されることから、効率的な消毒方法の普及と消毒液・防疫設備等に対する補助の可否が慎重に検討されるべきであろう。

4．口蹄疫対策における自助・共助・公助の連携－畜産経営の評価

　災害復興においては当然ながら各主体の対応が必要になるが、では口蹄疫に関してはどうであろうか。表8-1は、口蹄疫の「発生当初～直後」と「復興段階（現在）」において、自助・共助・公助のどの主体が中心となって取り組むべきか、川南町や県の担当者、肉用牛農家への聴き取り等を踏まえ、筆者自身の仮説を整理したものである。

　基本的に、意識保持や意志決定・行動、労力確保、経済的負担は自助（農家）、災害情報の収集、体制作りは公助（行政）、地域にまたがる対応は共助とした。共助にはJAのほか、関連業者や大学等も含んでいる。そして、口蹄疫発生当初は当然、行政中心の対応となるが、復興段階においては農家自身の意識・対応（自助）が、飼料確保は地域、JA、業者等を含めた対応（共助）が重要と想定している。

　では、これに対して農家の意識は実際にはどうか。図8-4は、口蹄疫の復興

表8-1　口蹄疫発生前後で中心となるべきと想定される主体

項　目		口蹄疫発生当初～直後			復興段階（現在）			考え方
		自助	共助	公助	自助	共助	公助	
防疫面	防疫意識の保持	(◎)	(◎)	(◎)	(◎)	○	○	発生時：公助、復興段階：自助中心
	消毒等の機材確保	－	○関連業者等	◎	◎	△	○補助事業等	〃
	消毒等の労力確保	－	○地域組織等	◎	◎	○地域の支援	△	〃
	消毒液等の費用負担	－	△関連業者等	◎	◎	△	△	〃
経営再開	新規家畜の導入	－	－	－	◎	○JA・畜連等	○	農家自身の対応＋共助・公助
	今後の経営計画	－	－	－	◎	○JA・畜連等	○	〃
	災害発生の情報収集	－	－	－	○	△	◎	基本的に行政対応＋農家
	販売面での情報収集	－	－	－	○	◎JA・畜連等	△	農家＋JA・畜連・生産者部会
	ふん尿処理・利用の対応	－	－	－	◎	△	○	農家＋堆肥施設等での支援
飼料確保	自給飼料基盤の確保	－	－	－	◎	○	○	農家＋飼料拡大に地域・行政対応
	コントラクター等との連携	－	－	－	○	◎	△	地域の連携が必要
	安全な飼料の確保	－	－	－	○	◎JA・業者等	○	JA・畜連等中心＋農家・行政との連携
	エコフィード等の確保・研究	－	－	－	△	○JA・大学等	○	研究機関と行政の対応
その他	精神的負担への対応	△	◎周辺農家等	◎	△	○	◎	地域の仲間・行政の対応
	地域防災体制の構築	△	○関連業者等	◎	◎	◎	◎	三位一体の対応が必要

注：1）「自助」は農業者自らの対応、「共助」は地域の仲間・JA、大学等との連携、「公助」は行政（町・県）の支援を示す。
　　2）◎は特に中心となる主体、○はそれを支える主体、△は必要があれば補助する主体、－は「該当無し」を示す。

段階における農家の指摘割合を示したものである。記載上段は家畜防疫4項目と飼養管理・経営管理、中段以降は情報や飼料作等に関わる内容となっている。

口蹄疫発生直後の対応としての家畜防疫のうち、防疫意識保持と労力確保は農業者（自助）中心であるが、消毒のための機材や費用の確保、災害情報収集、精神的負担の対応は行政（公助）中心である。また、復興段階に要請される新規家畜導入と経営計画、飼料関連（安全な飼料確保、エコフィード開発）災害予測等は公助に自助あるいは地域・大学（共助）が加わった形となっており、時間の経過とともに、公助中心から自助・共助への要請も強まっている。

そして、こうした農家の期待と「想定される主体」とを比較したものが表8-2である。筆者の仮説では、本来、自助中心で対応すべきと想定した防疫面の「消毒の機材確保」「消毒液等の費用負担」、経営再開に関わる「経営計画」において、また共助中心と想定した「販売面の情報収集」や「安全な飼料の確保」において、公助（町役場等）に頼る傾向が強いことが確認される。

このように筆者の仮説と農家の期待が異なる理由は何か。消毒液や機材の負担に関しては、筆者は、飼養衛生管理基準の遵守のために自らの消毒作業等が不可欠との考えから自助中心としたが、一方、前述した通り口蹄疫発生以前は

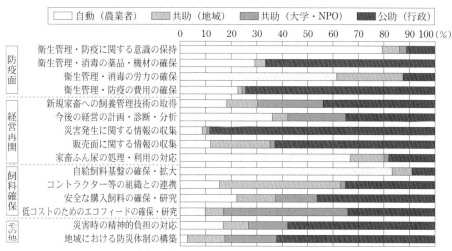

図8-4　口蹄疫の対応で中心となるべき主体（指摘農家の割合）

表 8-2　口蹄疫復興主体に関する「想定」とアンケート結果の比較

項目		想定される主体			アンケート結果		
		自助	共助	公助	自助	共助	公助
防疫面	防疫意識の保持	◎	○	○	◎	△	△
	消毒等の機材確保	◎	△	○	○	△	◎
	消毒等の労力確保	◎	○	△	◎	○	△
	消毒液等の費用負担	◎	△	△	△	－	◎
経営再開	新規家畜の導入	◎	○	○	◎	△	○
	今後の経営計画	◎	○	○	◎	△	○
	災害発生の情報収集	○	△	○	△	－	◎
	販売面での情報収集	○	◎	△	◎	○	○
	ふん尿処理・利用の対応	◎	△	△	◎	△	△
飼料確保	自給飼料基盤の確保	◎	○	○	◎	△	△
	コントラクター等との連携	○	◎	△	△	◎	○
	安全な飼料の確保	○	◎	○	△	△	◎
	エコフィード等の確保・研究	△	◎	○	◎	◎	○
その他	精神的負担への対応	△	◎	○	◎	○	○
	地域防災体制の構築	◎	◎	◎	△	○	◎

出所：表 8-1 に同じ

消毒作業があまり行われておらず、新たに発生した「負担」であること、それ故、実際の金額は別にしても負担感があり、口蹄疫といういわば災害に対する公助への期待が強まるものと考えられる。

また、販売面の情報や安全な飼料の確保に関して筆者はJA等による共助中心としたが、口蹄疫により全て「新しい家畜」になった今、ウイルスフリーで「安全性」のアピールや、また後述する飼料の生産・分配への町当局の関与への期待もあるものと考えられる。

では、以上でみた意識は、農家属性によりどのような違いがみられるか。このことを確かめるため、農家レベルでも対応可能な①防疫意識の保持、②機材確保、③防疫の労力確保、④防疫の費用確保、⑤災害発生の情報収集、⑥安全な飼料確保、⑦ふん尿処理の7項目に関して、「農業者（自助）」＞「地域（共助）」＞「行政（公助）」の順で指摘した農家ほど「自助（防疫）意識」が高いと仮定し、シグマ値法を用いて点数を算出した。

その結果、若手、大規模で従事者も多く、また今後の頭数拡大意向を持ち、後継者の確保されている農家ほど自助意識が高いこと、他方、高齢で小規模な農家ほど公助に頼る傾向もみられることが明らかになった（図 8-5、図 8-6：一部のみ掲載）。

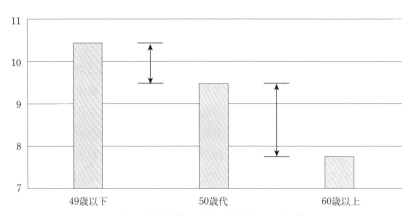

図 8-5　防疫意識に関する年代別のシグマ値

注：合計を標本数で割った値

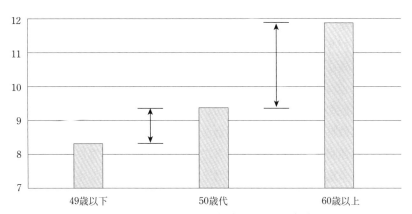

図 8-6　防疫意識に関する飼養頭数別のシグマ値

注：図 8-5 に同じ

これらの理由としては、若い世代ほど経験が浅く、飼養管理衛生基準を守るなど「防疫意識」が高くなること、大規模な農家ほど目が行き届き難くなることが考えられる。また、規模拡大意向のある農家ほど今後の経営改善に積極的であること、従事者が多いほど経営主の責任が増し役割分担も明確化すること、後継者と一緒に働くほど模範意識が増すことなども原因と考えられる。このように、農家による意識の違いが改めて顕在化したといえる。

5．畜産農家と関係機関が一体となった防疫システムのために

本章では、家畜防疫への対応に関する農家自身の評価を確認するとともに、自助・共助・公助に対する期待感から農家の持つ自助意識を分析した。その結果、町を中心とした取り組みは概ね評価されているものの、防疫費用については若手・大規模農家を中心に負担感が大きいこと、そして、若手や大規模農家の防疫意識とこれら農家の自助意識の高さ（他人任せではなく自らが積極的に対応すること）とは密接な関連があり、これを考慮した町としての取り組み・助成を進めていくことが重要であることが示唆された。

以上を踏まえ、今後、畜産農家と関係機関が一体となった防疫システム・危機管理システムを構築していくためには、具体的にいかなる連携が可能であり重要かについて整理する（表8-3）。

第1に、農家の自助意識と行政の関与である。最低限の費用負担の必要性とともに農家レベルで可能な対策を農家に認識させるべきであり、これは町担当者の認識と一致する。例えば、自助として、農家レベルでは簡易に対応可能な対策（外来者の長靴への履き替え、訪問者の記録、外部遮断区域と看板の設置の「3点セット」）の徹底の一方で、共助として、研修会等を継続して行う。そして、公助として「川南町自衛防疫推進協議会」において支援するが、その際、組織体制の見直しや運営資金体制の見直し等により、他人任せではなく自分自身の問題であるという意識を維持・向上させていくことが重要である。

なお、BL（牛白血病）対策について尋ねたところ、「個人負担あっても行うべき」が18％に過ぎないのに対し、「個人負担がなければ行っても良い」70％、「特に対策は必要ない」12％であった。このように個人負担の認識が低いもの

表 8-3　主に防疫面・飼料確保に関する連携・対応（川南町）

	自助（農家）	共助（地域）	公助（行政）
意識保持や意志決定・行動（主に防疫面）	・農家自身の飼養衛生管理基準の遵守が不可欠だが、簡易に対応可能な対策（3点セット：外来者の長靴への履き替え、訪問者の記録、外部遮断区域と看板の設置）の徹底が重要 →家畜伝染病予防法、補償の対象と関連 ・「一斉消毒の日（毎月20日）」、防疫研修会参加の徹底	・消毒の徹底、研修会等における意識向上が必要 →農家間の行き来が基本的になくなったことへの対応	・左記の農家への働きかけ ・「川南町自衛防疫推進協議会」の役割強化…川南では組織体制を見直し、副会長（実質の決定機関）を増員→今後、運営資金の体制を見直し（農家の拠出制度）、獣医師等との連携による見回り回数の増加（農家の意識向上へ）と必要な資金の確保が重要
労力確保飼料確保	・適正な消毒方法の習得 ・飼料確保のルートの確認、安全性に対する意識向上 ・労力不足の際のニーズの提案	・消毒方法・手順の基準化検討 ・農業公社と連携し収穫・調製作業を行う農家グループとの連絡 ・エコフィード研修会の実施	・コントラクター組織の位置付け及び行政の関与の仕方の検討 ・飼料輸送の際の消毒ポイントの適正な決定、補助金の問題
経済的負担（主に防疫面）	・家畜防疫、疾病対策に関する経済的負担の認識	・消毒液の配布に関してニーズの把握と、経済的負担に対する自助意識の働きかけ	
情報収集・管理（主に防疫面）	・各農家における情報収集体制の整備（FAX 設置等）	・左記の体制の農家への徹底（迅速に情報を伝達）（校区レベルでの口蹄疫情報の提供）・双方向の情報伝達手段の確立	
地域にまたがる対応		・飼料、死廃牛の運搬、屠畜場等の関連業者の意識向上	・関連業者に対する周知徹底、マニュアルの実効性の検証

出所：聞き取り調査を基に筆者作成

の、川南町では同対策により他町と比べても子牛価格が上昇している点は特筆され、こうした啓発を継続していくことが望まれる。

　第2に、安全な飼料確保への対策である。1つは飼料輸送の際の消毒に対する補助の問題であり、地域産業育成の観点から県等への働きかけも要請されよう。また、コントラクター組織との関係もあるなか、補完する飼料（WCS 等）の広域流通、供給・販売にどこまで町当局が関わるべきかについて慎重な検討が求められる。

　なお、粗飼料の確保に関していえば、川南町でも飼料用稲等の生産は比較的盛んであるが、現状では個別対応の耕畜連携が一般的である。ただし、畜産・

耕種の片方が欠けたときや、需給量の変化があった場合には、いわゆる「民・民」の対応にどうしても限界がある。委託側と受託側との調整や広域流通を行う役割をどこがどのように担うかが重要になるが、ちなみにこの場合の「調整」とは、「団地化＋需給調整」、「エリア調整（競合回避）」、「トラブル対応＋栽培責任（者）の配置」をどのようにするかなどを指す。今後、これらの具体的な主体をどうするか、JAや町内のコントラクター組織を含めて早急に検討する必要があろう。

　第3に、国・県・隣町との役割分担であり、これには縦のつながりと併せて横のつながり（関係機関や他市町村との連携協定）も重要となる。これらの「構築」した体制やマニュアルがどこまで実効性があるのか、今後、川南町が行っているような実践的な防疫演習を重ねて検証していかなければならない。

　そしてこれには、以下に述べる点が重要となる。すなわち、1番目は、経営の再開・復興を支援するシステム作り、具体的には家畜の導入や資金の流れ、経営の特性・方向性等を考慮した具体的な計画支援シミュレーションである。2番目は、口蹄疫発生に関して、事前・事後等の時間軸ごとに検証（例えば、消毒等の飼養管理、連絡・検査体制、情報・指揮命令系統、ワクチン接種や非常事態宣言に踏み切るタイミング、消毒ポイントの設置方法等）を重ねるとともに、当然ながら関連業者の役割（飼料、畜産関連資材、これら運搬等）も含めて検討することである。そして3番目に、中～長期的な視点になるが、口蹄疫等の各種疾病の発生リスクをできるだけ抑えた畜産の構築である。そのためには、改めて家畜飼養密度と収益性・生産性の検討が求められる。

　なお、以上を踏まえ、今後、自助・共助・公助の連携による危機管理方策について、さらに深めることが求められるが、そのためには農家属性との関連を考慮しつつ、各々の場面におけるマニュアルの実効性の検証が必要といえる。関連して、地域全体における意志決定体制（特に横のつながり）の検証と「連携」による対応の早さ・農家レベルでの浸透等の効果をどのように把握していくか研究が必要であり、これらは筆者自身の課題である。

　特に、家畜の殺処分に従事せねばならなかった畜産関係者の無念さを思うとき、また、東日本大震災をはじめ様々な災害からの復興を願うとき、あらため

て自助(農業者)、共助(JA 等関係者)、公助(行政)が連携した継続的な取り組みの必要性を強く感じる次第である。

注:
1) 2014 年に実施した「宮崎県農業実態調査」によると、肉用牛農家の規模拡大意向は 50〜99 頭層で約 25%、100 頭以上層で約 35% となっており、これらと比較しても川南町肉用牛農家の規模拡大意向は強いことがわかる。
2) 川南町では、経営再開した農家に関しては頭数が以前の約 8 割の水準である。

引用・参考文献

稲熊利和 (2010):「口蹄疫対策をめぐる課題〜初動体制の迅速化と防疫措置の徹底〜」、『立法と調査』、308、32-42.
矢口克也 (2010):「口蹄疫問題」、『調査と情報−ISSUE BRIEF−』、685、1-14.
山本直之 (2013):「畜産経営における口蹄疫からの復興と課題」、『農業経営研究』、50(4)、98-99.

第9章　農地1筆単位の放射性物質モニタリングシステムの開発による放射能汚染地域の農業の復興－大学による共助の実践例－

門間　敏幸・ルハタイオパット　プウォンケオ

1．放射能汚染の実態

　3.11東日本大震災は、現代人が築きあげてきた様々な知的建造物を一瞬で破壊し、近代科学の基礎となっている価値観の根底からの見直しを迫るものであった。これまで幾多の災害を克服してきたわれわれ日本人のだれもが経験したことがない津波の猛威に茫然自失した。また、近代科学技術の粋を集めて構築され安全と思われていた原子力発電所が、津波の前にもろくもメルトダウンし、膨大な放射性物質を東日本の大地・人々に降らせ、いつ果てるともわからない放射能汚染との戦いを私たち現代人の大きな課題として残した。放射性物質や津波に襲われ安定した日常生活を奪われた福島の人々に私たち一人一人ができることは何かを今も問い続けている。

　放射能汚染による農業被害の実態は、津波被害地区のように正確には伝えられていない。その理由は、警戒区域、避難指示解除準備地域、帰還困難区域、計画的避難区域、居住制限区域に関しては、東京電力による災害補償の対象としての評価が行われ、その被害の実態がなかなか表には現れてこない。また、市町村外、県外に避難している農業経営者の場合もその後の追跡調査が困難であり、被害実態、農業再開の意思確認や再開条件の解明に関する研究は全く行われていない。さらに、こうした地域では研究者の立ち入りも大きく制限され、除染後の農地の管理状態や営農再開の可能性の評価さえできていないのが実態である。現在、放射能汚染地域の実態や復興方法に関する調査・分析が実施さ

れているのは、多くは避難指示区域や警戒区域に指定されていない地域、または飯舘村や南相馬市などの居住制限区域、避難指示解除準備地域などに限定されている。

放射能汚染地域における調査研究として早くから実施されたのが、空間線量の分布と土壌汚染実態の把握である。初期の段階では、多くの研究者が被災地に赴き様々な測定データを蓄積したが、次第に行政ベースでの広域的な放射能汚染の測定と公表が行われるようになり、図9-1に示したような形で地域ごとの放射能汚染の実態が公共機関から報告されるようになった。このような放射能汚染データが公開されることにより、一般国民ならびに被災地の住民は放射能リスクの実態を知ることができるようになり、自ら防衛策を講ずることが可能になる。

これらの調査結果からみると、放射能汚染は、福島第一原子力発電所の周辺地域とその北西部にかけて大きな被害が現れるとともに、会津盆地、福島県境の宮城県南部と岩手県と宮城県の県境、栃木県の北部、茨城・千葉・埼玉の県境を中心とした地域、そして群馬県北部などに広がっていることがわかる。

特に放射能汚染が深刻な福島県では、生活基盤を失った多くの人々が原発難民として他地域に移住を余儀なくされるとともに、農業復興も遅々として進まず、その復旧・復興に関して試行錯誤が続いている。特に、避難区域外でありながら高い放射線量が検出されている福島県の中山間地域の多くは、傾斜地や基盤整備が十分に行われていない圃場が多く、これまでも多くの農地が耕作放棄されてきた。さらに、担い手の高齢化が急速に進行し、集落の維持が困難になる限界集落も増加しつつある。2011年3月11日の東日本大震災を契機とする放射能汚染は、こうした地域の崩壊を急激に早める恐れがある。

2．研究の背景と課題－放射能汚染対策と農業復興における放射性物質モニタリングシステム開発の重要性

放射能汚染対策として重要な課題は3つある。第1は賠償問題である。警戒区域、帰還困難区域、計画的避難区域、居住制限区域などに居住していて避難を余儀なくされた方々に対する賠償、避難を強制されないが、放射能汚染で事

第 9 章 農地 1 筆単位の放射性物質モニタリングシステムの開発による 349
　　　　放射能汚染地域の農業の復興

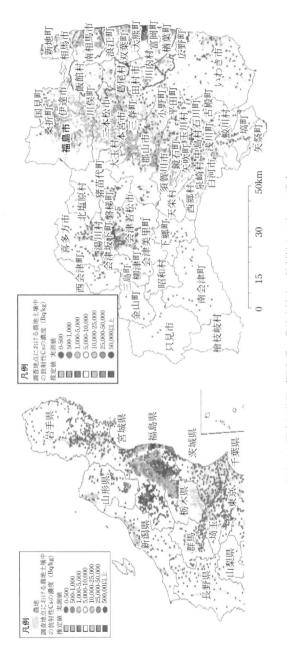

図 9-1　関東以北及び福島県の農地土壌中の放射性セシウムの濃度

出所：独立行政法人・農業環境技術研究所が 2010 年 10 月に公表したものより引用

業に影響を受けた方々に対する賠償である。賠償問題については、東京電力と関係機関による交渉が中心となり、研究支援をすることは難しい問題がある。しかし、現実には、通常の賠償問題の対象にはならないが、放射能汚染に起因する風評等の問題によって大きな経済的被害を被っている農家は多く、こうした農家の救済も今後取り上げていかなければならないだろう。

第2は、生活環境の除染である。除染によって安心して生活できる累積線量が年間1ミリシーベルト以下の水準まで空間線量を下げるという形で現在除染作業が実施されている。しかし、放射性物質が広範囲に降下した地域で生活に関わる部分を中心に除染を行っても、全体の空間線量を下げる事は困難である。また、膨大な予算が必要となるため、福島県の住民の中からも効果が見えない1回限りの除染に対する疑問の声が上がっている。それよりも、生活支援・就労支援の充実が不可欠であるという意見である。

第3は水田、畑、牧草地、林地など農林業生産基盤の除染である。放射能に汚染された地域の産業の中心は農林業である。放射能汚染によって農林業の復興が遅れた場合、地域の農林業の衰退だけでなく地域経済の衰退をもたらす。また、地域の自然環境そのものが保全できなくなり、人々の生活にも大きな影響をもたらすことが懸念されている。

放射能汚染地域における農林業の復興は待ったなしの課題であるが、賠償問題、除染に大きな予算を割かなければならない国の対応は遅れ、放射能汚染地域の農林業は放射能汚染と風評、農家の他地域への避難、居住可能な地域における若者の他地域への流出により崩壊の危機に瀕している。

こうした中で、放射能汚染地域を対象として研究成果を蓄積するとともに、社会に向けて発信しているのが福島大学の研究グループである。福島大学は放射能の汚染実態報告、モニタリングシステムの提案面で重要な発信を行っている。具体的には、福島県の放射能汚染の被害実態を地域ごとに整理するとともに、伊達市小国地区での米の作付け制限と放射性物質検査の体系的な実施の取り組みを紹介し、100mメッシュの詳細なモニタリングシステム開発の重要性を提案している。また、彼らは、ベラルーシ共和国と日本の放射能対策の比較分析を行い、ベラルーシ共和国の放射能対策の法的根拠、行政・研究機関の役

割を評価し、4段階の食品安全検査体制の重要性を指摘した。この提案は、第1段階：放射線量分布マップの作成、第2段階：地域・品目別作物移行係数のデータベース化と吸収抑制対策、第3段階：出荷前検査の拡大、第4段階：消費地検査（消費者が手軽に検査できる体制の整備）というステップで実践するものである（小山・小松（2012））。

一方、東京農業大学でも放射能汚染地域の農業を救うためには放射性物質のモニタリングシステムを農地1筆単位で構築して活用する事が重要であると考え、飯舘村に隣接し放射能汚染が深刻な相馬市玉野地区で放射性物質のモニタリングシステムとその利活用システムの開発を試みている。

本章では、われわれが開発して被災地での営農復興に活用されている農用地1筆を単位とした放射性物質モニタリングシステムの特徴とその活用成果について紹介する。なお、本章は門間・プウォンケオ（2014）、プウォンケオ・門間（2014）、Monma・Puangkaew（2015）を加筆修正したものである。

3．放射性物質モニタリングシステム開発の意義

現在、福島県の被災地の農林業の復興が遅々として進まない最大の理由としては、放射能汚染からの復興の方向が具体的に見えないことを指摘することができる。放射能汚染が農林業の復興を大きく阻害している要因は、次の3つに整理することができる。

①農地、森林などの放射能汚染の実態把握の遅れ。空間線量については、より細かなメッシュ単位の汚染マップが作成されているが、土壌・森林内や木材の放射能汚染がどの程度進行しているのか、その解明は遅れている。また、そうした土壌や木材の放射能汚染に関する正確なデータが迅速に農家に届いていないことが、情報の信頼性に関する農家の疑心暗鬼を招き将来に対する不安を高めている。

②放射性物質の除染方法や除染効果に対する不安。放射性物質が蓄積した広大な農地を除染することの困難さと相まって、除染効果に対する不安が高まっている。農地を除染することで、安心して農産物を生産することが可能になるのか、応急的な除染の効果に対する疑問、長い年月をかけて作り上げてきた作

土を剥離することに対する不満ややるせなさ、さらには除染の効果の持続性に対する不安が存在する。また、除染後に出る放射能に汚染された物質や土砂の保管・処分方法に対する不満と二次汚染に対する不安が営農意欲を大きく減退させている。

　③風評被害の持続に対する不安。福島第一原子力発電所の爆発から5年以上の月日が経過しているが、福島県産農産物の安全性に対する国民の不安は爆発当時よりは軽減しているものの、まだ風評は完全には収まっていない。いかにして福島県産農産物の安全性に関する消費者の信頼を確保するか、福島県農業復興の大きな鍵を握っている。

　私たちは以上の深刻な問題を理解した上で、福島県農業復興の基本方向を次のように考えて復興支援活動を展開している。

　第1に居住可能地域の農業生産に関しては、作付け制限をしないで生産を持続する。私たちが復興支援活動を展開した相馬市玉野地区においても、稲作については1年間作付けを自主的に制限したが、その間の農地荒廃は想像を絶するものであった。雑草、灌木の繁茂、イノシシやサルなどの被害増加、さらには農業だけが生き甲斐であった農家の意欲喪失と虚脱感など農家の精神的なダメージは計り知れない。作付け制限は、農地と農家の心の荒廃をもたらすことを明記しなければならない。

　第2にわれわれが実施した風評調査の結果によれば、福島県産農産物の安心確保のためには、農産物に含まれる放射性物質の基準値を下げるのではなく、市場に出回る全ての福島県産農産物からは通常の検出器を用いて放射性物質が検出されないという状況を継続することが重要である。そのためには、米以外の農産物についても全量全袋検査に近い検査体制を整備して、基準値を超える農産物の市場への出回りを完全に抑え込む必要がある。

　放射能に汚染された地域の農林業の復興の基本的な考え方は、以上のように整理することができる。そして、以上の考え方に基づいて具体的に農林業の復興を実現するためには、放射能汚染地域ごとに農地1筆を基本とした放射性物質のモニタリングシステムを確立し、汚染の状況に応じた除染対策の展開、安全な作物の選択と生産、農業経営の新たな展開を支援する必要がある。

4. 放射性物質モニタリングシステムの開発実証地（相馬市玉野地区）の概要

（1）相馬市玉野地区の概況

相馬市玉野地区は、1954年の町村合併で相馬市に編入された。玉野地区は、相馬市と福島市の中間にあり、阿武隈山系内に位置している準高冷中山間農村であり、「東玉野」「西玉野」「副霊山」「霊山」の4つの地区で構成される。住民の60％以上が農業を基幹産業の1つとして生計を立て、稲作、酪農・肉用牛、野菜、花きといった多様な農業が展開されている。近年、総農家に占める15歳未満の人口の割合が減少する中で、65歳以上の人口の占める割合が増加傾向にあり、少子高齢化が進行している。農業生産の担い手の高齢化・後継者の不足とそれに伴う耕作放棄地増大などの問題が深刻になっている（表9-1）。

表9-1 玉野地区の農業の推移と現状

	1970	1990	2010
総戸数（戸）	206	153	124
非農家	28	29	48
総農家	178	124	76
販売農家数（戸）	178	124	47
専業農家	40	25	11
第1種兼業農家	112	17	8
第2種兼業農家	26	82	28
単一経営（戸）	−	64	32
稲作	−	25	21
酪農・肉用牛	−	24	7
養鶏	−	6	2
その他	−	9	2
準単一複合経営（戸）	−	30	11
複合経営（戸）	−	35	4
65歳以上割合（％）	−	21.0	34.1
15歳未満割合（％）	27.4	18.9	2.3
経営耕地面積（ha）	366	209	106
耕作放棄地面積（ha）	−	19	176

出所：農林業センサス（1970～2010年）

（2）放射能汚染による地域農業の被害

　玉野地区は、福島第一原子力発電所から50kmの距離にあり、計画的避難地域に設定されている飯舘村に隣接しているため、空間線量は比較的高い。玉野地区の年間の積算放射線量は20mSv（ミリシーベルト）を下回っており避難の対象外であるが、一部の場所で高い放射線量が検出され、住民避難を真剣に考えた地域である。相馬市が実施した市内の空間線量メッシュの測定結果（土の上1mで測定）をみると、震災直後の玉野地区の平均空間線量は1.88μSv/h（マイクロシーベルト）と高く、その後減少傾向を示しているが、相馬市内の他の地区よりも一貫して高い放射線量を記録している（図9-2）。

　一方、放射能汚染による地域農業の被害は甚大であり、主な農業の収入源である稲作は2011年産米から新たに設定された基準値100Bq/kgを超えるセシウムが一部で検出されたことから、2012年度の米の作付けを自主規制して作付けを見送り、除染を徹底的に行って2013年度作に対応することとなった。

　酪農については牧草地の放射線量が高く、牧草の乳牛への給与は禁止され、輸入を含む他地域から購入した乾草に頼って経営を続けている状況にある。また、標高が高い玉野地区は美味しい野菜が採れる地域として知られ、直売所の

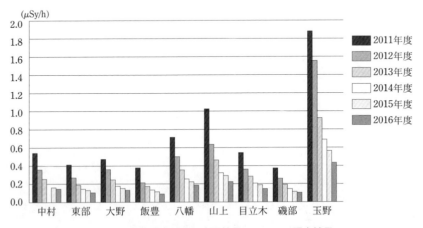

表9-2　相馬市各地区の空間線量メッシュの調査結果

出所：相馬市HP「放射線量に関する情報」より作成

固定客も多かったが、震災以降は直売所の売り上げは皆無になるとともに、自給野菜についても放射性物質の濃度を測り、安全を確保しながら食べているのが実態である。

そうした住民の不安を取り除き、家庭で栽培された野菜や農林水産物などの食品の安全性を確認するため、2011年12月1日より相馬市は食品の放射性物質濃度の測定を実施している。玉野地区における自家消費用野菜・農林水産物の放射性物質の測定品目数、検出・不検出件数を整理したのが表9-2である。2011年12月から2013年5月まで、全体でそれぞれ60品目、102品目、34品目の農林水産物の測定が依頼され、特に野菜や農林産物の加工品が多い。放射性セシウム137と134の検出については、野菜では不検出が多いが、キノコや山菜の加工品が多く含まれている加工品と果物では検出が多くなっている。

こうした測定によって、住民の食品の放射性物質に対する不安は解消されるとともに、何が安全で何が汚染の危険があるかについて、次第に正しい判断ができるようになり、知らないことから生まれる恐怖は解消されていった。

5．開発を試みた放射性物質モニタリングシステムの概要

以上整理したように、玉野地区では放射能汚染が農林業の復興を大きく阻害していることがわかる。そのため、私たちは安全な農業生産・農産物出荷のための実用的な放射性物質のモニタリングシステムの開発を試みた。モニタリングシステム開発の目的は、以下の3つに設定した。第1の目的は、生産者自ら

表9-2　玉野地区における自家消費用野菜・農林水産物の放射性物質の検出・不検出件数

	2011年度			2012年度			2013年度		
	品目	検出	不検出	品目	検出	不検出	品目	検出	不検出
全体	60	65	126	102	108	156	34	54	35
穀類	4	14	5	1	1	−	−	−	−
野菜	24	22	50	51	27	116	15	0	11
果物	4	10	1	5	8	2	−	−	−
加工品など	28	19	70	45	72	38	19	48	24

出所：相馬市HP「放射線に関する情報」より作成
　注：2011年度は2011年12月1日〜2012年3月31日を、2012年度2012年4月2日〜12月28日を、2013年度は2013年1月4日〜5月31日を示す。

が耕作する水田、畑、牧草地などの土壌の汚染状況を知り、放射性物資の適切な吸収抑制対策を自ら判断できるようにして、早期の営農再開を実現すること。第2の目的は、開発したモニタリングシステムを適切な除染の実行に活用してもらうこと。第3の目的は、玉野地区で開発したモニタリングシステムを、今後営農再開が予想される、その他の地域にも広め早期の営農再開を支援すること、である。

モニタリングシステムの開発にあたっては、営農再開、放射性セシウムの吸収抑制技術、除染への活用が行えるように、農地1筆単位ごとに次の基本情報を集積した。空間線量（地上1m）、土壌の表面線量（地表1cm）、土壌の放射性物質の濃度（0～5cm、5～10cm）、作土の深さ、土壌の特性（陽イオン交換容量（CEC）、交換性カルシウム、交換性カリウム、可給態リン酸、全窒素、土壌酸度等）等（表9-3）。

2012年の6月から基礎データ収集のための調査に入り、9月までに玉野地区全体の646筆の水田、畑、牧草地、ハウスなどで基礎データを収集した。調査した農地の筆数と面積を表9-4に整理した。調査面積は水田33ha、畑38ha、牧草地64haの計134haである。調査地の地目別の筆数は、水田250筆、畑278

表9-3 調査項目・目的及び方法

調査の項目と内容	調査目的	調査・測定方法
① 所有者名・耕作者名および農地面積などの基本情報	調査農地の所有者・耕作者、栽培作目・現在の土地利用状況、農地面積の把握	区長さんに対する聞き取り調査
② 地上1mの空間線量（μSv/h）	農家の外部被爆量の把握	シンチレーションサーベイメータTCS-172Bを使用し、地上1mの高さ1分間測定
③ 地上1cmの土壌の表面放射線量（μSv/h、CPM）	地表面からの放射線量の把握	シンチレーションサーベイメータTCS-172B・GMサーベイメータTGS-146Bを使用し、鉛で遮蔽して地上1cmの高さで1分間測定
④ 作土の深さ（cm）	適切な除染方法の選定	土壌貫入計・ハンドオーガを使用し、作土の深さ・硬さを測定
⑤ 土壌の深さごとの放射性物質濃度（Bq/kg）	土壌の深さごとの放射性物質濃度の差異の把握	0～5cm、5～10cmの土壌サンプルを採取し20mlバイアルに入れて、オートガンマシステム AccuFLEX γ7010を使用して3分間測定
⑥ 土壌栄養状態	除染後の施肥設計のため（必須栄養、腐食含量、陽イオン交換量等）	15cmの深さの土壌サンプルを採取し測定

筆、牧草地118筆（計646筆）である。東玉野と西玉野地区は水田・畑が多く、副霊山と霊山地区は牧草地・畑が多い（表9-4）。作成したデータベースの様式は、表9-5に示したとおりである。

図9-3　空間線量測定・土壌サンプル採取の風景

表9-4　調査農地の筆数・面積

		全体	東玉野	西玉野	副霊山	霊山
調査農地	圃場（筆）	646	167	320	103	56
	面積（ha）	133.8	35.6	47.0	44.1	7.1
水田	圃場（筆）	250	92	158	—	—
	面積（ha）	32.8	13.9	18.9	—	—
畑	圃場（筆）	278	65	136	41	36
	面積（ha）	37.5	18.9	12.6	3.6	2.4
採草・放牧地	圃場（筆）	118	10	26	62	20
	面積（ha）	63.5	2.8	15.5	40.5	4.7

出所：筆者調査より作成
注：1）水田は転作田を、畑は家庭菜園・ハウスを含む。
　　2）調査農地は耕作放棄地を含む。

表 9-5 放射性物質モニタリングシステムのデータベース (一部抜粋)

No.	地区名	地名	圃場図番号	地目(現在)	面積(a)	1mの空間線量 除染前	1mの空間線量 除染後	土壌放射性物質濃度 (Bq/kg、水分30%換算値) 除染前 0〜5cm	除染前 5〜10cm	除染後 Cs合計	除染後 Cs-137	除染後 Cs-134	k-40
1	東玉野	菖蒲沢	1-39	水田	10	0.89	0.78	4,229	4,447	2,958	1,917	1,041	754
2	〃	〃	1-41	〃	10	0.93	0.82	3,889	3,559	2,829	1,796	1,032	899
3	〃	〃	1-42	〃	10	0.90	0.79	2,948	3,309	2,834	1,811	1,023	645
4	〃	タチガロウ	1-10 ②	〃	15	0.88	0.76	4,711	3,852	2,786	1,773	1,014	714
5	〃	〃	1-10 ③	〃	5	0.82	0.76	2,917	3,558	2,152	1,408	744	499
6	〃	〃	1-10 ④	〃	5	0.82	0.72	2,476	2,678	2,674	1,697	977	581
7	〃	〃	1-10 ⑤	〃	5	0.83	0.72	4,282	3,780	2,905	1,879	1,026	664
8	〃	ウド沼	32-3	〃	7	0.83	0.65	4,216	2,322	3,097	2,022	1,075	822
9	〃	〃	33-1, 34-1	〃	14	0.80	0.62	3,150	2,976	3,064	1,959	1,105	709
10	〃	〃	34-2	〃	7	0.84	0.62	3,791	3,389	3,021	1,913	1,109	697
11	〃	〃	35	〃	7	0.82	0.62	3,791	3,389	3,007	1,913	1,094	637
12	〃	スバ	54, 55, 56	〃	21	0.87	0.76	5,246	2,973	3,100	1,982	1,117	912
13	〃	中江	1-1	〃	6	0.96	0.79	2,664	3,791	3,164	1,994	1,169	799
14	〃	〃	2-1	〃	6	0.93	0.81	5,833	4,805	3,190	2,050	1,140	805
15	〃	〃	3-1	〃	6	0.92	0.80	5,701	5,787	3,484	2,224	1,260	828
16	〃	〃	4-1	〃	6	0.88	0.74	4,124	4,719	2,840	1,822	1,018	926
17	〃	〃	5-1	〃	6	0.88	0.76	2,656	2,911	3,750	2,380	1,369	772
18	〃	〃	6-1	〃	6	0.91	0.75	5,942	2,524	3,685	2,344	1,341	600
19	〃	〃	7-1	〃	6	0.91	0.76	5,297	5,022	3,757	2,413	1,344	871
20	〃	〃	8-1	〃	6	0.90	0.72	4,023	4,886	3,303	2,143	1,160	712
21	〃	〃	9-1	〃	6	0.85	0.74	4,078	4,746	2,376	1,518	858	607
22	〃	〃	9-2	〃	6	0.85	0.71	3,869	2,220	2,646	1,716	930	581
23	〃	〃	10-1	〃	6	0.83	0.74	4,751	1,599	3,832	2,474	1,359	807
24	〃	〃	11-1	〃	6	0.87	0.77	4,883	2,841	3,270	2,089	1,180	852
25	〃	〃	12-1, 13-1, 14-1, 15-1	〃	18	0.78	0.75	4,801	2,959	3,273	2,100	1,172	802
26	〃	〃	16-1, 17-1, 18	〃	17	0.75	0.75	3,809	1,400	3,362	2,184	1,177	823
27	〃	〃	19, 20	〃	20	0.86	0.71	3,710	2,147	2,984	1,937	1,047	901
28	〃	〃	33, 34	〃	7	0.73	0.77	4,357	2,831	3,197	2,069	1,128	599
29	〃	〃	35, 36, 38	〃	7	0.70	0.74	2,952	3,012	2,990	1,920	1,070	862
30	〃	〃	39, 41, 42, 43, 44, 45	〃	30	0.78	0.75	4,152	5,033	2,881	1,835	1,047	846

注：筆者ら作成

6．放射性物質モニタリングの結果と活用
（1）農地の放射性物質濃度の特徴

　表9-6は、玉野地区の地区別・地目別の農地の空間線量、作土及び土壌の放射性物質濃度の調査結果を示している。玉野地区全体の地上1mの高さの平均空間線量は1μSv/h（マイクロシーベルト）であり、地表面からの放射線量は0.34μSv/hである。農地の作土の深さは平均17cmであり、土壌の放射性物質濃度は2,700Bq/kg（ベクレル）から5,900Bq/kgの間にある。地区別にみると、より山間部の霊山地区の空間線量が1.15μSv/hと最も高く、次いで西玉野、副霊山、東玉野地区の順となっている。地表面からの放射線量は東玉野と西玉野地区で低くなっているが、副霊山と霊山地区で比較的高い結果を示している。農地の作土の深さは、東玉野と西玉野地区で19〜21cm、副霊山と霊山地区で9〜10cmとなっている。農地土壌の放射性物質濃度については、東玉野と副霊山地区を除いて5〜10cm（以下、下層）の土壌の放射性物質濃度は0〜5cm（以下、表層）の土壌の放射性物質濃度の約半分と低い。東玉野地区の下層と表層の土壌の放射性物質濃度の差が小さいのは、震災前に実施した稲わらのすき込みや耕起による影響がうかがえる。一方、牧草地が多い副霊山地区では作土が浅く、一般的に耕起を行わない永年牧草地の場合は大量の放射性物質は土壌の表層に沈着していることがわかる。

表9-6　農地の空間線量と土壌の放射性物質濃度

		空間線量 (μSv/h)	表面放射線量 (μSv/h)	作土 (cm)	土壌放射性物質濃度(Bq/kg)	
					0〜5cm	5〜10cm
地区別	全体	1.00	0.34	17	5,933	2,708
	東玉野	0.86	0.26	19	4,045	3,233
	西玉野	1.06	0.28	21	5,876	2,842
	副霊山	0.98	0.68	10	6,706	1,270
	霊山	1.15	0.33	9	7,968	3,063
地目別	水田	0.94	0.25	21	5,008	2,757
	畑	0.97	0.27	14	5,113	3,330
	採草・放牧地	1.19	0.70	7	8,715	1,001

出所：筆者調査より作成
　注：土壌放射性物質濃度は水分30％の換算値である。

地目別にみると、水田と畑の空間線量は 0.94〜0.97μSV/h であるのに対し、牧草地の空間線量は 1.19μSV/h と高い。土壌中の放射性物質濃度は、水田と畑では下層が表層の約半分の値を示し、牧草地では下層が極端に低く、表層が非常に高い結果となっている。中でも、牧草地や耕起がされていない水田、畑を中心に表層の土壌の放射性物質が 10,000Bq/kg を超える高い濃度を示すホットスポットが数多く存在し、放射能汚染マップによるリスク管理システムの確立

表 9-7　土壌の放射性物質濃度が 10,000Bq/kg を超える農地

地区名	地目	0〜5cm (Bq/kg)	地区名	地目	0〜5cm (Bq/kg)
東玉野 1	畑	20,924	副霊山 6	採草・放牧地	16,096
〃 2	採草・放牧地	24,681	〃 7	〃	17,417
西玉野 1	水田	17,970	〃 8	〃	17,506
〃 2	〃	24,769	〃 9	〃	17,832
〃 3	〃	25,371	〃 10	〃	19,819
〃 4	〃	45,978	〃 11	〃	20,580
〃 5	畑	16,891	〃 12	〃	23,314
〃 6	〃	17,601	〃 13	〃	24,080
〃 7	〃	18,818	〃 14	〃	24,288
〃 8	〃	19,210	〃 15	〃	24,640
〃 9	〃	29,559	〃 16	〃	24,873
〃 10	〃	29,727	〃 17	〃	25,836
〃 11	ハウス	14,249	〃 18	〃	33,053
〃 12	〃	15,366	〃 19	〃	36,588
〃 13	採草・放牧地	15,752	〃 20	〃	39,081
〃 14	〃	16,665	〃 21	〃	54,732
〃 15	〃	17,459	〃 22	〃	43,325
〃 16	家庭菜園	30,874	霊山 1	畑	21,210
〃 17	採草・放牧地	35,770	〃 2	〃	22,385
〃 18	〃	42,856	〃 3	〃	23,211
副霊山 1	畑	14,973	〃 4	〃	39,196
〃 2	〃	20,323	〃 5	採草・放牧地	14,289
〃 3	〃	65,726	〃 6	〃	15,548
〃 4	採草・放牧地	14,411	〃 7	〃	17,094
〃 5	〃	14,635	〃 8	〃	36,536

出所：筆者調査より作成
注：土壌放射性物質濃度は水分 30% の換算値である。

が不可欠である（表9-7）。

（2）水田の除染と効果

以上の調査結果に基づき、玉野地区の農地の除染対策が検討された。具体的には、水田と畑は深く耕した上でセシウムの吸収抑制剤であるカリウム肥料や土壌改良剤としてゼオライトを散布する、牧草地は作土が浅いため、表土を薄くはぎとり（4cm）、必要に応じて客土するといった除染対策が決定された。なお、玉野地区の水田では、2012年11月末から除染作業が開始された。玉野地区では、一般的に水田の耕土はそれほど深くなく、しかも耕土の下は石になる場所が多いため、水田ごとに1.5倍の深さで、耕盤を壊さないように大型トラクタを使用せずに慎重に作業が行われた。セシウムの吸収抑制剤としては、10a当たりゼオライト200kg、塩化カリウム50kgが散布された。

畑については、除染が後回しにされたため、作付けを行った農家と行わなかった農家が混在し、統一的な除染が行えなかったために大きな問題となったが、遅れて2014年から除染が行われた。牧草地は2013年7月から除染が開始され、秋播き牧草の播種に間に合うように計画されたが、除染作業は遅れた。

われわれは、玉野地区の水田の除染効果を評価するために第1次評価を2013年5月に実施した。調査結果は、表9-8に整理した。まず、除染前（2012年7月）と除染後の空間線量をみると、東玉野地区で0.83μSv/hから0.73μSv/hへ

表9-8　除染前後の玉野地区の水田の放射性物質濃度

除染前 (2012年度)	空間線量 (μSv/h)	土壌放射性物質濃度 (Bq/kg)			
		0〜5cm		5〜10cm	
東玉野	0.83	4,050		3,312	
西玉野	1.01	5,576		2,423	
除染後 (2013年度)	空間線量 (μSv/h)	土壌放射性物質濃度 (Bq/kg)			
		Cs合計	Cs-137	Cs-134	K-40
東玉野	0.73	3,213	2,069	1,144	799
西玉野	0.86	4,107	2,651	1,456	1,010

出所：筆者調査より作成
注：土壌放射性物質濃度は水分30%の換算値である。

と約 0.1 低下、西玉野地区では 1.01μSV/h から 0.86μSV/h と約 0.15 低下している。しかし、環境省が目指した現在の空間線量の半減は実現できておらず、周辺を山林で囲まれた中山間地域で空間線量を下げることが難しいことを示している。次に土壌の放射性物質の濃度の変化については、2012 年は水田土壌を 0～5cm と 5～10cm とに深さを分けて測定したが、2013 年度は除染作業で深耕されているため、深さを分けないで土壌のサンプルを採取して測定した。その結果、セシウム合計では、撹拌された結果、2012 年の 0～5cm の放射性物質の濃度よりも 1,000Bq/kg 前後低下していることがわかる。

　図 9-4 は、水田 1 筆ごとの除染効果をマップとして整理したものである。これから明らかなように、除染によって多くの圃場でセシウムの濃度が低下していることがわかる。しかし、詳細に検討すると、低下していない水田もあり、

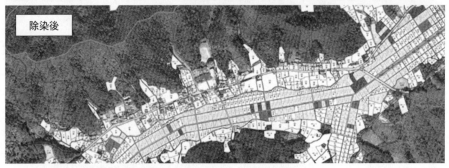

　図 9-4　除染前後の西玉野地区の水田土壌の放射性物質の濃度変化マップ（一部）
出所：筆者調査より作成
　注：薄灰色は土壌放射性物質濃度が 3,000Bq/kg 以下、濃灰色は 3,000Bq/kg～4,999Bq/kg、黒色は 5,000Bq/kg 以上を示す。

その原因の究明と放射性物質の吸収抑制の検討が不可欠になる。なお、表9-9には、土壌分析結果の一部を示した。

(3) 採草・放牧地の除染と効果

玉野地区の採草・放牧地は酪農家が多く分布する副霊山地区を中心に、隣接する霊山、西玉野地区に広がっている。永年牧草地が多いこれらの地区では耕起ができないため、放射性物質の多くは牧草地表面に多く堆積している。牧草地の除染方法の決定は、筆者らがモニタリングシステム開発のために集積した1筆ごとの採草・牧草地の空間線量、放射性物質濃度と作土の深さに関するデータに基づいて検討された（表9-10）。

表9-9 サンプル圃場の土壌分析結果

(乾土あたり)

No.	対象地番	地目	地点	土層	pH (H₂O)	電気伝導率 EC (dS/m)	交換性塩基(mg/100g)				陽イオン交換容量 CEC (meq/100g)	可給態リン酸 (mg/100g)	全炭素 T-C (％)
							カルシウム CaO	マグネシウム MgO	カリウム K₂O	ナトリウム Na₂O			
1	東玉野	水田	1	上	6.0	0.1	508.2	203.6	46.8	7.0	37.4	7.6	2.8
2	〃	〃	1	下	6.4	0.1	536.5	226.8	49.1	6.3	37.4	3.7	2.3
3	東玉野	水田	2	上	5.9	0.0	615.0	245.8	50.9	6.2	42.9	7.5	1.8
4	〃	〃	2	下	6.5	0.0	707.1	249.5	47.7	6.6	44.4	4.6	1.2
5	東玉野	水田	3	上	5.8	0.0	395.0	145.5	30.2	4.6	33.5	11.3	3.3
6	〃	〃	3	下	6.1	0.0	472.5	174.0	28.4	5.7	35.7	3.3	2.7
7	東玉野	水田	4	上	5.7	0.0	366.1	134.8	23.7	3.6	33.6	7.4	3.9
8	〃	〃	4	下	5.8	0.0	428.7	169.7	22.8	4.9	40.9	3.3	3.4
9	東玉野	水田	5	上	5.7	0.1	350.1	114.1	27.5	6.2	34.0	12.1	4.7
10	〃	〃	5	下	6.0	0.1	364.0	138.6	23.8	6.7	31.8	3.6	3.8
11	東玉野	水田	6	上	5.7	0.1	462.5	218.4	12.5	8.6	43.4	7.8	4.5
12	〃	〃	6	下	5.3	0.1	401.6	188.2	14.7	9.6	40.2	2.8	2.4
13	東玉野	水田	7	上	5.8	0.1	526.8	152.5	53.8	2.9	43.5	16.8	3.1
14	〃	〃	7	下	5.9	0.1	465.1	127.1	43.8	4.2	35.0	18.3	3.7
15	東玉野	水田	8	上	5.8	0.1	488.2	136.3	48.6	3.7	37.1	18.3	3.9
16	〃	〃	8	下	5.7	0.0	253.8	82.9	32.4	6.7	25.1	2.6	2.8

出所：東京農業大学・生物応用科学部・生産環境化学研究室実施

表9-10 採草・放牧地の空間線量と放射性物質濃度（2012年）

	空間線量（μSv/h）	土壌放射性物質濃度（Bq/kg）	
		0～5cm	5～10cm
西玉野	1.26	6,769	1,021
副霊山	1.09	8,604	895
霊　山	1.31	9,480	2,279

出所：筆者調査より作成
注：土壌放射性物質濃度は水分30％の換算値である。

図9-5　採草・放牧地の除染風景

　除染方法の具体的な選択肢としては、反転耕と表土剥離の2つの方法が検討されたが、玉野地区の採草・放牧地はいずれも山間地に立地するとともに、耕土が浅く、しかも下層は岩盤となるため、表土剥離を基本とすることが決定された。表土剥離の方法であるが、2012年に表土剥離専用機のデモンストレーションを実施して、その有効性を検証した。しかし、2013年の7月から開始された除染作業では、多くの採草・放牧地で大きな石が露出して作業機を破壊するなど問題が発生した。そのため、バケットの大きなバックホーを活用して採草・放牧地の表土を4cm削り取るという方法に変更している（図9-5）。2013

年9月末日までの作業終了を目指したが、年内いっぱい除染作業は続いた。

これまで除染が困難であった採草・放牧地の空間線量ならびに土壌の放射性物質の濃度は、水田や畑よりも一般的に高い。西玉野、副霊山で6,000Bq/kg、霊山では1万Bq/kgを超えている。除染前（2013年4月下旬～7月上旬）と表土剥離後（2013年8月上旬）の3筆の採草・放牧地の土壌放射性物質濃度に関して我々が実施した測定結果をみると、既に除染が終了した3筆の採草・放牧地の土壌の放射性物質濃度は、除染により10分の1程度に大きく低下している（表9-11）。

しかし、問題は土壌から牧草への放射性セシウムの移行である。筆者らは、2013年の1番草を対象として採草・放牧地1筆ごとに放射性物質の牧草への移行を調査した。その結果、表9-12に示したように、地域ごとに移行係数はかなり異なることがわかった。これまで実施された研究では、一般的に牧草への放射性物質の移行係数は0.045とされている。こうした違いが現れる原因としては、採草・放牧地の土壌タイプの違い、作付けしている牧草の違い、堆肥、カリウム投入の差異などが考えられる。

また、除染後の牧草地で生産された牧草（乾草）の放射性セシウム濃度の測定依頼を酪農家から受けて測定したが、一部に50ベクレルを超えるサンプルが発見された。その原因として考えられるのは、除染作業での表土の取り残し、隣接する森林からの落ち葉の混入、集草作業で巻き込む土壌の粉塵、雨水の通

表9-11　採草・放牧地の除染効果

		副霊山1	副霊山2	霊山1
Cs合計 (Bq/kg)	除染前 除染後	5,694 457	5,105 167	8,532 813
Cs137 (Bq/kg)	除染前 除染後	3,669 388	3,309 125	5,486 557
Cs134 (Bq/kg)	除染前 除染後	2,025 69	1,769 42	3,046 257
K-40 (Bq/kg)	除染前 除染後	1,289 2,039	1,423 464	2,031 455

出所：筆者調査より作成

注：1）土壌放射性物質濃度は水分30％の換算値である。
　　2）表中の数値は全て2013年度の調査結果である。また、除染前は2013年4月下旬から7月上旬まで、除染後は2013年8月上旬の調査結果を示す。

表 9-12 採草・放牧地の放射性物質濃度と牧草への移行係数

	空間線量 (μSv/h)	土壌放射性物質濃度 (Bq/kg)			
		Cs 合計	Cs-137	Cs-134	K-40
西玉野	1.57	5,858	3,776	2,081	1,339
副霊山	0.94	5,953	3,836	2,117	1,438
霊 山	1.30	11,922	7,732	4,190	2,713

	牧草の放射性物質濃度 (Bq/kg)				移行係数
	Cs 合計	Cs-137	Cs-134	K-40	
西玉野	67	38	29	158	0.014
副霊山	239	147	92	217	0.042
霊 山	708	445	263	325	0.058

出所：筆者調査より作成
注：土壌放射性物質濃度は水分30％の換算値である。

り道となる場所への放射性セシウムの蓄積などの原因が考えられる。こうした原因を農家に伝え、乾草生産作業の改善をアドバイスした。

7．農地 1 筆ごとの放射性物質モニタリングシステムの開発費用と普及可能性

　2012 年 5 月下旬から 2013 年 10 月にかけての農地 1 筆ごとの放射性物質モニタリングシステムの開発に要した費用を表 9-13 に示した。2012 年度の費用の構成比は、現地調査に参加した教員・学生の旅費・宿泊費 35.1％、人件費 23.7％、雑費 19.6％、放射性物質の測定機器などの機械償却費 8％、修繕費 7.9％、消耗品費 5.4％の順となっている。2012 年度では、調査に参加するボランティア学生が新幹線やレンタカーを利用して東京と玉野地区を往復する回数が多いため、旅費と人件費が高くなっている。雑費は 70％が相馬市内で借りている施設の家賃と駐車場料金（1 年間分）であり、1 年間の費用は 83 万 8,027 円にのぼる。2013 年度については、東京と玉野地区を往復する回数は 2012 年度に比較して多くなっているが、参加するボランティア学生と作業日数が少ないため、旅費と人件費に関わる費用が減少している。しかし、2013 年度では、玉野地区内で放射性物質の測定拠点施設を借り、放射性物質測定機器を購入したため、雑費と機械償却費は 2012 年度に比較して高くなっている。なお、現地でこのよう

表 9-13　農地1筆ごとの放射性物質モニタリングシステムの開発に係る費用

		2012 年度		2013 年度	
調査回数（回）		10		11	
作業日数（日）		46		38	
延べ参加人数（人）		338		207	
費用（円）	人　件　費	1,012,455	(23.7%)	639,400	(17.3%)
	旅　　　費	1,495,953	(35.1%)	1,081,843	(29.3%)
	消　耗　品　費	231,455	(5.4%)	202,632	(5.5%)
	雑　　　費	838,027	(19.6%)	1,136,658	(30.8%)
	機　械　償　却　費	343,000	(8%)	578,900	(15.7%)
	修　繕　費	340,800	(7.9%)	44,100	(1.1%)
	合　　計	4,261,690	(100%)	3,683,533	(100%)

出所：筆者作成
注：1）旅費はレンタカー代・ガソリン代を含む。
　　2）減価償却に当たっては、測定機器の耐用年数を6年と仮定した。

なモニタリングシステムの開発・普及を試みるならば、旅費、人件費、施設借り上げ料金、駐車場料金などは大きく削減することができるであろう。

また、モニタリングシステム普及の最大の課題は、システムの運用主体の確保である。農協、市町村などでの運用が考えられるが、職員による測定を考えると日常的な仕事との調整が問題である。むしろ、NPO 等の専門組織を構築して、複数地域を担当して収支を償えるようにすることが重要である。

これから、避難指示が解除される地域では、住民の帰還とともに本格的な営農再開の取り組みが始まるであろう。除染が終了したとしても、果たして作物が安全に作れるのか、生産した農産物が売れるのか、多くの農家が帰還して営農を再開するのか、増加したサルやイノシシの獣害をどのように防ぐのか、放射能の吸収抑制技術は本当に有効かといった様々な不安と課題が現れるであろう。

こうした問題を克服するためには、農地1筆を単位として、常に土壌の放射性物質濃度を把握するとともに、作物への放射性セシウムの移行の状態を把握し、適切な吸収抑制対策を選択することが重要である。

8．放射性物質モニタリングシステムの今後の活用方向と課題

　開発した農地1筆単位の放射性物質モニタリングシステムの活用としてこれまで主として実施してきたのは、農地の除染への活用である。開発したモニタリングシステムの除染以外の活用場面としては、農家自らが自らの農地の放射性物質の濃度を知って、その対応策を講ずるという場面である。そのため、農地1筆ごとのデータを全ての農地所有者・耕作者にフィードバックした。また、地域全体の農地の放射性物質の濃度マップについては、東玉野、西玉野、霊山、副霊山地区の区長さんにフィードバックし、地区の集会所等に掲示するという形で情報の共有を図った。理想的には、開発したモニタリングシステムを農家自らが運用して、地域の放射性物質の総合管理を実践してもらうようにすることである。そのためには、簡便・迅速で正確な放射性物質の測定が農家自らできるような仕組みを工夫することが必要であるが、高齢化が進行している放射能汚染地域では難しいであろう。地域の農家が結集した農業法人もしくは二本松市の「ゆうきの里東和ふるさとづくり協議会」のようなNPO法人を組織化して、地域として放射性物質の総合管理を実施するようにすることが望ましい。

　第2の活用場面は、農地1筆を単位とした放射性物質のモニタリングシステムの機能を拡大する方向である。具体的には、地域の総合的な農地管理システムとしての機能を追加し、耕作放棄地の活用、農地流動化の支援、地域農業の構造変動と土地利用の変化を関連づけた予測と農地の流動化支援等の土地の活用システムの開発である。このような地域農業の予測システムとして、門間は「農林業センサス個票を活用した農地流動化予測システム」を開発している。このシステムの詳細については、本書・第11章に整理したので参照されたい。このような多様な分析機能を持たせることによって、本章で示した農地1筆単位の放射性物質のモニタリングシステムは、放射能汚染地域における農地の流動化と基盤整備の推進、担い手の確保と新たな農業システムの創造のための支援システムとしても活用することができるであろう。

引用・参考文献

小山良太・小松知未（2012）:「放射線量分布マップ作成と食品検査体系の体系化に関する研究－ベ

ラルーシ共和国と日本の原子力発電所事故対応の比較分析-」『2012 年度日本農業経済学会論文集』215-222.

門間敏幸ほか（2014）」「放射能汚染地域の営農システム復興のための農地1筆単位の放射性物質モニタリングシステムの開発と実証」東京農業大学・相馬市編『東日本大震災からの真の農業復興への挑戦-東京農業大学と相馬市の連携-』239-258.

ルハタイオパット プウォンケオ・河野洋一・門間敏幸（2014）:「農地1筆ごとの放射性物質モニタリングシステムの開発と営農復興支援」、『農業経営研究』、52（1・2）、67-72.

Toshiyuki Monma・Puangkaew Luhathaiopath et al. (2015) : Development and Trialing system to Monitor Radionuclides in Individual Plots of Farmland to help Reconstruction Farming in Contaminated Areas, Toshiyuki Monma et al., Agricultural and Forestry Reconstruction after the Great East Japan Earthquake, Springer Open, 149-167.

第10章　ウクライナ・ベラルーシにおける
チェルノブイリ事故への対応から
わが国の今後の風評対策を考える

門間　敏幸

1．はじめに－問題意識と課題

　筆者は、公益財団法人日本都市センターのプロジェクト調査に参加し、東日本大震災の津波事故に起因して発生した東京電力福島第一原子力発電所事故の影響を「風評被害」に的を絞ってその発生のメカニズムと影響の実態を明らかにしてきた。本調査では、放射能汚染の影響を受けた地域の市町村、農企業、NPO法人等が風評被害克服のためにどのような取り組みを実施してきたかを、主として関係者へのヒアリングに基づいて調査した。また、消費地としての性格が強い都市部の区市における放射能汚染への対応と被災市町村を支援するための取り組み、さらには被災地に誘致された企業による支援活動の実態などを整理した。そしてこれらの整理に基づいて、風評を克服するための取り組みとして、①正しい情報のタイムリーな提供、②被災地と消費地の市町村との日常的な連携の重要性、③リスクコミュニケーションによる政府、市町村の情報提供に対する信頼の獲得、④徹底的な放射線・放射性物質検査による安全の確認と対策の実施に対する市町村の取り組みの重要性を指摘した。以上の調査結果については、日本都市センター（2014）を参照されたい。

　また、日本都市センターのプロジェクト調査の一貫として1986年4月26日に発生したチェルノブイリ原子力発電所4号炉の爆発の影響が、事故から28年が経過した現在においてどのように収束もしくは継続しているかを解明するため、主として風評をターゲットとして2014年3月10～16日にかけてチェル

ノブイリ被災地での訪問調査を実施した。本論では、この調査結果を中心としながら、各種資料に基づきながらチェルノブイリ原子力発電所事故に対するウクライナ・ベラルーシ政府が実践した対策を、主として風評対策の視点から評価し、わが国の今後の風評対策の課題と方向を整理する。なお、本章は門間（2014）の調査報告を加筆修正したものである。

2．調査訪問先の概要

チェルノブイリ原子力発電所事故の影響評価のために訪問した組織と主たる対応者は、表10-1のとおりである。

以下、訪問した各組織の概要について簡単に記しておく。

表10-1　調査訪問先と対応者

訪問組織	対応者	訪問日時
ウクライナ国立チェルノブイリ博物館	学芸員	3月11日
ウクライナ生態協会	サーモイレンコ協会長	〃
ウクライナ国家科学アカデミー社会学研究所	事務局長、社会学博士アンジャミン氏他2名	3月12日
ウクライナ農業放射線科学研究所	カーシバロヴ所長ほか関係研究員	〃
ベラルーシ・ゴメリ州実行委員会	ボイダック課長ほか環境・衛生・文化・農業関係担当者、チェルノブイリ子ども基金担当者	3月13日
ベラルーシ放射線生物学研究所	アヴェリン研究所長ほか関係研究者	〃
ウクライナ消費者協会	サムチーシン協会長ほかメンバーの医師、国会議員アドバイザー、弁護士、研究者	3月14日

第10章 ウクライナ・ベラルーシにおけるチェルノブイリ事故への対応からわが国の今後の風評対策を考える

＜ウクライナ国立チェルノブイリ博物館＞

　ウクライナ国立チェルノブイリ博物館は、人類が経験した悲惨な原子力事故災害の実態を現世代ならびに未来世代に伝えることを目的に 1992 年に首都キエフに建設された。約 1,100m^2 の展示スペースには当時の機密文書、放射能汚染で消滅・避難した村や町の標識、亡くなった人たちの写真や遺留品等が展示され、事故の悲惨さを伝えている。また、放射能の危険性に関する情報が不十分なまま原子力発電所の事故収束に参加した消防士、軍人の勇気とその後の苦悩が聞こえるような展示となっている（図 10-1）。

　わが国においても、東日本大震災の津波被害、福島第一原子力発電所事故の悲惨さを世界各国、後世の人々に伝え、二度とこうした災害を起こさないことを警鐘する博物館を建設することの必要性を痛感させられた。

図 10-1　チェルノブイリ事故で被災した子供達

<ウクライナ生態協会>

　ウクライナ生態協会は、チェルノブイリ事故の実態を正しく伝えることを目的に 1988 年に設立され、1992 年に法務省に登録された組織である。生態協会は、チェルノブイリ被害者が国から様々な支援が受けられるように、研究者、ボランティア、政治家などがネットワークを構築して支援活動を展開している点に特徴がある。また、生態協会はチェルノブイリ原子力発電所の停止と従業員の社会保障の実現を目指した政党「緑の党」の母体ともなっている。使用済み核燃料の保管場所の提言、さらには放射線対策のための環境アセスメントの実施と各種提言などの活動を通して政府の政策に大きな影響を与えている（図 10-2）。

　当該組織は、単なる圧力団体ではなく、専門家、政治家、市民などの多様な連携によって被災者の救済と代替エネルギー政策を進めることを目的として、科学的なデータの蓄積、国民への啓蒙活動を展開しており、ウクライナ政府に対しても大きな影響力を持っている。

図 10-2　生態協会を支えるサーモイレンコ会長

＜ウクライナ国家科学アカデミー社会学研究所＞

　当該組織では、1991年からチェルノブイリ事故の影響に関する社会心理的なモニタリング研究を実施している。具体的には、汚染地域の人々の社会心理・復興プロセス、人々の行動様式などの解明、情報メディアのリスクマネジメントについて、毎年1,000人位の人々を対象としてモニタリング調査を継続して実施している（図10-3）。

　わが国では自然による大災害や原子力災害に対して、復興に関わるインフラ復旧、技術的な対策ばかりが重視され、被災者の苦悩の実態に寄り添った対策の展開は必ずしも十分に行われているとはいえない。被災者に寄り添った対策を展開するためには、ウクライナで実施しているような社会心理的なモニタリング調査を継続的に実施し、そこから被災者に寄り添った政策課題を吸い上げることが重要である。

図10-3　被災者の社会心理調査の重要性を認識した社会科学研究所での調査

<ウクライナ農業放射線科学研究所>

　当該研究所は、1986年のチェルノブイリ原発事故を受けて、放射線の農作物への影響や農地の回復に関する調査研究を実施するために、原子力発電所爆発2週間後の5月9日に設立された。資本主義と社会主義と政治体制が異なるとはいうものの、震災後6年が経過しても、専門の研究所さえできないわが国の対応の遅さが痛感される。研究所では、植物への放射性物質の吸収抑制技術の開発、牧草から牛乳への放射性物質移行の抑制、外部被曝・内部被曝を下げる方法の開発を行い、農業生産を継続しながら放射能汚染を減少させる対策確立のための科学的な基礎データの蓄積に大きく貢献している（図10-4）。

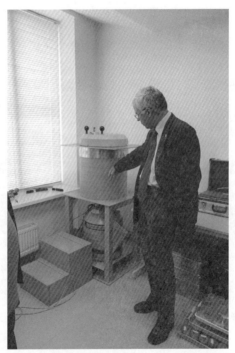

図10-4　ゲルマニウム半導体検出器の前でわれわれの質問に答えるカーシバロバ所長

＜ベラルーシ・ゴメリ州実行委員会＞

　ベラルーシのゴメリ州は、チェルノブイリ事故による放射線の影響を大きく受けた地域の1つである。州の8割の地域に放射性物質が降下し360の村々が放射線の影響を受けるとともに、1,600haの農地が利用不可能になった。そのためゴメリ州実行委員会（州政府）は、96の村や集落から9万4,000人の住民を避難させるとともに、5つの対策プログラムを展開した。第1次から第4次までのプログラムは、主として住民の避難に関するものであるが、第5次プログラムは汚染地域に居住する人々の自立に関わるものである。住民への放射線・放射能・放射性物質に関わる情報提供サービスは、地域の人々の信頼が高い教師、専門家も参加して、正しい知識を住民、学生、児童が持つことを目指して組織的に実施されている（図10-5）。こうした組織的で正確な情報提供サービスは、人々の内部被曝・外部被曝を軽減する上で極めて重要である。わが国でもこうした情報提供サービスが国や都道府県によって実施されたが、情報伝達の仕方が関係組織のホームページでの公開が中心であり、一般の国民にまで十分に伝達されずに人々の不安が高まり、風評などが発生してしまった。

図10-5　多くの関係者が集まりチェルノブイリ事故に対する
　　　　ベラルーシ政府の体系的な取り組みが紹介された

＜ベラルーシ放射線生物学研究所＞

　ベラルーシ科学アカデミー・放射線生物学研究所はチェルノブイリ事故1年後の1987年に設立された。10の研究室に85人のスタッフが勤務し、①土壌、水、大気、植物における放射性物質の挙動、②放射線被曝による健康への影響、③内部被曝・外部被曝の影響評価、④放射線防護薬剤に関する研究、などを実施し、その成果を国民に発信している（図10-6）。また、当該研究所は、様々な世界的な研究プロジェクトの実施の中核機関になり、世界の放射線研究をリードしている。

図10-6　学ぶべきことが多い放射線生物学研究所の取り組み

＜ウクライナ消費者協会＞

　ウクライナ消費者協会は、消費者が購入する商品の安全性、消費者の権利保護、栄養補助食品に関する知識の啓蒙を行う組織として1989年に結成された。特に放射能汚染問題に関しては、政府の情報公開に関する問題を指摘するとともに、被曝した人々の健康に関しては、政府の見解よりも問題はより深刻であ

ることを警告している。また、食品の放射性物質汚染についてスーパーマーケットなどで放射性物質の検査を行っているが、地方の市場や個人の生産者レベルでは測定されていないため、汚染された食べ物が流通していることを警告している（図10-7）。消費者協会の活動には多くの医師が参加しており、被曝者の診察の実態から、診察データを出しながら放射線・放射性物質が及ぼす人々の健康への影響は深刻であることを警鐘している。

図10-7　民間組織として放射能の危険を警告しつづける消費者協会

3．チェルノブイリ事故における風評を考える視点
（1）ウクライナ・ベラルーシにおける食品・農産物の放射能汚染対策

　今回の調査の目的は、チェルノブイリ原子力発電所事故によって風評が発生したか、また、事故後28年が経過した現在、風評の影響が収束しているのか継続しているのか、ウクライナ、ベラルーシではどのような風評対策が採用され、その効果はどうであったか、日本で参考にできる対策はどのようなものかを解明することにあった。これらの目的を達成するため、上記の7つの機関で

実施した聞き取り調査の内容は広範なものであるが、ここでは特に食品・農産物の放射能汚染に関する調査結果の概要を総括しておく。

①ウクライナでもベラルーシでも、事故直後は農林畜水産物の放射性物質検査は厳しく実施された。特に市場では必ず検査が実施された。また、ウクライナ生態協会では、市場検査では納得しない人々に対して独自の検査所で放射性物質の測定サービスを行うとともに、移動検査車を利用したサービスも実施した。

②食品・農産物に含まれる放射性物質の基準値の設定に関しては、研究者の間で高い基準値を支持するグループと低い基準値を支持するグループに分かれ議論が行われたが、市民は低い基準値を常に要求し、次第に基準値は下げられ、現在は表 10-2 のように決定されている。これらの各国の基準値を見ると、食べる食品の頻度と量によって基準値が細かくかつ合理的に決められている。例えば、主食であるパンについては、ウクライナ 20 Bq/kg（ベクレル）、ロシア、ベラルーシ 40 Bq/kg と低いが、わが国では食品一般は 100 Bq/kg と決められ、主食であるコメを低く設定していない。なお、乾燥キノコについてはウクライナ、ロシア、ベラルーシともに 2,500 Bq/kg と高く、乾燥による放射性セシウムの濃度と食べる頻度・量を考慮して決定されているのに対して、わが国では 100 Bq/kg と一般食品と同じレベルに設定されている。そのことが、きのこ生産やあんぽ柿などの生産に大きな影響を及ぼし、生産の回復が大きく遅れた。

③ウクライナ生態協会会長の話では、農産物・食品に関して消費者の間で放射性物質の汚染を警戒して特定の産地を敬遠する傾向は存在したという。その背景には、ウクライナでは、多くの消費者は放射能汚染地図を持っており、それに従ってどの産地の農産物・食品を購入すべきか否かを判断していたという実態がある。このことは、消費者自身が自ら安全を守るために必要となる情報を、関係機関がきちんと提供することの大切さを示している。わが国では、県や市のホームページに掲載しておけば、情報公開したことになり責任を追及されないといった判断が公助に働いていないだろうか。今回訪問した多くの組織では、一般市民向けの様々な放射能に関する啓蒙パンフレットを作成しており、住民自らが正しい判断をして行動できるような支援を徹底して行っている。

表 10-2　ソ連・ウクライナ・ロシア連邦・ベラルーシ・日本の食品中の
放射性物質の暫定規制値及び現在の基準値

(単位：Bq/kg)

国名	ソ連	ウクライナ	ロシア連邦	ベラルーシ	日本	
食品名　設定日	1986.5.30	2006.5.3	2001.11.6	1999.4.26	2011.3.18	2012.4.1
水		2	8	10	飲料水　200	飲料水　10
牛乳	370	100	100	100	牛乳・乳製品　200	牛乳　50
チーズ	7,400	200		50		
バター	7,400	200	200	100		
植物性油	7,400	100		40	その他　500	
牛肉・豚肉	3,700	200	160	牛肉・羊肉　500	肉・卵・魚・その他　500	一般食品　100
鶏肉	3,700	200	180	鶏肉＋豚肉　180		
卵	1,850	100	80			
魚	3,700	150	130			
野菜	3,700	40	120	100	野菜類　500	
ジャガイモ	3,700	60	40	80	その他　500	
果物（生）	3,700	70		40		
穀類	370	50	70		穀類　500	
パン	370	20	40	40		
キノコ	18,500	500	500	370	その他　500	
キノコ(乾燥)		2,500	2,500	2,500		
幼児用食品		40		37		幼児用食品　50

出所：Volodymyr Ganzha『チェルノブイリ事故による放射能汚染の実態と風評被害評価に関する研究』東京農業大学修士論文（2014.3)、p60

④ウクライナでは、ソビエト連邦による事故直後の情報の隠蔽により、放射性物質検査に関して国の検査結果より、民間の検査結果を信じた国民が多く、ウクライナ生態協会は移動測定車を利用した測定サービスを実施し、消費者から喜ばれた。こうした事実は、国や都道府県、市町村では手が届かない、あるいは官製情報に不信感をもっている市民に対しては、信頼できる民間サービスによる対応、すなわち共助が重要であることを物語っている。

(2) チェルノブイリ事故後、風評は克服されたか

　この問題に関する回答を客観的に確認することはできないが、7つの機関の調査結果を総合的に判断するならば「克服されていない」と言うことができる。この判断の根拠は、次の調査結果から推察できる。

　①2006年3月にウクライナ政府が定めたチェルノブイリ事故後の汚染地域の振興対策の課題と方向では、放射性物質の測定、食品・資材の放射性物質のモニタリングシステムの充実、住民の内部・外部被曝量の測定の重要性が指摘されており、放射性物質の監視と住民の健康への影響解明が重点課題として設定されていることがわかる。ここでは、住民の健康被害の視点から放射線による外部被曝と放射性物質に汚染された食品を摂取することによる内部被曝の影響評価が重視され持続的なモニタリングが実施されている。すなわち、長期的な健康への影響調査が必要であると判断して、調査が実施されていることがわかる。

　②また、ウクライナ社会科学研究所が行った住民の心配事項の調査結果によれば、森の幸（きのこ、ベリー類）、水、食料品に含まれる放射性物質に対する不安が依然として続いており、自らできる健康対策、食品に含まれる放射性物質を下げる調理方法に関する情報提供が国民から求められている。

　③低線量被曝による健康不安は依然として続いており、健康維持のための対策の展開に対する希望が強い。

　④汚染地域の食べ物の安全性、効果的な除染方法に関する住民調査の結果では、住民の危険意識のレベルは低く、知識も不十分であることが指摘されている。この点に関しては、ボロジミル (2014) の調査でも確認されている。また、ウクライナ社会科学研究所が1992年から実施している健康に関する社会心理調査によれば、チェルノブイリ被害者の恐怖、被害者意識は今でも強く残っており、最近は福島第一原発の事故の影響で社会不安は再び高まっている。

　⑤ウクライナでは、食品の安全性に関する風評よりも健康に対する風評による心理的な不安、社会生活上の不安といった非経済的な被害が問題になっている。

4．チェルノブイリ事故に関わる風評の実態

わが国では、風評に関する定義は、次の関谷（2011）による定義が一般的に受け入れられている。「風評被害とは、ある社会問題（事件・事故・環境汚染・災害・不況）が報道されることによって、本来「安全」とされるもの（食品・商品・土地・企業）を人々が危険視し、消費、観光、取引をやめることなどによって引き起こされる経済的被害のこと」。

他の定義と異なり、関谷の定義はマスコミニケーションの発達という現代の社会の特徴をクローズアップしている点に大きな特徴がある。また、関谷の定義では、商品やサービス自体には「何ら問題がない」、あるいは本来「安全である」にも関わらずそれらが忌避されて経済的な被害が発生するという条件を追加している。しかし、こうした日本における風評や風評被害の定義に従ってチェルノブイリ事故の影響を正しく評価することは困難である。その理由は、次のように整理できる。

①今回のウクライナ・ベラルーシの訪問調査でわかったことであるが、農産物や食品に対する不安に関しては汚染地域で生産された農産物を忌避する傾向は認められたが、市場に出回っている農産物・食品については放射性物質の検査が行われ、安全がチェックされていると人々は認識している。また、農産物・食品の放射性物質の基準値に関しても、消費者や消費者団体の要望を受け入れ品目毎に厳しくかつきめ細かく設定されるなどの対策が実施されている。2013年にボロジミル（2014）がウクライナの消費者85名を対象として実施した放射能汚染に対する評価結果を見ると、日本で見られるような風評被害はウクライナでは発生していないが、事故後28年が経過した現在でも農産物・食品の安全性について人々は疑問を感じている。また、放射性物質の健康への影響についての心配は、事故後10年以降から低下している（表10–3）。

②事故後28年が経過したチェルノブイリ事故で最も深刻な問題は健康被害である。放射線の健康に対する影響に関しては様々な意見があり、研究者、関係者の意見の一致は認められない。特に事故後数年間にわたってソビエト連邦政府によって正しい情報の提供が行われなかったことは、ソ連邦の崩壊に伴うウクライナ、ベラルーシ、ロシアの独立政府に対する不信感にもつながってお

表10-3 放射能汚染から安心だと感じるようになった時期

(単位：%)

経過年数	外部被爆	農産物・食品の放射能汚染
最初から不安はなかった	25	25
現在でも恐怖はある	50	50
1990年頃から安心だと感じた	6	6
1996年頃から安心だと感じた	13	6
2000年頃から安心だと感じた	6	13

出所：Volodymyr Granzha『チェルノブイリ事故による放射能汚染の実態と風評被害評価に関する研究』東京農業大学修士論文（2014.3）、p84

り、政府が提供する情報に対する信頼性は低い。チェルノブイリ事故の最大の風評は健康に関するものであり、ガン・白血病の発生、血管系や神経系の病気の多発など、長期間にわたる低線量被曝の影響に関して、住民は大きな不安を抱いている。

　放射線の健康への影響に関しては、ウクライナ政府（緊急事態省）報告書（2011）の第3章、アレクセイ・V・ヤブロコフ（2013）、ベラルーシ共和国非常事態省チェルノブイリ原発事故被害対策局編（2013）ならびに様々なレポートによって多様な調査結果が公表され、その解釈をめぐる意見の相違がさらに住民の不安を大きくしている。すなわち、健康に関わる風評問題がチェルノブイリ事故ではとりわけ重要であることを物語っている。

　③チェルノブイリ事故の影響に関する様々な文献、さらにはわれわれの調査においても、観光を中心としたサービス産業への影響が特に問題とされた資料を発見することはできなかった。わが国では東京電力に対する賠償訴訟の中で、様々な産業分野における風評被害が問題となったが、社会主義体制下で発生したチェルノブイリ事故の場合、日本の風評被害とは様相が異なっている。

5．チェルノブイリ事故の風評被害の実態の考察

　本節では、チェルノブイリ事故による風評被害の実態について考察する。もちろん、短期間の訪問調査から風評被害の実態に関わる客観的な分析数値を提示することは困難なため、訪問時のヒアリング、既往の文献から関連する情報

を選択して考察するという方法を採用することとした。なお、風評としてここで取り上げるのは、チェルノブイリ事故で特に問題となった農産物・食品の安全性と健康に関わる風評である。

（1）農産物・食品の風評被害について

　ウクライナ生態協会、社会科学研究所、消費者協会の関係者に対するヒアリング調査では、ウクライナにおいても農産物・食品の安全性に関して風評が広がり、放射能汚染地と見なされた特定の産地の農産物の購入が消費者から忌避された事実が指摘されている。しかし、市場に出回る農産物・食品については放射性物質の検査が行われ、基準値を超えるものは出ていないという安心感を消費者は一方で持っていたと思われる。しかし、食の安全を担保するために基準値を下げることに対する国民の要求は強く、年間被曝線量が1ミリシーベルト（mSv）になるように、それぞれの農産物・食品の摂取頻度を考慮して基準値が定められた（表10-2）。また、日本の風評被害のように、基準値をクリアしているにも関わらず、福島県産農産物を中心に、東北地方や関東地方の農産物の購入が消費者から回避される、あるいは低い価格で取引されるといった風評被害が深刻な社会問題になったという指摘はなされなかった。

　確かに日本で社会問題となったような風評被害はなかったが、チェルノブイリ事故後28年が経過した現在においても、農産物・食品の安全性に対する不安は継続している。ウクライナの首都キエフでボロジミル（2014）が実施した調査（85人対象）では、キエフ州産農産物の安全性について26％の人が「安全でない」と回答、また、農産物を購入する場合に25％の人が生産地を重視して購入していることを指摘している。なお、今回の訪問調査で多くの訪問組織の担当者は、ウクライナ、ベラルーシでは放射能に関する正しい知識の啓蒙を重点的に行い不安の解消に努めたことを強調したが、30年近い歳月の経過は、放射能に関する知識の風化と、世代交代による危機意識の低下が懸念されている。

　また、風評をおさえるためには正しい情報を消費者に提供することの重要性を多くの担当者は強調したが、ボロジミルの調査では放射能対策の信頼性について、政府が出している放射能の測定結果やサンプル調査に関して「信頼でき

ない」という人が、それぞれ54％と64％に達していることが明らかになった。ウクライナ農業放射線研究所のカーシバロバ所長は、上記の点について政府の情報提供よりも医者、教員など国民からの信頼が高い人々に放射能対策に関する正しい知識教育を行って普及するのが有効であることを強調された。なお、ボロジミルの調査では、64％の人々がチェルノブイリ事故による汚染地域を正しく理解していることを明らかにしている。また、男性の32％、女性の55％がチェルノブイリ原発事故の影響について現在でも恐怖があることを指摘している。

（2）健康に関する風評について

　福島原発事故と、チェルノブイリ原発事故への対応で大きく異なるのは、被災地域さらには事故の影響を受けたと思われる地域の住民の健康対策である。特にチェルノブイリ被害者の場合、事故直後のソ連邦による情報隠蔽から健康被害を正確に予測することは困難であるが、チェルノブイリ・フォーラム (2011) では、次のような健康被害の発生を指摘している。

　①事故後の最初の1年間の重度のベータ線熱傷や敗血症の合併症など急性放射線症候群による1986年の死亡者数は28人、1987～2004年の間に19名が死亡しており、その事実は被災地住民に大きな恐怖をもたらした。

　②放射線被曝による健康問題の影響としてガンや白血病による死亡者数の増加が取り上げられるが、放射線被曝を原因とするガン患者数を正確に予測することはできないとした上で、国際的な専門家グループは、1986～1987年に除染・復旧作業に従事した作業員、避難民、最も汚染が激しい地区の住民60万人の中で、被曝の影響によるガン死亡率の増加は数パーセントと報告している。また、1992～2002年の間に事故当時小児もしくは思春期にあった人で甲状腺ガンの発症が4,000人以上、そのうちの15名が死亡したと報告している。また、ロシア当局は、1991～1998年に原発事故に関わる作業に従事した6万1,000人の作業員群（平均被曝量107mSv）の死亡者の5％は放射線被曝が原因であると報告。

　③その他の健康被害としては、放射線被曝量の多い人に循環器系疾患、白内障の発生が増加していることが指摘されている。また、事故により被曝した人々

の不安レベルは対照群の2倍、さらに原因不明の不調や主観的不健康状態の報告は対照群の3～4倍に達すると報告されている。

しかし、チェルノブイリ事故による放射線被曝を原因とする健康被害に関する様々なデータがあるにも関わらず、その影響の全貌は依然として解明されているとは言えない。そのため、健康被害に関する様々な風評が発生しているのも事実であろう。その背景には、放射線被曝の安全性に関して専門家の間でも様々な意見が存在し、人々は何を信じていいかわからないというのが実態である。アレクセイ・V・ヤブロコフ (2013) の 183 ページには、放射線の影響や不安が人々の疲労感、悪夢、周期的な鬱や不快感、原因不明の倦怠感、記憶障害、広範な筋肉の痛み、関節の痛み、気分の変化などの機能障害（原爆ぶらぶら病）といった症候群を生み出していることが報告されている。こうした機能障害症候群が人々の健康不安をもたらし、そうした不安が口コミで多くの人々に広がるという形で広い範囲で健康被害に関わる風評問題が発生しているといえよう。

また、チェルノブイリ事故前後にウクライナ、ベラルーシで顕著な人口減少が発生し世界的に大きな注目を集め、その原因が分析された。その結果、原因として「高血圧と肥満」「喫煙・飲酒」「エイズ (HIV)」が指摘されているが、説得力は乏しい。チェルノブイリ事故による健康被害への不安、放射線被害は子供により深刻なダメージをもたらすことに対する不安、避難などによる心理的なストレス、健康面・経済面からの結婚への不安による出生率の低下が人口減少をもたらしたと考えるのが自然であろう。また、死亡率の増加の原因として、チェルノブイリ事故から6年もの間に実施された食品に含まれる放射性物質のかなり高い暫定基準値による内部被曝の蓄積と外部被曝に関する問題指摘（http://www.inaco.co.jp/isaac/shiryo/genpaysu/ukrainel.html　2014 年 6 月 13 日閲覧）を無視することはできないであろう。

（3）社会的・心理的な影響について

ウクライナ政府・緊急事態省 (2011) の報告『チェルノブイリ事故から 25 年 "Safety for the Future"』121 ページでは、公式には被害者に含まれないキエフ住民を加えると 600 万人の人々の社会的・心理的生活にチェルノブイリ事故は

影響を及ぼしたと総括している。ウクライナ社会科学研究所が社会調査を開始したのは 1992 年であり、ソビエト連邦からの独立直後の社会経済危機と重なり、事故の影響評価が難しくなっている。1992 年には事故処理に関わった作業員と様々な被害者 1 万人を対象に社会心理学的な調査が実施され、その後も標本数は大幅に削減されたが、調査は継続されている。それらの調査結果は報告書の 117-139 ページにまとめられている。以下にその要約を記載する。

1992 年には国民の 47％がチェルノブイリ事故の影響を恐れていたが、年数の経過とともに 16％まで低下している。しかし、健康悪化の要因をチェルノブイリ事故が原因と考える人々が多く、恐怖の最大の原因となっている。1992 年の調査結果から、チェルノブイリ事故は被災者の生活への関心の低下、人生そのものに対する多大な影響を及ぼし、政府からの支援に依存した生活を送っている実態が浮き彫りにされている。また、現在、自分や家族の健康に対する関心が高く、強制移住させられた人々の新たな環境への適応がうまくいっておらず、故郷への帰還意識が強いことを指摘している。さらに、被災者の多くが悲観主義に陥っていることを示している。さらに、この調査では、チェルノブイリ事故を体験した人々のストレスを「第 1 のチェルノブイリ」と呼ぶとともに、国内メディアによる報道から得た情報によるストレスを「第 2 のチェルノブイリ」と呼んで区別している。事故から 8 年後に実施した調査結果を見ると、被災者が事故からの影響を克服すべく、積極的な活動を展開し、そうした人の 3 分の 1 が「影響を克服した」と回答している点は注目できる。

チェルノブイリ事故の 10 年の総括では、被災者の最大の関心は生存問題であり、自らと家族・親戚を中心として孤立した戦いを行っていた。当局や地域団体への信頼は低く、被災者の多くは彼らの生活を保護するための法律についてほとんど知識がなかった。さらに、チェルノブイリ事故の 20 年の総括として技術的災害は一瞬にして起こるが、それに誘発される社会文化的災害は、はじめはほとんど気づかれないくらいにゆっくりと進んで、気が付いた時には既に社会は大きく変質していることを述べている。また、環境は放置や除染で改善されるが、地域社会は放置すれば確実に悪化することを警告している。さらに、被災地域には A. 犠牲者症候群、B. 社会的阻害症候群、C. 避難再定住症

候群、D. 健康喪失症候群、E. 不確実性混乱症候群、F. 無知症候群などの社会的症候群が発生するが、政府によるそうした問題解決の試みはほとんど失敗したと結論づけている。

この報告書では、チェルノブイリ事故の経済的・社会心理的影響のまとめとして 15 の教訓が整理されており、福島事故からの復興に際して傾聴すべき点が多い。その骨子は、次のように要約することができる。

大災害の予防を社会・全人類の絶対的価値にすること、危険の主観的評価と客観的評価の相違の縮小を図ること、被災者の支援の重点は彼らに活動的な人生を回復する復興活動に置くべきであること、被災者の恐怖・ストレスに基づく「社会的症候群」に対して「機会（チャンス）」を重視して意識転換を図ることが重要である、情報の欠如に伴う主観的危険を少なくできるタイムリーで正確な情報提供の促進、被災地・被災者のための大規模な復興開発計画では社会的・文化的・経済的影響克服のための工程表を示すべきである。

6．おわりに－チェルノブイリ事故の風評評価からみるわが国の今後の風評対策の展開方向

（1）総括1－チェルノブイリでは農産物・食品の放射能汚染の恐怖をなくすための取り組みが持続されている

チェルノブイリ事故では、放射能に汚染された食品の摂取による内部被曝による健康への影響が警告されている。ウクライナ社会科学研究所の研究員へのヒアリングでは、事故後 28 年が経過した現在でも、被災地域の住民の心配事は、食料品の放射能汚染、低線量被曝の健康への影響、自分でできる健康維持対策、食料に含まれる放射性物質を下げる調理方法、水や環境の汚染、農産物の検査の実施状況、きのこやベリー類など森の幸の汚染状況等、農産物・食品汚染の実態と対策に関わるものであることを指摘していた。また、汚染地域住民の放射能汚染リスクの回避方法に関する知識水準は低く、適切な対策が実践されていないといった問題も指摘された。

このようなチェルノブイリ事故に関してみられる農産物や食品の放射能汚染に関する住民・国民の不安に関しては、常にモニタリングによる正確な情報提

供を行い、こうした情報に基づいて自らを守る適切な対策を自ら選択できる住民を増やすことがわが国においても重要である。そのためには、政府機関が責任をもって農産物・食品のモニタリングを行い、その結果を被災地の住民・国民に正確かつわかりやすく伝えるべきである。公的機関のホームページで発信すれば大丈夫と考えるのはあまりにも安易である。一体、どれだけの人が関連するホームページを見ているであろうか。わかりやすいパンフレットの作成と配布、学校での生徒・父母を対象とした指導、食品などの放射性物質検査サービスの持続、さらには心配がある人には無料の健康相談・検査を準備するべきである。こうした取り組みを持続することによって、食品・農産物の危険の主観的評価と客観的評価の乖離を縮めることが可能となるであろう。

　なお、現在、わが国では食品の放射性物質検査に関しては市町村によるサービスが実施されているが、これはあくまで市民が持ち込んだものを測定するサービスに限定されており、組織的な実施とはほど遠い。また、都会の消費者の不安に応える体制にはなっていない。少なくとも、市場、スーパー、学校等の公共施設には放射能測定器を整備して測定サービスを実施して正しい知識の普及によって不安を払しょくするとともに、広域で流通する農産物・食品の安全性については、国が責任をもって科学的な検査を継続するとともに、常に正しい情報をタイムリーに提供することが不可欠である。

（2）総括2－チェルノブイリ事故では現在も健康不安は持続している

　過去・現在・未来にわたりチェルノブイリ事故の最大の心理的・社会的不安は放射線被曝による健康被害問題である。環境汚染に関しては、放射能の自然崩壊・除染によりその濃度は確実に低減するが、健康被害に関しては時間の経過に従って軽減されることはない。むしろ、外部・内部被曝量の蓄積、それにともなう心理的な不安の蓄積から問題はより深刻化している。健康問題の発生には個人の体質、ストレス耐性などの心理的特性等、様々な要因が作用しており、その原因を正確に特定することは難しい。また、問題特定のための広範な疫学調査に関しても、事故直後に綿密に設計されていれば可能であったが、事故直後の混乱からソビエト連邦崩壊までの6年間の正確な被害データの獲得は

不十分であった。また、専門家の間でも放射線および放射性物質による健康問題の発生をより深刻に捉える者と、楽観的に捉える者では意見が大きく異なり、そうしたことが被災者に大きな不安を与え風評による心理的被害をもたらしている。

　ウクライナのチェルノブイリ報告書によれば、チェルノブイリ事故処理作業員の1988～2008年までの健康な者の比率は67.6％から5.4％に低下し、がん以外の消化器系疾患、循環器系疾患などの慢性病の比率は12.8％から82.3％に増加したことが示されている。特に被曝量が多い作業員で顕著に表れている。またチェルノブイリ事故で避難した人のうち、小児期に被曝したグループでは網膜の血管障害リスクが高まることが、また被災地の子供達の場合は、事故後5年間で甲状腺、免疫系、呼吸器系、消化器系の疾患が進行する危険性が指摘されている。さらに、年数が経過すると、こうした病気の慢性化に伴う機能障害が顕著になることが指摘されている。

　統計的にはチェルノブイリ事故の影響が有意に検証されなくても、こうした健康被害のデータが続々と明らかになるにつれて被曝者の不安は大きく高まり、様々な憶測やストレスが蓄積されて風評が広がり、社会不安をもたらすであろう。

（3）チェルノブイリ事故の経験を活かしたわが国の風評対策の展開方向

　福島第一原子力発電所の事故から既に6年が経過したが、一体われわれはチェルノブイリ事故から何を学び、人類の危機ともいうべき原子力災害にどのような対処をしてきたのであろうか。結論から言うならば、チェルノブイリ事故から学び事故対策を計画的・実践的に十分に展開したとはいえないであろう。その要因としては、東京電力という民間企業の責任で実施すべき対策と、国家が国民に対する責任として実施すべき対策の線引きが明確にできていないことを指摘することができる。特に原発事故処理を現場の第一線で行う専門作業員の安全・健康確保とその後の健康管理対策、被災した住民の健康と生活保障、さらには心理的・精神的ストレスのケアなどについて、国と東電の責任分担のあいまいさが、スピーディな問題解決を遅らせるとともに、将来の不安要因と

なっている。

　風評被害に問題を絞ってみるならば、東電に責任を帰す損害賠償問題ばかりが強調され、農産物・食品、観光・サービス業の安全確保のための対策が初期段階で迅速かつ適切に行われたか検証する必要がある。この問題に関しては、チェルノブイリ事故と同様に学者の見解が分かれるとともに、生産者サイドに立つか消費者サイドに立つかによっても見解が分かれる。この点に関しては、事故後30年近くが経過したチェルノブイリ事故において内部被曝による健康問題が現在でも大きな社会問題になり、農産物・食品の安全性について、消費者は依然として不安を持っている。そのため、国民の意見を入れて食品の安全基準値を食生活の実態に従ってきめ細かく設定している。さらに、市場、スーパーなどでは食品の放射性物質検査が義務づけられ、安全な食品が消費者に届く体制が整備されている。そのため、現在の日本でみられるような食品の風評は認められない。しかし、放射能に対する恐怖が消費者から消え去ったわけではなく、汚染地と思われる地域の農産物・食品を購入しないといった防衛策を消費者は自らとっている。

　日本における農産物・食品の風評対策の大きな問題は、風評被害対策を東京電力と一部の被災地の対応に任せていることにある。確かに外部被曝を削減するための除染は国の責任で実施されているが、農産物・食品の安全確保のための放射性物質の検査は都道府県、市町村などに任されているため組織間で取り組みの温度差がある。さらに、消費者対策のために生産者や事業者が任意で放射性物質検査を実施する場合の費用は事業者が負担している。また、こうした検査を専門の検査機関に委託する場合の費用は高いため、多くのサンプルを検査することはできない。ウクライナやベラルーシの調査では、こうした検査は全て国が実施しており、組織的に行われて、測定データは一元管理されている。こうした放射性物質検査は、「生産の基盤である農地の放射性物質の濃度把握→農地から作物への放射性物質の移行→牧草・飼料作物から牛乳・肉への移行→食品から人間への移行（内部被曝）→健康被害→心理ストレスや社会不安」という一連の問題の流れの中で体系的に把握すべきものである。そのためには、放射線学、農学、医学、心理学・社会学・経済学・法学などの学問分野が連携

してデータを蓄積して国民に迅速かつ正確なデータを情報発信していかなければならない。

引用・参考文献

ベラルーシ共和国非常事態省チェルノブイリ原発事故被害対策局編（2013）:『チェルノブイリ原発事故　ベラルーシ政府報告書（最新版）』

チェルノブイリフォーラム（2011）:『チェルノブイリの経験：健康・環境・社会経済的影響－ベラルーシ・ロシア連邦・ウクライナ政府への提言－』、国際原子力機関公共情報課翻訳資料、7-10. http://nuqwatch.files.wordpress.com/2011/07/

門間敏幸・ガンジャ　ボロジミル（2014）:「チェルノブイリ事故 28 年の苦悩と風評被害」、『都市とガバナンス』No.22、日本都市センター、77-93.

公益財団法人・日本都市センター（2014）:『自治体の風評被害対応－東日本大震災の事例－』、日本都市センター、204P

ガンジャ　ボロジミル（2014）:『チェルノブイリ事故による放射能汚染の実態と風評被害評価に関する研究』東京農業大学修士論文（2014.3）

関谷直也（2011）:『風評被害－そのメカニズムを考える－』光文社新書、2011、12.

ウクライナ政府(緊急事態省)報告書(2011):『チェルノブイリ事故から25年"Safety for the Future"』の第 3 章（健康への影響）、第 4 章（経済的・社会的影響）については、『市民研通信』第 14 号で閲覧できる。

アレクセイ・V・ヤブロコフ（2013）:『Chernobyl: Consequences of the Catastrophe for People and the Environment』、星川淳（監訳）『調査報告　チェルノブイリ被害の全貌』岩波書店.

第11章　被災地域の新たな農業の担い手経営を支援する方法
－オーダーメイド型農業経営分析システム－

門 間 敏 幸

1．はじめに－被災地域で誕生した新たな農業の担い手経営支援手法の必要性

　これまでわれわれは、災害列島日本における迅速かつ的確な災害克服の方法を確立するためには、自助・共助・公助が連携して被災者の支援活動に当たることが重要であるという問題意識に基づき、雲仙岳火山噴火災害、三宅島火山噴火災害、口蹄疫、北海道南西沖地震、中越大震災、そして現在も復旧・復興途上にある東日本大震災における津波災害と原子力災害からの復旧・復興の取り組みを評価した。また、単に大災害からの復旧・復興の取り組みを研究視点から分析するだけでなく、東日本大震災からの復旧・復興場面では、福島県相馬市で復興支援プロジェクトを実践し、津波被害からの迅速な営農再開と新たに誕生した担い手経営の支援活動を公助である相馬市、自助の主体である担い手経営、そして共助の主体であるわれわれが連携した復興支援活動を実践した。
　特に放射能汚染地域の農林業の復興に関しては、除染などが終了して営農再開を果たしている地域がある一方で、避難地域に指定されて住民避難が行われた地域では避難指示が解除されても多くの住民はいまだに帰郷しておらず、営農再開は行われずに除染した農地の再荒廃が懸念されている。こうした状況下で、東京農業大学では放射能汚染地域の農業の早期再開を支援するため、農地１筆単位の放射性物質のモニタリングシステムを開発して、相馬市玉野地区の早期の営農再開を支援した（第9章）。今後、このような支援システムを復興が

遅れている放射能汚染地域に適用して早期の営農復興の実現に向けて支援活動を展開する必要がある。なお、このような専門的な取り組みは大学、NPO等の共助が担当して、自助・公助と連携して推進するのが望ましい。

　一方、本章では、東日本大震災の甚大な津波被害を受けた地域で誕生している新たな農業の担い手経営が現在抱えている経営問題の発見と解決、今後の経営展開の方向や経営戦略策定に関わる支援を行うために筆者が開発したオーダーメイド型農業経営分析システムの意義と方法、そして実践例を紹介する。この方法を活用するとによって、先端技術とともに新たな農業の担い手経営の安定的な経営展開の支援が可能となるであろう。なお、本章では水田作を中心としたわが国の農業経営の将来の姿を予測するとともに、東日本大震災は津波被災地の農業を20～30年先にタイムスリップさせたことを示す。現在、津波被災地域で誕生している農業の担い手経営は、将来の日本農業の担い手の姿を現すものであり、この経営の安定的発展を支援できる仕組みを構築することは、将来の日本の農業経営の発展を支える上で重要な意義を持つものである。

2．東日本大震災は被災地の農業をどう変えたか

　本節では、東日本大震災に起因して発生した大津波が地域農業の構造変動にどのような影響を及ぼしたかを評価する。具体的には、宮城県や福島県の太平洋岸の水田作中心の農業が展開されている地域を対象として、津波被害がなかったと仮定した場合に、地域農業はどのような方向に変化するかを予測し、津波がもたらした農業構造変動の特徴を明らかにする。

（1）農林業センサス個票を用いた水田作経営の構造変動予測

　上記の分析目的を達成するため、2010年農林業センサスの個票を用いて津波がなかったと仮定した場合の地域農業の構造変化の方向を予測した。採用した分析方法は、以下のとおりである。なお、農林業センサス個票データを用いた分析は、筆者が国立研究開発法人・農業・食品産業技術総合研究機構中央農業総合研究センター在職中（2015年度）に個票利用の許可を得て実施したものである。採用した予測方法は、以下の通りである。

<第1段階―経営体の分類>
　個々の農業経営体をその特性に従って「大規模化可能経営体」「現状維持経営体」「離農予備群経営体」の3タイプに分類する。採用した分類の基準は、次の通りである。
　①大規模化可能経営体の条件－経営耕地面積規模10ha以上、世帯主の年齢が75歳未満で年間150日以上農業に従事するとともに、年間60日以上農業に従事する農業後継者がいる。主要な農業機械をすべて保有している。
　②現状維持経営体―経営耕地面積規模10ha未満、世帯主の年齢は75歳未満で年間60日以上農業に従事するとともに、年間60日以上農業に従事する農業後継者がいる。主要な農業機械をすべて保有している。
　③離農予備群経営体―経営耕地面積規模10ha未満、世帯主の年齢は75歳未満で農業に従事している。家もしくは農業の後継者がいない。後継者がいたとしても農業には全く従事していない。トラクタ、田植機、コンバインなどで保有していない機械がある

<第2段階―離農予備群経営体の離農時期を決定する>
　すべての農業経営体の世帯主の年齢を1年ごとに1歳加え、75歳で引退すると想定する。世帯主の引退時期が来た大規模化可能経営体、現状維持経営体については、後継者への世代交代処理を行う。世帯主が引退時期に達した離農予備群経営体については、離農が行われ経営耕地が流動化すると仮定して流動化処理を実施する。以上のシミュレーションを指定した期間実施する。

<第3段階―農地流動化、大規模化可能経営体の規模拡大プロセスの分析>
　離農予備群経営体個々の離農時期決定と流動化する経営耕地面積に関する分析結果を、1年ごと、5年ごと、10年ごと、15年ごと、20年ごとに集計するとともに、それらの流動化する経営耕地を大規模化可能経営体が借地して規模拡大がどのように進むかを分析する。
　基本的に以上の予測作業は、市町村、旧市町村単位で実施するが、より小さな区域での担い手経営への農地流動化を評価する場合は集落単位で実施するのが有効である。
　なお、本予測システムは農地流動化の分析を想定したため、水田作を前提に

開発しているが、畑作、野菜作、施設園芸、畜産などを想定して経営体の動向を予測するケースに容易に拡張できる。

(2) 被災地以外の平坦水田作地域の構造変動予測結果

ここでは、被災地の予測結果を見る前に、被災地以外の平坦水田作地域の構造変動予測結果について検討し、津波被災地域の構造変動の特徴をよりよく理解する一助とする。

表 11-1 は、農業経営体の分類結果を平地水田地域の市町村について示したものである。

この表から全経営体に占める大規模化可能経営体の占める割合を見ると、北陸の石川県の白山市、小松市、能美市で 5％を超え、その他の市町村でも 3％を超える市町村があり、農地が既に流動化して大規模な担い手が層として形成されていることがわかる。一方、東北の花巻市や角田市では 2％前後、栃木県や茨城県の平地市町村でも 2％前後となっており、担い手への農地集積が進まず、大規模経営の成長が限定的であることを示している。

地域全体の経営耕地面積に占める大規模化可能経営体の経営耕地面積の割合を見ると、大規模経営が多い白山市 45.4％、能美市 43.9％、小松市 36.7％と 3 割以上の農地が既に大規模経営に集積されていることがわかる。北陸のその他の平地農村でも多いところで 3 割、少ないところで 2 割前後の農地が大規模経営に集積されている。大規模経営への農地集積は東北の花巻市、栃木県の小山市、野木町、茨城県の筑西市でも 3 割前後の値を示し、水田作の担い手経営の大規模化が進んでいることを示している（表11-2）。

全経営体に占める現状維持経営体の割合は、2～3 割前後の市町村が多いが、園芸経営が多い栃木市、壬生町、野木町、加賀市、野々市町では 3～4 割前後に達している。しかし、大規模経営ほど地域差は少なく、いずれの地域でも 2～3 割の現状維持経営が存在し、地域農業の持続に重要な役割を果たすと考えられる（表11-2）。また、現状維持経営体が保有する経営耕地面積の割合は若干の地域差が存在するが、2～3 割前後が多く、地域農業の持続、土地資源の保全面で重要な役割を果たすことがわかる（表11-2）。

表 11-1 平坦水田作地域における経営体の分類結果

分析項目	農業経営体総数	大規模化可能経営体		現状維持経営体		離農予備群経営体		
		経営体数	割合(％)	経営体数	割合(％)	経営体数 2020年以内	経営体数 2020年以降	割合(％)
岩手県花巻市	5,586	126	2.26	1,377	24.65	2,838	1,245	73.09
宮城県角田市	1,948	37	1.90	412	21.15	1,124	375	76.95
茨城県筑西市	3,635	55	1.51	1,024	28.17	1,942	614	70.32
栃木県栃木市	1,531	6	0.39	662	43.24	652	211	56.37
栃木県小山市	2,507	70	2.79	685	27.32	1,326	426	69.88
栃木県下野市	1,538	27	1.76	445	28.93	791	275	69.31
栃木県壬生町	1,143	5	0.44	379	33.16	562	197	66.40
栃木県野木市	62	11	2.38	173	37.45	221	57	60.17
石川県金沢市	2,205	21	0.95	631	28.62	1,249	304	70.43
石川県かほく市	461	9	1.95	94	20.39	293	65	77.66
石川県津幡町	759	12	1.58	267	35.18	403	77	63.24
石川県内灘町	83	3	3.61	10	12.05	55	15	84.34
石川県白山市	1,400	80	5.71	379	27.07	740	201	67.21
石川県野々市市	202	3	1.49	86	42.57	85	28	55.94
石川県小松市	1,200	62	5.17	376	31.33	594	168	63.50
石川県加賀市	1,187	28	2.36	368	31.00	555	236	66.64
石川県能美市	574	32	5.57	148	25.78	308	86	68.64
石川県川北市	253	8	3.16	77	30.43	137	31	66.40

出所：筆者作成

　離農予備群経営体の割合は大規模化可能経営体、現状維持経営体が多い市町村で少なくなるが、全体的な傾向としては離農予備群経営体は 6～8 割前後に達すると予測された。

　第 2 の特徴は、既に担い手への農地集積が進み、層として大規模経営が存在している地域では、離農農家の数も限定され、経営規模の拡大は急激には進まず、一定の面積に収斂していく傾向があることを指摘できる。既に多くの大規模経営が存在している石川県の各市町村の 2030 年の大規模経営の経営規模を見ると、白山市（46.8ha）、小松市（44.3ha）、能美市（33.6ha）と 50ha に達していない。また、宮城県角田市も 50ha 前後となっている。岩手県花巻市、栃木県小山市、下野市、石川県かほく市、津幡町、内灘町、加賀市、川北町等では、70

表 11-2 平地水田作地域における経営タイプ別の経営耕地面積割合

分析項目	総経営耕地面積(ha)	経営体タイプ別経営耕地保有割合（％）			
		大規模化可能経営体	現状維持経営体	離農予備群経営体(2020年以内)	離農予備群経営体(2020年以降)
岩手県花巻市	14,161	30.3	25.5	28.7	15.6
宮城県角田市	3,588	19.8	25.0	40.7	14.5
茨城県筑西市	7,388	16.9	31.4	39.5	12.3
栃木県栃木市	2,373	7.5	23.8	35.2	13.4
栃木県小山市	7,265	31.2	22.9	27.1	18.8
栃木県下野市	3,523	13.0	33.8	39.3	13.8
栃木県壬生町	2,196	7.8	34.0	43.6	14.6
栃木県野木市	1,061	35.8	29.6	26.2	8.4
石川県金沢市	3,382	19.8	24.3	43.6	12.3
石川県かほく市	859	23.1	22.3	44.5	10.0
石川県津幡町	1,284	16.5	32.9	42.0	8.5
石川県内灘町	219	31.5	6.7	32.7	29.1
石川県白山市	4,350	45.4	17.6	29.6	7.3
石川県野々市市	293	27.0	36.1	27.4	9.5
石川県小松市	3,600	36.7	26.6	28.2	8.5
石川県加賀市	3,173	16.1	33.2	34.4	16.2
石川県能美市	1,703	43.9	20.6	25.9	9.6
石川県川北市	759	29.9	27.4	34.9	7.8

出所：筆者作成

〜80ha 前後で限界になることを示している（表 11-3）。また、大規模経営体の規模拡大のプロセスには、次のような2つの特徴があることが整理できる。

第1の特徴は、栃木県の栃木市、壬生町、石川県金沢市など、大規模化可能経営体が少ない市町村では、想定をはるかに超える農地が少数の大規模化可能経営体に集積され100haもしくは200haを超える経営体が出現する可能性を示している。もちろん離農する経営体の全ての農地を借地するわけではないため、この数値は割り引いて考える必要がある。しかし、離農によって流動化する農地をこれらの大規模化可能経営体が借地しない場合は、耕作放棄、不作付け等、地域における農地の荒廃が発生する可能性が大きくなる。なお、これらの地域は一方で、園芸作が盛んな地域であり、土地を集約的に利用する経営体が多く

表 11-3　平坦水田作地域における大規模化可能経営体の経営規模拡大の推移

分析項目 予測年次	大規模化可能経営体の平均経営耕地面積拡大の推移（単位：ha）						現状維持経営体の平均経営耕地面積(ha)
	2010年現在	2015年	2020年	2025年	2030年	2030年以降	
岩手県花巻市	34.0	43.3	49.2	57.3	66.2	83.7	2.6
宮城県角田市	19.2	28.8	33.9	41.3	50.8	50.8	2.2
茨城県筑西市	22.7	39.3	49.4	62.5	76.6	93.1	2.3
栃木県栃木市	29.0	70.2	92.3	126.4	166.3	219.2	2.1
栃木県小山市	32.4	41.2	46.2	52.7	60.3	79.8	0.9
栃木県下野市	17.0	33.4	42.0	51.4	68.3	86.3	2.3
栃木県壬生町	34.2	95.4	123.4	171.0	221.4	285.7	2.6
栃木県野木市	34.5	43.2	48.2	52.6	59.8	67.8	1.8
石川県金沢市	22.9	47.4	63.8	80.6	93.2	112.9	1.5
石川県かほく市	20.8	32.1	39.1	56.4	63.3	72.9	1.9
石川県津幡町	18.3	33.0	40.3	50.2	63.2	72.4	1.4
石川県内灘町	23.0	28.5	36.7	42.5	46.8	68.0	1.5
石川県白山市	26.7	30.5	34.7	40.3	42.8	46.8	2.1
石川県野々市市	26.4	32.8	39.1	47.7	53.2	62.5	1.1
石川県小松市	23.0	27.9	32.1	36.4	39.4	44.3	2.2
石川県加賀市	17.7	27.7	36.0	47.6	56.7	75.1	2.5
石川県能美市	19.8	24.9	28.0	31.3	33.6	38.7	2.7
石川県川北市	28.3	35.2	45.8	55.0	61.4	68.9	2.7

出所：筆者作成

存在するため、水田作の担い手の確保は園芸作のさらなる発展という面でも重要である（表11-3）。

（3）津波被災地域の農業構造変動をどう評価するか
1）2010年農林業センサスを用いた予測結果

ここでは、津波がなかったと仮定した場合の宮城県の沿海市町村の担い手の規模拡大プロセスを開発した予測システムで分析した。

表11-4は、経営タイプ別の経営体数の予測結果を示したものである。これを見ると、2010年時点での大規模化可能経営体の全経営体に占める割合は仙台

表 11-4　津波被災地域における経営体の分類結果

分析項目	農業経営体総数	大規模化可能経営体		現状維持経営体		離農予備群経営体		
		経営体数	割合(％)	経営体数	割合(％)	経営体数2020年以内	経営体数2020年以降	割合(％)
仙台市宮城野区	556	8	1.4	174	31.3	321	53	67.3
仙台市若林区	684	16	2.3	187	27.3	346	135	70.3
名取市全体	1,371	19	1.4	359	26.2	785	208	72.4
増田町	233	3	1.3	71	30.5	124	35	68.2
閖上町	235	2	0.9	51	21.7	137	45	77.5
下増田町	193	3	1.6	53	27.5	113	24	71.0
館腰村2-1	206	8	3.9	62	30.1	114	22	66.0
愛島村	235	3	1.3	68	28.9	123	41	69.8
高館村	269	0	0.0	54	20.1	174	41	79.9
岩沼市全体	908	7	0.8	258	28.4	493	150	70.8
岩沼町	77	0	0.0	14	18.2	54	9	81.8
千貫村	287	1	0.4	70	24.4	165	51	75.3
玉浦村	544	6	1.1	174	32.0	274	90	66.9
亘理町全体	1,315	16	1.2	318	24.2	748	233	74.6
亘理町	123	0	0.0	10	8.1	100	13	91.9
荒浜町	109	4	3.7	26	23.9	65	14	72.5
吉田村	480	4	0.8	130	27.1	254	92	72.1
逢隈村	603	8	1.3	152	25.2	329	114	73.5

出所：筆者作成

市若林区で2.4％前後と多く、名取市、岩沼市、仙台市宮城野区などでは1.5％前後で少ないことがわかる。この大規模化可能経営体の割合は、他の平地水田作地域でもほぼ同様な値を示しており、平均的な数値といえる。こうした大規模化可能経営体が保有する経営耕地の割合を見ると、仙台市宮城野区が32.2％と最も大きく、続いて仙台市若林区が19％前後と多く、岩沼市、亘理町は10％以下であり、担い手への農地流動化には地域差が存在していることがわかる（表11-5）。その結果、2010年時点での大規模経営体1戸当たりの経営耕地面積は、仙台市宮城野区が52haと大きく、続いて仙台市若林区21.2ha、名取市20ha前後、その他の市町村は16ha前後となっている。

表 11-5　津波被災地域における経営体タイプ別の経営耕地面積割合

分析項目	総経営耕地面積(ha)	経営体タイプ別経営耕地保有割合 (%)			
		大規模化可能経営体	現状維持経営体	離農予備群経営体(2020年以内)	離農予備群経営体(2020年以降)
仙台市宮城野区	1,303	32.2	32.0	29.5	6.4
仙台市若林区	1,735	19.6	328	33.8	13.9
名取市全体	2,505	14.9	33.7	40.4	10.9
増田町	462	14.3	40.3	33.7	11.7
閖上町	355	6.0	36.6	42.0	15.4
下増田町	437	24.9	31.1	35.9	8.1
館腰村 2-1	553	21.8	30.2	41.0	6.9
愛島村	365	15.5	32.7	38.2	13.6
高館村	334	0.0	32.0	55.3	12.7
岩沼市全体	1,602	7.2	33.3	42.7	16.9
岩沼町	117	0.0	33.5	49.5	17.0
千貫村	429	4.0	38.1	46.0	12.0
玉浦村	1,055	9.3	31.3	40.6	18.8
亘理町全体	2,892	9.2	31.7	43.8	15.2
亘理町	175	0.0	15.6	78.2	6.2
荒浜町	324	27.1	26.8	38.4	7.6
吉田村	1,108	5.8	34.1	42.6	17.5
逢隈村	1,286	8.9	33.0	41.6	16.4

出所：筆者作成

　一方、現状維持経営体の割合を見ると、名取市 26％、仙台市若林区 27％、仙台市宮城野区 31％となり、ほぼ 2～3 割の農地が比較的規模が小さい現状維持経営体によって経営されていることがわかる（表 11-5）。なお、現状維持経営体の平均経営耕地面積規模は仙台市宮城野区 2.3ha、岩沼市 2.1ha 以外の市町村ではいずれも 3ha 前後の値を示している（表 11-6）。

　離脱予備群農家が離農する時期を予測し、当該農家が離農した場合にその経営耕地を大規模化可能経営体が借地して規模拡大すると仮定して、大規模化可能経営体の経営規模拡大の 5 年ごとの動向を予測した（表 11-6）。最終的な到達状況を示す 2030 年以降の数値を見ると、いずれの市町村でも大規模化可能経営体の経営耕地面積の規模は大きく増大することがわかる。到達する経営規模

表 11-6 津波被災地域における大規模化可能経営体の経営規模拡大の推移

分析項目 予測年次	大規模化可能経営体の平均経営耕地面積拡大の推移（単位：ha）						現状維持経営体の平均経営耕地面積(ha)
	2010年現在	2015年	2020年	2025年	2030年	2030年以降	
仙台市宮城野区	52.4	71.2.	79.4	86.6	100.5	110.8	2.4
仙台市若林区	21.2	34.2	39.8	47.9	57.9	72.9	3.0
名取市全体	19.7	40.7	50.8	61.3	72.9	87.4	2.4
増田町	22.0	42.2	50.3	63.6	73.9	91.9	2.6
閖上町	10.7	40.5	52.4	65.9	85.2	112.5	2.5
下増田町	36.3	55.1	65.7	73.8	88.6	100.3	2.6
館腰村2-1	15.1	26.7	35.1	38.9	43.4	48.2	2.7
愛島村	18.9	33.5	38.5	54.0	65.4	81.9	1.8
高館村	—	—	—	—	—	—	2.0
岩沼市全体	16.5	44.8	60.2	79.9	114.1	152.7	2.1
岩沼町	—	—	—	—	—	—	2.8
千貫村	17.0	74.5	118.2	157.2	214.2	265.5	2.3
玉浦村	16.4	36.1	46.0	60.7	87.8	120.9	1.9
亘理町全体	16.6	40.2	53.6	71.3	95.8	123.4	2.9
亘理町	—	—	—	—	—	—	2.7
荒浜町	21.9	31.1	38.4	46.7	53.0	59.2	3.3
吉田村	16.0	46.7	70.8	93.7	133.7	182.2	2.9
逢隈村	14.3	35.0	41.6	59.9	81.2	107.6	2.8

出所：筆者作成

を見ると、大規模化可能経営体が少ない岩沼市では150ha、亘理町123ha、仙台市宮城宮城野区111haといずれも100haを超える大規模経営が2030年以降に成立する可能性があることを示している。この予測結果は、津波被害がなかったと想定した場合、2030年以降には100haに近い大規模水田作経営が形成される可能性があることを示唆している。

2）2015年農林業センサスで見た津波被災3県の農林業経営体数の状況

　津波被害を受けた岩手、宮城、福島3県の2015年農林業センサスの農林業経営体数は14万1,000で5年前に比べて4万2,000（23.1％）減少し、全国平均の減少率18.8％よりもかなり大きく、震災により多くの農家が農業経営から離脱したことを示している。また、これらの経営体を沿海部と内陸部の市町村に分けて集計した結果を農水省の2015年農林業センサス速報値から見ると、2010年から経営が持続している経営体は沿海市区町村では59.2％、内陸市区町村では77.9％となり、津波被害を受けた沿海市町村で多くの農林業経営体が農林業経営から離脱していることがわかる。県別に見ると、岩手県の沿海市町村で25.3％、宮城県の沿海市町村で34.1％、福島県の沿海市町村で46.7％となり、宮城県では津波被害、福島県の沿海部では津波と放射能被害を受けて多くの農家が農業経営からの離脱を余儀なくされたことを示している。

　津波被害を受けた沿海市町村の販売金額規模別農家の動向を5年前と比較して見ると、岩手県では5,000万円以上層が、宮城県では3,000万円以上層で増加がみられるが、放射能汚染や風評で復興が遅れている福島県では何れの階層の販売金額も減少傾向を示している。

　図11-1は、2015年農林業センサスから農林水産省が整理した岩手県、宮城県、福島県の経営耕地面積規模別農業経営体数の増減率、農産物販売金額規模別農業経営体数の増減率（2010年対比）である。この結果を見ると、津波被災後の被災3県では大規模経営体の増加率が大きく高まっていることがわかる。特に宮城県では50ha以上の農業経営体の増加が、福島県でも30～50ha規模の農業経営体が大きく増加していることがわかる。また、販売金額でみると、宮城県で1億円以上の経営体が増加するなど、津波災害からの復興を契機として農業経営の大きな変化が起こっていることが示唆できる。

3．震災後の新たな農業を支える担い手の姿
（1）東日本大震災後に誕生している新たな農業の担い手

　ここでは、東北農政局が整理した東日本大震災農業生産対策交付金等を活用して新たに誕生、もしくは経営を復興させた農業者による活動事例集を基に、

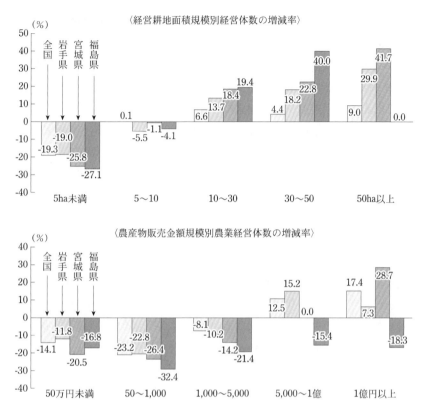

図 11-1　2015年農林業センサスから見た被災3県における農業経営体の変化
出所：農林水産省資料 http://www.maff.go.jp/j/wpaper/w_maff/h27/pdf/1-4-1.pdf

被災地で誕生している新たな農林業の担い手の特徴を整理する（表11-7、11-8）。
　まず新たな農林業の担い手が多く誕生しているのは、宮城県28経営体、福島県9経営体、岩手県3経営体と、宮城県が突出して多い。すでに述べたように、岩手県の場合は、津波を受けた三陸沿岸地域は漁業を中心として自給的な小規模農業が営まれていた地域が多く、漁業の復興が優先して取り組まれたことが背景にある。また、福島県の場合は放射能汚染問題が深刻であるとともに、農業の担い手の避難も重なり、農業の復興は大きく遅れている。放射能汚染地域での担い手の新たな取り組みは9事例のうちの3事例と少ない。

第11章　被災地域の新たな農業の担い手経営を支援する方法

表11-7　東日本大震災後に誕生している新たな農業の担い手（1）

県	市町村	取組主体	作目	取組みの契機	構成員（従業員）	主たる担い手数	面積・経営規模	生産開始時期	課題	将来方向
岩手県	野田村	新山地区等ゆいっこ組合	水稲	農業機械利用	12名	3名	25ha	2012年水稲作	高齢化	集落営農組合
岩手県	陸前高田市	広田半島営農組合	水稲	農地の利用集積	97名		14ha	2011年水稲作	残った農地の復旧	6次産業化の推進
岩手県	一関市	株式会社オヤマ	肉用鶏	飯舘村の養鶏場閉鎖	750名		6,500坪（震災前）	震災後も経営は継続	輸入鶏肉との競争	ブランド確立と販売力の強化
宮城県	栗原市	農事組合法人高清水養豚組合	養豚	豚舎の迅速な復旧	15名	4名	母豚400頭	震災後も生産は継続	提携先のブランド利用	独自ブランド確立
宮城県	南三陸町	南三陸町復興組合「菊一」	花き	輪菊生産の復旧	4名	2名	ハウス400a	2012年作	土づくり	規模拡大とブランド確立
宮城県	南三陸町	農事組合法人ゆいっこ	水稲	育苗センター再開	3名	3名	水稲28ha, 苗生産55ha	2012年作	経費削減	水稲直播導入
宮城県	石巻市	株式会社スマイルファーム石巻	トマト	トマト生産に挑戦	3名	3名	ハウス1.6ha	2012年作	周年栽培	販路拡大と経営の多角化
宮城県	石巻市	有限会社アグリードなるせ	水稲、大豆、野菜	地域農業の受け皿組織の形成	出資者14名	出資者14名	水稲41ha, 大豆30ha, 野菜9ha	2011年作	低コスト生産の確立	雇用の場確保、周年労働、収益性の向上
宮城県	石巻市	小野楽農組合	水稲	農業用機械・施設の共同利用	5戸	1名	水稲23ha	2012年作	未復旧農地の活用	農地集積による規模拡大
宮城県	東松島市	株式会社サンエイト	水稲	地域農業復興の中心担い手として営農再開	8戸		水稲35ha, 大豆30ha, 枝豆2.5ha	2011年作	施設・機械不足と人員不足	野菜を入れた複合経営の展開
宮城県	東松島市	株式会社イグナルファーム	トマト、きゅうり	地域を支える企業経営の樹立	15名	4名	ミニトマト40a, きゅうり120a	2012年作	経営管理・栽培技術の向上	付加価値販売
宮城県	松島町	有限会社サンフレッシュ松島	トマト	トマトブランドの復活	15名	3名	トマト1ha	2012年作	収量と単価の向上	新たな薬物の養液栽培
宮城県	仙台市	農事組合法人仙台イーストカントリー	水稲	地域農業の持続	12名	8名	水稲34ha	2011年作	地域の若手との連携	農地集積と6次産業化
宮城県	仙台市	七郷ハーベスト	水稲	津波からの地域農業の復興	4戸	2戸	水稲30ha	2011年作	生産コスト低減	水稲直播と複数品種導入

表 11-8 東日本大震災後に誕生している新たな農業の担い手（2）

県	市町村	取組主体	作目	取組みの契機	構成員（従業員）	主たる担い手数	面積・経営規模	生産開始時期	課題	将来方向
宮城県	仙台市	笹屋敷水稲施設共同利用組合	水稲	津波の被害から復興し、後継者につなぐ	4戸	4戸	水稲30ha	2011年作	経営の多角化・規模拡大	同一メンバーで別法人立上げ
		農事組合法人 シャン・ド・ウ・ミュリエ	桑の葉	「桑」を活用した被災地域の再生	高齢者パート7名		桑の木7,000株	2012年	生産量の確保	多様な桑商品の開発
		株式会社 佐々木産業営農サービス	水稲、小松菜	地域営農の復活	3戸	3戸	水稲35ha、小松菜1,400㎡	2011年作	計画的な営農計画	水稲直播、6次産業化
		農事組合法人 ゆいファーム	水稲	地域農業の復活	4戸	4戸	水稲31ha	2012年作	早期の復旧の実現	経営規模拡大
		大沼農産組合	水稲	地域農業の復旧・復興	5戸	2戸	水稲27.4ha	2012年作	土づくり	経営規模拡大
		岡田生産組合	水稲、大麦、大豆、小豆	味噌づくりでの地域復興			地区全体460ha	2012年作	米、麦、大豆2年3作の確立	水稲直播導入
		株式会社 みちさき	トマト、いちご	大規模施設園芸への挑戦	5名	5名	トマト1.2ha、サラダほうれんそう0.6ha、いちご0.5ha、葉物野菜0.4ha	2014年作	大規模施設用地の確保	ICT導入による工業製品のようなコストダウン
	名取市	有限会社 耕谷アグリサービス	水稲、大豆、	地域農業の担い手経営として早期の営農再開	17名	役員4名	水稲94ha、大豆41ha	2011年作	急速な規模拡大	経営の安定化
		名取市花卉生産組合	花き	「津波に負けないカーネーション」生産の再開	23戸	23戸	経営規模633a	2011年作	圃場の土づくり	6次産業化の推進
	岩沼市	有限会社 やさい工房八巻	トマト、白菜、水稲、大豆	野菜を核とした地域の営農復興	1戸		水稲40ha、大豆10ha、トマト1ha等	2012年作	地下水の塩分濃度が高い	トマトの加工
	亘理町 山元町	小山いちご生産組合	いちご	いちご生産再開のモデルづくり	8戸	8戸	いちご2.4ha	2012年作	土づくりと収量確保	省力防除技術の確立
		みやぎ亘理農業協同組合(1)	いちご	東北一のいちご産地復興への取組	218戸		いちご59ha	2012年作	水道水利用によるコスト増	収量の向上

第11章 被災地域の新たな農業の担い手経営を支援する方法　409

市町村	経営体名	品目	取組み内容	人数(部会員)	人数(生産再開)	規模	年作	未知の取組み	栽培面積の拡大
亘理町	みやぎ亘理農業協同組合(2)	花き	施設園芸 キクの復開	10名(部会員)	2名(生産再開)	きく65a	2013年作	資金調達	50ha 規模の経営実現と6次産業化
山元町	山元町アグリカルチャー	水稲	津波被災地での稲作再開	5戸	2戸	水稲20ha	2012年作		6次産業化
山元町	山元いちご農園株式会社	いちご	津波被災地で大規模いちご経営を復活	3戸	3戸	いちご1.7ha	2012年作	新たな技術習得への挑戦	新製品開発
宮城県	田所食品株式会社	ぶどう	ぶどう液の産地復活	8名	個人経営	ぶどう園1.3ha造成	2013年作	経済採算期間が7年と長い	
白石市	有限会社 蔵王グリーンファーム	チンゲンサイ	被災農家とともにチンゲンサイの大規模栽培を開始	5名(役員)と津波被災農家		チンゲンサイ 8.7ha	2011年作	生産体制強化	商品の差別化と販路拡大
相馬市	合同会社 飯豊ファーム	大豆	4名の農家が結束、大豆で営農再開へ	4名		大豆41ha、水稲20ha、小麦2ha	2012年作	技術の向上	担い手育成と大豆の加工
伊達市、桑折町、国見町	福島県あんぽ柿産地振興協議会等	柿	あんぽ柿の産地再開			目標1,250トン、(震災前の80%)	2013年作	加工自粛解除	安全な原料柿の確保
川俣町	あぶくまカットフラワーグループ	花き	あぶくまトルコキキョウの生産持続	8戸	8戸	360a (被災前)	2014年作	除染の進捗	震災前の品質確保
川俣町	有限会社 川俣シャモファーム	肉用鶏	「川俣シャモ」のさらなる拡大	代表1名(従業員2名)		種鶏1,000羽、ひな出荷頭数59,500羽	2013年に震災前の水準に回復	飼料のコスト削減と自給率向上	販路の開拓・拡大
白河市	白河農業協同組合	大豆	水稲作付不能を契機に大豆団地化、2年目以降も維持・拡大	組合員6,001人		水稲の被災面積55ha	2011年作	転作団地の維持	大豆加工品の生産拡大
白河市	東西しらかわ農業協同組合	ミニ白菜	植物工場によるブランド野菜生産	JA専任職員2名と15名の雇用労働	2名	敷地面積497.8m²、栽培延面積1,588m²	2014年作	風評被害払しょくと経営ノウハウ不足	生産コスト低減と機能性成分の付与
石川町	福島県酪農業農業協同組合	酪農	地域の酪農生産基盤の回復	センター長と職員2名	8戸	保育舎3棟、育成舎6棟	牛舎の整備完了は2014年	集団飼育の防疫	酪農家の要望にきめ細かく対応

出所：東北農政局：http://www.maff.go.jp/tohoku/osirase/higai_taisaku/hukkou/se_zirei.htmlより筆者作成

震災からの復旧・復興にいち早く取り組み、公助がそれを支えたのが宮城県の津波被災地域である。宮城県の場合、津波を受けた太平洋岸地域の多くは平坦な水田作地帯であり、水田作を中心に一部イチゴ、野菜などの園芸作を展開していた地域である。そのため、津波を受けた水田をいかに迅速に復旧するかが農業復興の最大の課題であるとともに、多くの農業機械や施設を喪失した農家の農業からの離脱によって発生する農地の受け手の確保が急務であった。そのため、国、県、市町村さらには試験研究機関・JAも参加して様々な対策を早急に整備して、担い手農家の新たな経営展開を後押しした。具体的な取り組みについては、第6章の復興基金を活用した仙台市の取り組みで整理してあるので参照されたい。

　宮城県における新たな農業の担い手 28 事例の活動を見ると、大規模水田作経営 13 事例、やさい・イチゴ等の園芸経営 9 事例、花き経営 3 事例、果樹・畜産、桑の葉各 1 事例となり、大規模水田作、野菜・花き等の施設園芸に多くの経営が挑戦していることがわかる。大規模水田作経営の場合は、農業から離脱する農家の農地の受け皿になるとともに、複合化・6 次産業化の実践によって多様な農業を実現して、農業から離脱する農家の労働を積極的に雇用して地域の食産業の担い手になることを目指している。野菜・花きに関しては、当該地域が仙台市という大消費地を抱えるとともに、仙台空港などもあり東京、札幌などとも比較的アクセスが良いことから、これまでもその発展を目指してきた作目である。震災からの復興のために準備された復興対策交付金を活用して新たな先端技術を導入した施設園芸経営への挑戦が行われている。

　なお、こうした担い手の新たな農業を技術面からサポートするため、水稲直播栽培に関する機械化一貫体系技術の開発、大規模水田作経営における土地利用型野菜栽培に関わる先端技術の実証試験が、担い手経営の圃場で行われ技術普及が行われている。現在、宮城県で実施されている実証試験は、以下のとおりである。

　土地利用型営農技術の実証（名取市）／大規模施設園芸技術の実証（山元町）／露地園芸技術の実証（岩沼市、名取市）／果樹生産・利用技術の実証（山元町、亘理町）／生体調節機能成分を活用した野菜生産技術の実証（山元町ほか）

／高品質な果実等を提供する流通技術の実証（亘理町ほか）／被災地における農産物加工技術の実証（山元町ほか）／農村地域における未利用エネルギー利活用実証（岩沼市）／減災・防災システムの開発・実証（七ヶ浜町ほか）

（2）描き切れない放射能汚染地の復興と担い手像

　一方、福島県および避難を余儀なくされた放射能汚染地域における農業の復旧・復興は遅れている。復興交付金基金を活用して大規模水田作経営の展開を実践しているのは1経営体にすぎず、津波と放射能汚染被害を受けた福島県沿海部の水田作地帯の復興は進んでいない。現在、福島県の農林業の復興を技術面からサポートすべく、研究機関・大学などによる次のような先端技術の開発が県内の担い手農家の圃場・施設で実証されているが、普及までの課題は多い。

　周年安定生産を可能とする花き栽培技術の実証（いわき市、南相馬市、新地町）／野菜栽培による農業経営を可能とする生産技術の実証（南相馬市）／持続的な果樹経営を可能とする生産技術の実証（福島市、伊達市）／持続的な畜産経営を可能とする生産・管理技術の実証（福島市）／エネルギー・資源循環型営農技術の実証（川俣町）

　また、避難地域を抱えた市町村の復興計画に示されている農林業復興に関するキーワードは、次のように整理できる。なお、避難地域の市町村の復興計画の特徴を整理した調査報告書としては、野村総研（2015）がある。

＜放射能災害地域の農林業復興のキーワード＞

　被災地域における新しい農業の研究・実証拠点形成／間伐材等を活用した新たな木材需要の創出／太陽光やバイオマスなどの再生可能エネルギーを活用した植物工場・施設園芸の導入／農作業受託組織や農業生産法人育成／企業の農業参入／ブランド農産物開発／複合農業経営／花き工場／大規模経営育成／6次産業に取り組む複合経営／農業生産工程管理の実践／農商工連携の促進／農地を利用した太陽光発電事業の導入促進／農業再生につながるバイオマス燃料製造／町民農園の整備

　これらのキーワードを見ても明らかなように、放射能被害を受けた地域の農業を支える新たな担い手経営の確保と育成方策を、経営体のニーズに従ってき

め細かく展開すべき方向が見えていないのが現状である。そのため、被災市町村は、国や県の施策に準じた一般的な復興対策を展開せざる得ない状況にある。

4．自助・共助・公助の連携で新たな農業の担い手経営を支援する方法
　　－オーダーメイド型農業経営分析システムの開発

（1）津波被災地域で誕生した農業経営体が抱える経営課題

　津波被災地域では、農林業センサスの個票分析を用いた農業構造変動予測結果に示された10～20年後に予想された大規模農業経営体の誕生が、被災後に現実のものとなった。津波被災地域における農業法人の設立状況に関する日本農業新聞の最新記事（2015年9月11日）を見ると、岩手、宮城、福島の被災3県で56の農業法人と109の任意組織が設立されている。特に農業法人の77％にあたる43法人が宮城で、任意組織でも64％にあたる70組織が宮城県で集中的に設立されている。これらの組織のうち離農農家の農地の受け手となる農業法人、任意組織では既に100ha以上の農地を集積した土地利用型経営体も複数誕生し、今後さらにその経営規模が拡大する可能性がある。まさに、筆者が分析した2010年農林業センサスの20～30年後の予測結果が、震災後2～3年を経過して現実のものとなった。

　現在、これらの急激に大規模化した経営体における経営課題は、次のように整理することができる。

- ・大規模経営を合理的に運営するための経営管理のノウハウがない
- ・新たに従業員を雇用して規模拡大に対応しているが、合理的な作業計画とその運営システムの確立が急務
- ・従業員の技術能力の向上と定着促進、さらには労働災害防止のための対策の工夫
- ・圃場区画の大型化、農業機械の大型化に対応した水稲、麦、大豆の栽培技術の革新
- ・従業員労働の有効活用と年間を通した収入確保のための野菜、園芸作の導入
- ・生産物の独自かつ多様な販売先の確保による収益の確保・安定化と価格変動リスク軽減

・6次産業化、地域の維持発展に貢献できる新たなビジネスの開拓
・将来の機械・施設更新に備えた資金蓄積
・企業としての経営理念の構築と従業員への徹底

　一方、こうした新たに誕生した担い手経営が抱える技術課題の解決に向けて現在、農林水産省の各部局と農林水産技術会議事務局、農林水産省東北農政局、国立研究開発法人農業・食品産業技術総合研究機構、大学などの研究機関、被災3県の農政と試験研究機関、JA等が中心となって、水稲直播技術、麦・大豆の多収・輪作技術、土地利用型野菜の栽培技術、ICTを活用した農作業の見える化・省力化・精密化技術の開発導入等、様々な技術開発を展開している。現在行われている津波被災地域での取り組みは、今後、日本全国で誕生が予想される大規模水田作経営の安定的な発展を支える技術・経営管理システム解明の先駆けをなす取り組みであり、大きな期待が寄せられている。

（2）担い手経営を支援する経営管理技術の開発
1）オーダーメイド型の担い手経営支援体制の意義

　次に津波被災地域で誕生した大規模水田作経営を対象として、その戦略的な経営展開を支援するために筆者が開発したオーダーメイド型農業経営分析システムについて紹介する。

　現在、被災地で誕生している経営規模が100haに近い大規模水田作経営では、試行錯誤ではあるが技術面、経営管理面、販売・マーケティング面で自らイノベーションに取り組んでいる。すなわち、技術面では大規模な面積での作業をこなすための多様な特性を持った作物品種の組み合わせ、水稲直播栽培の導入、麦－大豆－水稲の輪作体系技術、肥料・農薬投入の削減によるコスト削減とより安全な作物生産、消費者ニーズに対応した高品質な米の生産、実需者ニーズに対応した麦・大豆の生産、米・麦・大豆の加工による付加価値の拡大等のイノベーションを実践している。さらに経営管理面では、膨大な数の分散した圃場での生産に対応するためにICTの導入による圃場情報、栽培情報、作業管理情報の収集分析に基づくデータ農業の展開、採用した従業員の適切な指導・管理と安全対策等に挑戦している。販売、マーケティングでは、自ら米等の生産

物の販売に挑戦し、顧客の多様なニーズに対応するための商品開発等を実践している。

このような経営体の発展は、失敗が少ない持続的な技術革新・経営革新によって実現されるものであり、大学、試験研究機関、普及機関が一体となって経営体のイノベーションを支えていくことが求められる。また、被災地で誕生している担い手経営の多くは、津波によって生産手段を失うとともに、後継者が確保できずにやむなく農業生産から離脱した多くの農家の農地を集積して誕生したものであり、この経営が失敗することは地域農業の崩壊を意味し、二度と地域農業の再生はできないであろう。大規模水田作経営の安定的な発展を実現するためには、技術面・経営面でよりコンサルタントに近いオーダーメイド型の研究開発、普及指導が必要不可欠となる。まさに、個々の経営体の目標実現に向けて全ての技術、経営知識を総動員して支援していく体制が求められる。こうした支援活動は、地域農業と地域資源を守る自助・共助・公助が連携した公共的な活動として評価されるべきものである。

2）オーダーメイド型農業経営分析の意義

オーダーメイド医療の概念に準じるならば、「オーダーメイド型農業経営分析とは、農家1戸1戸の経営を解析して、個々の農家の問題点の発掘、問題解決のための最適な処方箋の提供を目指す経営分析の方法」と定義することができる。このような経営分析は決して新しいものではなく、一般企業を対象とした経営コンサルタントによる経営分析はほぼこれに近いものである。農業経営の分野においても、オーダーメイド型農業経営分析の実践について先駆的に取り組んでいる養豚、野菜、きのこなどのフランチャイズ型農業経営組織では、参加農家個々の技術・経営診断を実践する組織を構築して、相互の経営発展をオーダーメイド型で実践するフランチャイズ型の取り組みが生まれている。こうした経営事例の詳細については、門間ほか（2009）、門間ほか（2011）を参照されたい。しかし、こうした取り組みはフランチャイズ組織という特定の作物生産を中心とする閉じられた組織の中で実践されており、多くの担い手経営が利活用できるものではない。また、筆者の知る範囲では公共組織である農業試

験研究機関や普及指導機関においてもオーダーメイド型農業経営分析の実践は一般化していない。

　オーダーメイド型農業経営分析は、農家1戸1戸の経営状態を解析して、当該経営に最も適した農業経営管理、技術選択、事業部門の導入、投資計画、雇用計画、販売管理などの実現を目指す分析を指し、農業経営の大規模化・複合化・企業化等に伴って益々必要性が高まっている。また、経営の可視化、データ化等の情報集積の推進に伴って、オーダーメイド型農業経営分析を実践する環境も整いつつある。さらに、現在の企業的農業経営のイノベーションの推進にあたっては、技術選択が極めて重要な役割を果たすため、新技術の導入、現行技術の改善、経営イノベーションを実現できる技術の提案等、技術の多様な評価を通して経営が抱える問題の発見、新技術導入による経営改善・イノベーションの可能性の評価ができるオーダーメイド型の経営分析が求められている。

3）オーダーメイド型農業経営分析の方法

　オーダーメイド型農業経営分析は、一般的には「経営データの蓄積（分析素材）」「多様な分析方法の整備（分析用具）」「多様な経営改善モデルの開発（標準モデル）」「個別改善モデル開発（個別モデル）」「経営改善分析と提案（改善案提案）」という形で実施される。

　また、農業技術の経営評価場面でのオーダーメイド型農業経営分析は、次のような場面での活用が期待できる。

- ・現状の経営・技術診断による問題発見
- ・新技術導入の可能性・導入効果の評価
- ・経営のイノベーションをもたらす技術開発の方向性提示
- ・技術実証試験における実証農家、技術開発者の意見交換の橋渡し
- ・将来はゲーム感覚シミュレータとしての性格をもった農業経営改善モデルとして農家自身が操作・活用できる可能性を持つ

　現在、筆者が開発して営農現場で活用しているオーダーメイド型農業経営分析システムを図11-2に整理した。この分析システムは、主として次の5つのサブシステムで構成されている。第1は標準的な経営・技術情報の収集整理に

よるデータベース構築、第2は分析対象経営の経営・技術データの収集解析、第3は収集したデータに基づくオーダーメイド分析モデルの開発、第4は開発したモデルの現実再現力の向上、第5は開発したモデルを担い手が活用できるように改良、に関わるサブシステムである。なお、当該分析システムでは、経営分析モデルとして線計計画モデルの利用を前提としている。

4）実用的な分析モデル（線形計画モデル）開発のポイント

大規模水田作経営の安定的かつ戦略的な経営展開の分析が可能となるような分析モデルを開発するためには、以下のような経営条件を現実に即して表現できる線形計画（LP）モデルを開発することが重要である。

＜多様な圃場条件の考慮＞

大規模水田作経営では、多くの農家から様々な条件の農地を借地して経営するのが一般的である。集積した農地の数は、100ha規模で1枚の農地の面積が0.3haとして333枚と膨大な数となる。さらに、これらの農地は様々な区画形状

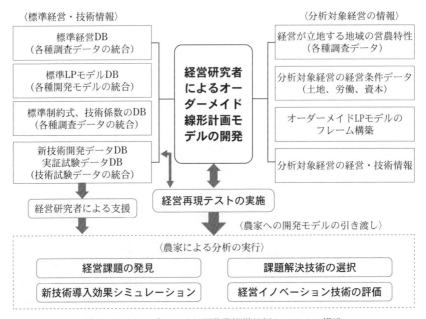

図11-2　オーダーメイド型農業経営分析システムの構造

をするととともに、土地の生産力も異なる、さらに農場からの距離も大きく異なるとともに、圃場のまとまりもバラバラである。そのため、分析モデルの開発に当たっては、次のような圃場条件をできるだけ正確に表現できるようにしなければならない。

・圃場区画の大小／圃場分散の程度
・圃場ごとの地力、乾湿などの土地条件
・圃場ごとの作付け制限、ブロックローテーションの実施等

　表11-9は、圃場条件に関する制約条件を示したものである。ここでは、土地条件をAランク（良好）とBランク（不良）の2つのランクに分けて、それぞれの圃場にいつの時期にどのような水稲を作付けするかを示している。

＜多様な労働利用の考慮＞
　実践的な分析モデルの開発に当たっては、次のような多様な労働力の利用の実態にも十分に配慮する必要がある。

表11-9　圃場条件の考慮例

制約式	制約量（ha）	関係式
総経営耕地面積	150	＞＝
経営耕地面積（土地条件A）	100	＞＝
経営耕地面積（土地条件B）	50	＞＝
5月上旬－A移植水稲	9	≦＝
5月上旬－B移植水稲	9	≦＝
5月中旬－A移植水稲	9	≦＝
5月中旬－B移植水稲	9	≦＝
5月下旬－A移植水稲	9	≦＝
5月下旬－B移植水稲	9	≦＝
標準播種大豆作付制約	25	＝
晩播大豆作付制約	5	＝
乾田直播導入制約	5	＝
不耕起湛水直播導入制約	2	＝
小麦作付制約	0.1	≦＝
麦―大豆輪作面積制約	17	＝
高馬力トラクタ利用制約（4月下旬）	72	＞＝
高馬力トラクタ利用制約（5月上旬）	80	＞＝

- 機械のオペレータと補助労働の区分
- 熟練労働と非熟練労働の区分
- 農繁期と農閑期の労働時間設定
- 雇用労働のタイプと導入時期
- 労働者別の作物の固定もしくは作業（機械作業）の固定

特に大規模水田作経営では、今後多くの雇用労働を導入することが必要になり、労働者の管理とともに、多様な作業管理の仕組み作りが不可欠となる。表11-10は、オペレータと補助労働、その他の作業者を中心に時期別の労働制約

表11-10 作業に関わる多様な制約条件

労働制約	制約量	関係式
労働制約（オペ）4月上旬	160	≧
労働制約（オペ）4月中旬	160	≧
労働制約（オペ）4月下旬	144	≧
労働制約（オペ）5月1〜3日	108	≧
労働制約（オペ）5月4〜6日	108	≧
労働制約（オペ）5月7〜9日	108	≧
労働制約（オペ）5月10〜12日	108	≧
途中省略		
労働制約（オペ）7月1〜3日	72	≧
労働制約（オペ）7月4〜6日	54	≧
労働制約（オペ）7月7〜9日	72	≧
途中省略		
労働制約（オペ）9月1〜3日	48	≧
労働制約（オペ）9月4〜6日	72	≧
労働制約（オペ）9月7〜9日	36	≧
途中省略		
労働制約（補助＋その他作業）4月上旬	240	≧
労働制約（補助＋その他作業）4月中旬	240	≧
労働制約（補助＋その他作業）4月下旬	216	≧
労働制約（補助＋その他作業）5月1〜3日	180	≧
労働制約（補助＋その他作業）5月4〜6日	180	≧
労働制約（補助＋その他作業）5月7〜9日	180	≧
労働制約（補助＋その他作業）5月10〜12日	180	≧
途中省略		

を設定したものである。

＜多様な作物生産方式の表現＞

　現実の農業経営体の作物生産においては、単に水稲、大豆、小麦を単純に組み合わせて生産しているわけではない。水稲でも作期ごとに生産する品種は異なるし、直播、移植などの栽培方法を組み合わせている。さらに、圃場の条件に従って生産する品種や栽培方法を変える場合もある。大規模経営では、これらの作物ごとの生産方法の組み合わせ如何で、経営できる面積、生産量、機械や労働力の利用効率が大きく異なってしまう。

　オーダーメイドモデルでは、現実の経営の取り組みに合わせて多様な生産方式の妥当性、最適な組み合わせを評価できなければならない。表11-11は、宮城県の津波被災地域で誕生している大規模水田作経営の分析で採用もしくは採用を検討する生産方式（生産プロセス）である。

表11-11　多様な生産方式の表現

移植水稲（五百川・極早生）4月下旬田植・土地条件A
移植水稲（ひとめぼれ・早生）5月1～3日田植・土地条件A
移植水稲（ひとめぼれ・早生）5月4～6日田植・土地条件A
移植水稲（ひとめぼれ・早生）5月7～9日田植・土地条件A
移植水稲（ひとめぼれ・早生）5月10～12日田植・土地条件A
移植水稲（ひとめぼれ・早生）5月13～15日田植・土地条件A
移植水稲（ひとめぼれ・早生）5月16～18日田植・土地条件A
移植水稲（ひとめぼれ・早生）5月19～21日田植・土地条件A
移植水稲（ひとめぼれ・早生）5月22～24日田植・土地条件A
移植水稲（ひとめぼれ・早生）5月25～27日田植・土地条件A
移植水稲（ひとめぼれ・早生）5月28～31日田植・土地条件A
移植水稲疎植（ひとめぼれ・早生）5月中旬田植・土地条件A
移植水稲疎植（ひとめぼれ・早生）5月下旬田植・土地条件A
移植水稲（つやひめ・やや晩）5月中旬田植・土地条件A
移植水稲（つやひめ・やや晩）5月下旬田植・土地条件A
移植水稲（みつひかり・極晩）5月下旬田植・土地条件A
移植水稲（みつひかり・極晩）6月下旬田植・土地条件A
移植水稲（糯・みやこがね・もち米販売）5月中旬田植・土地条件A（直売）
移植水稲（糯・みやこがね・もち米販売）5月下旬田植・土地条件A（直売）
移植水稲（糯・みやこがね・もち加工販売）5月中旬田植・土地条件A（直売）
移植水稲（糯・みやこがね・もち加工販売）5月下旬田植・土地条件A（直売）
移植水稲（五百川・極早生）4月下旬田植・土地条件B

表 11-11 多様な生産方式の表現（つづき）

移植水稲（ひとめぼれ・早生）5月1～3日田植・土地条件 B
移植水稲（ひとめぼれ・早生）5月4～6日田植・土地条件 B
移植水稲（ひとめぼれ・早生）5月7～9日田植・土地条件 B
移植水稲（ひとめぼれ・早生）5月10～12日田植・土地条件 B
移植水稲（ひとめぼれ・早生）5月13～15日田植・土地条件 B
移植水稲（ひとめぼれ・早生）5月16～18日田植・土地条件 B
移植水稲（ひとめぼれ・早生）5月19～21日田植・土地条件 B
移植水稲（ひとめぼれ・早生）5月22～24日田植・土地条件 B
移植水稲（ひとめぼれ・早生）5月25～27日田植・土地条件 B
移植水稲（ひとめぼれ・早生）5月28～31日田植・土地条件 B
移植水稲疎植（ひとめぼれ・早生）5月中旬田植・土地条件 B
移植水稲疎植（ひとめぼれ・早生）5月下旬田植・土地条件 B
移植水稲（つやひめ・やや晩）5月中旬田植・土地条件 B
移植水稲（つやひめ・やや晩）5月下旬田植・土地条件 B
移植水稲（みつひかり・極晩）5月下旬田植・土地条件 B
移植水稲（みつひかり・極晩）6月下旬田植・土地条件 B
移植水稲（糯・みやこがね・もち米販売）5月中旬田植・土地条件 B（直売）
移植水稲（糯・みやこがね・もち米販売）5月下旬田植・土地条件 B（直売）
移植水稲（糯・みやこがね・もち加工販売）5月中旬田植・土地条件 B（直売）
移植水稲（糯・みやこがね・もち加工販売）5月下旬田植・土地条件 B（直売）
乾田直播（1ha 未満圃場）・宮城方式・水稲（まなむすめ）4月中旬播種
乾田直播（1ha 未満圃場）・宮城方式・水稲（まなむすめ）4月下旬播種
乾田直播（1ha 未満圃場）・宮城方式・水稲（まなむすめ）5月上旬播種
乾田直播（1ha 以上圃場）・東北農研方式・水稲（萌えみのり）4月中旬播種
乾田直播（1ha 以上圃場）・東北農研方式・水稲（萌えみのり）4月下旬播種
乾田直播（1ha 以上圃場）・東北農研方式・水稲（萌えみのり）5月上旬播種
飼料イネ（べこごのみ）・移植
飼料イネ（べこごのみ）・乾田直播
WCS 飼料イネ（べこごのみ）・移植
WCS 飼料イネ（べこごのみ）・乾田直播
標播大豆単作（ミヤギシロメ）6月1～3日播種・FOEAS 無し
標播大豆単作（ミヤギシロメ）6月4～6日播種・FOEAS 無し
標播大豆単作（ミヤギシロメ）6月7～9日播種・FOEAS 無し
標播大豆単作（ミヤギシロメ）6月10～12日播種・FOEAS 無し
標播大豆単作（ミヤギシロメ）6月13～15日播種・FOEAS 無し
標播大豆単作（ミヤギシロメ）6月16～18日播種・FOEAS 無し
標播大豆単作（アキミヤビ）6月25～27日播種・FOEAS 無し
標播大豆単作（アキミヤビ）6月28～30日播種・FOEAS 無し
標播大豆単作（アキミヤビ）7月1～3日播種・FOEAS 無し
標播大豆単作（アキミヤビ）7月4～6日播種・FOEAS 無し
標播大豆単作（アキミヤビ）7月7～9日播種・FOEAS 無し

表 11-11　多様な生産方式の表現（つづき）

標播大豆単作（アキミヤビ）7月10〜12日播種・FOEAS 無し
標播大豆単作（アキミヤビ）7月13〜15日播種・FOEAS 無し
小麦広畝成型播種（シラネコムギ）10月16〜18日播種
小麦広畝成型播種（シラネコムギ）10月19〜21日播種
小麦広畝成型播種（シラネコムギ）10月22〜24日播種
小麦広畝成型播種（シラネコムギ）10月25〜27日播種
小麦広畝成型播種（シラネコムギ）10月28〜31日播種
小麦（シラネコムギ）—大豆（タンレイ）輪作タイプ A
小麦（シラネコムギ）—大豆（タンレイ）輪作タイプ B
小麦（シラネコムギ）—大豆（タンレイ）輪作タイプ C

5）現実再現テストの重要性

　これまでの線形計画モデルを用いた経営分析では、経営の望ましい姿を示す規範分析が中心であったため、現実再現に関するテストはあまり重要視されなかった。しかし、オーダーメイドモデルとして線形計画モデルを実際の農家の経営改善に活用する場合は、開発したモデルがどれだけ分析対象とする現実の経営を再現できるかが重要な課題となる。そのため、現実再現テストが必要となる。数理計画モデルの場合、計量経済学モデルのようにモデルの妥当性を客観的に確認するための統計的なテストは用意されていない。そのため、モデル開発者による主観的な判断の余地が入ることは避けられない。

　しかし、それでも開発したモデルが現実の経営をどの程度正確に把握できているかどうかのテストは不可欠である。現実の経営を再現できるモデルが開発されてこそ、その後の経営問題発見のための経営分析、将来の経営の展開方向を解明するための経営分析が意味を持つ。なお、再現を試みる現実の経営が、非効率な経営を展開していて線形計画モデルで再現することが困難な場合がある。こうした場合は、制約条件や技術係数を様々に動かしながら、非効率な経営実態を再現することによって現実の経営のどこに問題があるかを発見することができる。

5. オーダーメイド型農業経営分析モデルの実践例
(1) オーダーメイド分析実践事例の震災後の経営展開プロセス
－福島県 I ファーム

オーダーメイド分析の対象にした経営体は、福島県の浜通りで震災後に誕生した I ファームである。当該経営は、東日本大震災で甚大な津波被害を受けた4戸の水田作専業農家による法人組織として 2012 年に誕生した。地域の農家の多くの水田は津波で大きな被害を受けるとともに、農業機械の多くを失った。そうした中でS市が中心となって民間企業による震災復興支援助成事業に応募して採択され、農業機械の購入を市当局が行い、法人経営を結成して営農復興を実践する組織に無償で貸し出すことを決定した。こうした状況を受けて、即座に地域の専業経営4戸は合同会社タイプの法人組織を結成して、市の取り組みに応募し採択された。

I ファームに参加した農家はいずれも専業水田作農家であり、法人における役割分担と経営規模は以下のとおりである。
・A 氏 － 代表 17ha
・B 氏 － 副代表 17ha
・C 氏 － 会計責任者 19ha
・D 氏 － 渉外担当責任者 8ha

A 氏と B 氏は、それぞれ 1.5ha、4ha の水田をファームに提供した。組織を結成した 2012 年には地域の津波被災農家の水田 11ha を借地して転作大豆の生産に取組んだ。10a 当たりの借地条件は、借地料金1万 3,000 円、それに団地加算金 7,000 円と畦畔等の草刈りを所有者に委託するための料金1万円を加えて合計3万円を農地所有者に支払うというかなり所有者に有利な条件を提示した。しかし、2012 年度は津波被災水田の復旧が遅れたため、大豆の播種時期が大幅に遅れるとともに、塩害等もあり、大豆の収量は 50kg と低かった。また、大豆の選別乾燥を農協に委託したため、10a 当たりの収益は、減価償却費を含まない状態で －8,460 円とマイナスを計上してしまった。そのため、将来に備えて大豆選別機一式 (400 万円)、大豆色彩選別機・選粒機・クリーナー800 万円をいずれも2分の1補助で購入するとともに、大豆乾燥キット2台 (1台 30 万円)

を購入するとともに、200坪の事務所用地を500万円で購入した。

さらに、農の雇用事業を活用して3名の従業員を雇用するとともに、法人としての労働条件を整備した。また、Iファームの代表が専業農家としての独立を強く志向して離脱したため、代表が変わり役員も3名体制となった。

2013年度は、大豆の借地面積は43haに大きく拡大した。借地条件は、設立時と同じ30,000円/10aである。2013年度の大豆収量は170kgと2012年度より大きく増加し、10a当たり収益は、2万6,700円と大幅に増加した。また、大豆以外にも水稲26ha（個人生産分21haを含む）、小麦2.5ha、ブロッコリー1.2haを生産している。

2014年度は大豆借地面積47ha（14haが小麦との2毛作）、借地条件はこれまでと同様に3万円/10aを委託農家に支払っている。借地した水田4.9haの水稲生産では、乾田直播3.2ha、湛水直播（鉄コーティング）1.2ha、移植（小区画水田）0.5haと新たな技術導入を行い、将来の水稲生産の拡大に備えた。水稲の借地料金は1.3万円/10aである。また、ブロッコリー1.2haを生産するとともに、個人でも水稲21ha、小麦1.3haを生産している。

2015年度は大豆借地面積47ha（13haが小麦との2毛作）、借地条件はこれまでと同様に3万円/10aを委託農家に支払うとともに、水稲は全て移植で行った。水稲生産用の水田の借地料金は1.3万円/10aである。また、ブロッコリー1.2haを生産するとともに、個人でも水稲21ha、小麦1.3haを生産している。

2016年度は大豆借地面積57ha、借地条件はこれまでと同様に3万円/10aを委託農家に支払っている。借地した水稲5.5haには、乾田直播3.0ha、湛水直播（鉄コーティング）2.0ha、移植（小区画水田）0.4haと新たな技術を本格的に導入し、さらなる規模拡大に備えた。水稲の借地料金は1.3万円/10aである。また、ブロッコリー1.2haを生産するとともに、個人でも水稲21ha、小麦1.3haを生産している。

（2）Iファームの経営改善方向

Iファームを対象にしたオーダーメイド分析を実施するにあたっては、経営者の方々との話し合いの中で次のような検討（分析）課題が整理された。

・現在は、転作大豆を中心とした作物構成を採用しているが、将来的には水稲の生産を拡大しなければならない。大豆を中心としながら、水稲生産の拡大は可能か、また、大豆よりも水稲生産の有利性は高いか。
・現在、通年雇用の従業員を3名雇用しているが、大豆、麦、水稲生産だけでは農閑期である冬場の労働力の有効利用が実現できていない。ブロッコリーなどの野菜を導入して労働力の利用効率を高めようとしているが、その効果はどうか。また、どこまでブロッコリーの生産を拡大できるか。
・ブロッコリー以外の土地利用型野菜を導入した経営の複合化に取り組む有利性は何か。収益面、労働利用面から検討してほしい。
・将来、地域内外の多くの農地が集まり経営規模は大きく拡大することが予想されるが、規模が大きくなった場合の望ましい作物の組み合わせが分からない。規模別の望ましい作物の組み合わせを検討してもらいたい。

(3) オーダーメイドモデルの開発と現実再現テスト
1) Iファームのオーダーメイド型線形計画モデルの構造の特徴

　表11-12はIファームのオーダーメイド型の線形計画モデルの構造を簡略化して示したものである。現実の経営の取り組み実態を良好に表現できるように、土地、労働、機械などの利用に関する制約式は全部で104本設定した。その内訳は、土地利用に関する制約式8本、機械の利用に関する制約式15本、労働利用に関する制約式81本である。特に労働制約に関しては、農繁期は3日単位に、農閑期は旬別で制約式を設定した。なお、経営者3人と従業員4人は、いずれも機械のオペレータができるため、オペレータと補助労働の区分はしていない。また、従業員以外のパート労働は雇用していない。農地については全ての農地が60a区画で基盤整備がされており、地力の差も少なく、地域内にまとまっているため、土地条件の違いを表現する特定の生産プロセスは設定していない。

　設定した生産プロセスは、以下のとおりである。移植水稲（田植時期を3日ないしは4日間隔で実施する10のプロセスを設定）、疎植・移植水稲（苗数を減らして資材コスト、労働コストの削減を目指すため、4区分の田植え時期を設定して4つの生

産プロセスを設定)、乾田直播(東北農業研究センターが開発した乾田直播を採用。4月上旬・中旬・下旬の3つのプロセスを設定)、標播大豆(標準的な作業適期に3日から4日間隔で播種する14の生産プロセスを設定)、晩播大豆(作業時期を遅らせて3日から4日間隔で播種する5つの生産プロセスを設定)、枝豆(比較的早い品種を採用する3つのプロセスと晩生の品種を採用する3つの生産プロセスを設定)、ブロッコリー(播種時期が異なる4つの生産プロセスを設定)、小麦(播種時期を3日ないし4日間隔で実施する8つのプロセスを設定)、小麦-大豆の2毛作(小麦収穫後の大豆の作付け時期を3区分した3つのプロセスを設定)。

2)現実の経営再現のシミュレーション

Iファームの現在の経営状況を開発したモデルで再現してみた。現在のIファームの経営耕地面積は、おおよそ100haであり、転作大豆を中心に、コメ、小麦、ブロッコリーを組み合わせた経営を展開している。経営の再現のためには、現実に生産されている栽培面積を等式制約でモデル上に表現すれば、無理のない経営が実践されている限り容易に再現できる。しかし、それでは現実の経営における生産部門の組み合わせ、労働利用の配分の妥当性や問題点を評価することはできない。

そのため、経営再現シミュレーションでは、できる限り不等式制約を用いて経営を再現することを試み、現実経営の合理性、問題点を把握するように努めた。その結果、以下の最適解が得られた(表11-13の現状規模参照)。

水稲生産(疎植水稲1.7ha、乾田直播水稲15ha)

単作大豆生産(67ha)

単作小麦生産(12.5ha)

小麦-大豆輪作3ha

枝豆10a、ブロッコリー70a

農場所得:2,894万円(農業専従者1人当たり所得413万円)

年間労働利用率13.2%(日曜、祝日+年末年始除くと16.2%)と低い

表 11-12 福島県 Ｉファームのオーダーメイド型線形計画モデルの構造

福島県 Ｉファーム線形計画モデル単体表
* 現状の福島県の天気確率を採用
* 農繁期は8時間、農繁期は10時間労働を想定
* 農業従事者人、オペ3人、その他（補助）4人で設定
* 大豆、小麦コンバインは4台体系、稲作機械は個々の機械を借りる
* 降水確率100%の場合は1.5日だけ作業できると仮定
* 田植作業は雨でも実施するとと仮定

		0	1〜10	11〜14	15〜17	18〜31	32〜36	37〜39	40〜42	43〜46	47〜54	55〜57
		制約量	移植水稲（天のつぶ）5月1〜3日田植のこしひかり5月28〜31日田植えまで10プロセスを設定	移植水稲・漿植（天のつぶとの晩稲の品種）東北農研方式上旬・中旬・下旬から6月中旬植えまで4つのプロセスを設定	乾田直播（1ha以上圃場、東北農研方式）4月上旬・中旬・下旬から5月中旬まで3つのプロセスを設定	標播大豆（タチナガハ）5月19〜21日播種から6月28〜30日播種まで14のプロセスを設定	晩播大豆（タチナガハ）7月1〜3日播種から7月15日播種まで5つのプロセスを設定	枝豆（湯あがり娘）4月上旬・中旬・下旬・5月上旬・中旬播種から7月1日播種まで3つのプロセスを設定	枝豆（住内紫豆5号）5月下旬・6月上旬・中旬・下旬から7月上旬の3つのプロセスを設定	ブロッコリー9月10〜12日播種から9月19〜21日播種まで4つのプロセスを設定	小麦（キヌマで）10月16〜18日播種から11月7〜9日播種まで8つのプロセスを設定	小麦大豆輪作（3タイプのプロセスを設定）
	関係											
0	ha当たり所得		229,950	257,544	284,250	273,666	246,294		1,200,000	1,100,000	331,490	346,692
1	総経営耕地面積 (ha)	100.0	1.0	1.0	1.0	1.0	1.0	1.0	1.0	1.0	1.0	1.0
2	乾田直播水稲作付制約（津波から復元1年目）(ha)	15.0	>=		1.0							
3	移植水稲作付制約（復元2年目以降）(ha)	1.7	<=	1.0	1.0								
4	単作小麦作付下限面積 (ha)	4.0	<=									1.0	
5	大豆作付下限 (ha)	67.0	<=				1.0	1.0					
6	大豆・小麦2毛作機械面積 (ha)	3.0	=										1.0
7	ブロッコリー作付制約 (ha)	0.7	=								1.0		
8	枝豆作付制約 (ha)	0.1	=						1.0	1.0			
9	高馬力トラクタ利用制約（4月中旬）(ha)	80.0	>=			6.1							
10	高馬力トラクタ利用制約（4月下旬）(ha)	72.0	>=										
11	高馬力トラクタ利用制約（5月上旬）(ha)	80.0	>=										
12	普通型コンバイン利用制約（6月22〜24日）(ha)	108.0	>=									1.4	1.0
23	*10月31日までは3日ごと、11月から12月上旬までは旬別に制約を設定した。												
	普通型コンバイン利用制約（12月上旬）	264.0	>=					1.3					
24	労働制約（すべ・その他作業）8月上旬	336.0	>=										0.8
34	労働制約（すべ・その他作業）4月中旬	504.0	>=										
35	*4月中旬までは3日ごとに、4月19日以降7月31日までは3日ごとに、8月は旬別に、9月1日から11月30日までは3日ごとに、12月は旬別に労働制約を設定した。												
	労働制約（すべ・その他作業）4月19〜21日	252.0	>=	4.0	2.7								
69	労働制約（すべ・その他作業）8月上旬	560.0	>=	1.0	0.3	0.3							
72	労働制約（すべ・その他作業）9月1〜3日	168.0	>=		1.0	0.3							
101	労働制約（すべ・その他作業）11月28〜30日	252.0	>=								10.0		
102	労働制約（すべ・その他作業）12月上旬	560.0	>=						9.3		1.0	120.0	
103	労働制約（すべ・その他作業）12月中旬	560.0	>=									80.0	
104	労働制約（すべ・その他作業）12月下旬	560.0	>=									90.0	

第11章　被災地域の新たな農業の担い手経営を支援する方法　427

表11-13　オーダーメイドモデルによる I 経営の経営展開方向の評価結果

(単位：ha)

農業所得（万円）	現状規模 (100ha) 大豆・麦中心	現状規模＋枝豆導入	現状規模＋ブロッコリー拡大	現状規模＋枝豆＋ブロッコリー拡大	現状規模＋多様な野菜の導入可能性評価	規模拡大 (150ha) 大豆・麦中心	150ha 規模での多様な野菜の導入可能性評価	規模拡大 (200ha) 大豆・麦中心	200ha 規模での多様な野菜の導入可能性評価	規模拡大限界（大豆・麦中心が）	規模拡大限界と多様な野菜の導入可能性評価
経営耕地面積	2,894	3,135	3,220	3,234	3,910	4,551	5,564	6,209	7,189	9,786	10,105
移植水稲・糯稲（天のつぶ）	100	100	100	100	100	150	150	200	200	319	318
乾田直播水稲（もえみのり）5月上旬播種	1.70	1.70	1.70	1.70	1.70	1.70	1.70	1.70	1.70	12.45	10.70
乾田直播水稲（もえみのり）4月中旬播種	13.12	13.12	13.12	13.12	13.12	13.12	13.12	13.12	13.12	13.12	13.12
	1.89	1.89	1.89	1.89	1.89	1.89	1.89	1.89	1.89	11.80	11.80
標播大豆（タチナガハ）5月19～21日播種	25.60	25.60	25.60	25.60	6.37	25.60					0.44
標播大豆（タチナガハ）5月22～24日播種	20.22	20.22	17.76	19.72	14.25	20.22	3.36	15.78	18.16		
標播大豆（タチナガハ）5月25～27日播種					11.25		15.36	30.04			
標播大豆（タチナガハ）5月28～31日播種					5.06		12.36		19.98		
標播大豆（タチナガハ）6月1～3日播種	21.18	21.18					6.78				
標播大豆（タチナガハ）6月4～6日播種			23.65		3.03	21.18	5.71	21.18	6.29	19.89	16.83
標播大豆（タチナガハ）6月7～9日播種										4.97	8.81
標播大豆（タチナガハ）6月10～12日播種				21.69	18.12		19.90		20.13	28.15	28.73
標播大豆（タチナガハ）6月13～15日播種					3.78		0.52			8.01	5.31
標播大豆（タチナガハ）6月16～18日播種										5.96	2.25
標播大豆（タチナガハ）6月19～21日播種					2.77		0.61			7.06	7.66
標播大豆（タチナガハ）6月22～24日播種										31.27	24.32
エダマメ（湯上り娘）4月下旬播種・7月下旬収穫		1.24		0.96	0.69		0.54		0.86		1.60
エダマメ（湯上り娘）5月上旬播種・8月上旬収穫	0.10	0.42		0.69	0.69	0.10	0.86	0.10	0.67	0.10	0.22
エダマメ（湯上り娘）5月中旬播種・8月中旬収穫		0.81		0.80	0.62		0.63		0.43		0.51
エダマメ（庄内茶豆5号）5月中旬播種・9月上旬収穫					0.05				0.10		0.25
エダマメ（庄内茶豆5号）5月下旬播種・9月上旬収穫		0.08	0.83	0.42	0.31		0.37		0.01		0.13
エダマメ（庄内茶豆5号）6月上旬播種・9月中旬収穫		0.34	2.31	1.16	0.83		0.95		0.38		
ブロッコリー・9月9～12日定植	0.70	0.70	1.80	0.85	1.13	0.70	0.96	0.70	0.99	0.70	0.70
ブロッコリー・9月16～18日定植					1.19		1.27		0.97		
ブロッコリー・9月19～21日定植					0.19		0.26		1.24		
カボチャ・6月4～6日定植（トンネル栽培）									0.76		0.37
カボチャ・6月7～9日定植（トンネル栽培）					0.34		0.34		0.52		
ミニトマト					0.18		0.17		0.08		
小麦（キヌアズマ）10月16～18日播種	12.50	9.72	8.26	8.43	9.45	28.97	26.84	28.97	27.85	28.97	28.97
小麦（キヌアズマ）10月19～21日播種						14.48	12.33	14.48	13.37	14.48	14.48
小麦（キヌアズマ）10月22～24日播種						19.05		25.71		23.60	25.71
小麦（キヌアズマ）10月25～27日播種							14.62	14.85	22.70	23.06	25.71
小麦（キヌアズマ）10月28～31日播種							5.59		17.89	22.95	22.71
小麦（キヌアズマ）11月1～3日播種									5.73	6.42	11.23
小麦（キヌアズマ）11月4～6日播種		0.70					2.77	20.89	23.36	23.33	
小麦（キヌアズマ）11月7～9日播種									29.12	29.33	
小麦－大豆・輪作タイプA	3.00	3.00	3.00	3.00	3.00	3.00	3.00	3.00	3.00	0.24	
小麦－大豆・輪作タイプB										2.76	3.00

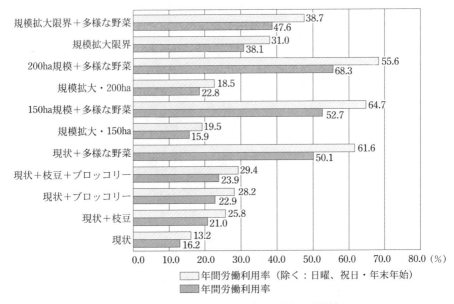

図 11-3　経営展開方向別の労働利用効率の改善効果

　また、以上の分析結果からⅠファームの現在の経営が抱える最大の問題点は、経営規模が大きい割に所得が上がらず、労働の利用効率が極めて低い点にあることが分かった。なお、労働の利用効率が低い点に関しては、図 11-3 の現状を参照されたい。
　以上の問題を解決するためには、現行規模で土地利用型野菜を導入して所得と労働の利用効率を高める方向、さらなる規模拡大によって経営改善を実現する方向の 2 つを検討することが重要であることが現実再現テストから明らかになった。

（4）経営改善評価のためのシミュレーション
　1）経営改善シミュレーションの内容
　開発したⅠファームのオーダーメイドモデルは、現実の経営を良好に再現できることが確認できたため、当該経営の改善方向を評価するためのシミュレー

ションを実施した。実施した経営改善シミュレーションは、以下のとおりである。
<現状規模での経営改善の方向>
　①現状規模で枝豆の生産を拡大する方向
　②現状規模でブロッコリーの生産規模を拡大する方向
　③現状規模で枝豆とブロッコリーの生産を拡大する方向
　④現状規模で多様な野菜を導入する方向
<経営規模が150haに拡大した場合>
　①現状の大豆・小麦・水稲を中心として経営規模が150haに拡大した場合
　②150ha規模で大豆・小麦・水稲に多様な野菜を組み合わせた場合
<経営規模が200haに拡大した場合>
　①現状の大豆・小麦・水稲を中心として経営規模が200haに拡大した場合
　②200ha規模で大豆・小麦・水稲に多様な野菜を組み合わせた場合
<現状の労働力での経営規模拡大限界と経営方式の解明>
　①大豆・小麦・水稲中心の経営でどこまで経営規模拡大が可能か、またその時の望ましい作物の組み合わせ
　②大豆・小麦・水稲に多様な野菜を組み合わせた場合の経営規模拡大の限界とその時の望ましい作物の組み合わせ

2）現状規模での経営改善方向の評価

　現状の100ha規模で、これまで生産している枝豆やブロッコリーの作付け規模を拡大しても、収穫時の労働力が大きな制約要因となり、生産面積を大きく増やすことはできない。農業所得は300万円前後増加するが、大きな所得向上は望めないことがわかる。この問題を克服するためには、収穫時のパート労働の導入が必要になる。一方、経営者、従業員労働の利用効率を見ると、現状の16％から30％前後まで増加するが、顕著な改善とは言えない。すなわち、現在生産している枝豆やブロッコリーの生産拡大には、それほど大きな経営改善効果は認められないことがわかる。
　そのため、枝豆、ブロッコリー以外に、カボチャや育苗後のハウス、あるいは簡易ハウスを利用したニラ、ミニトマト等の多様な野菜を導入した場合の経

営改善効果を評価した。その結果、農業所得は 4,000 万円前後、年間の労働利用効率は 62％前後と大きく高まることがわかる。また、次期別の労働力の利用状況を分析したところ、次のような特徴があることが明らかになった。

＜労働力が遊休化する時期＞

　穀物中心の場合、労働力は 1 月上旬～5 月上旬、8 月上旬～9 月上旬、10 月中旬～11 月上旬に大きく遊休化する。こうした遊休化した労働力を有効利用するために多様な野菜を導入すると、労働力が遊休化する時期は 10 月中旬～11 月上旬のみとなり、労働力の効率的な利用が実現できる。

＜労働ピークが発生する時期＞

　大豆・麦・水稲を中心とした経営の場合は 7 月上・中旬の麦収穫と大豆播種、水稲収穫時期の 9 月中・下旬、大豆収穫時期の 11 月中・下旬に労働ピークが現れる。

　一方、野菜を導入した場合は、1 月下旬、6 月中旬～9 月下旬、11 月中旬～12 月中旬に労働のピークが現れる。

3）規模拡大による経営改善方向の評価

　津波被災を受けた農地の復旧が進むとともに、農業機械を喪失した農家の多くは農業生産から離脱し、I ファームに多くの農地が集積されることが予想される。これまでは転作地だけを引き受けて大豆生産を中心とした経営を展開したが、さらに経営規模を拡大した場合にどのような経営を展開するのが望ましいかを評価した。

　まず 150ha 規模の経営が実現した場合は、水稲、単作大豆、枝豆、ブロッコリーの生産は 100ha 規模と同じ水準に維持して、労働投入量が少ない単作小麦を 62.5ha に大幅拡大することにより、農場所得は 4,551 万円（1 人当たり 650 万円）に大きく増加するが、日曜、祝日＋年末年始を除いた年間労働利用率は 19.5％（現状 16.2％）とそれほど大きく改善されない。単作小麦を 59ha に減らし、枝豆、ブロッコリー、カボチャ、ニラ、ミニトマト等の多様な野菜を導入すると、農業所得は 5,564 万円（1 人当たり 795 万円）、年間労働利用率は 52.7％に改善できる。

200ha 規模の経営が実現した場合は、大豆 67ha、小麦 87ha を中心作物とした経営展開が有利となる。農業所得は 6,209 万円（1 人当たり 887 万円）となる。枝豆、ブロッコリー以外にカボチャ、ニラ、ミニトマト等の多様な野菜を導入すると、小麦の作付面積は 108ha とさらに増加し、大豆が 46ha に減少して農業所得 7,189 万円（1 人当たり 1,027 万円）、年間労働利用率 55.6％となる。このように、経営規模を拡大する場合は、現状の労働力の利用を前提として雇用労働を導入しない場合は、投入労働量が少ない麦作が有利になることを示している。大豆生産を中心とした経営からより粗放な麦生産と大豆の 2 つの作物を中心にした経営に転換するとともに、労働力の有効利用のために多様な野菜生産を組み合わせた経営展開方向が望ましいことがわかる。

　さらに、当該経営の現状の労働力での規模拡大限界を評価した。その結果、320ha が規模限界になることがわかった。当該規模での合理的な作物の組み合わせは、普通作物を中心とした経営では、水稲 37ha、大豆 105ha、小麦 172ha となり、農業所得は 9,786 万円（1 人当たり 1,398 万円）、日曜、祝日＋年末年始を除いた年間労働利用率は 38.1％となる。また、多様な野菜導入の有利性はなくなり、わずかに枝豆、ブロッコリーなどの土地利用型野菜の導入だけが有利性をもつ。その時の農場所得は 1 億 105 万円と 1 億円を上回り、1 人当たり所得は 1,443 万円と大幅に向上する。日曜、祝日＋年末年始を除いた年間労働利用率 47.6％となる。

6．自助・公助・共助による担い手経営の支援方向

　本章では、東日本大震災に起因して発生した大津波が地域農業の構造変動にどのような影響を及ぼしたかを評価し、津波被害は被災地の農業を 20〜30 年後に予測された状態に一気に実現したことを明らかにした。

　津波による大きな被害を受けた東北地域の宮城県を中心とする沿海地域では、公助が中心となり東日本大震災農業生産対策交付金基金等を整備して、新たな担い手の誕生を支援し、経営の復興を加速化させている。これらの新たな担い手経営は、津波被害によって経営の持続を放棄した農家の農地を集積して大規模水田作経営を実現し、地域農業の維持に大きく貢献している。また、最

先端の施設園芸に取り組む担い手も現れており、多様な地域農業の展開が認められる。しかし、これらの経営は、いずれも急激な規模拡大、全く未知の最先端の施設や技術を採算ベースで実践するという困難な課題に直面した。すなわち、経営面では大規模経営を合理的に運営するための経営管理・労働管理のノウハウの蓄積、新たな技術の習得と従業員の訓練、農業から離脱した人々の雇用確保に貢献できる新たな経営の展開といった経営課題の克服が大きなテーマとなった。

被災地で新たに誕生した担い手経営が抱える技術課題の解決に向けて、大学や試験研究機関などの共助が、市町村、都道府県などの公助と連携して、担い手の自助を支援する取り組みが強化されている。しかしながら、担い手経営を合理的に運営するための経営管理面での支援は不十分である。そのため、筆者は、新たな担い手経営を支援する経営管理技術の開発に取り組み、オーダーメイド型農業経営分析システムを開発した。オーダーメイド型農業経営分析とは、農家1戸1戸の経営を解析して、個々の農家の問題点の発掘、問題解決のための最適な処方箋の提供を目指す方法と定義することができる。具体的には、オーダーメイド型農業経営分析は、農家1戸1戸の経営状態を解析して、当該経営に最も適した農業経営管理、技術選択、事業部門の導入、投資計画、雇用計画の実践に不可欠となる情報を提供することを目指している。

オーダーメイド型農業経営分析は、一般的には「経営データの蓄積（分析素材）」「多様な分析方法の整備（分析用具）」「多様な経営改善モデルの開発（標準モデル）」「個別改善モデル開発（個別モデル）」「経営改善分析と提案（改善案提案）」という形で実施される。オーダーメイドモデルの心臓となるのは、分析対象経営の経営実態と経営改善を評価するために開発する線形計画モデルであり、これまで一般的に用いられてきた線形計画モデルに比較して、多様な圃場条件の考慮、利用する労働力の特性、実践的な生産プロセスの採用面でより実践的な工夫を加えている。

福島県の浜通り地域で震災後に誕生したIファームを実践事例として、現在の経営が抱えている課題の発見、今後の経営展開の方向についてオーダーメイドモデルを開発して分析した。その結果、現状の100ha規模の水田作経営では、

雇用労働の適切な利用が実現されず、農業所得も低い。現状規模でこのような課題を解決するためには、少数の土地利用型野菜の導入だけでは限界があり、ハウスを利用した集約野菜の導入が不可欠であることが明らかになった。このような多様な野菜を経営に導入することによって、農業所得と労働の利用効率はかなり改善される。

　また、津波被災地域では農地の復旧が進むとともに、機械を喪失した農家の多くは農業生産から離脱し、今後も担い手経営に多くの農地が集積されることが予想されたため、I ファームを対象として、さらに経営規模を拡大した場合にどのような経営を展開するのが望ましいかを評価した。その結果、150ha 規模の経営が実現した場合は、水稲、単作大豆、枝豆、ブロッコリーの生産は 100ha 規模と同様にして、労働投入量が少ない単作小麦の生産を大幅に拡大するとともに、枝豆、ブロッコリー、カボチャ、ニラ、ミニトマト等の多様な野菜を導入すると、農業所得と労働利用率は大きく改善できることが明らかになった。200ha まで経営規模拡大しても、ほぼ 150ha の経営と同様に小麦の作付けを増やすとともに、多様な野菜の導入が有効である。しかし、それ以上の規模拡大（300ha 程度）を実現するためには、小麦を中心に、大豆、水稲を組み合わせ、そこに枝豆、ブロッコリーなどの土地利用型野菜を組み合わせた経営が有利性をもち、集約的な野菜の導入はメリットがないことが明らかになった。

　現在、I ファーム以外の津波被災地域で誕生している新たな水田作経営を対象にしてオーダーメイドモデルの開発を筆者は進めているが、モデル開発のノウハウを広く公開して試験研究機関や普及機関に方法を移転したいと考えている。

　また、こうしたオーダーメイドモデルの開発と活用が有効に促進されるためには、新たな技術導入に関わる国・県・市町村などの公助による支援が不可欠であるとともに、担い手経営自身も経営の見える化を推進するために不可欠な技術・経営データの蓄積に対する自助努力が必要である。また、オーダーメイドモデルの開発を担当する研究者や普及指導員は、常に担い手経営と公助と連携をとり、より実践的なモデルを開発して担い手経営に移転することが重要である。

引用・参考文献

門間敏幸ほか（2009）:『日本の新しい農業経営の展望－ネットワーク型農業経営組織の評価』、農林統計出版

門間敏幸ほか:『知識創造型農業経営組織のナレッジマネジメント』日本農業経営学会編、農林統計出版.

門間敏幸(2016):「わが国の水田農業の構造変動とその対応方向」『東京農業大学農学集報』61(1)、6-16.

野村総研（2015）:「平成26年度地域経済産業活性化対策調査－福島の産業復興と新産業創出に係る調査報告書」

執筆者紹介（所属・肩書きは執筆時）

門間　敏幸（東京農業大学名誉教授・東京農業大学・農学博士）
　執筆章：第1章、第2章、第4章、第5章、第6章、第9章、第10章、第11章
　メールアドレス：monma@nodai.ac.jp

渋谷　往男（東京農業大学教授・東京農工大学・博士（農学））
　執筆章：第2章、第3章
　所属：東京農業大学　国際食料情報学部　国際バイオビジネス学科
　メールアドレス：y3shibuy@nodai.ac.jp

杉原　たまえ（東京農業大学教授・千葉大学・学術博士）
　執筆章：第7章
　所属：東京農業大学　国際食料情報学部　国際農業開発学科
　メールアドレス：tamae@nodai.ac.jp

山本　直之（宮崎大学教授・博士（農学））
　執筆章：第8章
　所属：宮崎大学　農学部　植物生産環境科学科
　メールアドレス：nyamamoto@cc.miyazaki-u.ac.jp

山田　崇裕（東京農業大学助教・東京農業大学・博士（国際バイオビジネス学））
　執筆章：第3章、第4章
　所属：東京農業大学　国際食料情報学部　国際バイオビジネス学科
　メールアドレス：t4yamada@nodai.ac.jp

ルハタイオパット　プウォンケオ（筑波大学助教・東京農業大学・博士（国際バイオビジネス学））
　執筆章：第5章、第9章
　所属：筑波大学　生命環境系
　メールアドレス：lurhathaiopath.pu.fw@u.tsukuba.ac.jp
　　　　　　　　　sodeka@hotmail.com

自助・共助・公助連携による大災害からの復興

2017年3月17日 印刷
2017年3月24日 発行

定価はカバーに表示しています。

編　者	門間　敏幸
発行者	磯部　義治
発　行	一般財団法人　農林統計協会

〒153-0064 東京都目黒区下目黒3-9-13
　　　　　　　　　　目黒・炭やビル
電話　03-3492-2987（普及部）
　　　03-3492-2950（編集部）
URL：http://www.aafs.or.jp/
振替　00190-5-70255

Reconstruction from a Catastrophe by Self-help, Mutual Assistance and Public Support Collaboration

PRINTED IN JAPAN 2017

印刷　前田印刷株式会社　　　　落丁・乱丁本はお取り替えします
ISBN978-4-541-04135-7　C3036